千村故事

清廉大义卷

浙江省农业和农村工作办公室
浙江农林大学中国农民发展研究中心
浙江省农民发展研究中心
中国名村变迁与农民发展协同创新中心

本卷主编　颜晓红

中国社会科学出版社

图书在版编目(CIP)数据

千村故事·清廉大义卷/颜晓红主编.—北京：中国社会科学出版社，2017.12
ISBN 978 – 7 – 5203 – 1065 – 9

Ⅰ.①千…　Ⅱ.①颜…　Ⅲ.①村落文化 – 介绍 – 中国②廉政建设 – 介绍 – 中国
Ⅳ.①K928.5②D630.9

中国版本图书馆 CIP 数据核字(2017)第 231932 号

出 版 人　赵剑英
责任编辑　宫京蕾
责任校对　李　莉
责任印制　李寡寡

出　　版　中国社会科学出版社
社　　址　北京鼓楼西大街甲 158 号
邮　　编　100720
网　　址　http：//www.csspw.cn
发 行 部　010 – 84083685
门 市 部　010 – 84029450
经　　销　新华书店及其他书店

印刷装订　北京君升印刷有限公司
版　　次　2017 年 12 月第 1 版
印　　次　2017 年 12 月第 1 次印刷

开　　本　710×1000　1/16
印　　张　25.25
插　　页　2
字　　数　412 千字
定　　价　98.00 元

前　言

"千村故事"书写中国美丽乡村建设浙江新篇章

一　缘起

寻乡愁，
祖宗兴村族规修。
劝农劝学基业定，
礼仪道德孝中求。
生态人居子孙旺，
民风民俗村史留。

寻乡愁，
千村故事话风流。
清廉大义万古传，
名人名流胜封侯。
手技手艺代际承，
特产特品我村优。

寻乡愁，
美丽乡村历史悠。
民族振兴中国梦，
村域发展是重头。
自在安然农民心，
共同富裕写春秋。

一首婉转悠扬的"千村故事"之"一碟影像"主题歌，唱出了浙江人民保护历史文化村落、寻访传统故事、定格乡土印象、回味乡愁记忆的诗意情怀，抒发了浙江人民践行自由平等、建设美丽乡村、奔向共同富裕的壮志豪情。

"《千村故事》'五个一'行动计划"（以下简称"千村故事"）缘起于浙江历史文化村落保护利用工作。"做好历史文化村落的保护利用工作，是彰显美丽乡村地方特色的需要。"（李强，2012）① 浙江历史文化村落保护利用工作的启动，标志着浙江以"千村示范、万村整治"为载体的美丽乡村建设跃升到新阶段。这一阶段，是浙江社会主义新农村建设的"美丽成果"转化为农村经济社会发展"资源优势"的重要阶段，是"生产发展、生活宽裕、乡风文明、村容整洁、管理民主"的社会主义新农村建设目标的实现阶段，也是浙江"推动信息化和工业化深度融合、工业化和城镇化良性互动、城镇化和农业现代化相互协调，促进工业化、信息化、城镇化、农业现代化同步发展"和"城乡一体化发展"大融合阶段。

浙江美丽乡村建设始于 2003 年。是年 6 月，时任浙江省委书记习近平启动了浙江"千村示范、万村整治"工程，揭开了中国美丽乡村建设的时代篇章。2005 年 10 月，中国共产党十六届五中全会提出了"建设社会主义新农村"的重大历史任务，将浙江"千村示范、万村整治"融入中国社会主义新农村建设大潮。至 2007 年，浙江省完成了 10303 个建制村的初步整治，其中 1181 个建制村建成"全面小康建设示范村"。2008年，浙江省安吉县提出"中国美丽乡村"计划。2009 年 9 月，一批国内古建筑和文物保护专家聚集浙江省建德市新叶村，发表了《新叶共识》，希望政府"把遗产保护和民生工程建设结合起来……倡导全社会关注抢救正在日渐消失的中国乡土建筑"。2010 年，浙江省制订了《美丽乡村建设行动计划（2011—2015 年)》，同时，浙江省农业和农村工作办公室（以下简称"浙江省农办"）、财政厅、住建厅、文化厅、林业厅、省文物局六部门联合开展历史文化村落普查。2012 年 4 月，浙江省贯彻习近平总书记关于"优秀传统文化是一个国家、一个民族传承和发展的根本，如果丢掉了，就割断了历史命脉"的讲话精神，出台了《关于加强历史文化村落保护利用的若干意见》，把修复、保护、传承和永续利用历史文化村落作为美丽乡村建设的重要内容。2012 年 11 月，党的十八大报告提

---

① 李强（时任浙江省人民政府省长）：《在全省历史文化村落保护利用工作现场推进会上的讲话一》（2012 年 5 月 9 日）。

出了"努力建设美丽中国，实现中华民族永续发展"的要求。习近平总
书记指出："中国要强，农业必须强；中国要美，农村必须美；中国要
富，农民必须富。"建设美丽中国，重点和难点都在农村，美丽乡村建设
理所当然地成为当今中国的时代潮流。

"千村故事"在浙江美丽乡村建设跃升阶段应运而生。2014 年 5 月
20 日，浙江省委副书记王辉忠、副秘书长张才方等一行到浙江农林大学
调研，在听取了中国农民发展研究中心关于"中国名村变迁与农民发展
协同创新中心"的工作汇报后，表示要支持协同创新中心开展历史文化
村落保护、利用研究，浙江农林大学随即向省委办公厅呈送了书面报告，
王辉忠副书记做了批示。2014 年 11 月，浙江省美丽乡村建设现场会和
2015 年 1 月浙江省农村工作会议，先后做出了"挖掘和传承好古村落古
民居背后的故事"的部署。2015 年 3 月 2 日，浙江省农业和农村工作办
公室根据上述两次会议部署和省领导的指示精神，委派相关负责人到中国
农民发展研究中心，共同商讨、制定了"千村故事"行动计划，并于 3
月 24 日呈送浙江省委、省政府。夏宝龙书记、李强省长、王辉忠副书记、
黄旭明副省长分别对此做了重要指示：要把这件大事办好，全力创作
"精品"。

浙江省委、省政府四位领导批示后，省农办相关负责人多次到浙江农
林大学指导、对接和协调，讨论"千村故事"实施方案，部署和推进这
项工作。浙江农林大学主要领导要求举全校之力抓好《千村故事》"五个
一"行动计划，金佩华和王景新作为总负责和总主编。浙江农林大学中
国农民发展研究中心按照上述要求，联络"中国名村变迁与农民发展协
同创新中心"及省内外专家，成立了"千村故事"专家委员会，组建了
"千村故事"研究团队和工作室，启动了"五个一"行动计划。

二　任务

浙江省提出的"历史文化村落"概念，涵盖了浙江省域内的中国历
史文化名村、中国传统村落和古建筑村落、自然生态村落与民俗风情村
落。中国历史文化名村是指保存文物特别丰富且具有重大历史价值或纪念
意义的，能较完整地反映一些历史时期传统风貌和地方民族特色的村，由
住建部和国家文物局共同组织评选。2003 年 10 月至 2014 年 3 月，分六批
公布了 276 个历史文化名村，其中浙江 28 个，占总数的 10.1%。中国传

统村落过去称"古村落"，2012 年，住建部、文化部、国家文物局、财政部，联合组成了"传统村落保护和发展专家委员会"，此后用"传统村落"替代了"古村落"概念。传统村落是指 1911 年辛亥革命以前建村，保留了较多传统建筑环境、建筑风貌，村落选址未有大的变动，具有独特民俗民风，虽经历久远年代，但至今仍为人们服务的村落。2012 年至2014 年 12 月，该委员会分三批公布了"中国传统村落"2555 个，浙江入选 176 个，占总数的 6.9%。2012 年，浙委办［2012］38 号文件界定："历史文化村落包括古建筑村落、自然生态村落和民俗风情村落等。"这份文件把现存古建筑等历史文化实物和非物质文化遗产比较丰富的村落，村落建筑与自然生态相和谐、历史建筑保护较好的村落，传统民俗风情等非物质文化遗产丰富、民俗文化延续至今、活动频繁的村落，都纳入了"历史文化村落"范畴。

"千村故事"主要针对纳入《浙江省历史文化村落保有数量和名单库》（以下简称"库内村"）的 1237 个村，开展"寻访传统故事——编撰一套丛书，触摸历史脉搏——形成一个成果，定格乡土印象——摄制一碟影像，回味乡愁记忆——推出一馆展示，构建精神家园——培育一批基地"活动。

"编撰一套丛书"，共 9 卷，其中，《千村概览卷》是为"库内村"立档。《千村故事：礼仪道德卷》收集和编撰"库内村"在仁义、慈爱、孝道、勤俭、和睦、善行、清白、诚信、情谊（包括兄弟邻里情谊及民族和谐等）方面的典故。《千村故事：清廉大义卷》收集和编撰"库内村"宗族督导其入仕子孙为官清正廉洁、热爱国家、坚守民族大义的典故。《千村故事：生态人居卷》收集和编撰"库内村"经典的堪舆布局，合理的聚落结构，巧妙的给排水系统，精致的建筑园林，优美的自然景观及其传承、保护等方面的故事。《千村故事·劝农劝学卷》收集和编撰"库内村"戒子戒规、劝农劝学、耕读传家的那人、那事、那典范，弘扬勤奋苦读、乐于农耕，崇勤倡简、勤俭持家，以及自强不息、勤勉坚韧、艰苦奋斗的乡土文化。《千村故事：名人名流卷》收集和编撰"库内村"学而优则仕、则商，学而不优则耕读传家等名仕、名商、名师、名学、名绅的故事，弘扬干一行、爱一行，行行出状元，造福乡梓的优秀文化。《千村故事：民风民俗卷》收集和编撰"库内村"祭祀、婚嫁、丧葬、节庆、季节与农耕、族规乡约、邻里互助等方面的经典故事，弘扬村落民风、民俗、民习，以及村落秩序与基层治理的优秀文化。《千村故事：手技手艺卷》收集和编撰"库内村"独特的工匠技术，石雕、砖雕、木雕、竹雕、竹编、绘画、书法、剪纸、刺绣、女红、戏曲、民歌、武术等乡土非物质文化遗产及其传人的故事，传承乡土手艺、技术和民间艺术。《千村故事：特产特品卷》收集和编撰"库内村"著名农产品、林果蔬产品、畜产品、"老字号"手工产品和特产、名吃及其背后的故事。

"形成一个成果"，就是利用"编撰一套丛书"的调查资料和数据，研究和总结江南历史文化村落变迁（兴衰更替或持续发展）的历史脉络、发展条件、阶段性特征和一般规律，以及文化遗产保护、传承、利用的浙江特色、中国经验。出版《浙江历史文化村落社会经济变迁研究》（专著），提出"浙江历史文化村落保护利用现状和持续发展调研报告"及其"政策建议"，编制"浙江省2016—2020年历史文化村落保护利用规划"。

"摄制一碟影像"，其目的在于用影像手段记忆乡愁，记录"库内村"保护利用现状，收集和保存"库内村"原有影像资料，宣传千村故事。任务包括：一是收集、整理"库内村"以往的纪录片、宣传片、新闻片，储备"千村故事"之"一馆展示"的馆藏影像资料；二是拍摄"库内村"的人居环境，记录"库内村"民居、宗祠、廊桥等历史建筑修复、保护、利用现状，复活"库内村"民风民俗、手技手艺等非物质文化遗产；三是按照"千村故事"一套丛书的8卷分类，挑选经典、精彩的故事，组织亲历者、传承人和典型代表人物讲述本村、本家和自己的故事，编辑成8集宣传性故事片。

"推出一馆展示"，是以浙江农林大学"浙江名村博物馆"建设为载体，设立浙江历史文化村落变迁展示馆。展示内容包括：一是农耕生产工具、手工业器具、传统生活用具、民间艺术作品等方面的实物；二是历史文化村落的村史、村志，名士、名人、名流传记和作品，档案及散落民间的契约文书等文献资料；三是村庄布局及其变迁的历史图片、碑刻拓片和影像资料；四是农村发展的对比材料，如村落景观变化对比、村域自然环境变化对比、农民居住条件对比、农户经济收入对比、生活质量和公共服务水平提升对比等，采集历史文化村落有记载的历史数据、图片、统计年报、记账农户资料、老照片、村集体经济组织所受的表彰及荣誉称号证件等数据、资料和图片。最终形成浙江历史文化村落数据库。

"培育一批基地"，是结合"库内村"保护利用重点村项目的实施，分"乡土历史文化保护传承示范村""时代印记文化保护传承示范村"两种类型，培育"看得见山、望得见水、记得住乡愁"的示范基地。

上述任务是一个整体，其中，编撰一套丛书既是形成一个成果的资料源泉、摄制一碟影像的脚本、推出一馆展示的脉络和线条，又是培育一批基地的重要依据。一套丛书、一个成果、一碟影像、一馆展示和一批基地相互支撑，共同托起浙江历史文化村落物质和非物质文化遗存保护利用的历史殿堂。

三 价值

"千村故事"是浙江省在历史文化村落物质文化遗存修复、保护和利用的基础上，对非物质文化遗产抢救性挖掘、整理、记忆和传承的乡土文化建设的重大任务。"千村故事"将为千秋万代留下一份诗意情怀的传统村落变迁史料，将为现代农业中如何继承中华传统农业精华发挥启迪作用，将为世界留下一份悠扬的，具有人文底蕴的中国江南鱼米之乡的乡愁记忆。

中国农村变迁发展以村庄为载体。农村变迁史本质上是村庄变迁史。历史文化村落是中国乡土文化遗产的博物馆，是乡愁记忆的百科全书，也是中国国学的思想宝库。历史文化村落镌刻着古代中国农业、农村和农民发展的历史印记，承载着近现代中国共产党领导新民主主义革命、社会主义革命和建设、改革开放和社会主义现代化建设的伟大功勋，展示着中国农业、农村和农民现代化的巨大业绩，凝结着无数农民精英的历史贡献。我们从历史文化村落走过，仿佛走进了中国农耕文明、乡土文化及国学精髓的博物馆，走进了中国共产党领导农民革命和社会主义建设的纪念馆，走进了农业、农村和农民现代化的业绩馆，走进了祖宗先辈、农民精英和名人名流的传记馆。但是，"快速发展的工业文明正在疯狂地吞噬着农耕文明，乡村社会正在成片地急剧消失，作为整个人类摇篮的、绵延了数千年的带有中古韵味的原始村落正一个个地被五光十色的现代建筑群所取代"[①]。中国历史文化村落保护时不我待，中国历史文化村落社会经济变迁研究时不我待，中国历史文化村落影像资料摄制和农耕文明博物馆建设时不我待！

---

① 王先明：《从东方杂志看近代乡村社会变迁——近代中国乡村史研究的视角及其他》，《史学研究》2004 年第 12 期。

　　浙江省历来高度重视历史文化村落的保护、利用工作，一直将其作为农村经济社会发展的重要支撑，作为美丽乡村建设的重要内容。2003 年浙江省启动"千村示范、万村整治"工程时，时任省委书记习近平就强调："要正确处理保护历史文化与村庄建设的关系，对有价值的古村落、古民居和山水风光进行保护、整治和科学合理地开发利用。"① 2012 年，浙江省开全国传统村落保护、利用之先河，在一个省级区域内，有组织、有计划、大规模展开历史文化村落保护、利用。自 2012 年始，浙江省委、省政府每年召开一次"全省历史文化村落保护利用工作推进会"，每年投入近 10 亿元资金②，连续三年（三批）对全省历史文化村落"库内村"中的 130 个重点村、649 个一般村开展了修缮和保护工作。浙江省各级党委、政府做了许许多多的好事、善事，提供了许许多多的新做法、新经验，功在当代，惠及子孙，得到了浙江农村干部和广大农民的肯定、赞扬和积极响应。而今浙委办［2012］38 号文件提出的关于"……到 2015年，全省历史文化村落保有集中县规划全覆盖，历史文化村落得到基本修复和保护……的总目标"已经基本实现。

四　方法

　　"千村故事"是浙江省"政、学、研、民"合作、大规模调研、大团队协同调研的有益尝试。按照上级要求，"千村故事"由浙江省农办组织协调，省财政厅保障相关经费，浙江农林大学联合"中国名村变迁与农民发展协同创新中心"的力量组织实施。

　　浙江省农办与浙江农林大学研究团队密切合作，将"千村故事"的研究对象、故事收集撰写方法、要求与范本、工作进度等，通过省农办文件形式传达到各地。2015 年，省农办为"千村故事"发文、发函就有《关于组织开展"〈千村故事〉'五个一'行动计划"的通知》（浙村整建办［2015］11 号）、《关于核对和完善"千村故事"千个历史文化村落名单的通知》（浙村整建办［2015］14 号）、《关于组织开展〈千村故事〉丛书基

---

　　① 转引自吴坚《箫鼓牵情古风淳——浙江历史文化村落保护利用工作纪实》，《今日浙江》2014 年第 16 期。

　　② 2013 年，浙江省、市、县三级共投入资金 9.29 亿元，其中省级下拨 2.3 亿元。参见王辉忠（浙江省委副书记）《在全省历史文化村落保护利用工作现场会上的讲话》（2014 年 7 月1 日）。

础材料收集、整理编撰工作的通知》（浙村整建办［2015］18号）等。这些文件成为协同各方的重要依据。省农办要求：历史文化村落保有量大、入选"库内村"数量多的县（市、区）也要成立相应的指导委员会。要从县（市、区）文化局（文化馆）、方志办和档案馆等单位抽调专业人员，组成专门工作班子，负责有关乡镇（街道）、村的组织协调以及基础材料、经典故事、影像图片等的收集、整理、撰写、审读、修改和报送等工作。

定点定村是"千村故事"研究和编撰工作展开的基础。省农办以2012年六部门联合普查确定的历史文化村落"库内村"（971村）为基础，按照"有价值、有形态、有文脉、有故事、有人脉"的标准，对各地历史文化村落的保有数量和名单进行核实、退出或补充。截至2015年年末，全省普查纳入历史文化村落"库内村"1237个[①]。

浙江农林大学研究团队于2015年4月上旬召开"千村故事"培训会，统一研究思路、方法，随即组织农村经济、建筑、规划、历史、文化、旅游、民俗等方面的专家，两次深入"库内村"开展预调研。其目的：一是通过预调研拟定"一套丛书"总框架，以及《千村概览》和8卷故事的章、节和故事范本，方便基层参与者在收集、整理、编撰千村故事基础材料时参照；二是摸索"政、学、研、民"合作联动的方法，以及研究团队联合攻关机制。至2015年6月下旬，上述目标全部达成，并形成了关于"千村故事"一套丛书编撰总要求、体例和方法等方面的共识。

第一，编撰总要求。一套丛书编撰要按照省政府领导批准的"千村故事"行动计划所列框架破题，展现历史文化村落"那村、那人、那故事"，最终形成一部故事与史志结合的系列编著。一套丛书编撰要坚持三性并重原则：故事挖掘、整理和编撰要具有史实性，是历史文化村落里事实存在、广为流传的故事；要体现知识性，可读、可藏、可传；要发挥教育性，弘扬和传承历史文化村落的优秀文化。

第二，编撰对象。"千村故事"研究和编撰对象为浙江历史文化村落"库内村"，非"库内村"但确有经典故事的，亦可选编，但数量要严格控制。凡以人物为中心的故事，必须遵循"生不立传，顺应时代与表现'正

---

① 浙江历史文化村落"库内村"数量不断调整，三个阶段的数据分别为971个、1123个和1237个，因此，在"千村故事"研究过程中，不同时段撰写的研究成果中，其"库内村"数量不同，特予说明。

能量'，大人物写小事、小人物写大事"等基本原则，如果几个村落撰写同一个人物的故事，要合并为一个故事，但要体现这个人物在多个村庄的活动印记。以人物为中心的故事，不能异化为个人传记而见人不见村。

2015年6月25日，省农办根据上述共识，下发《关于组织开展〈千村故事〉基础材料收集、整理编撰工作的通知》，要求各县（市、区）农办会同文化、广电、史志、档案等部门，抽调相关专业人员，组成专门工作班子，按照上述要求扎实做好基础材料、影像图片等的收集、整理、编撰、审读、上报工作，于2015年8月1日前，分别上报省农办社会发展处与浙江农林大学"千村故事"工作室。

7月8日，浙江省农办社会发展处牵头，项目研究团队协助，召开了省、市、县农办分管领导和"千村故事"基础材料编撰业务骨干培训会（400余人参加）。一套丛书各卷主编，以及一个成果、一碟影像、一馆展示的主持人，分别宣讲各卷和各项目的主旨、框架、要求、范本、方法及注意事项，省农办分管领导、浙江农林大学分管副校长先后提出要求。省培训会议后，各地用不同方式逐级传达落实。一时间，"千村故事"讲述、编撰、求证等，在浙江历史文化村落里蔚成风气，家喻户晓。

2015年暑假期间，浙江农林大学研究团队组织11个联络组带领百名大学生分赴浙江省11个地级市"寻访千村故事"①、调查研究和巡回指导。其具体任务包括：一是选择典型村落，配合各地开展调查研究，寻访历史故事；二是接受邀请，为收集、编撰故事有困难的特别需要帮助的村落提供援助；三是在编撰一套丛书的同时，收集一个成果、一碟影像、一馆展示和一批基地的资料和实物。

截至2015年8月25日，"千村故事"工作室共收到"历史文化村落信息采集表"1244份，其中有效信息1158个村；故事基础材料1227篇，其中《礼仪道德卷》136篇，《清廉大义卷》130篇，《生态人居卷》287篇，《劝农劝学卷》84篇，《名人名流卷》228篇，《民风民俗卷》179篇，《手技手艺卷》99篇，《特产特品卷》84篇。8月26日，浙江农林大学研究团队举行了"千村故事"暑期调研汇报交流会，进一步讨论了历

---

① 浙江农林大学"寻访千村故事"暑期社会实践团，获中宣部、中央文明办、教育部、共青团中央、全国学联组织开展的"2015年全国大中专学生志愿者暑期'三下乡'社会实践活动优秀团队"荣誉称号。

史文化村落保护、利用现状及对策，部署各组统计分析历史文化村落本底数据，阅读筛选故事基础材料并提出修改意见。

"千村故事"研究团队调研和巡回指导村落，覆盖全省 11 个地级市、57 个县（市、区）、163 个村落，协助各（地）市修改或重写的故事达 259 篇。2015 年年末和 2016 年年初，8 卷故事初稿基本完成。2016 年春节（寒假）前后，浙江农林大学研究团队再次进村入户调研，进一步修改、补充和完善历史文化村落的历史故事。2016 年 4 月 8—10 日，浙江农林大学研究团队在湖州市南浔区获港村召开了"千村故事"统稿会，"千村故事"专家委员会部分成员，中国社会科学出版社领导和相关编辑人员，以及"千村故事"一套丛书各卷主编和其他"四个一"的项目负责人齐聚一堂，审读一套丛书初稿，统一编撰要求，按照"表述精准、真正达到了史实性、知识性和教育性的作品，同时突出重点村，反映浙江区域特色"的原则，遴选《〈千村故事〉精选》（卷一、卷二、卷三）三卷样稿。至此"千村故事"一套丛书调研和编撰工作基本完成。接下来，"一套丛书"交由中国社会科学出版社进入辛苦而繁复的出版程序。

五　梗概

《千村概览卷》厘清了浙江历史文化村落物质文明遗存及其保护利用现状。据历史文化村落基础信息有效采集的 1158 个村统计数据显示，浙江历史文化村落主要集中在浙西、浙南、浙中的山区、丘陵地区，而杭嘉湖平原、宁绍平原地区、海岛地区相对较少，其中丽水市 228 个村、台州市 170 个村、衢州市 159 个村、温州市 150 个村。浙江传统村落历史悠久，唐代及以前始建的村落 160 个，占 13.82%，其中舟山市定海区马岙村被誉为"海上河姆渡"[①]、"海岛第一村"，嘉兴平湖市曹桥街办马厩村至迟在春秋齐景公时期（前 547—前 489）便有村落；嵊州市华堂村金庭王氏始迁祖王羲之东晋永和十一年（355）三月称病弃官，"携子操之由无锡徙居金庭"[②]；宋代始建的村落居多，共有 367 个村，占总数的 31.69%，元代始建的 103 个村，占 8.89%，明代始建的 297 个村，占

---

① 1973 年，发现于浙江余姚河姆渡。它主要分布在杭州湾南岸的宁绍平原及舟山岛，经测定，它的年代为公元前 5000—前 3300 年，是新石器时代母系氏族公社时期的氏族村落遗址。

② 参见华堂村《金庭王氏族谱》。

25.65%，清代始建的 149 个村，占 12.87%。民国及以后始建的 82 个村，占 7.08%。村落中所有古建筑等物质文化遗存中，有文物保护级别的共有 4357 处，其中国家级文物有 375 处，省级文物有 699 处，市级文物有 400 处，县级文物有 2877 处，216 个村文物保护单位是古建筑群。各类古建筑数量主要统计各村的古民宅、古祠堂、古戏台、古牌坊、古桥、古道、古渠、古堰坝、古井泉、古街巷、古城墙、古塔、古寺庙、古墓十四类信息，汇总其数量达 3.6 万多处，其中最多的是古民宅，共 23071 处，古祠堂 1624 处，古城墙 91 处，古塔 69 处。有 1022 个村保存族谱，占"库内村"总数的 82.15%，一村多部族谱也是常见现象，本次调查统计大约有 4505 部族谱。有 295 个村落保存有古书、名人手稿、字画等文物资源。906 个村有古树名木，占村总数的 73%，有的村拥有古树名木群。据不完全统计，这些村落中 1000 年以上的古树有 135 棵，如丽水莲都区路湾村有 1600 年的香樟，建德石泉村有 1400 多年的樟树 7 棵，建德乌祥村有 1500 多年树龄的古香榧，余杭山沟沟村汤坑汤氏宗祠前有 1200 多年树龄的红豆杉和银杏，景宁畲族自治县大漈乡西一村有 1500 多年树龄的柳杉王……在村落的非物质文化遗产中，国家级有 89 个，省级有 187 个，市级有 172 个，县级有 237 个。浙江省重视历史文化村落保护和利用，2012 年至今，先后三期批准历史文化村落保护、利用重点建设村和一般村达到 779 个，占"库内村"总数的 62.6%。

《礼仪道德卷》述说浙江历史文化村落的价值追求。浙江历史文化村落里的人们，对礼仪道德的重视主要展现在三个方面：第一，有形载体众多，农村礼仪道德故事并不仅仅停留在村民的口耳相传之中，往往化身为物质载体，承载着村民的共同记忆。第二，注重传承，许多农村礼仪道德故事对于村民而言并不仅仅是一个传说，而是化身为族规家训，通过教育在子孙后代中传承。第三，影响深远，农村礼仪道德故事对于村民而言并非是遥远的往事，而是真实地存在于村民的生活之中，影响着其中的每一个人。浙江历史文化村落礼仪道德故事中，以下几个方面显得尤为丰富：一是慈爱孝悌。浙江历史文化村落有大量父慈子孝的故事，许多村庄将"孝"作为立村之本。慈孝故事可分为严父慈母的故事、寸草春晖的故事、慈孝传家的故事、节孝流芳的故事四类。慈孝故事在传统农村社会最为丰富，影响也最为深远，对民风的端正起到了极大的作用。二是贵和尚中。浙江历史文化村落里的和谐故事大致可分三类：第一类为家和事兴；

第二类为乌鹊通巢；第三类为民族和睦。三是见利思义。浙江历史文化村落的见利思义的故事也可分三类：第一类为勤俭诚信的故事；第二类为公而忘私的故事；第三类为积善得报的故事。四是乐善好施。乐善好施是浙江历史文化村落美德故事的重大主题，总体可分为三类：第一类为回报桑梓的故事；第二类为扶危济困的故事；第三类为造福一方的故事。中国传统农村社会典型地体现了对礼仪道德的注重，这些传统美德与农村社会生活密切相连，它们是农民创造的宝贵精神财富，是农村社会持续发展的不竭精神动力。

《清廉大义卷》传颂浙江"忠义廉正、光昭史策"的如林贤哲。忠诚爱国，廉洁奉公，心系天下是他们为官从政的基本价值取向，也是他们为官做宰的基本要求。他们在其位谋其政，勤于政事，为民请命，爱民如子，以民众和国家利益为先；他们志行修洁，清廉刚正，讲求以身任天下，把个人的安身立命与天下兴亡、百姓福祉联系在一起，得志时则兼济天下，不得志时则独善其身。在一乡则有益于一乡，在一邑则有益于一邑，在天下则有益于天下。每当国家兴盛时，士大夫多以廉洁自重，刻意砥砺德行；每当社稷衰颓之时，正是"义夫愤叹之日，烈士忘身之秋"（《晋书・慕容德载记》），竭忠效命、临难捐躯者指不胜屈。这充分显示："腐败"乃是贯穿历史败亡的一条基线。故事主人公们在道德实践上主要依靠内省、自律去克制欲望，抵制诱惑，诉诸的是主体向内用力的道德自觉，而不完全依靠外在他律的规范和约束，养廉多于治廉。他们的政治实践则主要体现在：责君之过，以正君臣；律己之行，以严公私；爱民如子，以和官民；进思尽忠，退思补过；先忧后乐，用舍皆行；等等。他们的政治诉求则是一个"天—君—民"三位一体的政治架构，在这个传统的政治架构中，臣民可忠于君主，也可忠于社稷天下。忠于君主者，以君主利益为第一位，唯君主马首是瞻；忠于社稷天下者，以民众和国家利益为先。在官与民、权与理、君与国的矛盾前面，站在民、理、国这方面，"苟利国家生死以，岂因祸福避趋之"。而伴随着近代"国家""民族"概念的传入，政统与道统、君主与国家区分更为明显。杀身成仁，舍生取义，近代以来，浙江无数的仁人志士为了革命理想信仰、为了救亡图存、为了至高无上的道义精神，他们大义凛然，慷慨就义。

《生态人居卷》集萃浙江先民人居环境建设的智慧。"人居环境的灵魂即在于它能够调动人们的心灵"，各村落因地形地貌、水土植被、经济发展程度的不同，形成富具地域特色的个性。浙江历史文化村落大多数是有着宗族体系的血缘村落，宗族伦理观念强烈地影响着村落的空间布局和建筑形态，村落布局形态讲究道德伦理关系，重视等级制度和长幼之分。出现了以宗祠为核心，以主要商业街、道路或河流为发展轴，根据地形因地制宜的布局模式。浙中地区特别讲究形成山水环抱、聚气藏风的"风水"格局，甚至不惜人力、物力改造风水，比较典型的如武义郭洞村。浙江历史文化村落的历史建筑营造匠心独具，除建筑艺术精美之外，还体现了浓郁的人文理念。建筑群体组合往往有着严谨的秩序，祠堂大多设置在传统村落的中心位置，而亭、廊、桥等风景建筑则体现"天人合一"与"文以载道"的思想观念，巧妙结合地形地貌，承载伦理道德和美好的愿望。浙江水系众多，形成了清新、淡雅、古朴的历史文化村落风貌，村落中合理科学的水系规划，不仅调节了小气候，满足了日常饮用、灌溉、排污、消防等功能，同时又形成了优美的人居环境。浙江历史文化村落大多是望得见山、看得见水的"山水田园村落"，植根于周围山水自然环境，因地制宜进行家园建设，并辅以恰当的人文景观，形成质朴自然而又如诗如画的乡村风景园林。浙江自古以来人文鼎盛，历史文化村落中多有诗词歌咏、楹联题刻、文化典故等人文景观。在这些人文景观中，有的记录村落发展的重要历史事件，有的记录传说故事或歌颂风景名胜，彰显着村落的人文内涵之美。

《劝农劝学卷》夯实浙江历史文化村落兴村根基。耕读传统是浙江历史文化的重要传统之一，它的产生是与古代中国"劝农劝学"观念的内在要求和政策制度相契合的。浙江耕读传统产生于农本经济（物质基础）、科举入仕（制度保障）、兴家旺族（直接动力）、隐逸文化（思想渊源）、人口迁徙（促成因素）五大基石，其中农本经济、科举入仕和兴家旺族是浙江耕读传统产生的一般要素，隐逸文化和人口迁徙则是浙江耕读传统产生的特殊要素。在中国农业社会的历史长河中，耕读并重作为农民的生活模式，是一种可保进退自如的持家方略，二者相辅相成、相得益彰。源于此，"耕读传家"作为宗法制的历史文化村落根深蒂固的生活理想，是宗族（家庭）事务的头等大事，每个宗族都期望自己的族人可以中举中进士，入朝为官，光耀门楣。因此，族规家训都极为强调耕读之首要性；士绅乡贤则扮演着文化教育的继承者和推动者的双重角色；而庙祠牌坊既是族人对其丰功伟绩的一种铭记，也是对族中后人的一种鞭策；兴教办学则是文脉传承背后的助推力。耕读传统使得浙江地区人才辈出，尤显家族代传性特征。如温州瑞安曹村自南宋高宗绍兴二十七年（1157）至明成祖永乐二年（1404），200多年一共出了82名进士，是全国闻名的"中华进士第一村"；永嘉屿北村的"一门三进士，父子两尚书"；江山广渡村的"四代十登科，六子七进士"；绍兴州山村的"父子两尚书""祖孙四进士""十八进士"等。近代以来，则有"状元村"之美誉的宁海梅枝田村和"博士村"之美誉的缙云姓潘村。劝农劝学观念的化身则是耕读传统在中国农耕社会中形成、发展和行将消亡的思想轨迹，鲜明地揭示了封建社会中富裕农家和仕宦之家对于家族（家庭）文化教育前景的企求实态，它表明，耕读传家观念不仅源远流长，而且深远地影响了农业中国的乡村社会。

《名人名流卷》镶嵌着浙江历史文化村落一颗颗璀璨明珠。浙江历史文化村落名人故事丰富多彩，所述人物故事涉及名儒名臣、名贾名商、诗画艺人、乡贤民硕、侠客义士等。名人故事都寄托了村民的情感，反映了时代心理，有一定史料研究意义。浙江历史文化村落的名人名流，明代到近现代的居多。这与浙江省历史文化名村形成的历史相适应。从时代变迁看，中国文化经济重心不断南移，与浙江名人辈出是顺向同步的。浙江由于地处东南，战争较少，经济和文化得到长足发展。南宋定都临安，给浙江带来前所未有的发展机遇，从而使浙江成为全国举足轻重的经济和文化重镇，造就了一批批优秀儿女，其中不乏由这些历史文化村落走出的。地理对文化、对名人名流分布的影响显著。从地理类型上看，浙江历史文化村落名人名流的分布大致代表了西南山地文化、浙北平原文化、海洋文化三种类型。山区名人名流的特点是崇文尚武、武术医家、义士将军等；平原地区多半为鱼米之乡，交通发达，文化基础本身较好，多出巧匠、商人、科学家、文艺人士等；沿海名人名流具有开放冒险、抵御外侮、漂洋经商的生活经历。浙江人祖先多半是中原移民，经过几次大规模南迁运动，很多北方家族南下，到浙江重新聚居，形成历史文化村落。新移民将北方的文明与本地特色结合，将优秀的中原文化传统延续下来，而传统意义上的吴越土著文化实际上自秦灭越之后特点不突出，浙江文化与中原汉文化实现了自然接轨。如朱熹与郭村、包山书院，陆羽与余杭、吴兴、长兴等，赵孟頫与下昂村等，他们的活动丰富了历史文化内涵。

《民风民俗卷》延续浙江历史文化村落鲜活历史。浙江历史文化村落保留的民俗不仅多种多样，而且具有深厚的人文底蕴和独特的地域色彩。比如，素有"鱼米之乡""丝绸之府"之称的杭嘉湖地区，流传于该地区的蚕桑文化民俗即将民间喜闻乐见的范蠡与西施的传说融合在内，使原本单纯的生产习俗增加了浓郁的人文色彩。浙江地域面积不大，但依山濒海，江河纵流，自然环境复杂，地形地貌丰富。因此坐落于不同地区村落的村民，生产、生活习俗也各各不一，又都与其所生活的区域自然环境息息相关。浙西多山，山地村落流行的生产、生活风俗，即与村民千百年所依赖的山地环境关系密切，如流传于衢州洋坑村的"喝山节"——喝山祈福习俗即为典型一例。浙北多平原水乡，流行的民俗不少即与水上活动有关，如嘉兴地区民主村的水上庙会习俗。浙东南濒海、多岛屿，因之生活在滨海地区和离岛上的村落居民，其民俗就带有浓厚的海洋气息，如浙南洞头县东沙村祭祀妈祖（海神）习俗。浙江是畲族的主要聚居地区，景宁是中国第一个也是唯一一个畲族自治县，有"中国畲乡"之称，在景宁及周边的几个畲族分布的县域村落内，流传着畲族独有的生产、生活风俗，成为浙江历史文化村落民俗中极具鲜明地域风格的代表。浙江历史文化村落的民俗大体归为：一是传统的岁时节令类；二是人生历程中的婚嫁、生育、寿庆、丧葬类；三是反映家族文化的祭祖、修谱、族规类；四是农事生产类；五是乡村美食与风物特产（指手工制作的，与自然生产的不同）类。此外，还有一些涉及居住建筑、传统体育、游戏娱乐和口头文学等。民俗是过去生活的记忆与缩影，也是村居民落在千百年的生产、生活中积淀的文化遗产，随着社会经济的高速发展和城镇化的快速推进，不少良风美俗也都面临着湮没之危。我们希望"千村故事"能够让这些乡村记忆传之久远。

《手技手艺卷》展示浙江历史文化村落里百姓与"这方水土"相互厮守的故事。浙江省历史文化村落手技手艺体现于生产、生活的方方面面，比如，将传统的绘画与雕刻工艺应用于传统建筑与装潢，竹编或草编则在保持手工艺品基本特征的基础上，使其成为乡村旅游的一个品牌；剪纸、陶艺依然维系着一方水土的温馨记忆。浙江省的手技手艺是"一方水土"的百姓与这片山、这片水相互厮守的故事。从远古走来的浙江人民世世代代与这片土地同呼吸、共命运，并由此衍生了具有浓厚区域色彩的手技、手艺，这些手技、手艺曾经是普通百姓的重要经济手段，尤其是在农耕社会时期，生产力水平不发达，交通闭塞，对一个家庭乃至一个家族而言，一门手艺的掌握将给他们带来相对稳定的收入，由此贴补家用，贴补再生产，当然也贴补愿望。由于区域的相通性，即使有多达上千的历史文化村落，手技、手艺在许多村落间都是共通的，同时也展现出地域乡土性。传统技艺存在于生活之中，只要有适宜的环境，手工艺就会得到传承。比如，木作、雕琢、烧造、冶炼、纺织、印染、编织、彩扎、装潢、造纸、制笔、烹饪、酿造、印刷等，在当代社会的现实生活中仍然有着广阔的生存空间。费孝通先生曾说过，非物质文化遗产"之所以传下来就因为它们能满足当前人们的生活需要。既然能满足当前人的生活需要，它们也就是当前生活的一部分，它们就还是活着。这也等于说一个器物一种行为方式，之所以成为今日文化中的传统，是在它还发生'功能'，能满足当前的人们的需要"。

《特产特品卷》印制浙江历史文化村落亮丽的名片。浙江历史文化村落的特产特品文化深厚，各地的每一种特产，都不是简单的自然馈赠品，而是各地居民在千百年的生产、生活中积淀下来的文化遗产，每一种产品都有其独特的种养、加工技巧和工艺流程，许多产品还有一套与其生产过程相配套的地方习俗和文化故事。浙江历史文化村落农特产品具有鲜明的地域差异性。比如，浙北杭嘉湖平原地区是种、养、加特产集中区，农特产品主要以种植产品、淡水养殖品及加工制品为主，传统种植产品以蚕桑种植最具特色，现代种植产品则主要以瓜果蔬菜为特色，如槜李、湖菱、大头菜、莼菜、雪藕等特色果蔬在区域内均有一定的分布；浙中金衢盆地地区是瓜果、药材、粮油肉加工产品集中区，如兰溪杨梅和枇杷、常山胡柚，磐安元胡、玄参和白芍等，金华火腿、金华两头乌猪、龙游乌猪、衢江三元猪、金华酥饼、龙游发糕、江山铜锣糕、常山山茶油等；浙西丘陵山地地区则是茶叶、竹木产品集中区；浙南山地地区是林木、山石产品集中区；浙东丘陵地区是特产多样性地区；浙东沿海平原地区则是蔬果、海产集中区；东南滨海岛屿地区则是海洋捕捞产品集中区，陆地特产相对较为贫乏。浙江历史文化村落的特产特品注入了深刻的文化印记，其中许多农特产品从一个村落发源，经过历代村民精心呵护与反复打磨，已经走出村落、走向世界，成为历史文化村落的名片。

（执笔：王景新，浙江农林大学中国农民发展研究中心暨浙江省农民发展研究中心常务副主任，中国名村变迁与农民发展协同创新中心首席专家；文中"梗概"由各卷主编撰写。）

绪论：浙江历史文化村落清廉大义故事钩沉及现代价值

《管子·牧民》载："四维不张，国乃灭亡"，"何谓四维？一曰礼，二曰义，三曰廉，四曰耻。"廉、义作为中国传统文化中的重要基石，表征着过去宗法社会体制对社会伦理和政治道德的基本价值认同，在传统社会治国理政、个人修身及社会风气的形成中起着独特的作用。斗转星移，时与世异，虽然社会历史条件发生了巨大的变化，但是廉义文化依然对当今的政治文明、精神文明建设具有重要且深刻的价值。因此，挖掘浙江历史文化村落中世代流传的清廉大义故事，弘扬廉义文化，推动其向实践转化具有重要的现实意义。

一　独特的自然和人文环境培育了浙江人崇节义、重廉耻的风尚

《礼记·王制篇》云："广谷大川异制，民生其间异俗。"汉代班固认为人的行为与观念的形成，与水土的构成和当权者的引导有关。"凡民函五常之性，而其刚柔缓急，音声不同，系水土之风气，故谓之风；好恶取舍，动静无常，随君上之情欲，故谓之俗。"[1] 浙江位于东海之滨，山川交错，河流众多，物产丰富，自宋元以来更是人才辈出，人文昌盛，冠于全国，成为中国历史上经济、文化最发达的地区之一。

独特的生态自然环境和人文环境孕育了浙江人崇节义、重廉耻的习俗风尚。"两浙山川正气，钟为伟人，其间黼黻太平，润色鸿业者，固代不乏人。而竭忠效命，临难捐躯者，亦指不胜屈。"[2] 因此，浙江自历代以来贤哲如林，"忠义廉正，光昭史策者类有其人"。

明代王士性曾以实地考察为基础，将浙江分为平原、山区、海滨三种亚文化区，认为不同区域有着各自不同的生产方式、生活方式、风俗习

---

① （汉）班固：《汉书·第6册》，中华书局2006年版，第1640页。

② （清）嵇曾筠、李卫、沈翼机等：《雍正浙江通志》第9册，中华书局2001年版，第4633页。

惯、价值观念。"杭、嘉、湖平原水乡，是为泽国之民；金、衢、严、处丘陵险阻，是为山谷之民；宁、绍、台、温连山大海，是为海滨之民。三民各自为俗。"① 从地方文献记载来看，较之平原地区，山区滨海之民尤重气节与廉耻。

例如台州，据民国《台州府志》称："浙分东西，浙西三府，杭、嘉、湖俗近吴中，浙东八府，金、衢、严、处邻皖闽赣，宁、绍、台、温皆滨海，风俗略有异同。台郡绾宁、绍、温三府中为浙省东南奥区，山海雄峻而地瘠民贫，俗安畎亩，火耕水耨，渔猎山樵，工商之业不振，然士重廉耻，代产伟人。宋明以来人文蔚起，卓然为浙东生色，《传》所谓沃土之民不材，瘠土之民好义。吾郡殆足以当之矣。"② 丽水（古称处州），"古称山国之民，其气刚以劲，处介万山，人尚气节，盖亦禀山川之气而然者"③。丽水之缙云，"自宋晦翁先生过化之后，士尚廉介，家习儒业"④。遂昌，"士敦廉节，民知诗礼"⑤。金华，"其地三洞双溪山川之胜，降灵於人，故名士辈出，孝友、笃行、勋烈丕著者有之，文章诗赋鸣於当时者有之，高尚之士、泥涂轩冕者亦有之"⑥。初步统计也显示，台州、金华、丽水三地清廉大义故事收集最多。

从浙江历史文化村落收集的相关故事中，可以发现清廉大义作为中国古代社会所倡导的从政美德，在道德实践、政治实践、政治诉求等方面具有以下特征：其一，道德实践主要依靠内省、自律去克制欲望，抵制诱惑，诉诸的是主体向内用力的道德自觉，而不完全依靠外在他律的规范和约束。在故事中，主人公都非常注重励志修身。在统计表中则体现为养廉故事多于治廉故事，关于廉政制度建设的故事所占比例极少。其二，政治

① （明）王士性：《广志绎》，中华书局 1981 年版，第 68 页。

② 喻长霖、柯骅威：《民国台州府志》，王海浩：《中国地方志集成：浙江府县志辑》第 44 册，上海书店 1993 年版，第 874 页。

③ （清）潘绍诒：《光绪处州府志》，王海浩：《中国地方志集成：浙江府县志辑》第 63 册，上海书店 1993 年版，第 890 页。

④ （清）曹懋极：《康熙缙云县志》，王海浩：《中国地方志集成：浙江府县志辑》第 66 册，上海书店 1993 年版，第 26 页。

⑤ （清）缪之弼、程定：《康熙遂昌县志》，王海浩：《中国地方志集成：浙江府县志辑》第 68 册，上海书店 1993 年版，第 108 页。

⑥ （清）张莐、沈麟趾：《康熙金华府志》，王海浩：《中国地方志集成：浙江府县志辑》第 49 册，上海书店 199 年版，第 362 页。

实践主要体现在：责君之过，以正君臣；律己之行，以严公私；爱民如子，以和官民；进思尽忠，退思补过；先忧后乐，用舍皆行等等。王朝中前期不乏清官廉吏，王朝末世则忠臣义士居多。这是因为腐败乃是贯穿历史败亡的一条基线。故每代开国为求长治久安，总是致力于堵塞各种招致败亡的漏洞，但是，历史上又是从来无不亡之国，无不败之朝。每当社稷衰颓之时，正是"义夫愤叹之日，烈士忘身之秋"（《晋书·慕容德载记》）。其三，古代官员的政治诉求局限在一个"天—君—民"三位一体的政治结构中。在这个传统的政治架构中，臣民可忠于君主，亦可忠于社稷天下。忠于君主者，以君主利益为第一位，唯君主马首是瞻；忠于社稷天下者，以民众和国家利益为先。在官与民、权与理、君与国的矛盾前面，站在民、理、国这方面，"苟利国家生死以，岂因祸福趋避之"，由士代表的天理即道统高于代表君主的政统。然而伴随着近代"国家""民族"概念的传入，传统的政治结构发生变化，政统与道统、君主与国家区分更为明显。因此，晚清民国时期，革命志士为救国救民，慷慨就义的故事较多，可独占一篇。

二　浙江历史文化村落清廉大义故事的历史钩沉

故事数量统计显示，晚清民国时期的历史故事最多，明朝次之，两宋再次之，宋以前的唐朝和东汉各1个。也就是说，离现在时间越近，故事越多；历史越久远，流传的故事越少。明代乔拱璧为徐象梅《两浙名贤录》作序，称"自来名贤湮没而不传者，不可胜数"。千载以来，浙江贤哲如林，以政事、文章、德行、才谞、名节著世者不计其数，然而失其名，逸其事者亦指不胜数。例如，光绪《嘉兴府志》人物传中忠义一目，唯存姓名，未记其事。特别是伴随着现代工业文明的推进，古老的村庄、风俗及先贤事迹更为迅速地湮没在历史的长河中。如平阳仙口村旁那抗倭的烽火台依然存在，但那关于抗倭英雄们的记忆却已遗失在时间的流逝中。

为了保存往昔，留住历史记忆，在省农办的支持下，我们从上千座浙江历史文化古村落中寻访、搜集清廉大义故事百余篇。按故事人物操守及事迹，大致可以分为六类故事。

第一类是清廉自守，廉正为人。民国《杭州府志》在卷首凡例中称："介节有守者也，虽绩效未彰而清廉足纪，固不得而遗之矣。"意指官员在职期间也许政绩并非很突出，然而能够清廉自守，就足以青史留名了。

因此，此次收录的故事中，如果是重点讲述了士大夫们俭以养德，廉以立身的事迹，而没有或者较少展示他们在国家和地方治理的事功者，均归属此类。包括了三种故事：一是清官廉吏严于律己，衣食住行"自奉俭约"的故事。这是因为俭以养德、寡欲养廉乃是古代清官的基本要求。二是家风清正，治家严格，对家属子女要求严格，常常父子、叔侄、祖孙乃至一个家族都以清廉刚正著称。三是不贪污、不受贿，也不接受馈赠，清廉正直，操守可敬，志行修洁。

第二类是民胞物与，廉政爱民。中国自古就有"民为贵，社稷次之，君为轻"之类的民本思想。为官之道，当以民为本而不是以官为本，行事处世要处处想到百姓。古代清官的形象最突出的特点就是爱民。此类故事较多，其主人公通常为官以德，廉洁为民，勤于政事，守土尽责。他们往往会采取各种措施，爱民、恤民、为民请命，深受百姓爱戴。简言之，凡是关心百姓疾苦，注重发展生产，爱护民力，减轻百姓负担，救灾济贫，兴利除弊，打击豪强，为民除害，废除苛政，注重德化，振兴文教等故事均属此类。

第三类是正道直行，廉明治国。《广雅》曰："廉，棱也。"意指正直、刚直、品行方正，故而常有"廉直"的说法。古代中国治乱的根源都在上面，故而特别强调官员廉直的操守。在对待人为压力时，要有正直、正气、刚正的品格，要讲原则，做到刚直不阿、公正执法。欧阳修曾在《荐王安石吕公著札子》中说："富贵不染其心，利害不移其守"，认为经得起"富贵"和"利害"的考验，依然能够做到不染和坚守，这才是真的了不起。因此，面对富贵不动心，面对利害时不退缩，正道直行，无私无畏，犯颜直谏，针砭时弊，任贤选能，不避权贵，苟利社稷，生死以之，这是历代清官的优秀吏德。凡是讲述此类事迹的故事均归属此类。

第四类是取义成仁，尽忠报国。此类故事最多。故事主人公或以民族大义为重，或以君臣大义为重，或以社稷江山为重，"捐躯赴国难，视死忽如归"，竭尽忠诚，义无反顾。已收集的故事中，包括：抗击外敌入侵，杀敌报国类的故事；死于王事，忠君殉节的故事；抵御贼寇，平定叛乱，保卫家国的故事。

第五类是舍生取义，救国救民。中华民族的传统价值观倡导杀身成仁，舍生取义，以身任天下，把个人的安身立命与天下兴亡、百姓福祉联系在一起。尤其是自鸦片战争打开中国大门之后，为了探索救亡图存的道路，近代浙江涌现了无数的革命志士。他们为了挽救国家和民族的危亡、为了救民于水火、为了自己的革命理想信仰、为了至高无上的道义精神，大义凛然，慷慨就义，不仅名垂青史，而且激励着后人作前仆后继的奋斗。此类故事就是以这些志士仁人为主人公。

第六类是居仁由义，兼善天下。义乃是通向仁的理想境界的必由之路。以仁居心，由义而行，重义、贵义、求义既是君子人格的本质规定，也是儒者的本质规定。依义而行，就是有德行的人。《孟子·滕文公下》说："居天下之广居，立天下之正位，行天下之大道；得志，与民由之；不得志，独行其道。"在浙江历史的长河中出现了众多义士，他们修己安人，推己及人，兼善天下，未食君王之禄，却能够勤王效命，慷慨赴义；或是舍财济世，大公无私，其恩泽超出了宗族血缘关系，造福一方，有益天下。因此以这些义士仁人为主人公的故事均属此类。

三　浙江历史文化村落清廉大义故事的现代价值

浙江历史文化村落中血缘家族督导其入仕子孙为官清正廉洁、热爱国家、坚守民族大义的事迹，以及忧天下、担道义的动人故事，蕴含了丰富的伦理道德资源，展现了浙江人的重廉尚义思想，弘扬了"尽忠报国""修身齐家济天下""国家兴亡，匹夫有责"以及"先天下之忧而忧，后天下之乐而乐"等优秀文化。

（一）浙江历史文化村落清廉大义故事中蕴含民族国家意识教育

民族国家意识，是国民对拥有共同认同感的同胞及其共同形成的体制即民族国家的主体意识和集体归属感，强调个人对民族国家的自觉认同、高度忠诚与热爱。清廉大义故事中的主人公们通常具有一种胸怀天下的民族国家意识和责任感。忠诚爱国，廉洁奉公，心系天下是他们为官从政的基本价值取向，也是他们为官作宰的基本要求。正如《忠经》所言："言事无惮，苟利社稷，则不顾其身。""在官惟明，莅事惟明，立身惟清。清则无欲，平则不曲，明则正俗。"也就是说，为官之人应该为国家利益而付诸奋不顾身的行动，官员清廉公正便是对国家的忠诚。正是在这种价值导向下，浙江历史上才不断涌现出清官忠臣。例如吴碧山抗击倭寇、钟厚抗辽殉国、陈虞之及八百族人壮烈殉国、吴尔埙抗清殉国等等，都是为了保卫国家而奋不顾身；又如刚正不阿的应廷育、直言进谏的陈禾等等，为了社稷黎民，不顾自身安危；又如铁骨铮铮的吴时来，因弹劾严嵩遭流放边远小县，困处泥涂、蹇涩难进时依然心系黎民，恪尽职守，办学校，选人才，兴水利等。

（二）浙江历史文化村落清廉大义故事昭示勤政爱民教育

清廉大义故事中的主人公们一个很突出的特点便是重民。他们在其位谋其政，勤于政事，为民请命，爱民如子。如萧山欢潭村清廉能臣田轩来上任伊始革除陋规，减轻百姓负担，他感慨地说："官是贫穷，可是百姓比官更加贫穷，怎么能让官去拖累百姓呢!"于是下令，凡官员所需要的一切费用都从自己的薪水中捐出，自行解决。一概不得干预乡里的差役。又如仙居县李宅村李一翰无论在何处为官，都能顶住压力，维护百姓的利益，严惩侵犯百姓利益的豪强与豪奴，铁面无私，以致连严嵩都无可奈何地说："李某人岂是可以说情的人!"在社会主义社会里，人民是国家的主人，我们的党员干部更应当以人民的利益为出发点和落脚点，坚持立党为公、执政为民、保持党同人民群众的血肉联系。"坚持问政于民、问需于民、问计于民，做决策、定政策充分考虑群众利益和承受能力，统筹协调各方面利益关系，切实办好顺民意、解民忧、惠民生的实事，让人民共享改革发展成果。"这既是对清廉大义精神和思想的继承与发展，更是新形势下对每位党员干部提出的现实要求。

（三）浙江历史文化村落清廉大义故事具有示范警示作用

故事中的清官廉吏、忠臣良将不仅自身生活俭约素朴，对家属子女要求也非常严格。如浦江县郑宅村郑氏一族，家规规定族人为官贪腐者逐出家族，家谱除名。故郑氏一族清官辈出。又台州黄岩新宅村黄孔昭祖孙三代皆以廉正著称于史。为官者具有示范作用，"上好礼，则民莫敢不敬，上好义，则民莫敢不服"。孔子说："其身正，不令而行；其身不正，虽令不行。"又说："政者，正也。"孟子说："君仁，莫不仁；君义，莫不义；君正，莫不正。"荀子说："君者仪也，民者景也，仪正而景正。"这些都说明，领导者自身端正会产生上行下效的积极影响。因此，挖掘浙江历史文化村落清廉大义故事，营造尊廉崇廉，尚义好义的社会氛围，能激励更多的人"见贤思齐"，见不贤而内自省也。我们应该采取拿来主义积极借鉴古代的清廉大义故事中的丰富资源，找准古代廉义思想与社会主义廉义文化建设的结合点，保留古代廉义文化精神的合理内核，让每位官员不断树立修身齐家治国平天下的社会理想，践行达则兼济天下，穷则独善其身的高尚情操，真正做到为党分忧、为国尽责、为民奉献。

目　录

第一篇　清廉自守　廉正为人

　　编者按：《孟子·尽心下》云："君子之守，修其身而天下平。"修身在先，修身未达，遑论平天下。换言之，身不修则德不立，德不立而政难廉。那么如何修身？俭以养德，寡欲养廉。司马光指出："夫俭则寡欲，君子寡欲则不役於物，可以直道而行。"生活节俭，则能淡化人的物质欲望，强化人的精神追求。故此，严于律己、自奉节俭、不贪不污、拒不受馈、家风清正是清官吏德的最基本要求，也是历代清官廉吏的共同特点。民国《杭州府志》在卷首凡例中称："介节有守者也，虽绩效未彰而清廉足纪，固不得而遗之矣。"为此，本章主要收集了以下故事，着重讲述历史上那些能够自奉俭约、不贪污、不受贿，也不接受馈赠，严格要求自己及家人，清廉正直，志行修洁的官员。

杭州萧山大汤坞村

布衣总督汤寿潜

　　大汤坞村隶属于杭州市萧山区进化镇，四面环山，环境优美，历史悠久，古迹众多。汤寿潜就出生于此。

　　汤寿潜（1856—1917），原名汤震，字蛰先。清末民初实业家和政治活动家，也是晚清立宪派的领袖人物，因争路权、修铁路而名重一时。虽多年身居要职，却生活简朴，穿布衣、着短褂、戴笠帽，有"布衣都督"之称。

汤寿潜像

　　汤寿潜从小就天资聪颖，与常人不同。村中流传着许多关于他的传说。据说汤寿潜之所以能够一生淡泊名利，清廉自守，是因为他是和尚转世。

　　1856年7月3日拂晓，汤沛恩夫人肚痛阵阵，即将临盆，沛恩乐得满面春风。但是，这位快当爸爸的私塾先生却没有经验，连产妇必需的姜、糖、面条都没有准备好，直到接生婆进门一问，这才慌了手脚，连忙把临产的夫人托给接生婆，自己拔腿直奔临浦镇。

他急匆匆冲出大汤坞，一溜小跑刚跨上新桥，迎面过来一位和尚，僧衣邋遢，双手合十，打躬作揖，拦道问讯："大汤坞甸源先生家往哪里走？"

闻听对方在打听自己的父亲，沛恩不由得侧身停住。他见和尚斜挎着一个"韬光寺"字样的黄布化斋招文袋，心想："这位邋遢和尚一大清早找我爹做啥？想必是要去我家化缘。"因心里惦记着夫人，也无意多问，便手指隐现在晨雾中的自家楼房说："师父，喏，大门朝东那间楼房便是。"说完，便径自往临浦镇奔去。

沛恩以最快的速度购买了姜、糖及其他要买之物，顾不得喘口气，便三脚并作两脚赶回家中。刚进家门，"恭喜先生得了贵子"的祝贺声已迎面而来。他眉开眼笑，边道谢边快步上楼，见到了爱妻幼子，疲劳顿时烟消云散。返身下楼，才向前来道喜的邻里乡亲询问和尚化斋之事，家里人都说未见到和尚。于是，又出去询问村里人，也都说没有见到和尚。一番询问，惊动了一些好事者，他们忽发异想，竟然编出一段蒙着神秘色彩的奇闻来。"沛恩的儿子是韬光和尚转世"的传言，在当地不胫而走。随着时间的推移，关于汤寿潜的逸闻，也越传越玄："和尚嘛，慈悲为怀，淡泊名利，普度众生；所以汤寿潜不愿做官，清廉一生，尽做爱民积德的好事。"

虽然出生的故事有点神幻，但汤寿潜读书学习却是相当刻苦用功。1892 年，他赴京参加壬辰科会试，中第十名贡生，殿试二甲，赐进士出身，朝考二等，授翰林院庶吉士。1894 年，以知县衔归部铨选，授安徽青阳知县。知县虽为七品小官，却是当时科举仕途中的必经阶梯，是学子们寒窗苦读的夙愿。汤寿潜却淡泊名利，任职仅三个月，就以要赡养亲老为由乞求辞归。当大多数踏上仕途的官员一心追求功名利禄时，汤寿潜却致力于著书立说、教书育人、维护路权、修建铁路、兴办实业，主张教育救国、立宪救国、实业救国，多次辞官和不就职，有据可查的就有 11 次之多，被誉为中国近代辞官最多的人。

尽管汤寿潜并不富裕，却从不贪财。他总理浙江铁路期间，经过多方集资，3 年内在浙江境内修筑铁路 328.2 华里，架设桥梁 144 座。1914年，沪杭铁路收归国有，袁世凯感念汤寿潜自 1905 年督办铁路起，就不曾支取分文工资，故一次性拨给汤寿潜 20 万银元，作为对他不支薪金的补偿。汤寿潜却将此笔巨款退给股东会，公开发表"致股东书"，申明全部资金交由股东会处理，不敢一人独得。但是股东会还是坚持要将这笔巨款交还汤寿潜自己处理。

推来让去，悬而难决。袁世凯政府只好派人将 20 万银票送到杭州汤寿潜家中，再次表示，这是对汤氏不支薪从事路政四年的补偿。袁世凯想通过这一举动，向汤寿潜表示：袁氏自己不计前嫌的宽宏大度，同时也在试探着汤氏。

这天，汤寿潜正在家乡养病。他的长子汤孝佶接待了袁氏的使者。孝佶深知老父与袁氏的芥蒂，况且老父早有交代，不能接受这笔巨款。他再三婉拒，弄得来使坐立不安进退维谷。孝佶因婉言拒绝，对方却一再坚持，不免言词生硬起来。这时，汤寿潜的女婿马一浮正好进来。马一浮阅历丰富，深知当时官场习气，且对老丈人的心思也有所了解，故而劝岳父暂时收下，另做打算。一开始，汤寿潜坚决拒绝收下此款，但经过翁婿激烈争论，直到马一浮提出拒绝巨款会惹祸，不如来一个取之于民用之于民的方案时，汤寿潜才作出了默认式让步。

于是，马一浮连忙上前应付使者，并爽快答应收下了银票。等使者走后，马一浮赶紧跟孝佶说明原委，并一起火速赶回临浦，向汤寿潜禀告。汤寿潜听完后，立即决定将这张银票转赠给省教育会，作为建造浙江图书馆基本建设资金。

当然，汤寿潜并未因为这笔巨款而改变对袁世凯的看法，亦不由此而对袁氏政府萌生好感。

汤寿潜一生淡泊官位，看轻利禄，不重索取，乐于奉献，自奉俭约，清廉自守。他的功德为世人所敬仰，为家乡人民所爱戴。

（文/图：汤永海）

奉化马头村

菜汤知府陈肖孙

马头村隶属于奉化市裘村镇，背倚银山，三面环山，一面临港。自后梁时，人间弥勒——布袋和尚垒沙为堤开始，马头先祖先后在海边山谷围筑海塘，建成了多个小平原，使马头既有峥嵘的山岳、浩渺的江海，又有溪河纵横、广袤平整的田畴，不但风光旖旎，而且物阜民丰。唐中宗时，太子太傅陈邕后裔子孙，有三支分别在唐末天祐二年（905）、宋天圣五年（1027）、宋室南迁（1127）时先后迁徙至此地，定居繁衍，开族建村，距今已有1100多年。由于这里栖息着一种叫"鸡䴔"的水鸟，故此马头村的古名叫鸡䴔。

马头村村貌

陈氏先祖定居此地后，耕读传家，千百年来人才辈出，至今村民们还以祖辈相传的谚语"东边旗，西边鼓，不是文就是武"来激励子孙。陈氏子孙们也不负先人期望，使马头陈氏成为代有闻人、人才济济的奉东望族。陈肖孙便是这其中的一位。

陈肖孙（1206—1267），字伯岩，号勉云。他的父亲陈师稷，是当地的乡贤，虽未考中科举，然而诗词歌赋，无一不能。同乡文士杨文元、舒文靖、沈端宁等人都和他交往密切，推尊他为"仪范"，意指陈师稷品德高尚，可为乡里人效仿。

受家庭影响，陈肖孙从小志趣不凡，爱好读书，因为聪明颖悟，又肯钻研，学习进步很快。十五岁左右，生母陆氏去世，家境每况愈下，学业亦一度受挫。几年后，陈师稷续娶邬氏，邬氏贤淑，勤劳能干，视肖孙犹如己出，见他有志于学，多次勉励肖孙，为使肖孙能够专心读书，又将家中事务全部揽在自己身上，一肩挑起生活重担。

淳祐四年（1245），陈肖孙不负继母期望，高中甲辰科留梦炎榜，成为进士。初入朝廷，陈肖孙继续过着清苦的生活，每日必操笔墨，尤其进入大理寺后，更是勤学不辍。没过几年，就升任大理寺丞。大理寺是宋代掌管刑狱的官署，相当于现在的最高人民法院，大理寺丞有六人，为从六品官。当时，权臣贾似道为丞相，不喜欢四明（宁波古称）士人，千方百计排斥四明籍官员。唯独慈溪黄震（焕章阁左司马尚书，著有《黄氏日钞》）和奉化陈肖孙因为清正廉洁，贾似道找不到他们的错处，只好让他们继续为官。两人后来都成为有名的监司（宋朝转运使、转运副使、转运判官与提点刑狱、提举常平皆有监察辖区官吏之责，统称监司）。天下的士子都议论说，这两人在权臣弄权排挤的情况下，还能取得这样的成就，真是不容易啊！

陈肖孙性格耿直，生活艰苦朴素，在大理寺任职时，善于以法理人情和解纠纷，处理刑事案件时判刑适宜，一时间名声远播。咸淳元年（1265），陈肖孙因为善于处理政事，由户部郎中转迁为嘉兴府知府。嘉兴为鱼米之乡，物阜民丰，到此地任知府，着实是一个肥缺。

可是，陈肖孙上任后，依然保持一贯的清廉作风，官府仓库里的钱财物品丝毫不曾胡乱花费，对官场的送礼之风深恶痛绝，从不送礼行贿，也不肯接受礼物馈赠，实在推脱不了的，他就登记在册，上交国库。他还上告朝廷，请求免去嘉兴府百姓积欠官府田赋，计有钱20万，米4万石。在家里，他和子侄家人只吃些粗米糙饭和蔬菜粗食，因此，被人们誉为"菜汤知府"。

不久，朝廷叫他兼任浙西提刑官，第二年，又叫他兼任度支郎官。大宋提刑官不用像电视里的宋慈一样去破案，他只是代表朝廷主要负责对一路（相当于省）司法、审判、监狱及官员们进行监察，核准死刑等，不亲自参与对案件的调查与审理。陈肖孙的破案水平如何，我们不得而知，但是，他的廉洁却被当地百姓广为传诵，就连朝廷也非常满意，准备再行封赏他，大家都说此人"且大用矣"。

不料，浙西安吉县发生了贼寇作乱。大宋的提刑官，其实还负责监督赋税征收、仓储管理，甚至维持地方社会的治安，也就是剿除、捕获盗贼以及镇压农民起义，等等。陈肖孙亲自率领军队去镇压安吉贼寇。由于处理不当，损失惨重，受到弹劾，被罢了官。

陈肖孙回到家乡后，并未郁郁寡欢，仍为家乡做了许多好事，如他为黄贤村的林氏编修了第一个族谱。因为天气炎热，他不幸中暑生病死亡，终年六十一岁，安葬在黄贤的张天峁。

陈肖孙病逝后，他的儿子当时并未受到荫封。不久，朝廷议论此事，宰相认为，陈肖孙虽然有过错，然而他一生为官清廉，可为后世榜样，应当让他的儿子荫官。于是，陈肖孙的儿子陈裔伯被封为将仕郎，侄子晟伯封为武节郎，后恩补迪功郎。

中国素有"叶落归根"之说，陈肖孙到底是马头陈氏还是黄贤陈氏不敢妄下结论。据黄贤陈氏族谱记载，陈姓始祖是在金兵扰乱中原之际，从台州迁至象山窦峁，后来兄弟四人中，两人迁宁波，一人迁马头，一人迁黄贤，由此可见不管他是马头人抑或黄贤人，都是一家。

（文/图：陈贤灼）

平湖金家村

平湖二马"真御史"

　　金家村隶属于平湖市当湖镇，是一个拥有4000余年历史文明的古村落，村内拥有新石器时代的良渚文化遗址，地下埋藏了大量的历史文物。明朝宣德年间，平湖正式立县时，就有李墩村（今金家村）记载。明代天顺、成化年间，金家村的桥头、杨家浜一带的马姓家族中，曾前后出了叔侄两位御史，叔叔叫马曒，侄子叫马昆，因为做官清正廉洁，深受百姓爱戴，史称"平湖二马"，村里至今留有"二马牌坊"的遗迹。

李墩遗址

　　马曒，字季明，从小聪颖灵敏，读书过目不忘，生性忠厚老实，待人礼貌谦和。十八岁就考中举人，接着进京赶考，又考中进士。礼部侍郎薛文清见他才学兼优，品貌出众，十分赏识他，称赞他"神韵隽远，必为一代伟人"。朝廷先派他以"行人"（明代设有行人司，有行人之官，掌传旨、册封、抚谕等事）身份，出使河南，赈济灾荒，安抚百姓。他秉公办事，为朝廷赢得民心，不辱使命。

　　接着他又奉旨前往杭州巡查疑案，曾使蒙冤屈死的于谦得到彻底平反，表现出铮铮铁骨和非凡才干。后来，他又带着皇帝的诏书出使边域，去封赏琉球中山王。中山王和沿途官员纷纷送礼给他，但马暶一律拒退，分文不受。中山王十分敬重他洁身清廉的品格，给他造了一座"却金亭"。

为了整顿好都城周围的秩序，皇帝派他巡视京畿，马御史所到之处，贪官污吏都惧怕他的正直和严明，个个闻风丧胆，不敢为非作歹。从朝中到民间都称赞他说："真是骢马御史呀！"意指马暶和东汉时期的桓典一样，不畏权贵，清廉正直。（桓典，东汉人。官拜侍御史，当时正是宦官秉政弄权时代，桓典执政毫无回避，常常骑着一匹骢马，在京师巡视。京师权贵为之畏惮，私下传说："行行且止，避骢马御史"。）

平时，马暶一直同具有忠孝节义品德的朋友交往，特别孝顺父母，注重兄弟情谊，把"清白"作为座右铭。他虽然多次调任省部一级的官职，但家中住宅一直是简陋的老房子。他没有自家的车马、轿子，办私事需要乘坐时，总是向别人租借，从不公车私用。他还常常步行便装去察访民情。当时的人一说"真御史"，必定说"平湖二马"。"平湖二马"即指马暶和他的侄子马昆。

马昆，字克昌，幼年时亦聪慧过人，常常发表与众不同的独立见解。明宪宗成化乙未年（1475）考中进士，授江西永新知县。永新县边境有个梅花洞，有一伙人称"黑脚龙"的强盗藏匿其中，经常来到县境内抢劫掳掠，无恶不作，百姓无不怨声载道。马昆经过详细侦探勘察，摸清了"黑脚龙"的底细后，亲自披挂上阵，指挥搜捕。他恩威并施，强盗队伍中很快有人意志瓦解，里应外合之下，终于将首恶抓获，彻底摧毁了盗窝，众百姓拍手称快，都说他有勇有谋，手段高明，为百姓除了大害。

邻县有姓刘、任两个大户人家，官司打了二十年，当地官府始终难以定案，闻得马知县断案如神，便一同到他那里打官司。马昆见他们固执己见，都不肯服输，就在私下里给两方做劝解工作，动之以情，晓之以理，很快就使双方心悦诚服，握手言和。

有一年，县内受灾闹饥荒，马昆就召集富商大户，动员他们捐出钱财，购进粮食，赈济贫苦百姓，使他们免遭饥饿。因为马昆政绩突出，朝廷把他的官职升为河南道御史。这时朝中太监结党专权，其中最大的党派有"八虎"之称，为首者刘瑾执掌司礼监，人称"刘皇帝""立皇帝"，官员们都不愿得罪他。但是，生性耿直的马昆却敢在各种场合检举揭露他们，因而刘瑾等人对他一直怀恨在心。后来皇帝派马昆去两淮地区整顿盐法，两淮的大盐商们就想拿万两黄金来收买他，让他制定对自己有利的盐税法规。可是在听说了马昆的事迹后，惧怕马昆正直无私，始终不敢公开自己企图，送上万两黄金。在马昆的大力整顿下，两淮盐业有了富余银两。但是他却一丝一毫都没有沾染，又奏请皇上把这些钱用作救灾的储备。

正在这时，黄河入淮，导致淮河两岸水灾严重，马昆再次奏请皇上把两淮地区富余的食盐变卖为银两，赈济灾民，并监督指挥各郡各县在淮河两岸构筑石堤，有效防止了洪涝灾害。马昆离任后，淮河地区的老百姓都争相造庙来纪念他。

不久，云南又出现盗匪作乱，皇帝要总管太监刘瑾出主意。刘瑾对马昆曾经弹劾过自己的事情怀恨在心，想借强盗之手除掉心腹之患。于是奏请朝廷升迁马昆为备兵参政，令其剿灭盗匪。马昆到任以后，摸清这帮强盗原来都是良民，聚啸山林乃是因为生活逼迫，于是，他一面使用道德教育的方法对他们进行感化，另一方面又代表朝廷答应减免赋税，以利民生，并以身家性命为他们作担保，终于取得对方信任，不费一兵一卒，便让盗匪组织自行解散了队伍。马昆还先后做过山东道御史、广西道御史、云南按察司副使等官职，他对上刚直不阿，为民办事鞠躬尽瘁，走到哪里，就在哪里为民造福，百姓都把他当作能为自己做主的父母官，深深感恩在心。

皇帝感念马曦、马昆清正廉洁，做官做了十几任，家里像样的府第也没有一座，心里过意不去，就命国库拨出银两，为马家在家乡建造一座庄园。木排刚刚水运到庄里，刘瑾就密报皇上，谎称马家庄园建造的地方，是一条"龙脉"，今后要出贵人与皇上争夺天下。皇帝听了，派出一位姓张的大人前去探听虚实。当地百姓十分爱戴马家，知道这一消息后，大家纷纷赶来，连夜在木排上挑土筑堰，还在堰的上面播种了芝麻。等到张大人前来视察，所谓的"龙脉"已被堰基切断，堰基上的芝麻也已长高，看不出有啥好风水。于是张大人向皇帝奏报了看到的情况，使马家躲过了一场大难。刘瑾一计不成，又生一计，密令东厂（明朝设立的特务机构）派人潜来平湖，买通了一个马家丫鬟，要她见机行事。

"龙脉"风险过后，皇帝又下令重新启动马家庄园的工程建造。一天，石匠师傅开工打桥桩，大家一面打桩，一面讨口彩："扯起夯柱，嗨唷！一道用力，嗨唷！马家做官，嗨唷！代代相传，嗨唷！芝麻开花，嗨唷！节节升高，嗨唷！官出几化（多少），嗨唷！三斗三升，嗨唷！"没想到大家刚唱到这里，那个被收买的马家丫鬟送点心过来，听了石匠师傅的夯歌，随口附上一句："三斗三升芝麻官，一袋勿满！""一袋勿满"同"一代勿满"是谐音，民间传说桥基上打桩最忌讳讲不吉利的话，果然，马家丫鬟话音刚落，桥桩打下去的河面都泛起了殷红的鲜血。风水先生说，桥桩打在了马家的两只狮子头上！不久，马曋、马昆都积劳成疾，相继病逝在官任上。当地百姓都恨透了那个被金钱收买的马家丫鬟，更加痛恨设计陷害一代清官的太监刘瑾。

恶人终有恶报。马曋、马昆故世后不久，太监刘瑾勾结奸臣焦芳图谋反叛的事情败露，刘瑾被凌迟处死。朝廷感念马氏叔侄二人功德，按照百姓心愿，为他们在家乡建立牌坊一座，正面雕刻"望重内台"匾额，背面雕刻"弈世柱史"匾额，让后人永世敬仰他们刚正不阿的人品和爱民如子的精神。可惜这座牌坊在"文化大革命"中遭到毁坏，现今只存下石柱二根。直到现在，金家村的人们还在以惋惜的心情诉说着"马御史做官，一代勿满"的故事，都为家乡曾经出了两位清正廉洁的好官而感到十分骄傲。

注：1. 本文关于马曋、马昆事迹的史实，主要来自光绪《平湖县志》和平湖《世家大族》；2. "马御史做官，一代勿满"的故事，采录于至今还在流传的民间传说。

（文/图：张灿明）

诸暨赵家新村

琴鹤家风世代传

赵家新村隶属于诸暨市赵家镇，是诸暨东部赵姓集聚地，始称"兰台赵"。据《暨阳兰台赵氏宗谱》记载，伯益的后裔，传十三代至造父，擅长驾车，侍奉周穆王有功，被封爵，封地为赵城。于是，造父的子孙就以封地为氏，始称赵氏，在天水郡发迹成望族。兰台赵氏始迁祖孟良，为燕王德昭十世孙。北宋末年，自山阴柯山（今绍兴柯岩）迁诸暨长阜乡兰台里。

现存于赵家宗庙内的《兰台古社碑记》，记载更为详细："暨阳之东六十里，里曰兰台，有孟良公于南宋宝祐中（约1255年前后），自山阴柯山，负其祖父吉国公枢密使二枢，来乞于檀溪之西，卜居守墓，特建土谷祠。"760多年来，子孙繁衍，聚族而居，家风清正，成为暨东望族。据宣统《诸暨县志》卷九载："兰台里居民皆姓赵。人文秀出，甲于县东。"当地俗语云："磨石山头背横皮带多；兰台赵家读书人多。"据不完全统计，兰台赵氏出过秀才70个，太学生、国学生108个；贡生20个、举人7个、进士1个。

据陈炳荣先生《枫桥史志》称，兰台赵家，为宋神宗朝赵抃后裔。

赵抃（1008—1084），衢州西安人。年少时父母双亡，成为孤儿，生活贫苦，由长兄赵振抚养长大。他潜心学习，景祐元年（1034），年仅26岁就考中进士，累官殿中侍御史，弹劾不避权贵，人称"铁面御史"，后拜参知政事，卒谥"清献"，其所著《清献集》，被收入《四库全书》。兰台赵氏宗祠中的"清献堂"之堂名即源于此。

赵抃曾两次去四川做官。第一次为益州（成都）转运使。上任时，他随身携带的东西仅有一张古琴和一只白鹤。古琴放在一只布袋里，而白鹤则放在一只竹篓里，一琴一鹤分两边驮在一匹马上，这就是赵抃上任的全部行装。琴和鹤是古代文人学士高雅不俗的象征。赵抃只带一琴一鹤上任的事迹传到宋神宗耳里，十分赞赏，在赵抃入京朝见时对他说："你能以匹马入蜀上任，只随带一琴一鹤，这实在太好了。希望你在任期间，能够为政简易宽和，不贪财物，就像你的行装一样简单。"

琴鹤图

赵抃果然不负所望，为官清廉，把任所治理得物阜民丰。当时四川地远民穷，官吏肆无忌惮地胡作非为，州郡公然互相行贿。赵抃上任后，以身作则，一清如水，蜀地风气为之一变。穷城小县，百姓有的一生没有见过朝廷命官，而赵抃的足迹无所不至，父老乡亲大感欣慰，奸猾的小吏不得不敛息屏迹，不敢为非作歹。当时皇宫内侍到四川为宫妃采买蜀锦、为宫廷版刻新书等事，一路上吃喝玩乐，接受沿途官员馈赠，竟然在路上花费两月之久。赵抃发现后立即上书，要求内臣入蜀，只许住十天，州县之间不准互赠互请，以免劳民伤财。

他看到人民安居乐业，就高兴地弹琴取乐。他养的那只白鹤就在旁边翩翩起舞。平时他也时常用鹤毛的洁白勉励自己不贪污，用鹤头上的红色勉励自己要赤心为国。所以他的后人以此作为堂号，名为琴鹤堂，以示纪念。

卸任时，他的全部家当还是一张古琴和一只白鹤。当地老百姓听说这样一位一心爱民的父母官要走，就合力为他建造了一所宅院，苦求他留下。赵抃便利用这所宅院办起了学校，振兴当地文教。百姓为他送了一块牌匾，上书"天水门第，琴鹤家风"，表彰他为官一生，两袖清风的高贵品质。

后来成都因为戍卒困扰，赵抃以资政殿大学士之职再任成都知府。神宗召见时慰劳他说："在此之前，还没有过以朝廷大员身份到地方任知府的先例，你能为了朕破一次例吗？"赵抃回答说："陛下的话就是法律，何必管先例不先例的呢？"趁便请求神宗允许他相机行事。

再次到成都后，执行的政令相较上次更为宽简。有个卒长站在堂下，赵抃喊他说："我同你年岁相当，我单身匹马入蜀，为天子镇抚一方。你也应该清廉谨慎威严地统率士兵，等戍期满了后，分得些余财回家，替妻儿考虑，岂不好？"他与卒长的对话传出去，人们欣喜地奔走相告，不敢再为恶，蜀郡一片升平景象。

赵抃告老还乡后，曾写过一首《自题》诗，抒发自己从位高权重的位置退下来后的平常心：

> 个中消息也平常，腰佩黄金已退藏。
> 只是柯村赵四郎，世人欲识高斋老。

兰台赵氏子孙为纪念先祖品德，启迪晚辈要像赵抃那样为人为官，就把"琴鹤家风"作为兰台赵氏家族传统的标志性门额。如果你走进赵家新村，就会发现在古色古香的老台门正门的门楣上，随处可见"琴鹤家风"这样的门额，或石刻，或砖雕，用材高档，做工考究。

（文/图：赵校根）

　　新昌岩泉村

"清官第一"敕甄完

　　岩泉村隶属于新昌县镜岭镇，距城30公里，已有800年历史。据古籍记载，古村所在处兀立一座山峰，形似泉涌，故名"岩泉山"。山麓之南，小溪穿村而过，村前平畴百亩，为宜耕宜居之风水宝地。在村庄路口处矗立着一座青瓦白墙的祠堂，祠堂的正厅中悬挂了一块匾额，上书"清官第一"。这是明朝景泰帝敕封甄完而立的。

　　甄完（1392—1465），字克修，号复庵，新昌彩烟岩泉人。他刚出生的时候家里很穷，只有一间茅屋，没钱供他上学，只能整日里在田间放牛割草。有一天，他路过村中私塾，听见里面书声琅琅，不禁好奇地趴在窗户下偷听。这一听就入了迷，从此以后，每当放牛路过，都要到窗下偷听先生的讲课。有一回，甄完又到名儒杨丽泽先生开办的金岩义塾偷听先生授课，恰巧被杨先生发现，一番考问之后，为甄完的聪颖而赞叹，称其为"奇才"，特别允许他免费进私塾听课，从此甄完犹如久旱逢甘露，开始了他的求知生涯。

苍骊山甄完墓

　　永乐十九年（1421），甄完赴京赶考。当时从新昌进京赶考须经过钱塘江。那时江上没有大桥，只有渡船。当他走到码头刚要上船时，江上突然风雨大作，波涛翻滚。他望江许诺道："钱塘江啊钱塘江，请平息波浪吧！我甄完如果考中做官，绝不贪赃枉法，定当造福于民。"说也奇怪，甄完话音刚落，钱塘江上果然风平浪静了。于是，他一路平安地到达京城，经会试、殿试，一路过关斩将，荣登辛丑科曾鹤龄榜二甲第四十二名，赐进士出身。

宣德元年（1426）八月，汉王朱高煦在山东起兵谋反，宣宗皇帝朱瞻基御驾亲征，平定叛乱。甄完时任刑部主事，与监察御史于谦等同僚一起派往山东处理朱高煦叛乱一案。当时山东地区受此案牵连者近三千人。所有受牵连的人，无论有罪无罪，都想着开脱自己，行贿之风空前猖獗。甄完到任后，悉心调查，秉公执法，拒绝一切行贿的说客，并张贴告示："有罪行贿，罪加一等；无罪行贿，训贿释放。"由于甄完熟谙吏事曹务，不徇私情，僚属们谁也不敢儿戏，使这次叛乱案件的审理得以顺利进行，众多的无辜者得到平反，很多人得以活命，甄完也因此声誉鹊起。宣德五年（1430），皇帝颁下敕书，表扬他"清慎明刑，课绩为最"，予以奖赏。他的父母、妻子亦受推恩之礼，获得封赠。

此后，甄完又被派往广西、湖广等地任职，所到之处无不留下卓越的政绩和廉洁的美名。景泰四年（1453）三月，他调任为河南左布政使。此时正逢黄河决口，百姓受灾严重。甄完上任后，一面率领属官视察灾情，安置难民，治理黄河；一面开仓赈济，奏免赋税，缩减开支，减轻百姓负担。治理黄河水患期间，每天都有成千上万的银子在他手中过往。可是，他始终不忘钱塘江边的誓言，分文不沾，账目一清二楚。哪怕是检验金银真假时锉下的粉末，亦毫厘不侵，全部如实上缴国库。

甄完的清廉耿介遭到一些官僚的猜忌和陷害。他们上疏弹劾甄完，罗列了许多罪名。甄完被迫借病辞官返乡。归乡途中的最后一天，到了嵊州境内一个村庄的水塘边，离家只有几里路了，他一摸身上还有7个铜钿的盘缠，于是随手递给了塘边洗脚的乞丐。他面对水塘叹道："我甄某虽蒙受了不白之冤，辞官回家，但自身清白如水塘也！"后人将这件事广为流传，并将这口塘称作"清水塘"。

景泰皇帝虽允准了甄完辞官，但总觉得弹劾之事另有蹊跷，与甄完平时为人处世大有差异。于是，皇帝一面召来户部官员清查账目，一面派特使到岩泉村明察暗访，了解甄完的府第及家产，以便查实甄完几十年来究竟有无贪污。结果，户部所有参与查验的人员都证实甄完账目清楚，根本没有贪污行为。

正在此时，特使返京，一回来就向皇帝念了一首甄完家乡流传甚广的民谣："甄布政，甄布政，长椽细瓦擂鼓门。八十公公作樵夫，七十婆婆织纺锭，两只小船运菜还缺一顿。"

皇上一听，勃然大怒。一个小小布政使生活过得如此阔气，房子气派不说，还要八十人打柴，七十人织布，两只小船运菜还不够吃，这还了得！

特使急忙解释道，"长椽细瓦"是指竹椽茅草，"擂鼓门"是指用竹篾编的扁平圆形竹器当门，"八十公公"和"七十婆婆"是指甄完年迈的双亲，"两只小船"是指两只鸭子，全家每天靠两只鸭子生下的蛋生活！皇上这才恍然大悟，深受感动，下旨召甄完返京复职，同时御赐甄完"清官第一"的金字匾额，以资奖励。

然而甄完因常年宦游在外，早已积劳成疾，于是上疏请辞。景泰皇帝感其清廉品德，下令留给甄完朝服、朝板和朝靴，准予他"本职冠带回还原籍致仕，有司以礼相待，免其杂泛差役"。

甄完回到家乡以后，时常在乡里做些善举，遇到贫乏者，即给予赈济。岩泉村，南通回台，北接镜澄，乃是交通要津。甄完见乡民往来不便，就拿出省吃俭用下来的银两，在村南头修建石桥，此即"永济桥"，又在彩烟台地北端山岭开凿一千多级石阶，后称"台头岭"，大大方便了来往行人。天顺甲申年（1464）正月，英宗皇帝朱祁镇病死，太子朱见深即位，为宪宗皇帝。一方面大赦天下，为于谦等冤案平反昭雪；另一方面恩惠旧臣，诏赐甄完进阶为"资善大夫"（正二品），下旨拨款在岩泉村建了三进府堂（台门），立"冲霄""进士""方伯"三座牌坊（品字形），官员过往须遵守"文官落轿、武官下马"规定，以示敬仰。

成化元年（1465）十二月十二日凌晨鸡鸣时，甄完长逝，享年七十四岁。翌年十二月辛酉日，安葬于岩泉村东苍骊山中。墓表由资善大夫、南京吏部尚书、诏进阶一品萧山魏骥撰文，荣禄大夫兼吏部尚书、太子少保、沧州王翱书丹，正议大夫、大理寺卿、庐陵王概篆额。甄完一生清廉为官、勤政为民，气节脱俗、风范长存，为后人留下了宝贵的精神财富。

（文/图：新昌县农办）

嵊州崇仁一村

廉洁奉公誉裘轸

在距离嵊州城西约 11 公里处，有一座千年文化古镇，叫崇仁镇。在崇仁镇一村，有一位赫赫有名的抗日将军——裘轸，他廉洁奉公的故事，在当地传为美谈。

1908 年 1 月 25 日，裘轸出生于崇仁镇三板桥路 5 号的祖宅。他是崇仁义门裘氏第二十七世裔孙。裘轸自幼聪明好学，十六岁时考入杭州私立安定中学。两年后转学到上海南洋中学，后入上海法政大学读书。大学毕业后，他参加了北伐军。1928 年考入中央军校军官研究班进修，因成绩优异，文笔出色，进修结束后进入中央军校特别党部，任训练科科长。当时正值张治中任中央军校教育长，他对裘轸非常赏识，就叫他兼任《黄埔》杂志社社长兼主编。

1934 年，浙军第六师军纪欠佳，尤其排斥军校生见习官，陈诚（1934 年陈诚先后任北路剿匪军前敌总指挥兼任第三路总指挥、庐山军官训练团主任、驻赣绥靖预备军总指挥）等人建议将第六师裁编，撤废番号。林蔚（浙江黄岩人，毕业于江南水师学堂、陆军大学。先后担任浙军第一师参谋长、国民革命军总司令部参谋处副处长、陆海空总司令部参谋厅厅长、军事委员会铨叙厅厅长、侍从室第一处主任等职）得知此事后，马上向蒋介石禀报，认为当前环境不宜撤废，应严加整顿，如整顿无效，再予编遣。蒋介石同意了林蔚的请求。经人推荐，林蔚调任裘轸为第六师政训处长。

裘轸到了第六师之后，向师长周碞陈述将要推行的改革办法：

第一，不用军校生的坏习气，必须立即改革。

第二，立即整饬军风军纪，购物不照公定价格付钱，强取民间财物者，一律军法严办。

在周碞师长的配合下，裘轸发电报给南京中央军校，优先选派第八期毕业生五十人到第六师。同时召集全师营连长，切实训导大家要接纳军校

崇仁古镇

生，如再有见习官被排挤，将立即撤去连长的职务。周嵒又将师特务连交裘轸指挥，并把政训处编成纠察队，严查违犯军纪的官兵，并从严处分。

经过三个月的严格整顿，第六师风气一新，战斗力大增，不仅再无淘汰之虞，且实力在中央各师中遥遥领先。

1937 年 8 月 13 日，淞沪会战开始，中央精锐部队全力投入应战。第六师防守南翔真茹之线，与日寇死战，伤亡惨重，只好撤退到芜湖进行整补。裘轸受参谋本部所托，奉命把第六师扩编为七十五军，出任副官处长。七十五军在武汉外围整顿补给仅三月，即奉命参加台儿庄会战，担任台枣支线铁路下面的防务，归第五战区李宗仁指挥，因仰攻天柱山时，受日寇优势火力压制，前进受阻，伤亡逾半，遭李宗仁指责，军长周嵒被记二次大过，第六师师长张珙撤职留任。七十五军在鲁南被日军阻却，无法突围，周嵒决心殉职，告诉属下说："如有人回到国军防地，应将我殉职事报告中央。"裘轸上前夺过他的手枪说："报告军长，大家没有死绝以前，军长不可先成仁，置死地而后生，我有好办法，也许可以不死。"周嵒在无可奈何中只好同意他的计划，并当众宣布："裘处长有突围办法，我信任他，从此刻起，全军归他指挥，便宜行事。"

于是，七十五军在裘轸指挥下，改变行军路线，东行至五河县，在郑家集附近渡过淮河，未遇日军，因而绕道蚌埠以南，在临淮河附近越过铁道，脱出日军之包围，安然返至正阳关。七十五军在前线伤亡过半，经在沿途收容各军散兵，仍有一万余人，为鲁南大军突围最成功之部队，军政部特予七十五军优先整补。

不久，裴轸调到十八军任少将政治部主任，1940 年 3 月日军进犯襄阳，在宜城战役中，张自忠（第五战区右翼集团军兼第三十三集团军总司令）殉国成仁。十八军奉命出动，固守宜昌，但因第五战区司令长官李宗仁判断敌情失误，以为敌军必定绕道兴山，迂回宜昌，乃将十八军置于秭归待命迎击，等到知道敌人直攻宜昌，又将十八军从秭归转运宜昌，但为时已晚，宜昌遂为日寇占领。这场战争陈诚奉命以政治部长身份亲临十八军，与军长彭善、政治部主任裴轸在一起指挥作战。陈诚在这次战役中，身临前线，亲冒弹雨，使战局在失败中稳定下来。军长彭善则被撤职，由一八五师师长方天升任，当方天还未到任时，十八军发生了一件盗卖军粮的大事，当张治中奉委员长命令查办此事时，他先电令裴轸去重庆，很严肃地对裴轸说：

“你今天来见我，有没有顶着你的头颅来？”

裴轸很冷静地答道：“报告部长，我做事我负责，还请部长明白指点。”

“事情连委员长都知道了，你还不据实招来。”

“什么事嘛？”

张治中拿出委员长查办十八军盗卖军粮的手谕给裴轸看，裴轸看了手谕后，很镇静地说：

“这件事，让我向部长报告其间经过，再请部长给我一个处置！”

原来裴轸曾亲手购进可供全军食用一年半的稻谷，没有丝毫弊病。后来彭军长在年终考绩时，被通知已经撤职，他因误会愤而不办移交。新任军长方天前去拜访，彭军长拒而不见，致使方军长无法上任，军长一职由副军长罗树甲代理。参谋长梅春华出了一个主意，将全部存谷征得代军长核准，私自就地卖出，并隐瞒此事，不让政治部知道。粮食购进时每担六十元，卖出时市价已涨到每担一百二十八元，盈余应在一倍以上。罗树甲便以老军长名义犒赏同仁，各级主管也都分沾了一些。他们也让军需处长田逢年送给裴轸五万元，裴轸知道此事后婉言拒收，并且说：“这件事关系重大，最近成都市长杨全宇为了私售军粮，已奉委员长电令就地正法，我不愿脑袋搬家，就是你们也得好自为之，不要把事情闹穿了才好！”

张部长听了裴轸的报告，便说：

“还好，你能拒收五万元，总算没有丢我们政工人员的体面，我就宽恕你没有尽职检举，你赶快补交一份书面报告来，如果委员长要查办你的手令先到我这里，那就请你到军法总监部报到，听候审办。如若你的书面报告先到部，那么即使有手令要办你，我也可根据你的书面报告顶回去。"

后来，在这件擅卖军粮的案子中，十八军参谋长梅春华少将被军法判处七年徒刑，送呈委员长核定时，他即改批，立即枪决。不明原因的十八军干部们，大多误会是裴轸检举的，纷纷对裴轸产生反感，使他处境不利，好在陈诚了解此事始末，万县县长杨用斌也于无意中在粮食会议时，在蒋委员长前面抖出来。不久，裴轸调任第六战区干训团任政治部主任，陈诚亲自在军中训话说："十八军卖粮的事，都是副军长罗树甲、参谋长梅春华这几个混蛋想营私自肥，结果弄得十八军名声扫地。但是十八军政治部主任裴轸，能够拒收五万元的犒赏，没有同流合污，这种义不苟取的革命精神，没有辜负我派他去十八军工作的期望，我个人感到以有这样一位干部为荣，所以特地调升他为干训团政治部主任。"

1943 年，裴轸先调到长官部做陈诚的秘书，后到军事委员会特别党部任少将秘书代理书记长职务。因为国民党选举中央执行委员及中央监察委员的军方名额分配问题，他与中央组织部长陈果夫发生争执，愤而离职。

1948 年 12 月初，裴轸追随陈诚来台湾休养。后来离开尔虞我诈的政治圈子，去台中大肚山开垦农场，养鸡养猪，卖腐竹，做了一个返璞归真自食其力的苦行人。

（文/图：王鑫鸳）

兰溪古塘村

水比官清官更清

古塘村隶属于兰溪市水亭畲族乡，迄今已有1000余年的历史，为兰溪徐姓的重要聚居地。始祖为徐元洎，汉献帝建安年间寓居东阳太末（即金华折桂里）。始迁祖徐墅于宋咸平六年（1003）携孙徐宗迪由金华折桂里迁居兰溪水亭古塘村。

古塘村背靠凤凰山，依山傍势，布局于两翼之间。村中徐塘，是衢江一条小支流的蓄水池，其流水进出自然，水清似镜。村中有古井一口，旁有千年古木槐花树，据传与村庄同岁，有"前有槐花树，后有古塘村"之说。徐墅第七世裔孙徐良能就出生于此。

古塘村古槐

徐良能（1104—1174），字彦才，古塘村人。从小跟从范俊学习易经。南宋绍兴五年（1135）进士。曾任宿松、安吉两县知县，惠政多多。在宿松任上，他安抚流亡人口，采取各种措施督促和勉励百姓耕种养蚕。当时有许多地方官员都会拿任职所在地出产的土特产品作为馈赠佳品赠送与人。然而徐良能在宿松任职期间，从来不曾拿过当地的土特产品作为馈赠礼品。宿松县的前任官员在任期间私自增加自己的俸给，徐良能上任后全部削去。县吏禀告说这是旧例，是官员应当的收入。徐良能反驳道："这不是旧例，这是贪赃。你是想要以此引诱我！"听说这件事的人都很佩服他的清廉。

他到安吉上任时，当地因为发生了水灾，百姓受灾严重，粮食严重匮乏，许多人流离失所。徐良能竭力奔走，募集赈粮，赈济灾民，救民无数。当地百姓非常感激他，将他的容貌图绘下来，挂在学宫内，进行祭祀，并树立石碑，在碑上刻上他在安吉的政绩，以纪念他。安吉的百姓还作了"渔樵耕织"四歌谣，在民间传唱，歌颂他的廉洁爱民。

《渔歌》

市价渔平酒义平，卖鱼买酒快予情。

扣玄笑指一溪水。若比官清官更清。

《樵歌》

清晓拂烟上翠微，一肩薪樵趁时归。

公庭不到私无事，静掩柴门结草衣。

《耕歌》

濛濛春雨一犁深，一块膏腴一块金。

唤妇呼儿荷锄去，日来官长又亲临。

《织歌》

北舍西家巧斗机，阿姑娇女共裁衣。

勤劳经纬官无调，保障吾民信不丝。

在安吉卸任的那天，当地百姓士绅争相赠送礼物给他，但是徐良能全都婉言拒绝，一无所受。

当时官吏授职后，还要按照资历补缺。在候补期间，徐良能因为家境贫寒，需要亲自耕种生产，以维持生计，然而他并不以为意，心情平静，处之安然。不久后，他担任御史检法官，接着又被任命为太常博士。第一次上书，就向皇帝奏陈三事：一是要求朝廷预先谨慎防范金人；二是要求朝廷精心选择地方太守和县令；三是要求朝廷虔诚供奉祭祀。皇帝认为他说得很对。不久后，徐良能又由监察御史转为殿中侍御给事中，封兰溪开国男。以后，徐良能一直担任言官职位，代表皇帝监察各级官吏，对皇帝的过失直言规劝，并督促皇帝改正。每次奏陈的事情或者提出的意见都得到皇帝的肯定或赞赏。后来他生了重病，向皇帝请求退休致仕，得到皇帝准允，并被加封为龙图阁待制。

据说，徐良能返乡后，因为他拥有兰溪开国男的爵位，食邑三百户，也就是说，他每年可以获得兰溪县三百家农户的上缴赋税。然而徐良能生活俭朴，在京城时就曾向皇帝恳求辞去爵位，收回食邑。可是，皇帝见他为官两袖清风，不事家产，且疾病在身，恐其回乡后生活无依，不肯收回爵位和食邑。徐良能不得不带着"兰溪开国男"印返回故里。回到家乡后，徐良能并没有凭印领取赋税，安然享受，反而是将其深埋于院中，依然过着勤劳俭朴的生活。此印直到清朝光绪丙午年（1906），才被其后人挖掘出来，重现于世。

据徐氏族谱之《喜得祖印记》记载："按是印出土，实可传奇，吾族有掘土筑墙者，从一角直下，约深丈许，见灰沙地一层，又深丈许，仍灰沙地一层，再下第三层，直则砖铺砌，平坦鳞叠。"因为徐良能精通易学，曾著易说，对印章的埋藏地点及埋藏方式都颇有讲究，故而此印能在地下完好保存七百余年。

该印现存兰溪市博物馆，属国家二级文物。质地为铜，高3厘米，长4.8厘米，宽4.8厘米，重280克。印呈正方形，长扁形钮。印正面刻有"兰溪开国"篆体阳文印文；印背面右侧刻有"乾道七年"（1171），左侧刻有"日月使府"，笔画极细浅，印边有一小孔，印章保存完整。

埋印的传说，亦能从侧面反映徐良能一心为民，清廉自守，严于律己。宋代陈子志佩服徐良能为官清正，曾写诗一首《咏徐待制诗》，来缅怀这位清官名臣。全诗如下：

古今多少立名翁，得志行来一道同。
汉代澄清悲范氏，宋庭弹劾服徐公。
怀忠屹立云霄上，肃政推明耳目中。
好似鹰鹯秋嗣健，长怀搏击奋天风。

（文/图：徐汝昌）

〔浦江郑宅村〕

江南廉正第一家

郑宅村隶属于浦江县郑宅镇，为浦江郑姓的主要聚居地。自北宋年间，浦江郑氏义门同居始祖郑绮临终立下遗嘱，倡导以"孝义立身、肃睦治家"后，郑氏全族谨遵遗训，立《郑氏规范》，制《郑氏家仪》，同居、共财、聚食达 15 世之久，合家人口最多时达三千余人，历宋、元、明三朝，屡受旌表。明太祖朱元璋敕封为"江南第一家"，时人称"郑义门"。

据《郑氏家谱》记载，明太祖朱元璋曾召见郑氏义门家长郑濂，询问他怎样才能治理好一个家族。郑濂回答说，谨守祖宗成法。他把郑氏家规呈给皇帝阅读。皇帝看完后，对左右的人说："普通人家谨守家规成法，尚且能够维持家族长远，何况是一个国家呢？"

确实，郑氏义门之所以能同居共食长达 350 余年，一个重要的原因，那就是有《郑氏规范》和《郑氏家仪》的行为准则和礼仪规范。这两部被郑氏义门奉为圭臬的法典，其主体精神是"孝义"和"廉正"。

如果说"孝义"是郑义门的凝聚剂，那么"廉正"就是郑义门的搅拌器。纵观郑氏义门的家族发展史，我们不难发现，《郑氏规范》中的廉正修养要求和《郑氏家仪》中的廉正礼仪程序，无一不在规范着郑氏家族的每一个人，每一件事。据统计，《郑氏规范》168 条家规中涉及廉正的条目竟然达到 35 条之多。而《郑氏家仪》更是把廉正礼仪贯穿于人的一生中。

《郑氏规范》中最具代表性的廉正条目有第 86、87、88 条，规定凡族人入仕，必须奉公勤政，毋蹈贪黩，不可一毫妄取于民。若是在职期间，衣食不能自给的人，由公堂资助他，以此勉励他。如果廪禄有余，也应当交给公堂。子孙出仕后，如果有以赃墨闻者，生则于谱图上削去其名，死则不许入祠堂。

郑氏义门为达到这一要求与准则，把礼仪作为治廉的重要预防手段和预防措施。凡成人、入仕、诰命、封赠均须举行训戒仪式，让当事人面对列祖列宗听祖训、立誓言，以此来培养与灌输廉正思想，锻造栋梁，达到修身、治家、平天下的崇高理想。

正因为郑氏义门有严格的家法制度和礼仪规范来保证族人的廉正，因此，在这种浓厚的廉正文化氛围之下，郑氏义门自宋至清，据《义门郑氏宗谱》记载，千余年间，七品以上官员多达 173 人，无一人因贪腐去职或受罚。相反郑氏义门中出现了许多以清正廉明著称的族人。

郑氏牌坊群

郑铢（1297—1355），字彦平，郑氏七世孙，性极精密，不妄嬉笑，读书尚义，好学不倦。年少时就心怀壮志，到处游学，行程达万里。到了京师后，达官贵人，争相引重。当时丞相脱脱掌握朝纲，每天都致力于使国家太平安乐，哪怕只有一种才能一种技艺，也都要进行甄别选拔。他见郑铢才识出众，仪表端正，清正耿直，自我克制，遇事明敏，非常器重他，向皇帝奏请任命他为宣政院照磨，管理江南寺院。

元代宣政院是管理全国佛教的事务机关。照磨则是掌管宗卷、钱谷的属吏。郑铢虽只是一个属吏，但由于他掌管的档案钱谷关系到和尚们的身份、等级、津贴等切身利益，因此他到任后，江南地区各寺院的一些和尚纷纷向他送礼。然而郑铢却恪守家训，报国为本，对和尚的行贿严词拒绝。和尚们送礼屡遭退回，一打听，方知郑铢来自浦江郑义门，是真正廉洁，并非欲收还拒。

江浙行省的长官察知郑铢确实廉洁，就命令他携带檄文巡行浙江。一路上他清如水，明如镜，一无所取。和尚们都说："凡是携带檄文来这里巡查的人，听说这些人返回后，收受的贿钱积累至数万之多。现在郑铢返家时行囊中空无所有，他确实是个清官呀！"因此，宣政院推举清官时，一而再，再而三地推荐郑铢。

明代郑榦（1343—1425），字叔恭，聪明正直，不为物诱，少年时受学于宋濂门下。洪武二十六年（1393），明太祖朱元璋诏命郑义门三十岁以上子弟都赴京选用。郑榦被选中以备擢用。永乐元年（1403），授湖广道监察御史，出使广东、闽南等地，安抚军民。到任后，查问民间疾苦，平反冤案，深得百姓称赞。他在闽地任职期间，还有一个拒蟒倡廉的故事流传。

那是他刚上任时的事情，一天，他正在衙中理事，忽报当地乡绅耆老求见，抬着一条五丈有余的蟒蛇向他献礼。郑榦到此不久，尚不知当地习俗，心中生疑，婉言谢绝。送礼者见他不肯收受，不敢多言，唯唯退下。过了三天，送礼者又来求见，此次抬来的蟒蛇有六丈之长，郑榦见了，不胜诧异，又命退回，并沉声道："本官绝不妄取民间丝毫财物，不管你们送何礼物，本官绝不会接受。你们若是不听劝告，继续胡闹，本官定当重重责罚，绝不宽恕！"送礼的人见他生气了，一个个面面相觑，惶恐不安，只得垂头丧气地把蟒蛇抬出大堂，失魂落魄地回去了。过了几天，送礼的人又来了，这次抬来的是一条七丈多长的蟒蛇。送礼的人进来后，先当堂跪下，流泪叩拜，哀声恳求道："大人开恩，小民为捕巨蟒献于大人，组织四邻八村的乡亲，在深山密林中整整搜了几天几夜，幸而老天见怜，托大人的福，千辛万苦方得此蟒。大人若还嫌此蟒太小，小民再也无能为力了，情愿听凭大人处置。"郑榦愕然望着跪在堂上哭诉的一干送礼之人，惊诧道："此话从何说起？我至今尚不明白，你们因何要向本官献蛇，为何屡次不听本官的命令呢？"一个老者颤巍巍地上前回禀道："大人，本地习俗，凡新官上任，须献蟒蛇一条，以聊表小民恭敬之意，这已成惯例。前两次小民向大人献蟒，大人不收，小民以为大人嫌小，所以历尽千辛万苦，花费九牛二虎之力，冒着生命危险，方从深山中捕得这条罕见巨蟒，万望大人格外开恩，收下此蟒，不加小民之罪。"说罢，痛哭流涕，叩头不止。

郑榦听了老人的哭诉，恻然不忍，忙下堂扶起下跪乡民，和颜悦色地道："本官初到闽南，不晓本地风俗，枉自连累你们费尽周折，实在有愧。"遂命差役收下巨蟒，拿出五十两纹银相酬。乡民哪里肯收，苦苦推辞。郑榦沉下脸断然道："你们若不收钱，我绝不收受你们的礼物，请把蟒蛇抬回。"送礼的乡民见他正气凛然，不敢再推辞，只得收了银子，称颂叩谢一番，欢天喜地而去。

当晚，郑榦独坐灯下，想着家规祖训，想着乡人三次献蟒的情景，心情格外沉重。于是，他援笔在手，铺纸毅然写道："献蟒习俗，实乃贪官敛财勾当，深为不齿，今后予以取缔。官吏中倘有贪污受贿等卑污勾当者，严惩不贷，凡举报官吏贪弊情事者即赏！"第二天一早，郑榦就命差役将布告贴于大街小巷。从此，闽地各县摒绝了向新来官员送蟒的习俗，官场风气也大为好转。

郑机（1361—1429），郑氏九世孙。永乐年间，他经吏部铨选考察，授文林郎，任湖广汉川知县，后又转迁广东仁化县知县。在职期间，他勤政爱民，平定蛮寇，兴修水利，奖励农耕，政绩显著，尤其是对自身严格要求，生活简朴，从不收受属下及百姓的礼物。

他50岁生日时，按照风俗习惯，应当祝贺一番。早饭间，夫人楼氏就征求他的意见，郑机只吩咐买点鱼、肉、豆腐和黄酒，作为生辰晚餐。结果，晚餐时，郑机看见桌上摆满了名贵佳肴，大大超过了早上计划的标准，顿时沉下脸，怒责夫人。面对丈夫的严厉责问，楼氏只好吐露真情。原来，县里有一个典史叫章玉，平时颇受郑机器重。当他得知今天是知县大人的50岁生日，就想：知县大人平时节衣缩食，一身清廉，从不收受他人礼物。但今日是他的生辰，买几道好吃一点的菜，让大人补补身子，这也是情理之中的事情。因此，他说服了知县夫人，自己花钱买来几道好菜，请夫人晚上一并烧来吃。听完原委，郑机更为生气："俗话说得好'拿人家的手短，吃人家的嘴软'。这次既然已经烧好了，不能原物退还，那就退回等价银钱，分文不得少。"

第二天，郑机叫来章玉认真地对他说："你的心意我领了，但你的行为将陷我于不义！"随后掏出九钱银子还给了章玉。

郑氏义门不仅在官场上勤政廉明，报国为本，在家政上也是克己奉公，清廉为人，保证了郑氏大家族的有序运行与繁荣发展，有谱为证。

郑锐（1289—1320），字景敏，自幼聪明，日记数千言。长大后，通晓《春秋》，闲暇时间则习书吟诗。他侍奉母亲极为孝顺。母亲贾氏生病，郑锐日夜不解衣冠，侍奉汤药，几十天都没有松懈怠慢的神色。他和兄弟相处，表里如一，怡然相欢。因此，他的为人得到全族人的称赞，家长相信他的廉能，命他掌管义门的家财。郑锐身负重责，每每自勉说："我们郑氏一族累世义居，如果到我这儿，出现败坏先祖家训的事情，那是万死也不足以救赎的耻辱。"于是，他创立格式，使用钱财必须有凭据，每天记账，每月做一次总结，送到监事那里签署意见，以备查考。从此以后，家族钱财收入开支都有凭据，就如官府一般。这种做法也可以保证使自己做到分毫不妄取。由于他理财清明，为郑氏义门家族兴旺发达作出了重要贡献。

郑铉（1295—1364），字彦贞，郑锐的弟弟。《郑氏规范》规定郑氏义门选用家长，不以资历辈分，而是以才干德行为标准选用。所以郑铉虽然辈分排行较低，然而却因德才兼备而被推为家长，主持家政。他正人先正己，对全家千余人口，爱无不均，情无不一。对待财物，不论暗明，一丝一毫皆归于公中。他说："我身为家长，怎么敢为自己牟私利呢！"

大家出工了，他走在前头，就好像赶赴集市那样直趋先行。他说："这是我的本分，应该如此。"他的一言一语，一举一动，都合乎义德，合乎身份，他的名声远播，没有人不知道他的德行。凡是经过义门的人，只要有一丝鄙欲吝啬的念头，都会消失无影。当时的人都称赞他有才德、有节操、贤明通达，能够继承郑氏义门先祖的遗志。

孝义和廉正文化是郑氏义门的灵魂。从《郑氏规范》到《郑氏家仪》，我们不难发现，郑氏家族从制度和礼仪上严密设计了族人一生的礼教课程表。同时，郑氏义门也在空间上营造了一个具有增强影响与渗透人生观念的独特环境与气氛。请看！郑氏宗祠大门口，墙两边的"忠、信、孝、悌、义、礼、廉、耻、耕、读"十个大字醒目震撼。请看！郑氏义门所有聚集族人的房屋名号都与治家有关，像"有序堂""师俭厅""存义斋"等等，把世代奉行的"孝义""廉洁"等伦理思想高悬起来，真可谓触目都是孝义训戒，耳闻皆为廉正警示，郑氏义门之所以成为"江南廉正第一家"全在于此。

（文/图：洪国荣）

台州黄岩杜家村

杜范廉名冠天下

　　杜家村隶属于台州黄岩区北城街道，为宋代杜氏大族聚居地。杜氏贤才辈出，如北宋咸平三年（1000）进士杜垂象，为台州第一位考中进士的人。他的孙子杜谊，则以孝行载入《宋史》。南宋时期的杜煜、杜知仁都是朱熹门人，创立了朱子学派在浙江的唯一分支南湖学派。杜范则是南宋晚期的右丞相兼枢密使，他的侄子杜浒是南宋末年的抗元民族英雄，两人皆载入《宋史》。宋末，黄岩杜家村遭到元兵大肆杀戮，杜氏一族隐居黄岩、临海山间，流落福建、广东。今日杜家村已无杜氏族姓，但杜家村之名依然保留下来。

　　杜范（1182—1245），南宋嘉定元年（1208）进士。端平二年（1235）十二月，他担任监察御史，弹劾右丞相郑清之盲目用兵河洛，导致兵民死难数十万之多。次年，他担任秘书监兼崇政殿说书，正值蒙古军进犯江陵，他建议沿江帅臣兼江淮制置大使，急调淮西宋军主力增援江陵。宋理宗采纳了他的建议，江陵得以解围。面对襄阳、四川都已失守，江陵陷于孤立艰难危急状况，两淮震动恐慌的局面，他与太学诸生再三弹劾郑清之和参知政事（副相）李鸣复等人，并对皇帝说："如果不罢免鸣复，那么臣就辞职离开。"

　　嘉熙元年（1237）一月，杜范渡江归家。皇帝很吃惊，派人劝他回京。杜范竭力推辞，皇帝没有办法，只好将李鸣复调往地方任职。三年（1240）三月，他担任江西宁国知州期间，正逢当地发生大旱，颗粒无收，百姓没有饭吃。杜范就从常平仓发米粟4000斛进行救济，还礼请城中富户开仓救民。四年（1241）回京，历任吏部侍郎、礼部尚书、同签书枢密院事、同知枢密院事等职。凡是皇帝百官行事不当，都直言不讳。因不屑与李鸣复同殿为臣，再次出京而去。理宗急忙派遣中使召回，命令各个城门守官不准他出城。太学生听说了此事，也纷纷上书理宗，请求挽留杜范，并弹劾右丞相史嵩之与李鸣复权奸误国。不久，史嵩之丁忧去职。

淳祐四年（1244）十二月，杜范任右丞相兼枢密使，整肃朝纲，选拔贤才，驱逐史嵩之党羽，朝廷气象为之一新。次年，理宗书写"开诚心，布公道，集众思，广忠益"十二字赐给他。此时，杜范已身患重病，依然强自支撑，入宫向皇帝上疏五事："以正治本，整肃宫闱，选择人才，爱惜国家名器，节省财用，早点确立储君，以安定国本，笼络人心。"紧接着又向皇帝上疏十二事，希望皇帝能够采纳，以图挽救宋朝皇室。

江陵守将孟珙拥有重兵，朝廷一直怀疑他很难节制。杜范为相后，孟珙写书来贺，杜范复信说："古人说，将相调和则士人乐意归附。希望我们能够自此以后交好，共同为国家效力。如果你想用权术手段来笼络我的话，这是我所不屑的。"孟珙很感动，就回信说："承蒙您以诚相许，这和前人以权术驭下完全不一样，我愿意牺牲生命，以报朝廷之恩。"不久，蒙古军大举入侵，杜范命淮扬、鄂渚二帅东西两面夹攻，解开了蒙古军对合肥、寿春的包围。淳祐五年（1245）四月，杜范病逝，死后，理宗追赠他为少傅，谥号"清献"。

南宋偏安江南153年，朝政腐败，歌载西湖，先后任命了30多位丞相，很少有清廉勤政者。唯有杜范一生清廉，为国日夜操劳，正史、方志、前人文献都给予他极高的评价。杜范出身贫寒，从小受到良好的儒学教育，自32岁步入仕途，至64岁逝世，无论是官居九品，还是位居极品，都能安于清贫，坚持信念，过着"味淡甘无穷"的生活。杜范的前任丞相陈自强，公开向下级索取贿赂，四方致书点名"某物亦献"，纵容子弟亲属，凡是想要当官升官的人，都要先向他送礼行贿。杜范的后任丞相贾似道，更是权势熏赫，广收贿赂外，在西湖葛岭建半闲堂、养乐圃、集芳园和多宝阁，沉湎斗蟋蟀玩乐，人称"蟋蟀丞相"。

杜范生活却十分俭朴，年轻时吃的是粗粮，晚年体衰时则厚粥充饥。住的是"仅蔽风雨"的旧屋，过往的人们都不知道这是丞相的居所。家产仅有五亩薄田，还是早年任知府时朝廷所赐的"职田"。他的俸禄，也大部分用于救济贫苦百姓，扶植杜氏后辈，救济布衣之交以及馈赠门客。他又从不接收礼金，律己极严，因而时常入不敷出，甚至身穿旧衣，外袍短不遮脚。杜范曾有诗云："宦尘役役走长途，岁晚离家只自叹。风入破舆寒彻骨，雪穿疏幌乱沾须。"在他的《清献集》中曾记载一事，曾有一富户拜访杜范，因已到中午，杜范请他留下吃中饭，富户很高兴地答应了。上桌一看，仅有葱羹麦饭，十分寒酸。富户以为看不起自己，发怒告辞。杜范作诗相送道："葱疗丹田麦疗饥，葱羹麦饭两相宜。请君试上城头望，多少人家午未炊。"

杜范也从来没有为杜氏家族子弟谋取一官半职，师友、门人，个个清贫度日。杜范向朝廷荐举的官员都非常优秀，如宁国府通判尹焕、翁逢龙，永嘉学派葛应龙等。属于杜氏南湖学派门人如车氏一族、项说、项采、张子善、邱渐、方仪、潘希宗等，这些人才学甚高，但杜范都不曾荐举他们。如张子善，杜范曾称赞他为"真纯静朴，美玉良木"，亦终老乡间。因此，黄岩旧志将南湖学派的众多门人都列为"遗逸人物"。

宋朝开国初，宋太祖公开鼓励大臣"多置歌儿舞女，日饮酒相欢"，因而官员只要有钱就置买歌伎追欢寻乐，一直延续到南宋灭亡。官越大，家中歌伎越多，权奸们更多，全社会上下都蓄养家伎成风。作风正派的如北宋丞相王旦、韩琦、欧阳修，就连"先天下之忧而忧，后天下之乐而乐"的范仲淹，参知政事周必大，名人文士如苏东坡、范成大，还有南宋文天祥都是"声伎满前"。甚至布衣之徒南宋名士方应龙亦"买姬妾数十人，吹笙鼓琴歌舞，以娱宾客"。南宋黄岩谢希孟辞官后，在台州宴请金华陈亮，"借郡中伎乐，燕之东湖。"宋代，私人歌伎少则几人，多则几十人或百余人，唯有杜范没有蓄养歌伎。

杜范逝世后，宋末著名史家方秋崖撰《祭杜丞相文》，将杜范与司马光并论，说："与文正（司马光）其清介同，其公忠同，其夙夜劳瘁，以遗其身者无不同。然青山流水，居无五亩之园。"宋末诗人戴昺有诗称赞他："有官居鼎鼐，无地起高楼"之句。《续资治通鉴》也说他："清修苦节，室庐仅蔽风雨。"《宋史》将杜范与礼部尚书李韶并称，"以廉直著，时称李杜。"清代史学家陆以湉在《冷庐杂识》中说，中国历史上有七个"李杜"，均以功绩人品学识廉正著称，有东汉李固与杜乔、李云与杜众、李膺与杜密，晋代杜预与李冲，唐代李白与杜甫、李商隐与杜牧，宋代杜范与李韶。清末学者王舟瑶撰《清献集后序》，论述南宋30多位丞相，认为杜范可称为"南渡宰臣之冠"。

（文：严振非）

天台前杨村

杨震"四知"传千古

前杨村坐落于天台县南山，隶属于南屏乡。大淡溪和后溪汇合于村前。"南山秋色"素负盛名，被元代隐士曹文晦列入天台山十景之一，村旁的"南黄古道"最能呈现南山秋色的美景。

杨震拒贿图

前杨村为杨氏族人所居，为东汉杨震后裔。第三十五世杨帮义迁居杭州，五世后，杨瓒迁居天台，成为杨氏南山始祖。杨瓒（1201—1263），字玉统，别号文器山人，宋理宗宝庆丙戌年（1226）进士，正值国家多事之秋，执政非人，遂隐居不仕。绍定五年（1232）春，杨瓒游览天台，来到始丰溪南面的南山，见此处二水环流，土厚风淳，可耕可读，感慨道："此非洞天福地乎！"于是，这年秋天，迁居于此。

现在村中保存完好的杨氏宗祠，建于清代，坐西北朝东南，面阔三间，为硬山顶建筑。原祠堂建有戏台和厢房。正堂内供奉着杨震坐像，厅堂内挂有"四知堂"匾额。所谓"四知"即是天知、地知、你知、我知。这个堂名述说了一个拒绝贿赂，清廉自守的故事。

这个"四知堂"的故事与杨氏祖先杨震有关。杨震（51—124），东汉名臣，弘农华阴（今陕西）人，字伯起。少好学，从其父研习《欧阳尚书》，通晓经籍，博览群书，时人誉之为"关西孔子"。

杨震专心研究学问，孜孜不倦，求学不殆，无心仕途，多次拒绝州郡的礼聘。他在湖城西40里地方，建造了一所学舍，传授学问。他把学舍取名"校书堂"，意思是要把书里错漏地方纠正过来。他一教就是20余年，培养了无数人才。很多人认为他年纪大了，应该出去做官了，杨震不仕的志向，却更加坚决。后来有冠雀衔了三条鳣鱼，飞栖在讲堂前面。主讲人拿着鱼说："蛇鳣，是卿大夫衣服的象征。三是表示三台的意思，先生从此要高升了。"所以后人又把校书堂叫作三鳣堂。

杨震直到五十岁时才在州郡任职。大将军邓骘听说杨震是位贤人，于是举荐他为茂才，四次升迁后又先后担任荆州刺史、东莱太守。在东莱任太守时，他有一位学生叫王密，曾经受过他的提拔，此时正好担任昌邑县县令，昌邑是东莱下面的一个县。听说自己敬重的老师来东莱任太守，王密非常高兴。当年在老师严厉的管教下，自己才学业有成，得到老师的荐举，走上仕途。现在又在老师手下为官，定能学到更多东西。如果能得到老师的赏识，仕途也会更加顺畅。

王密决定亲自去拜访老师。然而他没有在白天去老师府上，反而是在一个漆黑的夜晚，怀揣十斤黄金悄悄地敲响了老师的家门。看到旧时的学生来访，杨震自然是十分高兴。一番寒暄之后，师生之间叙叙旧事，谈谈学问，气氛也非常融洽。离开之前，王密拿出黄金，对杨震说："以前承蒙恩师关照，以后也希望能同样得到恩师的提拔推荐。"看着这些黄金，杨震感到惊奇，对于一个县令，十斤黄金也不是一个小数目。杨震反问道："你看我能收吗？"王密劝说道："这夜深人静的，无人知晓，收下无妨，不会损坏老师的清名。"这时杨震伸出四个手指，王密一脸的茫然，不知道老师的四个手指到底是什么意思。杨震不紧不慢地说道："你不是说无人知晓吗？我倒觉得起码有四个人知道此事。"王密更加糊涂了，是哪四个呢？这儿明明只有老师与我两个人，另外两个是谁呢？老师指着自己说"我是一个"，又指着王密说"你是一个。"接着杨震站了起来，推开房门，走到院中，指着天，说："你看，苍天无影，天会知道，这是第三个人。"然后，又指着地说："后土无私，地会知道，这不是四个人吗？"

我知、你知、天知、地知这就是四知，其实我们所做的每一件事，都得对得起自己的良心。人在做，天在看，无论什么事情，总有被人知晓的时候。因此，想做坏事的人不要心存侥幸。拿了不应该拿的东西，总有一天你会后悔莫及。听完老师的这番话，王密深感惭愧，他拿回黄金，向老师表达歉意，并表示恩师的话从此铭记在心。

这就是"杨震暮夜却金"的故事，故事传播很广，影响很大，后人因此称杨震为"四知先生"。在前杨村，这个故事却有不同的版本，故事的情节大同小异，《后汉书》中说是王密为感谢老师的提拔之恩，而送金上门。在前杨村百姓口中，这个故事却发生在不一样的环境背景下。这个版本的故事说他在荆州当刺史时，有一个叫李大衡的人仗着兄弟李常侍的势力，经常欺压百姓。有一天，堂上有人击鼓告状，大声喊冤。原来李大衡强抢民妻，并打死了那个女人的丈夫。死者的父母击鼓喊冤，左邻右舍一起扶老人上堂。老人哭诉儿子死得太惨、太冤，要求杨大人主持公道，惩治恶霸，为民除害。杨震派人验了尸，在人证物证俱全的情况下，拘捕李大衡，依律判处李大衡死刑，押往大牢，申报上司批斩。李常侍急了，急忙跑到刑部来说情，想把李大衡提来刑部重审改判。刑部素知杨震清正廉明，不肯采纳李常侍的意见，批示秋后处斩李大衡。李常侍见刑部不肯徇情，只好另打主意。他想，杨震这个硬头官，硬的不吃，我就来软的。我就不相信金钱买不倒他。经过多方调查，他了解到山东安邑县令王密是杨震举荐的官员，便决定在王密身上做文章。接下来的故事就相同了，最后杨震拒绝了学生王密送来的金子，依律处死李大衡，为当地百姓除掉了这个祸害。

杨震为官公正廉洁，从不肯接受私下的拜见。他的子孙常吃蔬菜，步行出门。他的老朋友中有年长的人，想要让他为子孙留下一些产业，杨震不答应，说："让后代被称作清官的子孙，把这个馈赠给他们，不也很好吗？"他始终以"清白吏"作为自己的座右铭，严格要求自己，从不接受别人的请托。这种品行不仅在古代，即便在现代也是令人敬仰。

天台杨氏作为杨震后裔，他们都为这位清廉为官的先祖而感到骄傲，因此在当年建宗祠时，把正堂命名为"四知堂"，以此纪念杨震。"杨震暮夜却金"的故事也在前杨村长期流传。

（文：金建荣／图：曾令兵）

缙云桃花岭村

文渊却金桃花岭

桃花岭村隶属于缙云县东渡镇，栝苍古道穿村而过，这条古道始建于东汉，自丽水至缙云，全长约 45 公里，蜿蜒于两地崇山峻岭之间，路面以山石、卵石铺成。村庄房屋便依着古道夹道而建。昔日因该处山岭栽有许多桃树，这一段驿道又被称为"桃花岭"。古往今来，数不清的高官显贵、文人墨客从这里经过，袁枚、阮元、朱彝尊等历史名人都曾经路过桃花岭，在感叹山水奇绝、道路险阻的同时，也写下了一篇篇歌咏诗文，留下了一桩桩轶事奇闻。明代有"铁面御史"之称的何文渊在经过桃花岭时，则留下了一段彰显清廉的"却金"佳话。

何文渊（1385—1457），江西广昌人，明永乐十六年（1418）进士，曾官至吏部尚书、太子太保。何文渊为官能秉公执法，洪熙元年（1425），他奉旨赴四川考察吏治，明察暗访后写了一份翔实的弹劾奏章，一举罢免贪官酷吏 300 多人，因而被人称为"铁面御史"。

宣德五年（1430），何文渊出任温州知府。任职期间，勤政爱民，为官清正，兴利除弊，颇得民心，获"治行为浙东第一"的好评。温州瑞安县的水利失修，何文渊实地踏勘后组织百姓疏浚淤塞的渠道，修筑溪堤，拦洪引流，分溉各村，受益农田达两千顷。百姓为纪念何知府的功绩，将新修的溪堤命名为"何公埭"，并勒石立碑。

宣德十一年（1436），他任满奉命进京，因为平日廉洁奉公，竟然没有充足的盘缠。离任时，为了不惊动百姓，何文渊身穿便服，背着行囊，准备悄悄地步行上路。不料，刚出大门，就见温州百姓夹道来为他送行。此情此景，何文渊两眼湿润了，于是赋诗一首，表达了自己的情感："作郡焦劳短鬓蓬，承恩又侍大明宫。行囊不载温州物，唯有民情满腹中。"

何文渊辞别温州百姓，继续上路。此时，众人方知堂堂一府长官竟然雇不起一顶轿子！温州府所属官吏和百姓感慨不已，于是纷纷解囊，筹集礼金。但何文渊已经走出很远一段路了。于是府治所在地的永嘉县丞于

何文渊却金桃花岭

建，嘱咐儿子带着五县的民众代表，怀揣礼金，抄小路，日夜兼程追赶。这天夜里，一路跋山涉水的何文渊住宿在桃花岭上的刘山铺驿站（后改名为却金馆村）里。于建之子及民众代表追到驿站后，将礼金赠送给他，说道："温州百姓感于您的品德政绩，听说您离任起程缺少盘缠，特意筹集礼金以相资助。"何文渊再三推辞不下，只好暂且收下。

次日天未亮，何文渊就悄悄起床，弃礼金于驿站，翻过山岭，经过缙云，往金华去了。且说众人醒来后，发现何知府竟然弃金"潜逃"而去，一时议论纷纷。驿站的过客闻知何公如此举动，个个赞不绝口。有位书生当场在驿站墙壁上大书"却金馆"三个大字。众人认为，不可再次追赶，以免拂了何知府的良苦用心。有人提议，用何知府留下的礼金建一个亭子，供行人休憩，并在亭子上方挂一块"却金"的横匾，以纪念何知府"却金"的美行。众人拍手称好。却金亭造好后，闻知此事的处州知府还下令在何文渊"却金"处建造四座公馆：第一座公馆命名为"却金馆"，供官员、士绅住宿；第二座公馆，供客商住宿；第三座公馆，为游乐场所；第四座公馆是饭店。由于四个公馆规模较大，还曾一度派兵守护。

俗语说："冰冻三尺，并非一日之寒。"何文渊廉洁自律，不为利动，并非偶然所为，而是其一贯作风。他的得意门生章纶在《吏部尚书何公行状》中，就曾多次记载类似事情：何文渊七岁时入社学，跟随乡先生（古时尊称辞官居乡或在乡教学的老人）读书。有一次，一起读书的孩子偷窃他人的瓜果送给文渊，文渊推辞道："童稚之年，怎么能够养成偷盗的习惯？"听见的人都赞叹文渊小小年纪就识见非凡。入仕后，何文渊曾代表皇帝视察地方，宣扬政令，安抚百姓，由建昌行都司，入云南，经贵州，出播州。途中，杨宣慰曾到驿站迎接谒见他，并献给文渊银器和文绮，文渊却笑着推辞了。杨宣慰出来对别人说："由此一事，可见何公是个不会被利益动摇的人啊！"

宣德二年（1427），皇帝封赠他的妻子，追赠他已逝去的父母，因此他告假回家探亲。返回京城后，他的行李为之一空，唯有张履道家人托他寄存的白金十五两原封未动。文渊回京后，将白金十五两全部交还给张履道，装银两的包裹上，封识（包装的标记）宛然（依旧），人人都很赞叹和佩服他。

他曾经受命率领属官和耆老修建漕运船只，只花了不到两个月的时间，完全没有骚扰百姓，增加百姓负担，就将船舰修成，并把剩下的工料银钱还回去。文渊在温州任知府前后共计六年，没有向百姓取过一丝一毫的小钱，穿着布衣，吃着蔬菜，处之怡然。

何文渊的却金美行，对当时和后世都有深刻的影响。据史志记载，明朝一代才子文征明，其父文林任职温州知府。文林死时，当地官员和老百姓以千金相赠。其时文征明才十六岁，他一概予以拒绝。为此"吏民修故却金亭，以配前守何文渊，而记其事"。由此可知，有明一代，温州人在温州也曾为何文渊修建了却金亭。何文渊"却金"之后，还有文征明"却金"事迹相传。两个"却金亭"，真可称得上珠联璧合，交相辉映。

在桃花岭，当地老百姓后来又在驿道左侧竖立牌坊，以弘扬何文渊的美德。然而，象征清廉的却金牌坊，却刺痛了地方上的一些贪官污吏，竟认为这是对他们的讽刺，对百姓建造牌坊之事耿耿于怀，借口这是"小题大做"，竟然摘除"却金"匾额，拆掉牌坊。明嘉靖（1522—1566）年间，处州知府潘润对这些官吏的做法予以斥责，他重修了却金馆，将"却金"匾额重新挂上，并作《重修却金馆记》以记其事。其后，"却金馆"和"却金亭"又经过多次修葺和扩建。清康熙二十九年（1690），刘廷玑任处州知府时，再次捐资重建却金馆，并扩充其规模，又立碑记其事。

关于却金馆，历代赞颂诗文不断，如明代许国忠作《却金馆》：

迢峣俞岭数登临，廉吏曾闻此却金。
孤馆无尘遗素节，层台有客寄高吟。

青山不改当年色，明月常悬去后心。

我亦勉为清白吏，更从何处觅知音。

又如清代钱维城亦作《却金馆》，称赞何文渊：

黄金百千镒，掷之鸿毛轻。

刘宠一大钱，受之得美名。

千金散尽复何有，子孙侧足田间走。

荣名一著天地间，日月齐光不能朽。

君不见，却金亭，何公于此垂芳名。

亭前溪水清溟溟，千秋长对青山青。

这些诗文，无不赞颂了何文渊清白廉洁的高尚品格。如今，《温州府志》将何文渊列为明代名宦，由丽水市广电局策划的新编婺剧《却金馆》也于 2009 年开始公演。婺剧《却金馆》以何文渊清廉故事为蓝本而创作，对何文渊却金真事进行演绎，讲述新上任温州知府何文渊上任途中经过栝苍古道刘山铺驿站时，当地灾民向他状告贪官污吏，何文渊上任后调查惩治当地贪官污吏，经过一番斗智斗勇将贪官污吏绳之以法，后来何文渊被栽赃陷害，削官为民，回乡途中经过刘山铺驿站，当地百姓送上银两，何文渊分文不收。当地百姓为纪念和答谢这位清官，将刘山铺驿站改名为"却金馆"。婺剧《却金馆》公演后，被群众称赞为一部新时代的反腐倡廉好戏，它教育并激励后人"做官先做人，做人要善良，做官要清廉"。

（文：江剑杨、吴志华/图：曾令兵）

遂昌应村村

拒贿惩恶应都堂

应村村隶属于遂昌县应村乡，位于钱塘江上游，秀水潺潺，河岸葱翠，两条一尘不染的道路穿村而过，距今已有800多年。

应槚（1493—1553），字子材，号警庵，遂昌应村人。嘉靖四年（1525）中乙酉科举人，第二年，中丙戌科进士，初任刑部山东清吏司主事。他为官清廉，勤政爱民，胆识超群，执法严明，深受嘉靖皇帝器重，二十九年里升迁十六次，累官至兵部侍郎、两广总督，人称"应都堂"。嘉靖三十二年（1553）七月七日，病逝于广西苍梧（今梧州市），享年六十一岁。追赠兵部尚书。当地民间有许多关于应槚的故事传说。

拒贿惩恶

应槚任刑部主事时，惠安伯张某因为贪赃败露，移交刑部审理。刑部的官员惧怕惠安伯的权势，都不敢审理此案，极力推脱。于是，刑部尚书就把这件案件交给了应槚。

应槚为人正直耿介，初入刑部，正想报效朝廷，为民除害，便果断地接受了这个案子。惠安伯得知应槚负责审理他的案子，派人在夜里带了七百两黄金，来找应槚。应槚当场严词拒绝。送礼的人又以惠安伯祖上荫功，世袭爵位的权势来恐吓应槚。应槚气愤填膺，义正词严地斥责惠安伯府送礼的人，并将其赶出门外。应槚仔细审阅了惠安伯贪腐的案卷，认真查实了惠安伯贪赃枉法的全部事实，秉公审理，上报朝廷，使惠安伯得到应有的处罚。朝中大臣对应槚不畏权势，拒受贿赂，依律惩办元凶大恶的行为都十分钦佩。后来，应槚又清理历年积案、悬案，面对堆积如山的案卷，他逐一进行梳理，不放过一点蛛丝马迹，发现疑点，立即深入调查，先后平反冤假错案数百件，释放狱中无罪平民千余人，被百姓誉为"应青天"。

应槚任常州知府时，体恤民瘼，轻徭薄赋，究极利弊，详定规划，百姓称他为"天下第一知府"。离任后，地方百姓为之立"去思碑"以资纪念。在任时，当地有两家富豪为财产纠纷，打了多年的官司，因两家都有权有势，都有亲友当官的背景，前面几任知府都没有解决。应槚到任后，两家富豪又递上诉状，暗地里又各自用尽招数，对应槚请吃送礼。应槚再三婉言谢绝，两家还是请托不止。应槚干脆通知两家人到府衙，当面说明不受请托。最后，应槚查实情况，晓之以理，动之以情，既合乎情理，又合乎法律地化解了两家的官司，两家人都心悦诚服，一致表示要感谢应槚。应槚还是婉言谢绝。应槚调任离开常州时，其中一户人家赶到常州以外的地方，送礼给应槚，并且说："应大人在任时不收礼物，是为了避嫌。你现在离开常州了，我是真心实意地感谢你，应该收下了！"应槚感激万分，依然只收心意，礼物还是分文不收。

七山平叛

应槚升任两广总督，总理广东、广西两地军政。当时，广西一带少数民族割据地盘，占山为王，相互争战，甚至反抗官府，史称"苗夷"和"南蛮"。应槚到任后，运筹帷幄，整顿军政，积蓄粮草，练兵励士。对割据为王的苗夷恩威兼施，原先大部分苗夷因不满官府的欺压才铤而走险，得知应总督清正廉洁，体恤民情，都向官府顺服。也有一些负隅顽抗的，应槚就派兵进剿，经过几次战斗，叛乱逐渐平息。只剩下一股残匪逃到叫七山的大山里，遁入林海深处。七山地形复杂，山高林密，气候恶劣，瘴气浓重，叛匪又兵精将悍，征剿部队很难深入作战，要获胜就更困难。应槚仔细分析了敌我情势，认为硬打硬拼不行，只会事倍功半，甚至损兵折将，唯有智取，才是上策。

应槚假扮作采办山货的客商，深入七山地区了解敌情，把随身所带的腌黄瓜、萝卜、辣椒等菜，送给匪军首领吃，他们觉得味道好极了，问应槚是怎么做的。应槚告诉他们凡用白晶腌过的东西都能保持新鲜永久不烂，就连刀枪一类兵器，平时不用，用白晶腌起来也可保持锋利无比。首领听了信以为真，他们不知白晶为何物，希望应槚采办一些运来给他们。应槚心里暗喜，表面却装作很为难，经首领再三恳求，才勉强答应。应槚所说的白晶，其实就是盐，只不过是忽悠叛匪。不久，应槚把盐运到七山，叛匪们把兵库里的刀枪用盐埋了起来。应槚暗地把情况密报朝廷，等叛匪兵器生锈无用之时，派兵进攻便可一举歼灭。第二年当应槚率兵进剿，叛匪兵库刀枪变成一堆铁锈，几万叛匪束手被擒。

身后秩闻

应榛去世后，归葬家乡九华山兴觉寺（今北界镇土名烟铺）。墓葬规模宏大，占地几十亩，建筑严整壮观，墓道两旁立三道牌坊，三对华表柱，石翁仲（文士）、石将军、石马、石狮、石羊各一对。民间流传着金头银脚的传说，说应榛遭奸臣陷害，被皇帝误杀，后赐金头银脚，葬三十六个圹（墓）。传说，有一年皇帝要修建宫殿，让大臣商议建造方案。大臣们纷纷献计献策，十分踊跃。一些奸臣为了博得皇帝的欢心，说："皇上修建宫殿是当今最重要的大事，要用世上最好的材料，钉椽子的钉要用金子和银子打制，才能显示出皇家的尊贵。"许多奸臣应声附和，皇帝也听得笑逐颜开。还有一些大臣听了心中暗笑，但见皇帝听得高兴，也就不敢分辩。应榛听了，却直言不讳地说："皇上，金钉银钉是豪华，却是没用的，要用铁钉才钉得牢。"皇帝听了，有点不高兴。一些奸臣见风使舵，趁机落井下石，说："皇上，应大人说皇上造宫殿用铁钉，分明是瞧不起皇家，是欺君，罪不可赦！"昏庸的皇帝听信谗言，就下旨将应榛处斩。应榛受到诬陷，有口难辩，只得恳求皇上把他解押回乡，待看到家乡后再行处斩。皇帝答应了，命监差解押应榛回乡，即刻行刑。一路艰辛，走到龙游与遂昌交界的赤津岭凹上，应榛望见了久别的故乡天地，仰头哈哈大笑一声，监差以为已经到达目的地了，就手起刀落，将应榛杀了。

过了不久，宫殿立柱上梁，钉椽子时用到钉子。没想到金钉和银钉质地很软，根本钉不牢木材。最后还是改用铁钉。皇帝懊悔不及，错责了应榛，立即下诏赦其无罪，派人八百里加急飞报追赶。遗憾的是当飞报追到时，应榛的人头早已落地了。后来，皇帝给应榛平反，赐金头银脚给应榛陪葬。

（文：邱耕荣）

第二篇　民胞物与　廉政爱民

编者按："廉者，政之本也。"作为官德的"廉"不仅包含了自我修身的内在德性，还有其在国家治理上的事功作用。清官廉吏的事功最重要的体现便是爱民，这也是古代清官形象最突出的特点。"爱人多容"，是当官的关键素养，也是清官的为官之道。王夫之曾说："无德于民，不足以兴。"意谓为官者如果无德而不能爱人，他的治下肯定不会百废俱兴的。为官者，只有爱民，才能自生廉洁，涵养清正，两袖清风；只有爱民，才会体民情，行仁政，致力民生，造福一方；只有爱民，才会抑制豪强，不畏权贵，为民请命。这也是清官所以深受百姓爱戴的根本原因。本章故事的主人公均有以"民胞物与"为襟怀的高风亮节，"唯重民生"的自觉，主政一方，为民分忧。

杭州萧山欢潭村

清廉能臣田轩来

欢潭村隶属于杭州市萧山区进化镇，清朝时原属于山阴县。据浙江省文物考古研究所考古发现，欢潭村在新石器时代就有人类居住，历史古迹和传说较多。村口有一直径3米，深约1米的水潭，俗称欢潭。据《田氏宗谱·欢潭记》记载，村名源自岳飞率军掘潭饮水，"欢潭者，因有天潭，故以潭名村。潭在村口湖堤边，宋时古迹也。周不数寻，深不及丈，四时澄澈，不涸不溢，水清味甘。自宋岳飞行军至此，饮潭水而欢，故名。"

欢潭

田姓为欢潭村的大姓，约占全村80%的人口。田氏原籍河南开封府陈留县田家庄，南宋建炎年间（1127—1130）随驾南渡，定居于天乐乡（今欢潭乡），至明朝永历年间，已历13世，当时朝廷迁徙巨族充实边防，田氏全族迁居陕西临洮，尚有一子因出继未迁，后复归本宗。现已传30余世。

田轩来，字东轩，康熙三十年（1691）进士。初授成都县知县，后来以"清廉勤敏"擢升河南道监察御史。康熙五十三年（1694），任顺天府乡试副考官。绍兴《嘉庆山阴县志》、成都地方志及《康熙起居录》，都记载了这位旧时代的能臣。《欢潭田氏宗谱》也为他专门立了传。

清朝初年，长期的战争和动乱致使民不聊生，社会秩序混乱。战后重建与恢复民生，不仅是摆在康熙皇帝面前的首要难题，也是各级官吏的当务之急。当时的成都，属于西南边陲穷邑，地处冲要，山瘠民贫，民风恶劣，"盗贼之多，甲于天下"。接手这样一个百废待兴的烂摊子，对田轩来而言是一场挑战。

田轩来上任伊始，首先下令清理废除所有的陈规陋习。以前来成都为官的人，一直沿用原先陋规，一切开支均摊派乡役，向百姓索取。他感慨道："官是贫穷，可是百姓比官更加贫穷，怎么能让官去拖累百姓呢！"于是下令道："凡官员所需要的一切费用都从自己的薪水中捐出，自行解决。一概不得干预乡里的差役。"这些措施极大地减轻了百姓的负担。

由于长期战乱，成都许多地方田地荒芜，民众逃亡，十室九空。田轩来采取按地起征的方法，不遗漏不苛刻，鼓励民众开垦荒地，许多逃散的民众因此返回家乡，辛勤耕种，很快恢复了生产。结果，不仅国家增加了税收，百姓的负担也减轻了。

成都恢复生产以后，民生渐渐好转，粮价也都比较便宜。可是没想到甲申年突遇天灾，粮食歉收，粮价暴涨，一时间人心惶惶，随时会导致社会混乱。田轩来向上级请示后，立刻拿出成都所有公家仓库积储的粮食，以陈粮换新粮，既平抑了粮价，安定了民心，又没有使公家受到损失。

当时，成都民间流行一种恶习，人与人之间只要发生一点纷争，就有亲戚一齐赶来，劝那人投缳自尽，以此诬赖对方，使对方受到重罚，并赔偿大量财物，无数人为之倾家荡产。田轩来对此十分痛心，他发出告示，痛陈此害，晓谕百姓，严禁此事。一有案件发生，田轩来必定单枪匹马地立即赶去，亲自验尸，三天之内断案了结。事主也不能牵连他人，亦无从得到赔偿。此举有力地遏制了轻生恶俗，使无数当差的小胥吏和百姓，身家老小得以保全。

成都是四川首县，凡事都须逐条呈报、请求指示。田轩来在成都为官时，每有兴利除害的改革措施，就要率领同僚向上司请命。有时遇到上司不同意或脸色难看，许多同僚都因此打退堂鼓，就此罢手。唯有田轩来，品性执着顽强，无畏无惧，呈情"坚执如初"，"必求得请"才肯罢休。由于田轩来的条陈，总是言简意赅，事理曲直，切中要领，久而久之，赢得了上司的尊重，称之为"铁汉"。遇上疑案、杂案及棘手之事，上司总是让田轩来出马办理。

在成都任职九年后，田轩来升任户部主事，进员外郎，在职期间都以清廉和勤敏著称。后来又被授予河南道监察御史之职。康熙甲午年（1714），担任顺天乡试副考官。他慧眼识人，所选拔的人才中，王敬铭考中康熙五十二年状元，成为嘉定县第一位状元。汪应铨考中了康熙五十七年状元。杨尔德考中康熙五十七年会元，进士及第，才华出众。储大文考中康熙六十年进士，被时人称为旷代异才。

田轩来是一位能臣，更是一位廉臣。他告老还乡之时，囊中空空、一贫如洗。晚年他对儿子说，为人处世唯有"清白"两字最难。而他一生最看重的是东汉杨震的一句话："让别人对我的子孙说他们是清官的后代，不是很好吗！"这样一个清廉的能臣，能不让他的子孙后代为之骄傲吗？

注：本故事主要根据嘉庆《山阴县志》、乾隆《绍兴府志》《欢潭田宗宗谱》及《萧山日报》上刊登的《欢潭田氏的官品传承》改编而成。

（文：颜晓红/图：吴一鸣）

奉化大堰村

正说"清操士"王钫

大堰村隶属于奉化市大堰镇，位于奉化江下游，原名大万竹。早在汉代，就有人居住。至唐代时人口增多，聚居成落。宋初，大堰王姓始迁祖从柏坑村迁居于此，因村前县溪修筑大堰塥，遂改今名。大堰村依山傍水，山清水秀，人杰地灵，是明代工部尚书王钫的故里。据说，嘉靖帝曾问王钫，其家乡大堰村有何风物？王钫回答说："青柴白米岩骨水，嫩笋绿茶石斑鱼。"精妙绝伦的回答令皇帝都为之向往。

王钫（？—1566），字子宣，号印岩。他六岁开始从师读书，刻苦勤学。嘉靖二年（1523），考中进士。及第后，初授南京工部都水司主事，不久，又补授北京工部都水司，掌有关水道之政令，到荆州税关管理征收商税。

明初，朱元璋规定："凡商税三十而取一，过者以违令论。"洪武以后，明王朝的税关增设渐多，征税的"定法"也渐渐不被遵行。王钫上任后，按照三十取一的定法征收商税，将税吏增加的名目繁多的榷税尽情削除，大大便利了商人，更多的客商被吸引来了，荆州经济更加繁荣。

后来，王钫转任刑部郎中。他在审案过程中，周详缜密，从不枉曲无辜，也不放纵罪犯，没有利用过职权为自己谋取任何私利。不久，王钫又出任福建邵武知府，职掌一方，很有政声。有一次，有人告状说，他结婚时，家中金银珠宝及新妇梳妆用具都被人盗窃。王钫看完他的状词，对他说："谁和你居住在一起，却与你不同心的人，盗窃者必定是此人。"第二天，有一个人拿着失窃的财物跑到衙门，低头伏礼，承认己罪。原来这个人是原告的同母异父的弟弟。合郡之人都对王钫佩服不已，视如神明。

行人司行人杨某奉命出使，有事经过邵武县，对当地吏民横加勒索，王钫便送给他一部真德秀撰写的《西山政训》，令杨某羞惭而去。原来这是宋朝人真德秀任潭州、泉州知州时晓谕下属官僚的政训，专讲吏治民风的。巡按白某巡行所属部域，来到邵武县。他往日与王钫有私人怨恨，想趁这个机会弹劾王钫。于是，白某将邵武县王钫审理过的案件文牍全部找来，吹毛求疵，想要挑出王钫的毛病，竟然没有找到任何破绽和疏漏，不禁大为佩服。结果，白某不但放弃了弹劾王钫的初衷，反而向朝廷举荐了王钫。

在福州代理知府时，王钫母亲去世，他离职回家守制。守丧结束后，他被朝廷重新起复，累迁至都察院副都御史，提督南赣、汀州、漳州等处军务。不久转任兵部右侍郎、佥都御史，总督两广军务。当时广东、广西两省贼寇尤多，盘踞深山，啸聚山林，为非作歹，百姓苦不堪言。其中马天恩、李汝瑞等魁首聚众数千人，设立堡寨，极为嚣张。王钫上任后，调兵遣将，传授方略，入山围剿，一举抓获马、李二匪首，俘获从贼七千八百多人，破其巢穴寨堡三百余所。朝廷特别下诏奖赏王钫，并荫封其子。

嘉靖三十七年（1558），倭寇由海道入侵福建，乘势侵扰广东揭阳，来势凶猛，锐不可当。王钫调派兵力，避其锐气，一旦等到合适的时机，便进行拦截阻击，斩首三百，俘虏倭寇百余人，救还被劫男女数十人。倭寇不服，再次侵入，又被王钫带兵击溃。自此以后，倭寇再不敢侵入广东。

当东南沿海倭患正炽时，广东峒贼也蠢蠢欲动。这年冬天，他们再次相互煽动，起兵作乱。王钫发兵追剿，擒获贼寇首领尤德虎、杨球、邓子修、黄老虎，俘获贼徒二百六十人。平乱之后，王钫认为广东中部寇盗频起，辖地峒人也常生事端，应当选择一个交通要道进行把守，方能确保地方安宁。于是，王钫亲自跋山涉水，相度要害形势，上奏朝廷，设立广宁县，移置卫所，从此那些山贼出入山林的道路被断绝，不敢再占据窟穴，为害地方。

在此以前，督府自行设置赏功所，军需任凭开销，没有核对过开支情况。一些守将趁机挪用军需，克扣兵饷，下级军官及普通士兵往往不能及时拿到军饷。王钫改署梧川府后，每次犒赏士兵，必定移文赏功所，军需物资开支出入全部都能查核，兵士因此真正得到实惠，从而激发为国效力的热情。而军备储蓄也更加丰饶，南雄、梧川二府用于资助军饷的税钱全部罢免，输往北方充作边防用的储备粮食和物资，以备国用。

第二年，王钫的考绩优秀，被朝廷召回任右都御史，掌理两部都察院事务，专事官吏的监察、弹劾及建议。因为王钫刚正不阿，廉洁自律，论奏不避权贵，一时间，官场风纪肃然，权贵敛手。后改任南京工部尚书，内臣中有人用金粉涂饰殿门，以此为借口支取银两。王钫则令工部官员计算金粉耗费，裁去内臣多开销的部分，为国库节省金钱以万计。

王钫为官数十年，每次考核皆为优等，人们誉之为"清操士"。70岁时，他以年事已高为由，屡次上疏恳请退休，终于获得允许。家居之时，杜门不入城市，优游林泉数年，忽然在一天无疾而终，去世前夕，山岩之间有巨声发响，犹如雷鸣。第二天早上去查看，原来是先人坟茔前面的印岩坠落下来了。朝廷恩赐祭葬，追赠太子少保，谥号简恭，著有《印岩集》。

（文：颜晓红）

奉化岭丰村

萧公功德颂千古

岭丰村隶属于奉化市萧王庙街道，西连金衢，北通沪宁。古时候泉溪几经曲折后由南向北流淌，直至此地入剡江，是泉溪出口之处，故称泉口。宋景德三年（1006），奉化下设白杜、南渡、袁村、泉口四个集市，其中泉口市就在岭丰村，为奉化西部的重要物资集散地，商贸发达。

岭丰村的故事得从萧王庙说起。村西首的界岭为古代长寿乡、禽孝乡的分界线，上有一座古色古香、红墙灰瓦、飞檐翘角的古建筑，称为萧王庙。此庙建筑宏伟，颇有声名，早在明代就有"剡东第一名祠"的称号，是当地百姓为纪念北宋奉化县令萧世显而建。

萧王庙

萧世显，字道夫，江苏沛县人，是西汉名相萧何的后裔。宋天禧二年（1018），他前来奉化担任知县。在任期间，廉洁公正，生活俭省，体恤民情，治水兴农，兴办学校，促进文教，为百姓费尽心机，深受百姓爱戴，是一位非常难得的好官。

萧世显曾经与人说："人应当惜福，为子孙后代留有余地，布衣蔬食，享受无穷，实在不理解膏粱文绣有什么可以爱慕不舍的？"他身为一地长官，从来不端着官架子，反而常常深入民间，了解乡间民情，亲自到田间视察，遇见耕地的乡农百姓，就走过去和他们聊天，慰劳他们的劳累辛苦，亲切得就像一家人一样。

天禧五年（1021）夏，正值早稻抽穗扬花之际，奉化县境发生了罕见大旱，尤以泉口一带为最重。田地龟裂，大批稻禾枯萎，老百姓求神拜佛都无济于事。萧世显看见旱情不断加重，忧心如焚，亲自到灾区巡视。他来到泉口，实地斟察地形，见剡江水流经过，垂询农人，认定可以将剡江之水引入内河，灌溉农田，缓解旱情。于是，他就在大埠村附近发动乡民开凿内河，长达五里。又教民众在剡江筑堤拦水，积极抗旱。他们从南到北依次打木桩，木桩之间编起竹片，在其中加固泥沙。由低到高，逐步增加，筑起了一条长约 100 米，宽约 3 米的土堤。

河堤建成后，乡民取水灌田，以解旱情。中途又发生争水纠纷，严重的甚至出现打架斗殴现象。针对这些情况，萧世显又为乡民制订了《均水法》，合理安排用水，按土地多少供水，使乡民有序取水，保证农田灌溉，取得了非常好的效果。那一年，虽遇天旱，农田借助水利设施得到河水灌溉，减少了因干旱可能造成的损失，获得了较好的收成。人们感念萧世显的恩德，就将这条土堤命名为萧公堤。这种筑堤方法在新中国建立后仍在使用。

第二年，早稻即将成熟时，境内又发生大旱，并伴随着严重的蝗灾。泉口、江口一带田野上空，飞蝗蔽天，大批蝗虫落到田里，顷刻间，就将稻穗啃啮精光，只剩下光杆。在猖獗的蝗灾面前，萧世显并没有像一些官员一样，受天人感应说的影响，不敢去捕杀蝗虫。相反，他一方面动员乡民取水抗旱，另一方面，他亲自来到灾区，率领男女老幼深入田间驱赶、捕杀蝗虫。在捕蝗的日子里，他早起晚睡，夜以继日，想方设法地控制蝗灾，还提出了捕蝗新办法，即用细网罩捕，成果显著。但是，说来也奇怪，这一年干旱，飞蝗特别多，捕了一批又来了一群，数量多的时候，几乎把泉口一带的天空遮黑。眼看即将成熟可收的稻谷被蝗虫食尽，萧世显心如刀割，夜不能寐。看到《贞观纪要》中记载，唐太宗曾经亲自吞食蝗虫，消灭了蝗灾。于是，他也将捉到的蝗虫一只只咬死，希望也能如唐太宗一样解除蝗灾。

那时正当六月酷暑，赤日炎炎，他下乡视察，走到长寿、禽孝两乡交界处，由于连日劳顿，忽然中风暴卒。萧世显积劳成疾，殉职而逝的消息传开，方圆几十里的乡民都为这位县令悲号涕泪，如丧考妣。

北宋庆历二年（1042），百姓感念萧县令的恩德，就在当地立祠以示纪念。南宋时，宋理宗赐庙额为"灵应"。元至正二十一年（1361）春，奉化知州李枢将萧世显的功绩专门修表上奏朝廷，元顺帝追封萧世显为绥宁王，于是人们称该庙为萧王庙。后来，庙屋损坏日重。明代永乐、弘治年间，曾经两次重修。明正德六年（1511）又毁，七年（1512）又重修。庙内有一块石碑，是清乾隆年间重立，上面刻有明代进士里人孙胜撰写的《重建萧王庙记》。现存的殿宇系清代中期的建筑，依山势而建，居高临下，宽敞轩昂，气势雄伟。"文革"期间，曾受到严重破坏。1983年定为县文物保护单位。1986年国家拨款重修。2005年3月，被浙江省人民政府公布为第五批省级文物保护单位。

奉化老百姓世代祀奉萧世显，每年正月十三日至十八日，萧王庙都会举行庙会活动，历时六天六夜，庙会由界下四堡轮流主持，并由当年负责祭祀的堡中有一定威望的长者主持灯祭。每年正月十三日上午，当地老百姓组成送祭队伍，抬着全猪全羊，捧着祭品，敲锣打鼓，浩浩荡荡经过岭丰老街前往萧王庙，周围的群众从四面八方赶来参加一年一度的庙会。庙里要做六天六夜上灯戏。除岁时庙祭外，泉口孙氏还立下族规，每十六年到萧公灵前举行一次规模宏大的崇祀仪式，俗称大拜。

据《泉溪孙氏宗谱》记载："北乡去城二十里有泉口市，……今市在庙东南一带，通衢相聚，贸易夹道，有旧屋十数楹，皆酒乳、薪米、医药小店，无富商巨贾攘利"，因该地庙祀鼎盛，商贾云集，一度成为奉北最大的贸易中心。因庙兴市，泉口之名也渐渐为萧王庙所替代。

（文/图：王杰明）

德清勤劳村

太祖御赐"忠烈匾"

勤劳村隶属于德清县筏头乡，在村庄文化礼堂的中央，悬挂着一块明太祖于洪武二十三年（1390）封赠的"忠烈"御匾。欲问忠烈匾的来由，话得从郎姓说起。因为御匾赐予的对象是郎理和他的夫人沙氏。

郎氏出自西周文王姬姓，原籍陕西，姬昌为郎姓始祖。十四世祖费伯，为避灾难，筑城自立为郎姓，从此，天下始有郎氏姓属。唐咸通年间，四十三世祖郎珦开始定居浙江临安，为浙江郎氏始祖。至四十七世祖郎策，由临安迁居安吉风亭乡。明洪武二十年（1387），安吉郎理与兄弟郎子霖同时考取进士。郎理被任命为户部主事。

1387 年腊月，郎理奉旨去陕西征收赋税。可一进陕西地界，却是"天茫茫地茫茫，风沙横行草不长，不见炊烟和牛羊，只见遍地白骨乡，老妇妻媳拦道哭，饥饿儿女呼爹娘"的凄惨情景，郎理及随同官吏不禁流下泪来。郎理当即下令：一是随同官吏不得进店就餐；二是不得入户住宿；三是不得损害百姓一草一木一豆一粟。每天三餐，每餐煮三大锅粥，官吏每餐一碗，多余的分给灾民。不到三天，"郎青天与民同苦，分发救命汤"的消息就传遍了四面八方。

腊月十五，郎理来到了陕西城，先听取了赋税征务署官员汇报，原来当地发生灾情，银库里没银两，粮库里粒米无存，老百姓饿得慌，树皮野草也吃光，饿死白骨遍城乡。当天深夜，有一位老人给郎理送来一封信，郎理细看后立即吞入腹中。

腊月十六，郎理亲自视察民情。这一天民情激昂，原来陕西是郎姓始祖发迹之地，凡是知道郎青天来的人都来了。大家认为郎青天能够与民共苦，一定会放粮赈民。有位大婶拉住郎理，把三块野菜饼塞给郎理以表心意。有位老公公拉着郎理的手说，我家原有八个人，六个饿死了，只剩下我和小孙子了，求求郎清官救他一命，说着把小孙子交给了郎理，老人就含笑离世了。在场的百姓齐声要求郎理救救孩子，救救灾民。郎理含泪高声地说："我的俸禄是每月三石六斗米，今天先分发给各位同胞，明天我们再商量！"郎理的这一举动迎来一片欢呼声。

腊月十七，在陕西金头大米行前，人群围得水泄不通。米行主人老金头得悉郎理要来视察，也摆出一副同情灾民的样子，在米行前架起了三口大锅煮粥救灾，还一个劲地说："大家受灾，我也受灾，没法子，我要是朝廷命官，一准打开粮仓，放粮一个月"。

"谁不知你是我们陕西最大的只进不出，只吃不放的吞粮大王。"一个老人开了腔。

"你别说话不用舌头，要是我金某粮仓里有粮不放，我是你生的。"

"这话当真？"一个壮年人发了问。

"一言九鼎。"

"那敢不敢打开粮仓让大家看看？"

"当然可以，不过大家看后要给金某做个证，我老金头是个大好人！"

"喔！"人群呼啦一下子就涌到了老金头的十个大粮仓前。他亲自一一打开粮仓。仓内确实没有一粒粮食。看到周围百姓失望的模样，老金头得意忘形，连蹦三下，只听得粮仓地板咔嚓一声响，老金头和断地板一起掉进了地板下面的粮仓里，原来地板下面隐藏着真粮仓。

这时，郎理和地方官员到场了。老金头气得七窍生烟，可又无法抵赖，只好哑巴吃黄连。此时，老金头也认出了那个问话的壮年人，原来他就是户部主事郎理。开头发问的老人则是为郎理秘密送信的人。郎理打趣地说："这粮仓下藏的粮食是金老板 3000 亩良田五年欠缴的皇粮赋税，谢谢金老板保存。因救灾救民急需，只好把征赋税改成放粮。从明日起，开仓放粮十天，以扬皇恩！"顿时，百姓高呼万岁，感谢皇恩！

郎理回朝后的第三天，就接到刑部诉状，指斥郎理犯了三大罪状：一是私自做主，开仓放粮，扰乱朝纲。二是以郎青天自居，藐视天子威望。三是乘放粮之机，私吞公粮，转移郎姓匿藏。明太祖下旨，郎理若三个月内还回千石国粮，即可赦罪。不能追回则斩之。郎理理直气壮地上诉道："臣直行办实事，尽忠扬皇恩，何罪之有？陕西灾民比本官更穷，急需拯救，不可征税加赋，臣无力也不愿追回已放灾粮。"在行刑前，郎理交代儿子郎壬由安吉迁至甘岭避难。三月期满，郎理屈斩京都，坟葬安吉邵溪。

郎理夫人沙氏是安城秀才沙留芳的女儿。为人贞洁刚烈，深明大义，她对丈夫的放粮之举，十分敬佩。在丈夫斩刑前，她发下了誓言："一定要为夫君洗清冤枉，还其尊严。"郎理屈死后的第三天，她拿着三件青白布衣，要父亲把郎理的冤情书写在衣服上，然后一件套一件穿在身上。第五天，她头顶铁锅，开始走上了为夫申冤之路。

风雨来了用锅挡，肚子饿了用锅煮野菜汤，口渴了用锅取水送清凉，衣服污了用锅洗。一年里，沙氏女连告三状。首告进县衙，收缴了状衣，受刑三十大板，得到的只是一句话：刑部结案，无权推翻。二告上府台，收状衣，滚钉板，判决还是那句话。三状上刑部，沙氏女在刑部大堂大声喊冤，声声述说刑部判斩郎理案徇私枉法，有失公正，要求重审。刑部主判官刁向认为自己判案无数，若是今天让沙氏女翻了案那还了得。于是，他立即以民女闯闹刑部大堂之罪，先毒打沙氏女四十狼牙棍，见沙氏不服，再用针穿十指。沙氏女还是不肯屈服，依然大声为丈夫鸣冤叫屈，说刑部徇私枉法。

刁向一时间也觉得难于应付。当他看到沙氏女身边的铁锅和从她身上搜出的秤砣，又对她增添了一道"油锅里摸咬秤砣"的毒刑。还说这是对一个女子对丈夫的忠不忠，纯不纯的考验。沙氏当场表态，只要能重审郎理冤案，粉身碎骨也心甘情愿。不一会儿，刑部大堂中央铁锅中的油沸腾了，秤砣落锅后，发出了吱吱啦啦的响声。刁向一声令下，两个衙役将沙氏的双手插入油锅，只听得一声撕心裂肺的嚎叫。当她再把摸起的秤砣用嘴咬时，在场的人除了刁向都惨叫起来。沙氏女痛得在地上滚来滚去，突然起身一头撞在刑部大堂的案桌上，只听"嘭"的一声闷响，沙氏女结束了她的生命。

这时，"万岁驾到"的呼声震动刑部内外。仵作在沙氏女的身上取得一份郎理进陕西时的日事记录和救人放粮的清单。太祖皇帝阅后立即下旨要吏部、刑部、户部联合对郎理案件重审。原来老金头与刁向是舅甥关系，此案确实徇私枉法。三天后老金头与刁向立斩午门。

太祖二十三年（1390），皇上下旨，为户部主事郎理昭雪复职，并用金头补齐尸身。太祖皇帝又称郎理乃是大明一等忠臣，沙氏为九州烈女。下令将郎理和沙氏以官葬规格，合葬于安吉邵溪。八月，御赐"忠烈匾"赠予安吉郎姓祠堂。因郎理之子郎壬在甘岭（百家坞）发迹，忠烈匾归入百家坞祠堂。现忠烈匾悬于勤劳村（百家坞）文化礼堂，成为镇堂之宝，有诗为证。

户部郎理，主事有方

陕西征赋，正遇天荒

为民作主，改作放粮

百姓普赞，王恩浩荡

奸臣谗害，忠良遭殃

郎理驳诉，理直气壮

含冤断首，屈死冤枉

贤妻沙氏，替夫告状

酷刑受尽，血溅刑堂

太祖亲审，正义声张

御赐金匾，忠烈名扬

（文：王凤鸣）

嘉善丁栅村

心怀百姓垂青史

丁栅村隶属于嘉善县姚庄镇，下辖有个自然村叫屠家浜，在明代出了个清官，叫丁宾。《南京通史》对明代两百多年中的众多地方官的描述中，仅浓墨重彩书写了3位名臣，除王恕、海瑞外，第三位就是丁宾。

心怀百姓垂青史——丁宾

丁宾（1543—1633），字礼原，号改亭。隆庆五年（1571）进士。因名次比较靠后，授官为江苏句容县县令。在他赴任前，他的父亲拉着他的手告诫说："你此次赴任，戴乌纱帽的说好，我不信；戴吏巾的（指官府当差的吏员）说好，我更加不相信；即使是穿青衿的（明代秀才的常服）说好，我也不信；只有戴瓜皮帽子的（指老百姓）说你好，我才相信。"在父亲的勉励下，丁宾决心做一个心怀百姓的好官。

在句容县任上，丁宾兢兢业业，孜孜求治，把百姓的事情当作最重要的事来办。白天伏案之余，或与地方士绅交谈，或拜访乡间耆老。休息时，若有人来访，往往是不及整理衣装便接见。即使夜间就寝，也是手握笔管，念念不忘的仍是百姓之事。故史书记载，称他"日昃不遑，中夜不寝"。丁宾以敏识强记、体大思精著称。凡是见过一面的人，即使是村夫野民也不会忘记，数年之后相见，仍能直呼其名；乡下百姓的田产牲畜，皆了如指掌；民间争讼之事，往往一语点明其中症结；至于勾校钱粮、划析经费等地方事务，丁宾都能不差分毫。

在治理句容的六年期间，丁宾清理赋额，减少杂徭，每年减轻百姓各项负担粮食7000余石，白银万余两。他抚恤鳏寡孤独，修筑仓舍驿站，兴修水利，但凡为百姓兴利之事，无所不为。离任之日，当地百姓建起生祠，纪念他的恩泽，还有专门祭祀他的"遗爱祠"。百姓们称赞他，认为只有嘉靖年间的清官徐九思才能与他相提并论。

做了六年县令后，丁宾入朝觐见，接受朝廷考核。不久，升任御史。当时他的座师是大学士张居正。万历初年，张居正与冯保联手赶走高拱，成为内阁首辅，神宗年幼，一切军政大事皆由张居正主持裁决。万历四年（1576）正月二十三日，辽东巡按御史刘台上奏《恳请圣明节辅臣权势疏》，弹劾张居正弄权，结果反被下狱，后削籍为民。四年后，辽东巡抚张学颜因为与刘台不合，诬告刘台贪污。张居正嘱咐丁宾去辽东搜查刘台的罪证。然而刘台并没有贪污劣迹，完全是被人以莫须有的罪名陷害。丁宾不肯做假证，竭力推辞。张居正发怒道："你要做官，就听我的话去辽东搜寻刘台的贪污罪证，否则，你就回家!"丁宾没有屈服，结果得罪了张居正，丢官回家。

万历十九年（1591），丁宾官复原职，随即又因母亲亡故而回家守制。直到万历二十六年（1598），他才再次出任南京大理寺右丞。

南京在明代被称为留都，与北京一样设立了各个衙门。在南京的官员，地位虽然不低，但并无实权。一般是作为资历较深、声誉较好的官员颐养天年的地方，或是打发那些性情耿直又没有什么靠山，不被当权者喜欢的官员的地方。但是，丁宾在这个赋闲之地当了三十年官，却大有作为，异常操劳。

当时江防松弛，兼任操江提督的丁宾亲自率领将校乘坐一只小舟往来巡视，增兵守卫要害，巩固了江防。南京卫所的世袭职位向来是应袭之人到京师去请求袭职的，常常因故滞留在京师，长久不能袭职。丁宾上书请求在南京就地勘察后再接任世职，免去他们长途奔波及留滞京师之苦。凤阳人刘天绪妖言惑众，弄得人心浮动，坊间不安。兵部尚书孙矿想要彻查，结果牵连了许多人。当时丁宾兼摄刑部大理寺，他了解真相后，坚决不同意兵部尚书孙矿办的案子，力主对无辜者平反，严惩真正的罪犯，最后，仅七人处死，其余皆获释。

丁宾任南京工部左侍郎、工部尚书期间，修葺了凤阳、泗州的皇陵和各大殿、留京公署、桥梁、驿站，饬令下属治修闸坝，开浚江浦，筑高河堤等几十处，扩建方正学、王阳明两个祠堂，还完成了一项浩大的工程，将从上元至丹阳的土路，全部改铺为石路。这样不仅使粮食可以全天候运输，提高运输效率，而且方便了行旅往来。

丁宾在南京任上善政多多，如针对城市管理中的积弊，丁宾将重点放在商业铺行和火甲差役的改革上，被时人赞为"革弊苏民至计"。顾炎武也称赞他说："官行雇役，……何其简便"。他在南京做官三十年，每当遇到旱涝灾害，总是向朝廷报请赈济灾民，甚至捐出自己的家财。岁末寒冬，出门常常让人负钱跟随，遇见饥寒交迫之人就把钱给他们。他还在南京城中设置了三个施粥摊。南京百姓感念丁宾的种种惠行，亲切地称他为"丁管家婆"。首辅叶向高也称赞他说："留都（南京）近年来自然灾害不断，仰赖丁宾这个福星方才获得安宁太平，真是功德无量啊。"他还评价丁宾，说他在南京为官很长时间，为人真诚坦荡，每天都以爱人利物为急务，南京人都很信任他。

当年他丁忧期间，及起复原官时，嘉善连续三年发生大饥荒，因为他捐钱赈济，数万人得以存活。天启五年（1625），他又捐粟三千石赈济贫民，捐银三千两代贫户缴纳赋税。据陈龙正统计，丁宾一生为做善事，前后捐银三万两，约相当于现在的一千万元。巡按御史将他的事迹上报朝廷时，他已经是太子少保了，于是，皇帝下诏晋为太子太保，旌表其门。然而，丁宾对自己的要求却十分严格，自奉俭约，住处卑陋，坐的不过是柳木椅，挂的是粗布帷，桌椅床榻几十年不换，生活清简得就像一个苦行僧。尽管朝廷对他荣宠有加，丁宾治家却极其严格，青浦有一个富户受诬陷，以重金贿赂丁宾的儿子代为请托。丁宾闻之大怒，杖责其子，并以耄耋之年亲往青浦会见这个富户，良语安慰。

崇祯六年（1633），丁宾离开了人世，享年九十一岁。在最后的日子里，他仍念念不忘赈济穷人。他再次上疏皇帝，恳切地要求辞去皇帝给予的荣衔，并希望皇帝恩准将赐给他的用来建立坊表的钱，也用来帮助百姓。

（文：徐顺甫/图：曾令兵）

金华婺城上镜村

去思碑思刘介儒

上境村隶属金华市婺城区汤溪镇，原名枫林庄。始祖刘清在宋仁宗年间为监察御史，自淮阳三迁至兰溪枫林，即今汤溪上境村，村民称他为迁汤始祖。刘氏定居于此，至今已有880余年。在历史的长河中，上境刘氏人才辈出，如南宋时期的翰林院大学士刘晋之、江西永宁县令刘介儒、明朝刑部左侍郎刘辰等等。明朝正德年间，刘氏族长发起建造刘氏宗祠，以纪念先祖。皇帝特赦建了"五开间"，祠堂气势恢宏，雄伟壮观。这里讲的故事主人公就是江西永宁县百姓为了纪念他的宦绩而树立"去思碑"的县令刘介儒。

上镜村一角

刘介儒，枫林庄人，进士及第后，宋高宗钦点刘介儒为江西永宁县县令。他上任后，谨记刘氏家训，精忠报国，为官一任，造福一方。

话说有一天，刘介儒升堂，忽然听见外面有人击鼓，便对刘忠说："你快去看看，是何人在击鼓？"刘忠来到县衙门外，看见一个年约六旬的老妪，满头银发，身穿破烂衣衫，手拄拐杖，站在堂鼓架边。刘忠来到堂上禀报说："老爷，门外有一位六旬余岁的贫苦老妇人击鼓。"

刘介儒一听是六旬开外的老妪击鼓，心里暗忖：按大宋律法，凡击鼓告状者，不分男女，不论老小，都要杖击二十大板杀威棍，才能受理状纸审案，像她这种年纪如何承受得了二十大板，不按法办理又难以受理此案，刘介儒左思右想后对刘忠说道："你去跟老妇人说，本县今天身体欠安，叫她改日再来，退堂。"刘介儒招来刘忠，吩咐他速去查清那老妇人家住哪里，状告何人，有何冤情？

经过一番打听，刘忠找到了老妇人，得知事情的经过。原来这位老妇人金王氏，家里是做裁缝的，膝下有一个儿子，叫金谷子，娶了个媳妇叫朱翠春。媳妇娶进门后，跟着公公金顺余学做裁缝，不到四个月，裁剪缝作无一不精。恰巧金顺余得知知府的儿子贾裕德开的服装坊要请人，便想让媳妇去试试。金王氏却有所顾忌地说："当家的，贾裕德是个花花公子，在永宁县谁人不知，哪个不晓，你叫翠春去，我心里总觉得不踏实。"金顺余说："这个我也想过，我们家穷，贾裕德看不上穷人家的媳妇。"

第二天，金顺余与翠春来到贾裕德的服装坊，刚一进服装坊，贾裕德便起了色心，两眼直勾勾地看着朱翠春，两人见势不妙，便说要走，可贾家岂是想来就来想走就走的地儿，金顺余为了保护儿媳，被贾家的下人活活打死，朱翠春见公公惨死，便上前和贾裕德拼命，也遭了贾裕德的毒手。

为此金王氏的儿子金谷子告了一年多的状，金谷子的屁股都被打烂了。听说新调来一个县太爷，金王氏的儿子又嚷着要去告状。母亲心疼儿子又要挨板子，就瞒着儿子自己到衙门告状，可谁知天下乌鸦一般黑，个个官儿都一样。

听到这里刘忠说道："老人家，我听说这个新来的县令是枫林庄人，姓刘名介儒，他的爷爷是当朝驸马刘文彦，上报朝廷，下扶百姓。这刘县令更是如此，能为人所不能为不敢为之事，能雪人所不能雪不易雪之冤。"老妇人听后，喜出望外。

这一天，刘介儒扮成算命先生和刘忠来到贾裕德门外大声吆喝着，贾裕德听说来了个算命的，就把他们请到家中为他算一卦，刘介儒掐指一算说贾裕德将要受刑罚之苦，让他最近一段时间少出为妙，并告诉他只能在八月二十一日外出，等候在县城门外一棵大枫树边。到了这一天，刘介儒叫刘忠带上八名衙役，天没亮就潜伏在那里伺机擒拿贾裕德。贾裕德把家中之事交给管家，带上姨太太和金银珠宝，乘上轿子，日出辰时到达枫树边。早在枫树边等待的金王氏见到了贾裕德，即刻拦住去路，高声喊道："姓贾的，还我丈夫，还我媳妇！"金谷子也随声喊道："还我父亲！还我妻子！"贾裕德下了轿，来到金王氏旁边说："我说是谁呢？原来是你这个老不死的东西，怎么？你状不去告了？拦路喊冤了？好！我好事做到底，今天就送你们上西天！"说着就欲挥拳打金王氏，突然间山上冲下八个衙役高喊"住手"，把贾裕德围了起来，说："贾少爷，永宁县令有请！"贾裕德冷笑几声："走就走，看你们谁能动我一根汗毛，我可是知府大人的儿子！"就这样，贾裕德和金王氏及金谷子一起被带到县衙，刘介儒升堂审理此案，贾裕德仗着自己是知府大人的儿子，常年作恶多端，强抢民女，前几任知县惧怕知府的权势，对他的恶行睁只眼闭只眼。贾裕德因为有父亲撑腰，觉得这个刘介儒也不敢把他怎么样，在堂上对自己的种种罪行供认不讳，画了押，进了大牢。金王氏、金谷子齐声感谢刘县令，刘介儒吩咐刘忠从他的俸禄中支取纹银百两给金王氏安家。众村民齐称刘介儒是永宁县的青天大老爷。

贾知府接到贾管家的急报，得知儿子被永宁县羁押，心急火燎地赶到永宁县衙，直闯公堂，大声喝道："永宁知县何在？"

刘介儒从侧房走出，说："卑职在。"

贾知府怒气冲冲地问道："本府来到贵县，为何不出来迎接。"

"未曾接到命令，故而未曾迎接，请知府大人恕罪。"刘介儒不痛不痒的回敬道。

"贾裕德一案审理得怎么样！老夫要亲自过问。"贾知府迫不及待地问。

"贾裕德是知府大人的亲生儿子，知府大人要参与此案，恐怕有违大宋律条吧？"刘介儒慢条斯理地回答。

贾知府一听，深感永宁县的县令比较棘手，与前几位县令相比，这个刘介儒后台确实硬，于是，他堆起虚伪的笑容说："永宁县令，你刚入仕途，官场学问你懂得甚少，日后会慢慢地学会些，我儿贾裕德一案，老夫拜托你好生审理，以示大宋律法之严明！"

刘介儒双手抱拳，向知府深深一揖，说道："承蒙知府大人指教，请大人放心，本县必严查此案，绝不冤杀一个好人，也不放过一个罪人。"贾知府气得胡须直抖，但是，他深知此时不是与县令抬杠的时候，更不能以上压下，只得说道："好！好！好！有你这么一句话，老夫就放心了，告辞！"说完，便出了县衙。

过了七天，刑部批文发到永宁县，刘介儒监斩了贾裕德，贾知府气得双手发抖，两腿直颤，恶狠狠地说道："好一个刘介儒，我们走着瞧！"

刘介儒斩了贾知府公子贾裕德，轰动了整个永宁县。大家都说永宁县来了大清官，民心大振。有一个秀才当街挥毫，写了一副对联送进县衙，对联云：

铁骨冰肌迎风霜
山花烂漫奏华章

宋高宗绍兴三十年（1160），刘介儒奉旨调离永宁县，消息传出，万民夹道相送，竖立《去思碑》，以作永久思念。

（文/图：章一平）

永康胡库村

流芳百世颂胡则

1959年8月，毛泽东主席乘专列途经金华接见永康县委书记时，有一段十分有趣的对话：

“你说你们永康什么最出名？”

“五指岩生姜很有名。”

“不是什么五指岩生姜。你们那里不是有块方岩山吗？方岩山上有个胡公大帝，香火长盛不衰，最是出名的了！”

其实祀奉胡公大帝的祠庙不只方岩一处。元代大儒黄溍说，“余郡（婺州）暨绍台温处诸郡，公庙以千百计”。晚清上海道台应宝时也说，“惟浙东千里，几无一邑一乡无公庙”。

胡公大帝究竟是何方神圣，为什么有那么多民众为他建庙立祠，向他顶礼膜拜呢？

对于这个问题，毛泽东当年是这样回答的：“其实胡公不是佛，也不是神，而是人。他是北宋时期的一名清官，他为人民办了很多好事，人民纪念他罢了。”（以上引文见中共党史出版社《毛泽东在浙江》）

被百姓称为“胡公大帝”的清官姓胡名则，字子正，宋太祖乾德元年（963）农历八月十三日卯时生于永康游仙乡石门里大圣潭边。尽管曾祖胡彭因助钱镠建国有功，官至仆射，但富不过三代，从其祖父胡彦瀫把家从县城搬到偏僻的乡下时，家境已大不如前。父亲胡承师偏好道术，为了远离尘嚣，养气修真，又把家搬到一个荒无人烟的大水潭边。这天凌晨夫人应氏肚子疼痛难忍，没等她走到茅房，一个鲜活的生命就呱呱坠地了。这个新生儿就是胡则。不过在考中进士以前，“则”上还有一个“茅棚”——“厕”——夫妇俩给他起的乳名。

随着第一个孩子的出生，各种各样甜蜜的烦恼纷至沓来，弄得小夫妻俩疲于应付。所以当第二个孩子即将临盆的时候，胡承师不得不撇下搭在水潭边的几间草房，到附近的库川去安家。

库川村原是方岩山脚下应姓、黄姓聚居的大村落，以诸山之水汇流如财入库而得名。自胡承师入住后不久，胡氏居然成了该村第一大姓，于是库川村渐渐演变成了胡库村。久而久之，胡库村俨然成了永康胡氏的发祥地。

光阴荏苒，转眼间厕儿已长到十四岁。永康乡风，男孩一到十四五岁就该拜师学艺了。所谓"家有千秧八陌，不如手艺盘身"。加之那时的永康还是吴越国的属地。钱氏立国百年，选官采取荫补制度，即录用官员子弟做官，不设科举制度，导致吴越地区文教不兴，儒风几乎熄灭。因此，到底让胡则学手艺还是学文章，一家人为此纠结了很久。但胡氏毕竟是耕读世家，岂能为了手艺而断了文脉？所以胡承师权衡再三，还是把贪玩的儿子，送进了设在寿山岩洞的蒙馆。

宋太宗太平兴国三年（978），吴越王纳土归宋。端拱元年（988），宋太宗诏谕吴越州县长官荐举品学兼优的士子参加礼部会试。吴越地区的莘莘学子，终于盼到了"学成文武艺，售于帝王家"的机会。

胡厕禀赋极高，经过十多年的刻苦攻读，已是名闻遐迩的青年才俊。所以县令、知州都把他列为首荐对象。

为了应试，这年春天，他与湘湖文友陈生，借寓方岩大悲寺僧舍，夜以继日研习经史诗赋，恶补了半年。直到八月初一，他们才下山赴京赶考。行前他挥笔写了《别方岩》五言十二韵，回忆了"冥心资寂寞，琢句极幽玄"的经历，抒发了"明日东西路，依依独黯然"的惜别之情。

端拱二年（989）三月，胡厕高中陈尧叟榜进士，成为婺州有史以来考中进士功名的第一人，实现了"朝为田舍郎，暮登天子堂"的人生梦想。更令他激动的是，金殿御试时，太宗亲笔圈去"厕"的厂字框，赐名"则"，还对他说："厕不应当作为名字。"

衣锦荣归后，他写了一首《及第诗》。其首联云："金榜题名四海知，太平时合称男儿"，踌躇满志之情溢于言表。但他没有被胜利冲昏头脑，"小花桥畔人人爱，一带清风雨露随"。小花桥是永康县城山川坛的一座小拱桥，是县城最热闹的地方。显然，此时此刻他想得更多的是肩负的责任，是怎样播撒清风雨露，给热爱他的父老乡亲带去福祉。

宋真宗咸平二年（999），胡则出任签署贝州（今山东临清、武城、夏津一带）节度观察判官厅公事，奉命视察河北道。他大刀阔斧，雷厉风行，废除德州（今山东陵县）等地强征民夫民马以供驿传的扰民弊政，又奏准暂停修复新乐、蒲阴二县，成功地将十余万服徭役的农民遣返回家。昔日满目疮痍的宋辽边境总算恢复了一线生机。

宋真宗天禧三年（1019），时任广西路转运使的胡则按察宜州（今广西宜山县），恰遇台风过境，山洪暴发。胡则冒着被洪水冲走的危险赶到宜州。经过取证复核，"重辟十九人，为辨活者九人"。

宋仁宗天圣三年（1025），胡则移知福州。其间胡则做了两件震动朝野的大事：一是释放从成都押解福州审讯的刑部重囚龙昌期；二是为官庄田佃农减租平直。

龙昌期是著名的经学大师。前任知州陈绛请他来福州讲学，并挪用国帑送他十万帑银作为酬金。胡则认为挪用国帑罪在郡守，而与龙昌期无干，当庭宣布无罪开释，并以自己的俸金代偿所遗。

关于减租平直，范仲淹在《兵部侍郎胡公墓志铭》中有详细记载。当时在福唐有官庄田数百顷，百姓交租获利已经很久了。不料，掌管国家财赋的大臣上书请求卖掉，要求估价二十万贯。百姓承担不了这种高价，受损严重。胡则上奏此事，没有得到批复。胡则就连续上了三道奏章，而且说："百姓疾苦，刺史应当为他们说出来。如果不采纳刺史减轻百姓疾苦的建议，那么刺史可以废除了！"于是朝廷允许减半价出售，百姓因此得以安心耕种。

宋仁宗天圣八年（1030），胡则升任权三司使。作为管理全国财政经济的最高长官，上任伊始，他就上书条陈县官榷盐的种种弊端，请求进行改革。

食盐专卖是从西汉就开始实行的基本国策之一，改革谈何容易。但胡则没有退缩。面对国家花费大量人力物力而所得甚微，老百姓花了钱却吃不到真盐，边远地区甚至无盐可吃的现实，胡则顶着重重压力，大胆提出变官卖为商销的"通商五利之法"。具体做法是：盐商把钱款上交京师榷货务（中央管理食盐运销的机关），然后凭榷货务出具的凭证，到解县、安邑两大盐池领盐，运往指定地区销售。实行商销后，老百姓买盐方便了，盐价便宜了，老少边穷地区也能吃到真盐了。试行一年，国家从榷盐所得的帑钱猛增15万贯。举国上下莫不拍手欢迎。

胡则浮沉宦海凡四十七年，"十握州符，六持使节"，足迹遍及大半个中国，所到之处，政绩斐然。为了维护黎民百姓的正当权益，他宽刑薄赋，鼎革维新，的确做到了一不怕诬陷，二不怕罢官，三不怕杀头，谁人能不为之感动！但最后把他推上神座的，则是奏免衢婺两州身丁钱的壮举。

明道元年（1032），淮河、长江流域遭受百年一遇的大旱，衢州、婺州一带灾情尤烈。真个是禾苗枯焦，赤地千里，饿殍遍野。铤而走险的灾民"一年多如一年，一伙强似一伙"。

这天退朝后，仁宗皇帝回到内宫，展阅御案山积的奏疏。面对满纸陈词滥调，他一下子就失去了耐心，一把推开奏疏，仰天长叹道："大臣无一人为国了事者，日日上朝何益！"

"中书省还有一份奏章，听说有点儿……"一旁侍候的太监乘机献媚。

"哦？快去取来看看。"

原来这是新任工部侍郎、集贤院学士胡则要求免除衢、婺两州身丁钱的奏章。

"荒唐！"仁宗不由火冒三丈，恶狠狠地把奏章摔在地上。

翌日早朝，仁宗将胡则的奏章榜于朝堂，诏令群臣评议。就像冷水泼进油锅里，言官弹劾，大臣围攻，指责之声一浪高过一浪，庄严的朝堂简直闹翻了天。胡则早就料到会有这一招，并不急于申辩。等到大家的情绪冷静下来，他才针锋相对展开反击。他首先抓住天灾告变，天象示警做了一通文章。然后列举事实，痛斥沿袭吴越旧制征收身丁钱的不仁不义及其危害之烈。胡则的慷慨陈词，句句击中了仁宗的软肋。仁宗赵祯一向以仁义相标榜。吴越归宋已五十多年了，可除了缴纳全国统一的两税之外，还要加征吴越国特有的身丁钱，于情于理都说不过去。如果免除衢、婺两州的身丁钱，真能换回一顶仁君圣主的光环，仁宗又何乐而不为呢？为江山社稷长远计，他终于批准了胡则的奏章。

减免丁钱的消息传来，胡则激动得老泪纵横，当即泼墨挥毫写了一首七律《奏免衢婺两州身丁钱》：

> 六十年来见弊由，仰蒙龙敕降南州。
> 丁钱永免无拘束，苗米常宜有限收。
> 青嶂瀑泉呼万岁，碧天星月照千秋。
> 臣今未恨生身晚，长喜王民绍见休！

宋朝赵善括在《应斋杂记》说："丁谓作宰相时，苏州、秀州百姓赋税得到减免；胡则在朝廷任官，衢州、婺州百姓丁钱得以免除。"这不仅是一件惠及衢、婺两州百姓的德政，亦是胡则登上神座流芳百世的原因。

"公尝奏免衢婺身丁钱，民被其赐而为之立庙。"——黄太史（潘）的评述意味深长。

"进以功，退以寿，义可书，石不朽，百年之为兮千载后！"范参政（仲淹）的"颁奖词"声情并茂。

当然最精辟、最经典的还是毛泽东主席的结论："为官一任，造福一方，很重要啊！"

（文：胡国钧）

东阳古渊头村

草鞋御史李学道

　　古渊头村隶属于东阳市巍山镇，位于东阳北部，西北倚岣山，乌竹溪自北而东环抱村庄，南面一马平川。明永乐年间，李泓由义乌迁东阳，再迁此地定居。其长子为补廪生，嗣后宗族置产养贤，家家户户，耕读传家，子弟发愤为学，相袭成风。自明中叶至清末，考中进士、举人及生员七十余人，文风兴盛，甲于一方。

　　李学道（1532—1577），字汝致，号爱泉，古渊头人。他身长七尺有余，长着一脸络腮胡须，不畏权势，不徇私情，无论行动或静止，他都表情庄重，目光专注，看见他的人都自然而然会变得神色严肃起来。

　　明朝嘉靖辛酉年（1532），学道考中进士。不久，出任陕西丹阳县尹。上任前，有老朋友告诉他说，一般县里征收的赋税往往有多，缴纳完国家的，还会有剩余，你可以纳为私有，不然县中的小吏将会据为己有。李学道上任了解情况后，却将所有剩余的收入都收归公有。

　　丹阳县地瘠民贫，积欠田赋年久，官府历年追比，百姓交不出赋税，就被定为抗粮不交的刁民，杖责入狱。无奈之下，丹阳人只好四处逃亡，土地更加荒芜，而监狱中则是囚犯众多，积案成山。李学道上任后，首先勘察监狱，但见牢房挤得满满，喊冤之声响彻耳畔。

　　李学道首先提审了"为首闹事"的王良。刚刚提及事由，王良立即竹筒倒豆子一般原原本本地说出情由：

　　我王良种有水田旱地各二十亩，家有父母妻儿，牛羊牲畜，算得上是殷实农家。谁知近年来丹阳不断更换县尹，换一个加一次田税，增加一些负担。早先每亩三十斤税，先来的一个加到每亩四十斤，一年后他吃饱拿足走了；又换一个加到每亩六十斤，农家还勉强过得去；等到第三个上任，加到每亩九十斤。农家出汗出力出肥料，到头来也不过只有这个数，遇旱年连皇粮也交不出，大家没办法都逃荒去了。我是村上最后一个逃荒者，县老爷却说我是个抗税的为首分子，把我抓到这里来了。其实关在这里的都是老实巴交的种田户，谁愿意离乡背井去逃荒啊！

李学道看王良面相忠厚，说话诚实。再审讯其他人，都众口一词，大致相同。李学道不禁泪如泉涌。他想起头天晚上微服私访，听见儿童高唱童谣："铁打的江山流水的官，一个个吃饱拿足就滚蛋，谁管百姓死和活，新爷老爷都姓贪！"不禁长叹一声："当官不为民，社稷怎保？江山怎久？为百姓黎民谋福祉，当从李某开始！"

经过一段时间的排查摸底，李学道颁布了上任后的第一道文告：本县农户凡回家种田者，无论男女老幼，均可领到三个月的口粮；再加每亩种子粮五斤，年底奉还；田税按每亩三十斤征收；有私自贪污强行加税者，依法严惩！告示传遍丹阳，逃荒者纷纷回乡春播。与此同时，李学道又重新清理田赋，不仅按田亩数量，还按田地肥瘠等标准征收，又减轻了百姓的徭役负担，使百姓农忙时不受到干扰。丹阳百姓十分感激李学道，盛赞李县尹为"李公田"。到夏收时，百姓不但还清了口粮与种子，连皇粮也一并交清。

在丹阳任上时，李学道的父亲去世了。按照惯例，李学道必须丁忧回家守丧。但是李学道家境贫穷，没有钱举办丧礼。有人知道后，在路上拦住他，奉上百金，想要帮助他办理丧事，并对他说："没有大人的话，小人已身首两处了！"原来此人受人冤枉，屈打成招，只等秋后问斩。正好李学道上任勘查冤狱，他也大声喊冤。李学道翻阅案卷，发现疑问，重新调查案件，还了他一个清白，救了他一命。他听说李家无力办理丧事后，就送来银钱以示感谢。

可是，李学道却对他说："以前我为你昭雪冤狱，并不是因为认识你，而是因为这是我的职责。如果你真的感激我，不想玷污我的德行的话，那么就请你把钱收回去！"回到老家后，李学道就开办学馆，教授生徒，赚钱自给，终于使亡父得以安葬。当时东阳县令陈某乃是学道同门，想请他居间调解，请托人情。结果陈县令陪着他喝了一天茶水，也不敢向他开口。

学道守丧期满后，升任监察御史，巡视京都中城。当时宦官多在中城营建房屋居住，并非法经营青楼，蓄娼养童以谋暴利，还经常扰民。有一个叫许义的宦官带兵强抢寡妇徐氏，学道不畏权势，抓住许义，处以鞭刑，关入监狱。明朝时宦官集团能与官僚集团相抗衡，异常嚣张。听说此事后，众宦官非常恼怒，决心报复学道。一天，学道下朝，一群宦官突然冲出来，将学道拖到左掖门外，拳棒相加，围殴学道，几乎将学道打死。一时间，朝廷大臣群情汹汹，首辅徐阶迫于公议，让司礼监先上奏章，大臣又在朝会上向皇帝面奏此事。行凶的宦官都被发配边关，学道也被迁往庐州担任推官。

不久后，学道主持南京驾部事务，升职方郎中，出任顺德府知府。他还没有到任，三母去世，只好回家守丧。起复后，出守贵州，他到任后就将那些积压或拖延未予审决的案件全部审理完结，使公堂中再没有滞留的案件。他治理地方，恩威并济，那些强横狡诈不守法纪的人，吓得不敢再出来捣乱，社会风气陡然好转，贵州百姓生活顿时安宁下来。

学道出任山东青州知府时，当权的人商议开挖胶河，学道持否定意见，他说："胶河里都是沙石，又有海潮挟带泥沙，时不时地冲入河流，开凿胶河必定不容易成功，即便成功，也很容易淤塞。"当权者执意开挖胶河，果然如学道所言。青州发生旱灾，庄稼枯死，粮食歉收，百姓无奈，为了生存，不得不流徙他乡。学道痛心疾首，向朝廷请求赈济，言词危切，台使认为他危言耸听，非常不高兴。恰好轮到学道入朝觐见，奏章被驳回，他忧心忡忡，回任路上不小心生了病，死在任上，年仅四十七岁。

李学道一生中历经嘉靖、隆庆、万历三朝，在任期内，爱民如子，清廉拒贿，忠心鲠骨，昭雪冤狱，百姓拥戴，政声赫赫。其事迹正史、方志均有记载。由于任上经常脚穿草鞋，走乡入村，访贫问苦，人们又送他一个"草鞋御史"的美名。留有《青霞集》（十卷）传于后世。古渊头村现存万历十五年浙江道监察御史赵池所书"忠孝廉节"匾，建有花台题额"名御史第"纪念李学道，其联曰：忠贞气节贯青史；刚直威名震紫宸。

（文：颜晓红）

武义白革村

宽明廉介朱若功

　　白革村隶属于武义县泉溪镇，位于括苍山脉状元峰之腰，依山而筑，三面环山，万亩竹海绿，百亩古树群，风景秀美，素有"十里竹海，十景白山"之称。村内有一座朱氏宗祠，为明末清初建筑。清官朱若功便是白革村朱氏第一百六十七世孙。

白革村村貌

　　朱若功（1667—1736），字曰定，号学斋。康熙四十八年（1709）考中进士。由于朱若功不肯送礼跑官，吏部候选时，他在家足足等了十年，才被委派到千里之外的云南任昆明知县。

　　候选期间，武义发生虎患，猛虎时常出没于乡村，咆哮咬人，乡民不敢出外耕田，不敢上山砍柴，有被老虎咬死者，家属也不敢收埋残骸，闹得当地人心惶惶。朱若功多次赴县禀报，官府却不予理睬。若功心急如焚，多次组织猎手上山捕杀，都一无所获。当时人们认为城隍神是保护百姓安全的地方守护神，猛虎之所以不能除去，很有可能是城隍神和土地山神的庇护。于是，朱若功奋笔疾书了著名的《驱虎文》，状告武义县、金华府、处州府的城隍和土地神。他在文中义正词严地指出城隍和土地有守护百姓的职责，当地出现猛虎食人的现象，这是神明不能推诿的过错。如果城隍和土地神不能在规定期限除去猛虎，那就是与虎同谋，包庇老虎。那么，他就要一级一级的上告，直到都城隍、京师城隍等。事有凑巧，《驱虎文》写完后，他再带领乡民猎手巡山搜谷，不出三天，就杀死了猛虎。人们都认为是他的《驱虎文》起了作用，令神明显灵，保护了百姓。

康熙五十八年（1719），52岁的朱若功前往昆明上任。昆明县附郭云南府，云南府则为云南省首府。清朝官场有一句话形容这种情况，叫做："三生不幸，知县附郭；三生作恶，附郭省城。"昆明又是少数民族集居地，原叛逆吴三桂的老巢，兵荒马乱，情况非常复杂，属于"冲、繁、疲、难"四类俱全的县邑。朱若功上任时，恰值准噶尔入侵西藏，康熙帝派兵援藏，大兵西征，急需云南供给粮草物资。面对这样复杂的情况，朱若功不畏艰难，不惧上官，仔细筹谋，一切军需，亲自应付处理。当时昆明百姓生活非常困苦，拖欠国家赋税，长期不能缴纳。多年来官府不断地派差役限令百姓按期缴纳，如果百姓不能按期上缴，就会被打板子。百姓苦于鞭扑，却毫无办法，只能忍受。朱若功上任后不但没有急于收缴久欠的赋税，反而下令不许对未完税者鞭打和强征。他亲自下乡，走访农户，了解到百姓并非有意抗缴，确实是无力上缴，于是，他向上宪详细说明情况，免去了百姓积欠的赋税。

康熙五十九年（1720），云南按察使金某奉命去边界办理军需。云南巡抚就将近百宗案卷交给朱若功审理，并交代说若有不服者，以光棍论处。朱若功审理案卷期间，兢兢业业，从不以权谋私。有一天，一个行贿者深夜带着银子前来拜访，想让朱若功徇私枉法，为其办事。遭到朱若功拒绝后，来人又劝说道："夜深人静，无人知晓。"朱若功听后，便为来人讲了东汉杨震却金的故事。他用故事告诉行贿人，天知、地知、你知、我知，怎么可以说无人知道呢。行贿者只好带着银子灰溜溜地走了。

康熙六十年（1721）夏，昆明大旱，宝象桥河水干枯，禾苗枯萎。百姓哀叹道："再不下雨，我们将活不下去了！"朱若功派人在宝象河底掘地数尺，发现水源，修筑涵洞，截留河底之水灌溉田地，缓解了旱情，百姓因此欢呼雀跃。

朱若功作为昆明县令，虽与知府、巡抚同处一城，但却不像清朝官场上一些附郭省城的县令，因害怕得罪同城上官而无所作为。相反，朱若功在当地革除陋弊，废除繁难苛细的法令，修学校，崇节义，礼士爱人，宽明廉介。闲暇时，则召集县中诸生授课教学。若有生员生计艰难，则捐出自己的俸禄赠给他们。一时间，昆明讼清于庭，风恬于野，请托不行，苞苴路绝，上自缙绅父老，下至牧竖荛夫，以及还梳着椎髻的孩子、掉了牙齿的老人，没有不庆幸本县得了一位好官的。朱若功却因此屡次忤逆了上司。雍正二年（1724），被调往呈贡县，担任县令。当他离开昆明前去呈贡时，昆明百姓远送数十里。

到呈贡县上任后，乡民呈报灾情数十起。朱若功经过实地调查，询问民俗，方才知道当地乡民不知车水之法。于是，他邀请家乡木匠前来，教导呈贡百姓制作水车，引河水入高地。他又劝百姓开塘积水，以备旱情。在他的多方努力下，呈贡的旱情得到控制，庄稼年年丰收。后来呈贡县又发生"虫灾"，朱若功下乡一调查，原来是泥鳅群游水田，伤害稻根。当地百姓视泥鳅为怪物，不敢捕捉，致使稻田无收。朱若功亲自带人捕捉，并烧成菜肴，自行先食，再给群吏分食，味美胜过猪肉。自此，乡民都去捕捉泥鳅，虫害消灭。呈贡县原来没有讲学的地方，朱若功又捐出俸禄创建"凤山讲堂"，发展教育。

朱若功在云南前后任职八年，离职前，将在云南为官时的俸禄约白银千两都捐给当地的公益事业。他说："聚集金钱留给子孙，子孙未必守得住；聚集书籍留给子孙，子孙未必能读；我所留给他们的，唯有心而已。"当他卸职返乡时，行囊萧然。云南按察使曾称赞他说："昆明朱令，清、勤、慎为第一。"

（文/图：永康县农办）

江山白沙村

郑大雄巧断疑案

白沙村隶属于江山市凤林镇，是一个移民新村。古名"举村"。明初，改称白沙，迄今已有 600 余年。村中现存有清道光十年（1830）洪川会众厅建造石碑 2 块，民国时续修的陈、吴、丁等 8 姓宗谱计 8 部 30 册。在这里至今还流传着白沙兵汛把总郑大雄巧断疑案，为民申冤的故事。

清康熙年间，白沙有数百人居住，来往客商众多，大路两旁饭店、酒肆、南货店有十几家之多。其中有一家饭店，店主叫张老七，为人忠厚，待客和气，而且炒得一手好菜。老板娘年轻漂亮，手脚勤快，待人热情。俩人将客店经营得十分兴旺，远近客商闻名而来，满意而去。

一天，张老七送走几位客人后，正在麻利地收拾碗筷、整理桌凳时，突然发现桌面下的横档上挂着一个褡裢袋，显然是哪位粗心的客人遗落在此。张老七提起一瞧，袋内一头有两盒高丽参，另一头有两把赤丹参，便把它收藏起来，等待失主前来认领。

过了两天，有豹头客人进店找老板，张口便说："我有一个褡裢袋遗落在此，你们可曾看见？"张老七连忙取出褡裢，让客人认领。哪知客人接过一看，脸色大变，气愤地说："我这褡裢袋内有二十盒高丽参，八把赤丹参，怎么就剩这么点了？"店主大惊，辩白道："我收拾这个褡裢袋时，只见到这两盒高丽参、两把赤丹参。"豹头客不肯罢休，声称这些参是他花了六十两银子从杭州买来的，一定是店主起了黑心，藏了它们。店主连声喊冤，说自己好心收藏，反遭诬陷，被讹成贼，坚决不肯赔偿。豹头客见自己一人交涉无用，便跑出店门，叫来同伙，扬言如再不赔偿就要砸店。店主见对方无理可讲，虽然自己可以喊来众乡亲帮忙，但打架不是解决问题的办法，只有请豹头客一起对簿公堂。

张老七满怀冤屈，关了店门，往江山县衙告状。谁知知县接状一看，认为如此区区小事，不值得他到那马骑不得、轿坐不得的一百五十多里外

白沙村村貌

的偏僻山村理案。尽管张老七再三恳求，甚至托人情送红包，最后仍被轰出县堂。豹头客一见如此结果，更是有恃无恐，一连几个月，天天吵着要赔偿，不赔就砸店，弄得店主声名狼藉，生意日益清淡。

张老七走投无路，只好去找开药店的叶乐天先生商量。叶先生建议，县太爷不理此案，不如找驻扎白沙兵汛的把总郑大雄来评评理，好歹他也是个七品武官。张老七点头称是，于是请叶先生写下呈词，交给把总爷，郑把总接过呈词，不禁皱起眉头。他想自己是武官出身，只管把守兵汛，防盗抓匪，诉讼办案是文官职事，自己不便插手。但转念一想，此事已告到县衙，县官不理，主客双方如此吵闹不休，任其发展下去，肯定要出乱子，对地方治安也不利，还是出面管一管吧。

于是，郑把总叫齐了主客双方及有关人众，来到店内，摆开大堂。把总爷主座坐定，先向豹头客发问："你还记得自己的褡裢袋放在何处吗？"豹头客回道："放在桌档上。"把总又问店主："你在何处发现褡裢的？"店主说："在进门的第三张桌子的横档上挂着。"郑把总请店主按原样摆上，褡裢袋在桌档上一挂，两头马上垂下去。郑把总问豹头客说："你的袋子是如此放的吗？"豹头客回道："确是如此。"把总爷默默点头，似有所悟。

"你袋内到底放了些什么？"把总又问。豹头客说："袋内确确实实放了二十盒高丽参，八把赤丹参。不信，你可问我的同伴，那是我花了六十两银子买来的，他们亲眼所见。"把总问同伙商人："你们都亲眼看见？失袋那天也在场吗？"同伙愣了一下，答道："是的，他说的参数和付出银子数都不错，当时我们在场看到。但何时到此店，我们就不知道了。因为，我们第三天才到此处。"郑把总听到这里，会心一笑，拱手道："叶老先生，烦你走几步路，拿十八盒高丽参、六把赤丹参来，让我解解褡裢袋疑案。"叶先生随即回药店拿来两种参。郑把总一看，产地、牌号虽与袋内不尽相同，但包装规格却完全一样，便对店主说："张老七，你开店做生意，应尽心待客。客人有物遗落理应原封不动退还。今客人告你藏匿贪财，你道冤枉。若不赔，客人毕竟花六十两银子买来，怎能不向你要？看来只有由我借叶先生这些参赔偿给客人啰！只是现在要请你亲手将这些东西放进褡裢袋去。"店主此时亦无他法，只好遵命，但无论如何放置，都不能将这些人参药材放进袋子里去。一头放了十六盒高丽参就已满口，一头勉强塞进六把赤丹参，已把肩带遮去，根本无法挂在桌档上，更不要说背在肩上行走了。郑把总对豹头客道："袋里都放不下了，就这样赔你行吗？"豹头客说："行！行！"说着，抱起褡裢袋就要离开。这时，把总爷又道："客官且慢，请问叶老先生，你店出售名贵药材就如此不包不藏，大张旗鼓地拿着走是吗？"叶老先生回道："卑人开药店三十多年，不要说像高丽参如此名贵的药材，就是普通药材也要严密包扎，那有似他如此出门走路的？"在旁众人齐道："出门人都怕钱财外露，这客人如此做法一定别有用心！"此时，豹头客如坐针毡，只想溜之大吉。郑把总乘势又对众人道："褡裢袋内究竟有多少药材，诸位都看得一清二楚。你这客人究竟想干什么？还连续两个多月赖着不走，一要砸店，二要赔偿，搅得张老七生意做不成，白沙整个地方也不得安宁，你究竟有何居心？还不照实说来！"豹头客在众目睽睽之下，只好一一交代。

原来，豹头客两年前在张老七店里住过一夜，看见老板娘漂亮就心猿意马。三更夜静，他蹑手蹑脚去开老板娘房门，被老板娘骗进柴间锁了一夜，冻得半死，至天亮才爬窗逃走。从此一直耿耿于怀，要出这口恶气。他的心事被另一家客店的熊老板知道，熊老板正嫉妒张家店铺生意兴隆，于是两人串通密谋，以此褡裢袋讹诈张老七，败坏他的名声，打击他的生意。原先所说的二十盒高丽参、八把赤丹参，至衢州已卖掉十八盒和六把。他进店时仅剩高丽参两盒、赤丹参两把。众人听后，无不惊异，同声称赞郑把总才智过人，巧释疑案，纷纷要求他为地方主持公道。郑大雄把手一挥，当即作出判决：一、豹头客出白银四十两，熊老板出白银十两，共五十两。一半赔偿张老板生意损失，一半用在张家客店办酒席十桌，宴请本村户主和过往商客，彼时豹头客当众向张老板赔礼道歉。二、请叶老先生会同众人起草一份山规民约以正民风，在众人赴宴时当众宣布。在场听众无不拍手称快，齐声称颂："小小把总官，胜过大知县！"

随后，郑把总又帮助地方断出山契疑案、兄弟房产疑案、靛青盗窃疑案，从此社会安宁，道德风尚日盛。翌年，郑把总任满，荣迁外地，男女老少几百人相送数里。为了纪念这七品武官，人们还把白沙地方称为"白沙县"，这是因为把总的治理比知县还好。但是后来，人们却以地方大小、住房多少来理解白沙县，唱出了"定村府，白沙县"的歌谣，而郑把总断案一事却鲜为人知了。

（文/图：王春梅）

江山清漾村

独厉清操赞毛恺

清漾村隶属于江山市石门镇，地处浙、闽、赣三省交界，悠久的历史可以追溯到梁武帝大同元年（535）。始迁祖毛元琼由衢州迁入此处，繁衍生息，距今约 1600 年的历史。毛氏一族耕读传家，培养了 8 个尚书、83 个进士以及诸多历史名人。明代毛恺便是毛氏后裔中的佼佼者之一。在江郎山仙居寺侧殿，便供有一尊毛恺塑像，塑像旁有一副楹联，"为官廿四任，一身正气立朝纲；历宦四十年，两袖清风还乡里。"

毛恺（1506—1570），字达和，号介川，嘉靖十四年（1535）考中进士。他容貌清癯，身体瘦弱，弱不胜衣，然而站在朝堂上，神色严峻，节操凛然，令人不敢冒犯。初次授官，充任行人司行人，奉命出使，拒绝馈赠，有赵清献之遗风。

嘉靖十八年（1538），授广西监察御史。当时，朝中夏言执政，任用私党，排斥异己。毛恺向嘉靖皇帝呈上《慎考察以隆治道疏》，要求吏部选官和都察院监督都必须秉持公正，彻底改正沿袭已久的弊端，考察官员平时的态度行事，不要被那些浮华不实的言论所迷惑，汇报官员真实确定的事实，不要被那些似是而非的东西所迷惑。只有这样，才不会混淆是非，不至于倒置贤否。

毛恺的奏疏得罪了首辅夏言，夏言怀恨在心。第二年，夏言找了一个借口，将毛恺贬到宁国府做推官。明朝推官掌理刑狱、审计等事。他审理案件时，从不轻信差役、吏属，总是深入调查，依据事实，凭借证据，秉公执法。于是，宁国府官吏都非常佩服他的英明睿智，百姓都叫他为"毛青天"。就连邻近地区的百姓，听说了他的名声，也集体上书呼吁"欲得毛青天"。

嘉靖二十一年（1542），毛恺升任南京工部营缮司主事，分管芜湖关税收。税关设在荆湖下游，地当要冲，舳舻相接，商船往来极多，因而征收的商税极多，管税官员往往很难坚守清廉。毛恺上任后，却能独持清

清漾村村貌

操，商税的收支管理都委托给县丞办理，收上来的税银全部储存于县中银库，一毫不染。税吏超出定额而多征收的部分，均全部返还商民。商民称赞他，像冰蘖那样寒苦而有操守的官员，只有毛公一人啊！

嘉靖二十八年（1549），他又担任江西瑞州知府。瑞州盛行斗讼恶习，百姓喜欢打官司，而且多年积欠田赋。毛恺宣扬礼义，严明法纪，教化百姓，纠正不良习俗。对于百姓积欠的钱粮，放宽百姓缴纳田赋的期限，不准部属追缴。遇到极其贫困的人家，他就把自己的俸银拿出来，替这些人家代缴。瑞州百姓对他的举措欢呼感激，犹如获得新生，称毛恺为再生父母。

嘉靖三十三年（1556），他担任天津兵备副使。当时，天津遇到灾荒，土地荒芜，连年歉收，平民百姓难以维持生计。毛恺到任后，立即筹粮筹款，赈济那些生活艰难，难以维持生活的人家；帮助那些缺乏银钱，举行婚丧礼仪的人家。天津因此安全地度过饥荒，没有造成灾难性后果。为了防止水灾的频繁发生，他主持开挖沟渠，排泄积水，修筑堤防，防止河水漫流，使当地水患得以平息。他还严肃军纪，查禁军官虐待士兵的行为。至于平反冤狱，平抑物价，节财省费，缉拿盗贼，安置百姓，施行各种善政，不能一一说明。毛恺调离天津的那天，几乎万人空巷，大家拦住道路，流着眼泪挽留他。毛恺离任后，天津人修建报功祠，为他立去思碑，纪念他的恩德。碑文中称，毛恺自奉俭约，穿布衣，用瓦器，吃饭配蔬菜，衣食开支都出自正常的俸禄。不是用俸禄买的衣服，必定不会穿；不是俸禄买的食物，必定不会吃。他经常深入民间，与那些耕种放牧的农人闲聊，亲身了解百姓的疾苦；如果留在衙门里，没有下乡，那么必定会延请当地耆老，询问百姓的需求。正因为了解真实情况，他才能够像大夫那样，按照病人的脉象治病，从当地的弊端入手治理天津，使天津百姓能够安居乐业。

嘉靖三十九年（1560），毛恺升任河南巡按使、河南右布政使。嘉靖四十年（1561），又以都察院右金都御史衔，巡抚真定地区，提督紫荆关等要塞。因治军有方，防卫得力，使得鞑靼不敢轻易犯边。他刚由河南调往真定的时候，当地正值荒年，饥饿的百姓不得不流亡他乡，难民多得把道路都给堵住了，以至于车辆都无法通行。毛恺见此惨景，不禁流出悲痛的泪水来，马上捐出了自己的俸银，解决灾民的生计问题。他又赶紧向朝廷呈上奏疏，请求蠲免灾区的税赋。当百姓知道不用缴纳税赋后，激动得大声欢呼，高兴得眼泪都流下来了。

隆庆二年（1568），毛恺任刑部尚书。数名太监犯法，却受到隆庆皇帝的庇护。毛恺上疏力争："法律，是祖宗制定的法，是天下人都必须遵守的法，不是我们这些臣子可以徇私的，也不是皇上可以徇私的，应当与天下人共同遵守。"皇帝自知理亏，只得把犯人交刑部处理。

太监李芳检举京官贪污浪费，谏劝隆庆皇帝切勿耽溺游乐。隆庆帝大怒，命人将李芳拖出去，廷杖八十，下刑部监禁，等待处决。毛恺坚持秉公处理，奏称："李芳的罪状没有明确，臣等不知道他到底犯了哪条刑法。"隆庆帝无法直说，只好开释了李芳。

平民智贵因为喝醉了酒，不小心误闯了皇城，被乾明门司礼监的两个太监乱棍打死。毛恺上疏说："智贵虽然乘醉擅入皇城，然而法不当死。却被太监毙于杖下，情有可悯。如果不依律处治他们，那么这些人就会视人命如草芥。如果这两个犯人犯了法，竟然还得以免刑，那么世人听说了这件事后，就会说：'连天子身边的近臣都不遵守法律，又怎能使僻远之地的人民遵循法律呢？'世人还会说：'从今天开始，死者可以不补偿，活者的人可以幸免于刑罚，恐怕光天化日下杀人的情况，将会满天下都是了！'"隆庆帝觉得毛恺说得有理，便下令由刑部处置这两位草菅人命者，使他们受到法律的制裁。

隆庆四年（1570），毛恺因病请求辞官，获得批准，不久病逝，葬于江山城南景星山（今称老虎山），享年65岁。赠太子少保，谥号"端简"。

毛恺生平喜欢讲学，躬行实践，静以养心，寡欲为主，历官二十四任，始终保持清廉的节操，当时有四君子的称誉，死后郡邑祀为乡贤。

刑部侍郎戴才评价他说："毛公生于江山，临水而居，田庐萧条冷落，房屋不加拓宽，耕地不加拓展，吃饭从来没有珍馐美味，穿衣服从不穿多件色彩艳丽的衣服，静神内修，没有什么嗜好欲望，从不玩赏珍玩奇宝，平淡如水，不尚虚华。乡人都说他吃山果，饮泉水，不改其素，六十五年犹如一天！"

《西游记》作者吴承恩耳闻目睹毛恺在淮安任上的各项措施后，心怀感慨，遂提笔撰写了《道德逢辰颂并序》，称赞毛恺道："昔时以清廉著称的人也有很多，然而毛公的清廉却大有不同。有些人是通过与人断绝交往来使自己清廉，而毛公的清廉却是待人宽厚；有些人清廉是为了追求名誉，而毛公虽然清廉却谦虚退让不好虚名；有些人为清廉而清廉以至于远离了初衷，而毛公的清廉却是以礼法加以整顿；有些人的清廉是不问日常事情，而毛公的清廉却是兢兢业业，勤勤恳恳，忙于公事。教化治理，广布善政，根源于道德礼制，确实是一位真正的大臣啊！"

（文/图：江山县农办）

╭───────────╮
│ 常山樊家村 │
╰───────────╯

清廉勤政数樊莹

　　樊家村隶属于常山县何家乡，山川多姿，风景秀丽，古迹众多，历史悠久。在中国历史上，"身骑猛虎还从容"的明朝嘉靖年间刑部尚书樊莹正是樊家村人。他为官清正廉洁，不畏强权，嫉恶如仇，曾一举罢撤1700多名贪官污吏。坐落在樊家村的尚书坊，便是明朝嘉靖二十五年（1546）为纪念他而建的。

　　樊莹（1434—1508），字廷璧，年少时曾在靠江而建的湖澄观音庵中读书，故又号澄江。景泰七年（1456）中举人，天顺八年（1464）登进士。考中进士后，樊莹一度因病居家中数年，其间（1467 年左右）与知县李溥修成《常山县志》。34 岁后，任行人司行人，出使四川，安抚四川的少数民族，土官赠送他金银礼物，被他婉言拒绝，土人特建"却金亭"以纪念他的清正。

　　成化八年（1472），樊莹被提拔为御史，此时山东发生寇乱，他奉命前往镇压，使用计谋抓住盗贼魁首，平息了盗患。淮扬军在镇压寇乱时表现不佳，樊莹筹谋规划，制定条规法令，清理整顿军队，提高军队的战斗力。他所制定的条规成为了明朝军队的成例。接着，他巡视云南。交阯引诱边民为寇，樊莹派人遍发文告于边境，未出一兵一卒，平息寇乱，挫败了交阯的阴谋。

　　不久，樊莹出任松江知府。明代江南一直是朝廷赋税重地，有"苏松税赋半天下"之说。宣德年间，周忱被派往江南整顿田赋，改革粮食的运输征解，使苏州、松江等地百姓减轻了许多负担。随着时间的推移，法令虽还是原来的法令，但负责执行政令的官员已多非其人，出现了许多弊病，其中最严重的是运输时发生的耗损问题，结果公家累积了很沉重的债务，有权势的家族每年都要求偿还，而掌理仓库的文书人员又想尽各种方法侵占窃取。众人都知道这些问题，却想不出办法来解决。

　　樊莹到任以后，先是深入调查，谨慎地了解情况，周密地策划，很快就完全把握了解决问题的要领。他认为，运送粮食时，之所以耗损较多，主要是因为那些运夫百姓无人统一指挥。于是，一些狡诈之徒就从中动手脚，倒霉的却是一些老实善良的人。樊莹上疏奏请不要招募民间的运夫，而是专门使用各区的粮长督征和解运田粮，同时宽减各种货物的费用来优待粮长。税赋除了常运米以外，其余的一律改为征收白银，这样一来，那些被派遣专职运粮的人，因为与切身利害有关，都不敢浪费；而掌管收纳计算的人，因出入的数量都有明确的记载，也无法私自吞没；而以白银来纳税，人们的负担反而比用粮食减轻，因此人民也乐意配合。结果，累积多年的弊病一下子除去了十之八九。樊莹还革除收购米粮的囤积户，以减少粮长的侵占，又以民间商人来代替粮长运送布匹，准许商人顺道运送私人的商品贩卖，作为帮公家运送的代价，这样商人获利甚多，也愿意承担运送公粮的任务。江苏巡抚觉得这些方法很有效率，于是下令其他各州都实行这些方法，造福了一方百姓。

弘治初年，皇帝下令允许大臣保举地方官员，侍郎黄孔昭推荐了樊莹，尚书王恕也很器重他，于是，樊莹升任河南按察使。当时黄河泛滥，河南年年受灾，老百姓活不下去了，只好到处逃荒，十室九空。樊莹上任后，遍历灾区，巡视考察，筹集钱粮，赈济百姓，救活了许多饥民。河南田赋征收较多，巡抚徐恪想要弄清原委，他手下的僚属都觉得此事很难办。唯有樊莹说："视一万犹如一千，视一千犹如一百罢了，有什么困难的？"徐巡抚就把这件事交给樊莹，樊莹只花了十天功夫就把事情弄清楚了，那些积久的弊政也一下子就解决了。

不久，樊莹又升迁应天府尹，守备中官蒋琮屡次陷害言官，大臣们都很害怕他。樊莹上任后，有人得罪了蒋琮，遭到蒋琮诬陷。樊莹和蒋琮一起审理这个案件，最初表现出很服从的样子，对他的决议似乎没有不同意见，蒋琮偷偷察看后，认为樊莹不会与他作对，感到很高兴，放松了对樊莹的戒备。樊莹却趁他不备，抓住蒋琮擅入孝陵，损伤皇陵山脉这件事，向皇帝上书弹劾他，蒋琮因此被下狱定罪，充任净军（由宦官组成的军队）。

樊莹升迁为南京工部右侍郎，改任都御史巡抚湖广，锦田贼子勾结两广猺獞等少数民族为贼寇，为害一方，樊莹使计诱杀首恶十八人，解散余党，使地方恢复安宁。他在这个地方为官时，因为执法公正无私，被当地人比作宋朝的"包公"。由于过于操劳公事，拖垮了身体，年底时樊莹生了重病，于是辞官回家养病，在家休养了七年。因为朝廷中许多人都推荐樊莹，他被皇帝重新起用，恢复原官。

弘治十六年（1503），云南景东卫所连续七个白天光线极为昏暗，宜良县发生地震，震声如雷，曲靖府则连续发生大火，贵州也出现灾情和不祥的景象。在古人天人感应理论的支配下，朝廷认为这可能是上天的警示，于是派遣樊莹巡视云贵地区。他亲临险恶绝崖之地，查办弊政，严明纲纪，弹劾罢撤不称职官员、贪墨官员百余人，威震蛮俗。同时，他还查明景东卫异变乃是因为指挥使吴勇侵吞官帑，图谋脱罪，借着云雾晦暝，天色昏暗，弄虚作假，虚张声势。吴勇因此被樊莹上书弹劾而下狱论罪。樊莹为官专心勤勉，为人聪明机敏，当时交阯人越过边界，恣意杀害百姓，朝廷还在商讨是否派兵征讨，樊莹已经通过晓谕祸福，使他们发誓再不犯边。与此同时，他还罢黜了麓川滥授官员一千二百多人，云南人因此立祠祭祀他。在巡按云南时，有一个土官上诉说有人夺走他家的牛，樊莹还给他一头正在壮年的牛，并告诉他说，你回家去吧，他已经把牛还给你了。此人回家一看，果然如樊莹所说，夺牛的人也到樊莹那儿去认罪了。

明朝时云贵地区实行土司制度，这些世袭的土官往往权力很大，牵制干扰朝廷派遣的官员，甚至纵兵威胁云贵地方官，地方官拿他们没有办法，只好向樊莹诉苦，樊莹一听，勃然大怒道："我在此，贼子敢尔！"那些土司听说之后，立即收了兵器带了人就撤退了。当地土司已经对樊莹的威严害怕到了望风而逃的地步。

明武宗登基，樊莹自感年老体衰，又牵挂着儿子在家乡的为人处世，于是再三要求告老还乡。经过四次奏请终于获准，诰封资政大夫，赐有月薪和轿夫享用。然而樊莹回家后并没有安享清福，仍然过着勤劳简朴的生活。

宦官刘瑾获得武宗宠信，官拜司礼监掌印太监。刘瑾掌权后，趁机专擅朝政，作威作福，鱼肉百姓，时人称他为"立皇帝"。因樊莹在任时与刘瑾有过节，刘瑾于是借查隆平侯争袭之事诬陷他，追夺诰敕，削籍为民。樊莹做松江知府时，为了纾解民困，曾减征官布。刘瑾亦借此事追责樊莹，罚樊莹米500石，输往边境卫所。樊莹家境一向贫寒，自此更为困窘。

樊莹为人诚实耿直，常于农事季节乘坐篮舆（古人乘坐的一种交通工具，形制不一，以人力抬着行走），令子孙抬行田间。他说："这样做并非只是察看庄稼，而是想要子孙习惯于劳作啊。"他病危时还嘱咐儿子道："现在的社会风气不好，治理丧事都要向和尚施饭，请和尚设道场。这世上岂有饭僧礼佛就能使死人在阴间享福的吗？你一定要遵从我的志愿，不要被流俗所动摇。"正德三年（1508）十一月十八日病故，享年75 岁。

次年草葬于大尖山（今何家乡境内）。刘瑾伏法 11 年后，樊莹的冤屈得到昭雪。正德十四年（1519）赠太子少保，谥"清简"。

樊莹墓位于何家乡樊家村境内大尖山（俗称石人石马山）南麓，坐北朝南，墓身凸起明显，墓墩高约 3 米，墓道长约 6 米，墓室为砖石结构，总占地约 80 平方米，墓前有石人石马各一对。1986 年 8 月 11 日，被定为县级重点文物保护单位。

明代赵林曾写诗赞道："尚书幽宅绣溪原，华表嶙峋石兽蹲。一代典型惟直道，三朝风力有清论。山云长护蛟龙蜕，草木深知雨露恩。还化至今八十载，令人起敬俨如存。"都御史林俊和何塘等均有凭吊诗文。

（文：常山县农办）

仙居李宅村

铁面冰心李一瀚

李宅村隶属于仙居田市镇，是仙居李氏的主要聚居地，先祖李守贞原本居住在温州永嘉苍坡村，南宋时为了躲避战乱，从温州迁到此地，至今已历17代，生活了近千年。李氏家族自古文风鼎盛，南宋以来，李宅村曾出现"一门六进士"的盛况，是仙居乃至台州首屈一指的"进士村"。李一瀚就出生在这样一个文风极盛的家族里。

李一瀚（1505—1567），字源甫，号景山，嘉靖七年（1528）乡试中举，嘉靖十七年（1538）进士及第，官至都察院左副都御史。他为官三十年，史书称赞他"廉洁之操一尘不滓"。死后"囊无长物"，"室庐田产无所增益，妻子婢仆身无美衣"，后世称颂他"铁面冰心"。同乡好友吴时来感叹道："李都宪天下第一流人物。"

李一瀚成为一代廉吏，其父李鑺的影响甚大。李鑺，字尚澄，号环翠，为人正直忠厚，急公好义。担任粮长时，常常帮助族人贴补田赋。粮食歉收时，李鑺虽只有数十石稻谷，却只以平常的利息借贷，一颗稻谷都不巢。先祖的十数所墓庵，若有损坏都是他出资修理。他最值得称道的是在儿子李一瀚当官之后的清醒和自律。"一人得道，鸡犬升天"，古今皆然，多少官员的家属从此趾高气扬不可一世，或者横行乡里欺行霸市，或者干脆利用其权力大发横财！李鑺却完全相反。儿子高中以后，他待人反而更加温厚谦恭，被人冒犯从不计较，甚至连县衙门都不曾踏进去过。李一瀚担任江西安福知县时，台州府的王别驾是安福人，专程上门拜访，寒暄客套自然不会少，但言谈中李鑺丝毫不涉及安福县的公事。王别驾屡次设宴邀请他，他却一次也没有赴宴。李一瀚把父亲接到安福享清福，安福的官绅上门拜谒，李鑺一概不见；有人送礼物，一概不受。他在安福只住了一个月就回仙居了，因为他清楚地认识到，这么多人费尽心思地巴结他，无非是希望他在当县太爷的儿子面前为自己说句好话，而"嘱托公事，必枉曲直"，所以他不能留在安福，不能坏了儿子清白的名声。他对儿子说出了自己的心愿："吾得汝为清官足矣。"李一瀚没有辜负父亲的心意，始终"一尘不滓"。

李一瀚考中进士后，最初授官江西安福县令。他一到任，立即查访百姓疾苦。对于怙恶枉法之徒，他予以严厉打击，绝不宽宥，一时间安福县的豪强地主屏声匿迹，不敢为非作歹。当时一些官绅之家为逃避田赋而瞒报田亩，他们的赋税因此转嫁到穷苦百姓的头上。李一瀚顶住重重压力，下令重新全面如实丈量耕地，限期完成。他把官宦之家的资料另造一册，亲自批阅，任谁也不敢捣鬼，长期积弊一朝根除，百姓的负担从此大大减轻。

他在担任山西按察司副使期间，延边诸郡百姓吃土产小盐，很方便实惠。可是巡盐御史却上奏朝廷，要求禁止土盐，全部改吃官方的池盐。李一瀚上疏阻止，认为边郡崇山峻岭，池盐远道运来，价格上涨五倍，百姓穷苦，根本吃不起。嘉靖帝认为他说得对，此事终于没有实行，边民为此事编了歌曲来感谢他。

李一瀚勘察水灾图

李一瀚担任江西按察司佥事时，当地有一个湖泊，百姓一直在这个湖里享有采莲捕鱼之利，后来被当地的皇族宗藩强夺占有，百姓无可奈何。李一瀚一到任，立即将此湖判还给当地百姓。南昌以前有个刘某，疏浚河道几百里，使两岸田地得到灌溉，沿岸百姓大受恩惠，为他立祠纪念。有熊姓豪族倚仗权势，夺河为田，并毁坏了刘祠，结果河道堵塞，百姓的禾苗得不到灌溉，成为当地的祸患。李一瀚痛下决心，抑制豪强，使河道畅通如旧。当地有很多盗贼日夜作案，百姓不得安宁，他严厉打击，抓捕判决，绝不手软，社会治安大为改观。所有的诉讼审判，他必亲力亲为，细细剖析案情，秉公依法做出判决，使人心甘情愿地接受。李一瀚升任山东布政司参议时，恰逢当地大旱，蝗灾暴发。他亲自上阵，率领民众捕捉蝗虫，仅仅数天就消灭了蝗灾。接着当地又发大水，淹没民房数千家。李一瀚又亲自乘坐小船实地查看，了解灾情，根据受灾程度予以救济。

有一位姓沈的御史到安福，对李一瀚公事公办的接待很不满意，认为这是对自己的怠慢，当众大发雷霆。李一瀚却视若不见，安之若素。于是，沈御史百般挑刺，想要抓住他的把柄，以便报复他，结果竟然挑不出他一丝毛病，不禁深感敬佩。面对沈御史的称赞，李一瀚依然无动于衷，淡然自若。沈御史叹道："李知县真可以说是宠辱不惊了。"他担任江西按察司佥事时，当朝宰相严嵩虽然家在袁州，但产业都在南昌，家人仗势胡作非为，李一瀚一点也不顾情面，都依法予以严惩。严嵩当时权势熏天，生性奸险，一句话就能决定别人的生死，很多士大夫奴颜婢膝自认干儿子，或者与严府的家童奴仆结为兄弟，所以升迁都很快。只有李一瀚与另一位林佥事与众不同，风骨铮铮，矜持自守，所以五六年都没有得到升迁。一次进京，拜会朝廷首辅严嵩，其他官员都带着厚礼，多的有"数百金"，只有李一瀚是空手去的。见面时，严嵩意味深长地对他说："李先生资历很深了啊。"李一瀚却淡淡地说了一句："还有比我李一瀚资历更深的人呢。"

后来，李一瀚还是升迁了，当了山东参议。当时山东的风气是，官宦人家田地虽多，却不肯按时缴纳田赋，乡里百姓田地少，田赋却交得多，因为官宦家拖欠的赋税要大家分摊补齐。翰林院有个编修梁绍儒，是严嵩的干儿子，一直不交田赋。李一瀚到任后严令追缴，梁绍儒跑去找干爹，严嵩无奈地说："李某人岂是可以说情的人？"梁绍儒知道无法抵赖，只得勉强缴了一半的粮。李一瀚还是不依不饶，直到拖欠的田赋全部交齐才罢手。

嘉靖二十一年（1542），蒙古铁骑大规模突入边塞，朝廷大惧，决定沿着居庸关南面的南关，向东西两个方向延袤两千里，征调民夫筑城墙、挖深壕。李一瀚受都察院派遣去实地勘址。考察期间，目睹因工役苛酷而自杀者不计其数，民房、祖坟被毁甚多，百姓流离失所。李一瀚毅然给嘉靖帝上疏，直言筑城挖壕御敌是个不可行的馊主意。在东西延袤两千余里区域筑城挖壕，要花多少人力物力？现在已经动用了二十万工，仅仅得到一丈多长的壕沟，七尺多高的墙，而民间财力已经不堪承担，民怨鼎沸了，旷日持久何以为继？他对已被敌人吓破胆的嘉靖帝说，只要选择精兵良将，分布于要路，修筑墙垛，树立栅栏，屯兵储粮，做好防御准备，内外夹击，敌人又能逃到哪儿去呢？朝廷最终接受了他的建议，停止了这一劳民伤财且示弱于敌的决策。他还在《开言路疏》中严词批评了嘉靖帝拒谏饰非的行为，指责嘉靖帝深居西苑，专事建醮修道，不理朝政，对九庙化为煨烬，阴谋起于萧墙，北虏侵扰不止，公卿将相贿赂公行，藩司郡县贪酷无忌等等乱象闭耳塞听，反而残酷钳制诤言，导致满朝官员杜口裹足，对国家安危置之不问。他指出，历代昏君都是因为纵欲妄为，拒谏饰非，结果都步上了夏桀王、商纣王的老路。为此要求皇帝改正错误，为所有受冤屈的诤臣平反，广开言路，以保国家长治久安。嘉靖帝虽对李一瀚的忠言置若罔闻，幸好也没有降罪于他。

李一瀚这种敢于批评皇帝，直言不讳的行为，颇有古大臣之风。在李一瀚生命的最后一年，他连续升迁五次，最后升为都察院左副都御史。可惜天不假年，在上任途中，病故于杭州，获明穆宗皇帝诏赐祭葬，并在吴时来等人的倡议下，列入乡贤祠。李一瀚墓坐落于东村，十年浩劫中遭毁，墓棺被打开，墓中没有金银珠宝，只见几叶甲带碎片，几缕残骨，几枚棺钉，还摆放着一块约六十公分见方的石碑，上书"都察院左副都御史"等字。今墓已重修，石碑下落不明。

（文：仙居县农办/图：郑寅俊）

龙泉南弄村

济世安民话胡深

南弄村隶属于龙泉市塔石街道，由南弄、竹坑、林方、仁场、外垟、栖曲塆、胡山几个自然村组成，全村只有 60 多户 300 多人。如果不是因为胡深，这个村子和别的小山村毫无二致，寂寂无闻。

胡深（1315—1367），字仲渊，别号云斋。才能出众，聪慧过人，通经史百家之学。元朝末年，各地义军蜂拥而起，胡深叹息道："浙东地气尽白，将有大祸来临。"于是，他召集里中弟子，在地势险要之地设立防护栅栏，以保护里民，防御山寇。当时万户长石抹宜孙镇守处州，他任用胡深参赞军事，招募数千名士兵，收捕那些在处州各地横行的山寇。

温州韩虎等人杀了主将，据城叛变。胡深孤身前往温州城内，动之以情，晓之以理，劝谕叛军。韩虎的同党被他感动得流下眼泪，杀死韩虎，献出城池，投降胡深。

至正十九年（1359）十二月，朱元璋拿下婺州、衢州后，命令胡大海、耿再成进攻处州。石抹宜孙兵败，处州城攻破。胡、耿二将分兵进攻处州下辖各县。当时胡深统领龙泉、庆元、松阳、遂昌四县官兵，准备守城抗敌。四县绅士百姓都向胡深请求，愿意归附朱元璋，只求保全四县百姓性命。胡深思虑良久，最终卸下铠甲，出城对胡大海说："如果你们入城能保证四县百姓的安宁，我愿意献城归附，随你们处置。"胡大海同意了他的条件，四县百姓因而得到保全。

朱元璋之前就听说过胡深、章溢等人的名号，于是召见胡深，授左司员外郎，派他镇守处州。胡深返回后，召集部曲，跟随朱元璋征讨江西，拿下江西后，又被朱元璋任命为亲军指挥，镇守吉安。

其间，处州的苗军叛乱，杀了守将耿再成。胡深又跟随平章邵荣前往讨伐，将其诛杀，平定了叛乱。朱元璋又任命胡深为浙东行中书省左右司郎中，总制处州军民事务。此时的处州，苗军叛乱虽被镇压，但仍然有许多山寇不断作乱，烧杀抢劫，社会还不安定。于是，胡深招兵一万余人，

南弄村村貌

捕杀了贼寇的首脑。

　　驻扎在沿海的军队，素来骄横跋扈，欺压百姓，生活在附近的百姓苦不堪言。胡深斩杀了他们中最为横行，作恶最厉害的几个人，以警告这些骄横的官军。从此以后，驻军再也不敢违法乱纪，欺凌百姓，老百姓的忧患得以平息下来。

　　江西百姓吃的盐主要由浙江输入，主管盐运的官吏征收重税，商人要缴纳的盐税占其成本的十分之一。商人不堪重负，要么绕道而走，前往他处贩卖；要么提高价钱出售食盐。胡深上书朱元璋，请求将盐税减少一半。无论是商人还是江西百姓都因此受益，十分感谢胡深。

　　处州府城南有一座浮桥，废弃很久了，就连桥墩也因为河水的冲击渐渐塌圮。胡深亲自踏勘，在河流的上游，聚拢船只，联结为浮桥，建石墩保护石桥，大大便利了来往行人。由于连年战乱，处州的州学破败不堪。胡深就拆除旧的州学，建起新的学堂，并上书推荐进士吴世昌为郡文学，专门掌管处州的教育事务。处州城内民居大多被驻扎的军队所占据，弄得百姓无处存身。胡深就寻找空旷没有人住的地方，修建了数十区的营房，将军士迁往营房，使百姓能够返回家中，安居乐业。缙云县的田赋非常重，胡深就将新近没收的田地所收的租税来抵偿，无论军士还是百姓都因此受到他的恩惠，非常感激他。

　　元至正二十三年（1363）九月，诸暨叛将谢再兴带领张士诚的部队进犯东阳，被平章李文忠击退。胡深率兵支援，建议以诸暨为浙东屏障。于是，他在距离诸暨六十里处，靠近五指岩的地方修筑新城，分兵戍守。

朱元璋得到谢再兴叛敌的消息后，立即派使者告诉李文忠，要他另筑新城守备。结果等使者到达时，新城建设已经完工。后来张士诚的部将李伯升率兵大举来犯，来到新城，却久攻不下，败退而去。朱元璋因此大力嘉奖胡深，并赐给他宝马。

至正二十五年（1365）正月，福建陈友定骚扰边界，胡深打垮了他的军队，拿下了浦城、松溪，擒获了陈友定部将张子玉，并请求发兵攻取福建。朱元璋非常高兴地说：“张子玉是员骁将，他被俘后陈友定肯定吓破胆，趁这个时候攻打，没有攻不破的道理。”于是，他命令广信指挥朱亮祖由铅山出发，建昌左丞王溥由杉关出发，会合胡深一起进军。

不久，朱亮祖等人攻克崇安，进攻建宁。陈友定的部将阮德柔固守城池，不肯出战。胡深察觉到敌人的动静有点不对劲，想暂缓攻击，朱亮祖却说：“军队已到达这里，怎么能暂缓呢？况且天道幽远，山泽之气变化无常，哪里是什么不祥的征兆呢？”此时阮德柔在锦江屯兵四万，已逼近胡深部队后方。朱亮祖督战更加急迫，胡深只好率兵还击，击破敌人两层防守。阮德柔率军力战，与陈友定前后夹击胡深。战到天黑，胡深率军突围，战马失蹄而被俘，随后被杀，终年五十二岁。

当时刘基担任太史令一职，观察到太阳中有黑子，于是向朱元璋上奏说：“这个天象预示着东南方向应当失掉一员大将。”果然不久后，胡深败死。太祖痛惜不已，命使者到胡深家里去祭祀他。又下诏追封他为缙云郡伯。太祖曾问宋濂：“胡深是个怎么样的人？”宋濂回答说：“文武全才的人。”太祖说：“确实如此啊，浙东一郡屏障，正依赖他防守啊。”

胡深每当发号施令指挥三军时，姿容威武雄壮，没有人敢轻易冒犯。当他与缙绅之流评论诗词文章时，则谦虚谨慎，犹如一个普通布衣书生。镇守处州五年，统治宽厚仁慈，带兵打仗十余年，从来不曾胡乱杀过一个人。当他死去的消息传来时，处州缙绅百姓没有不流泪的，乡人建祠堂祭祀他。直到现在，南弄村还流传着许多关于胡深的传说。

据说，胡深曾师从竹垟盖竹的一代名儒王毅。至正十六年（1356），青田潘惟贤、华仲贤等聚众为乱，攻打龙泉，县吏闻风逃遁，县衙被焚。王毅率领门下弟子集结义兵奋力抵抗，终于击退了他们。县吏既害怕潜逃之事被追究，又担心功劳被王毅所得，于是集结乡里恶少，设计刺死了王毅。胡深其时远在鄱阳，闻讯星夜骑赴龙泉，召集同门师兄弟章溢等人，拍着胸脯说：“昔日毛术能为师报仇，我们这些徒弟难道就不行吗？”于是引兵活捉了县吏及恶少，以其头祭奠师傅亡灵，并提笔写下："一哭泪难收，天空碧树秋。文章今已矣，事业永传来。冲发动吾恨，提刀劈虏仇，血祭深拜别，但去觅封侯"的诗句，后又上书奏请朝廷追封王毅为侯。

南弄村有一座马波亭。相传建瓯一役，胡深被对手陈友定所擒，关押敌营。一天深夜，趁守兵困倦沉睡，胡深的坐骑桃花马偷跑至主人关押营窗下，奄奄一息的胡深撕下一块内衣，写下求救血书，藏于随身携带的葫芦瓶中，吊在马脖子上。桃花马伺机逃出敌营，从福建直奔龙泉。足足跑了三天三夜，终于抵达龙泉县城。它绕县衙三周，见无人理会，只得前往南弄村胡府求救。龙泉到南弄村需经周际岭，岭长五里，险峻异常，桃花马救主心切，顾不上吃喝，在即将翻过山吞时，因饥渴难耐，瘫倒在路边。想着主人尚在敌营受苦，桃花马强打精神，用前蹄拼命往地上刨，竟然刨出两眼泉水来，但桃花马也力竭而死。消息传到胡府，家人赶至现场，从马脖子上取下葫芦瓶方知胡深已被擒，但此时已鞭长莫及。后人为了纪念这匹忠义之马，就在两窟泉水边建了一个亭，取名"马波亭"。此亭至今仍在，两眼泉水亦不曾枯竭。

草鞋岭。至正十八年（1358）十月，朱元璋率骁将胡大海久攻处州不下，睡梦中，得一白发仙人指点：要想攻下处州，必须请龙泉的章溢和胡仲渊辅助。一觉醒来，朱元璋将此事告之军师刘伯温，刘伯温劝其亲往。朱元璋从之，两人风尘仆仆地赶到龙泉，分两拨人马，一拨由胡大海带军士到八都请章溢出山，另一拨则由朱元璋和刘伯温率领来找胡深，其家人及村人，都不知他隐身何处。后遇一樵夫，再三恳请，才问得胡深下落。两人沿山路艰难上爬，至半山腰，见地上有一双十分明显的草鞋印，足有两尺长，复前行，又有几个同样大小的草鞋印。朱元璋命将士停留驻扎，自己与刘伯温一同上山。到达山顶，胡深被朱元璋的诚意所感，于是立即与他下山，处州四县不攻自破，百姓免遭战乱之苦。胡深留下草鞋印的岭，当地人称为"草鞋岭"。后人觉名称不雅，遂取其方言谐音，改为"枣槐岭"。

如今，南弄村虽然没有了胡氏后人，但还是建立了胡深雕像和胡深公园，经常举行纪念活动，胡深的精神正在发扬光大。

（文/图：蒋世荣）

遂昌长濂村

捐身以劳郑秉厚

长濂村隶属于遂昌县云峰镇，地处松阳、遂昌、武义、金华、龙游五县交界处，道路四通八达，因村前有濂溪，故称长濂。境内山清水秀，景色宜人，古建筑众多，文化底蕴深厚，有"七尖八坪九曲水，一楼两庙十三亭"之说。明代闻名朝野的清官循吏郑秉厚就出生于此。

郑秉厚（1535—1587），号苍濂，出生在一个修德行善，乐助好施的"仁让世家"。据说，他出生之时，母亲叶氏曾梦见神母赐子。自幼聪颖，与众不凡。年纪稍长，父亲教他读书，能过目成诵，善于作文。十九岁时，他参加县学和府学的生员考试，名列前茅。二十岁时，母亲叶氏去世，他守孝三年。其间，他孜孜不倦，发奋读书。二十四岁时，参加府学选士考试，督学称赞他是天下之才。接着参加全省乡试，督学和朋友都认为他能够高中。然而揭榜时，郑秉厚榜上无名，许多人都来劝慰他。秉厚却很坦然地说："大丈夫，遇则奋飞，不遇则蟠泥涂而不悔。我没有什么忧虑的。"二十七岁时，秉厚再次参加全省乡试，取得第二名。中举后不久，秉厚父亲去世，他在墓侧建屋守制。此时，秉厚已文名远扬，远近许多学子都慕名来向他请教。

南丰治县 政声显著

郑秉厚三十七岁时考中进士，授江西南丰知县。在任六年，他勤政为民，撤悍兵，均田赋，重教化，政声显著，考核名列前茅。当他调离南丰县时，地方百姓簇拥辕旁，流泪挽留。郑秉厚劝慰许久，才得以离去。之后，南丰百姓在县城南山立碑纪念，又在平政桥旁建生祠纪念郑秉厚，编撰《遗爱录》两册，记述郑秉厚南丰爱民的事迹。

嘉靖二十四年（1545），福建流寇作乱，朝廷调浙江金华的义乌兵到江西平寇。此后，一支东营兵长期驻扎在南丰。二十几年来，士兵骚扰地方，官府不能管治，百姓深受其害。郑秉厚听说此事后，非常愤怒，决心

郑秉厚像

拔除这个害民毒瘤。正在此时，东营兵中一位偏将因为盗笋而杀伤人，郑秉厚立即将其捉拿归案。东营兵的将领前来说情，郑秉厚以礼相待，通之以情，晓之以律，坚持秉公处罚。嗣后，郑秉厚又约见东营兵的倪将军，好言劝导："将军才干非凡，乃是国家的重将，理应为国建功立业，不该长期驻扎在南丰这样的小县中，无所发展。"倪将军深受感动，他向郑秉厚表露，东营兵也早想调防，只是没有上头的调令。于是，郑秉厚向上级大吏反映，下令撤走东营兵。撤兵之日，郑秉厚组织附近乡里在县城外五里设宴送东营兵。东营兵的撤走，解除了积压百姓心中的大患，城乡父老都称叹："郑公神人也！"

　　南丰县境方圆一百二十里，长久以来，地方富户、豪强大族与地方胥吏相互勾结，隐瞒田地，不缴赋税。他们把田地租给佃户耕种，收取田租，又在官府名册上冒充佃户姓名。这样，佃户既要缴纳田租，又要负担田赋。而富户豪族既收取田租，又逃避田赋，从中渔利。普通百姓被转嫁赋役，苦不堪言。

　　郑秉厚上任后，当地父老哭诉此事。于是，他深入民间调查，建立完善田法。仅仅三个月，就全部查出各豪强大族所侵占和隐瞒的田亩，按律照实征赋。同时，调出部分官田租给贫弱无田之户耕作。查田均赋，大大减轻了广大贫民的负担，地方百姓欢欣鼓舞，称"郑公解除民困，如再生父母。"而一些豪强大族因此怀恨在心，散布流言蜚语，有的甚至恶语威胁。有人把话传给郑秉厚。郑秉厚听了，不为所动，坚决按律实行。久而久之，流言自然消失了，全县的赋税按期如数完成。

南丰县原来风俗淳美，自二十多年前，流寇犯境，奸巧欺诈习气萌生，豪强势力聚众斗殴，无业之民游荡盗窃，聚众赌博，治安混乱，秩序骚然。郑秉厚一方面致力整治秩序，稳定治安；一方面抓好教育，兴学育才，亲自给生员讲课，和学官诸生谈论经义，经常讨论到深夜，全县的社会风气由此改观。郑秉厚在南丰六年，南丰县考中科举的有十多人。一时间，各地都称南丰出人才。

谏垣直陈　弹劾权贵

郑秉厚在南丰六年，两次大计，考绩显著，调入京城，任吏科给事中，不久又升户科右给事中，吏科左给事中，职掌侍从规谏，稽查朝政弊误。郑秉厚身居谏垣，心系朝政，关心民瘼，对君道急务、官员选拔、赋役制度、边疆防务等秉笔直书，坦陈己见。

郑秉厚任吏科给事中后，就向神宗皇帝上疏，认为作为君主，急需办理的首要事务有二：一是皇帝的个人修养将会影响整个国家的兴亡，故而皇帝必须有远大的理想和坚定的意志。二是皇帝应当多多亲近正直的人，因为与君子亲近则会培养浩然正气，与小人亲近则会走向邪恶。只有坚持内外兼修，才能做一个有道的明君。而关于天下大政方面，他也提出了三条建议：一是人才难得，对于纠察弹劾要谨慎，考核时间不能太疏，也不能太密；二是赋役之法不可随意变革，有不合时宜的，应集思广益，比较新旧利弊，然后再颁行遵守；三是一个国家的安危全靠边臣的尽力而为，因此要重视边臣，对边臣必须赏罚分明，只有这样，边关才会巩固，国家才会长治久安。郑秉厚的奏疏上呈后，朝中大臣都称赞郑秉厚的建议真实可行，神宗皇帝也很赞赏，下旨颁行。

郑秉厚奉旨清理宛平、大兴两县的铺行。他深入调查，一方面积极清查处理铺行事务；另一方面上疏朝廷，提出清理铺行，革除积弊，安定民生的具体措施。他提出：节铺行之力以减轻民众的负担，宽买办之价以免铺户经营亏损，严卷册之守以防档案资料的缺失，密稽查之方以革除侵冒的情况，议征收之法以便使责任清晰，定清审之期以苏缓百姓的穷困。郑秉厚的上疏，情况真实，问题实际，措施切实可行。神宗皇帝许可，颁令施行，京城内外的百姓都欢欣庆幸。

郑秉厚发现兵部右侍郎孟重，协理京营戎政，依附首相张居正，巴结内监冯保，网罗亲信，肆恶无忌，为非作歹。先前有御史三次奏劾孟重，因张居正和冯保的庇护，孟重照旧供职。郑秉厚上疏弹劾，直数孟重的劣行。张居正和冯保得知，派人对郑秉厚说："首辅大臣没有亏待你，你不要多嘴晓舌。否则，对自己没好处。"郑秉厚理直气壮地说："不要用这样的话来威胁我，我正要一起弹劾张、冯呢。"郑秉厚在奏疏中列举了孟重的劣行，并点了张居正和冯保的名。疏上，神宗皇帝罢黜了孟重。郑秉厚因此得罪了张居正和冯保，遭到报复，被改为外官。

闽滇功著　督漕尽瘁

郑秉厚改任福建右参议，分守建南。一到任，他就召集郡守及下属约法三章，一时间，地方官员勤勉自励，以仁政惠民为务。郑秉厚名声更加显著，地方抚台交相荐举。但因张居正和冯保一直妒恨郑秉厚，他被远远地调到贵州，担任兵备副使。

贵州地处边远，当地少数民族划地而居，勇猛彪悍，割据一方，反抗朝廷，地方官府难以治理。郑秉厚分析情势，调兵分守要塞，训练士兵，积蓄粮饷。不久，他亲自带兵大破叛匪，苗夷望风率服。当时，有人提议把苗夷全部歼灭。郑秉厚说："苗夷既服，再杀就不仁义了，应当恩威并济，赦免他们。"捷报传到朝廷，神宗皇帝大喜，嘉奖功臣，赏赐郑秉厚金币等物。

郑秉厚又以边功得到举荐。地方督抚上疏朝廷挽留，称郑秉厚"威献兼济、文武全才"，贵州地方不可一日无此臣。但朝廷调令已下，郑秉厚升任江西左参政。

郑秉厚任江西左参政时，提督江淮漕运，负责朝廷和地方物资储备和运输。他尽心安排谋划，颁行十二项事宜，以节约用度为先，以保证漕运通畅为准，以关心民间疾苦为本，组织地方官员，厘除积弊，修复水利，保境安民，储运物资。侍御孙公向朝廷举荐郑秉厚，称赞他"筹划有方，包罗远略"。因为日夜操劳公事，忙得没有时间休息，加上舟途劳顿，郑秉厚终于积劳成疾。可是，尽管身患重病，他依然坚持督运，不幸瘁于途中。弥留之际，还在呼唤舟船行进。

（文/图：罗兆荣）

第三篇 正道直行 廉明治国

编者按：方正不阿，是廉的固有之意。正道直行，是历来清官的优秀品德。荀子曰："君者，民之原也；原清则流清，原浊则流浊。"《管子》云："授有德则国安。"国家的政治清明有赖于明主贤士。君道不正，则国家不安；官吏不良，则有法而莫守。因此，秉持公义，坚守正道，恪守原则成为清官廉吏的必然选择。他们或犯颜直谏，以正君臣；或选贤任能，罢黜贪庸；或苟利社稷，生死以之。本章便讲述了这些人的故事。

宁波鄞州走马塘村

精忠直言振赵宋

　　走马塘村隶属于宁波市鄞州区姜山镇，古称"忠孝里"，地处鄞南平原，依傍奉化江支流东江，为"四明古郡，文献之邦，有江山之胜，水陆之饶"。走马塘之名始于唐代，北宋端拱年间，进士出身的江苏长洲（今苏州）人陈矜出知明州（今宁波），卒后葬于鄞南茅山，其子陈轩为父守墓，举家从城里迁到茅山以南五里处的走马塘。从此，陈氏就在这里定居繁衍，至今已传三十八代。自北宋至明清，这里的陈氏家族先后出过进士 76 名，官吏 160 余名，有过"一门四尚书、父子两侍郎、祖孙三学士"的辉煌和荣耀，被誉为"中国进士第一村"。

中国进士第一村牌坊

　　穿过村口高大气派的"中国进士第一村"牌坊，经过东升桥，一旁便是清廉亭，放眼望去，前方一侧是近年修建的进士墙，另一侧是一潭开阔的荷花池，池中央有两条石板桥连接南北两岸。池畔则是一字排开的高耸着马头墙的老宅，名叫中新屋，始建于清乾隆年间，是这里最大的建筑群，飞檐翘角，气势不凡。院内檐弄相通，分为四进，无论从哪一间出发，都能到达想去的任何一间，令人称奇。据说下雨天，人们在院内穿行无须撑伞。中新屋靠西端的一进宅院现辟为村史村情馆，其中"走马塘历代进士陈列室"，陈列着由宁波著名画家盛元龙、何业琦精心绘制的走马塘76进士像，惟妙惟肖，各具个性，细阅进士简介，让人肃然起敬。他们或勤政爱民，造福一方；或耿直精忠，不畏权贵；或抗击外侮，誓死不降。其中四世陈禾、十世陈埙皆以精忠直言著称，《宋史》有传。

陈禾（？—1129），字秀实，北宋元符三年（1099）进士。曾担任辟雍博士、监察御史、殿中侍御史、左正言、给事中等职。

当时天下承平日久，军备松弛，东南一带尤其严重。陈禾请求增加守军，修补城墙，以防不测。有人指责这是无端生事，搁置起来不予批复。后来盗贼闹事，人们才佩服他的预见能力。

陈禾任左正言时，正值童贯权势日张，内与黄经臣共同当权，外与御史中丞卢航遥相呼应，士大夫因畏惧而不敢正视。陈禾说："这是国家安危的根本啊。我所处的职位有进言的责任，这时候不进言劝谏，一旦调任给事中，进谏就不是我的本职了。"他没有接受给事中的任命，而是上书直言弹劾童贯。又弹劾黄经臣说："依仗恩宠玩弄权势，在朝廷同列中夸耀自己。常常说诏令都出自他的手中，说皇上将任用某人，举行某事，不久诏书下达，都跟他所说的相同。发号施令，是国家的重大事情，降免昏庸官吏和提拔贤明之士，是天子的大权，怎么能让宦官参与其中？我所忧虑的，不只是黄经臣，这条路一旦开通，类似的进用者就会多起来，国家的祸患，就不可遏止，希望赶快把他放逐到远方去。"

陈禾的话还没有说完，皇上就恼怒地拂衣而起。陈禾拉住皇上的衣服，请求让自己说完，结果用力过猛，将皇上的衣袖撕落。皇上说："正言撕破我的衣服啦。"陈禾说："陛下不惜被撕破衣服，我难道敢吝惜头颅来报答陛下吗？这些人今天得到富贵的好处，陛下将来会遭受危亡的祸患。"

于是，陈禾的言辞更加激烈，皇上变了脸色说："你能像这样尽心进言，我还有什么可忧虑呢？"内侍请皇上换衣服，皇上回绝说："留着破衣以表彰正直的大臣。"

第二天，童贯等人一个接一个地上前陈告，说国家非常太平，怎么能说这么不吉利的话呢。卢航还上奏说陈禾狂妄，请求把他贬为信州监酒。皇上受到蛊惑，将陈禾贬出朝廷。直到遇到赦免，陈禾才得以返回乡里。

当初，陈灌从岭外归来，住在鄞县，和陈禾相互友好，吩咐他的儿子陈正汇跟从陈禾学习。后来陈正汇揭发蔡京的罪行，被押送到朝廷，陈灌也被逮捕，黄经臣审理他们的案子，用檄文征召陈禾到案取证，陈禾回答说事情确实有的，罪行不敢逃避。有人说他回答失当，陈禾说："祸福死生，都是命啊，怎么可以用逃避一死来换得个不义的名声呢？希望能够分担贤者的罪名。"于是陈禾因为被诬陷为陈瓘的同党而罢免官职。

遇赦之后，陈禾又被起用，不久遇上母亲去世，回家丁忧。服丧结束后，他被任命为秀州知州。王黼刚刚执掌大权，陈禾说："怎么能在王黼门下听候调遣？"他极力辞职，于是改任他为汝州知州。他辞职更加坚决，说："宁可饿死，也不接受任命。"王黼听说后对他怀恨在心。陈禾的哥哥陈秉当时担任寿春府教授，陈禾就到官邸侍奉兄长。

恰逢童贯统领军队路过寿春府，想要拜访陈禾不能进门，送礼给陈禾也被拒绝。童贯恼羞成怒，回到朝廷后就说坏话诬陷陈禾。皇上说："此人向来如此，你不能容忍吗？"过了很久，朝廷才又起用陈禾担任舒州知州，任命刚下达他就去世了，追赠他为中大夫，谥号为文介。

陈埙（1197—1241），字和仲，南宋嘉定十年（1217），登进士第。宰相史弥远是他的舅舅，见外甥科举考试出色，便说："省试是数千人中的第一名，状元是上百人中的第一名，朝廷打破惯例，直接任命省试第一名为教授的，当从你这儿开始。"陈埙却婉言拒绝道："朝堂议事盛行，如果从我开例，难道不会让别人说闲话吗？"

宋理宗即位后，下诏让百官进谏。陈埙就对皇帝说："上位者如果忧虑天下安危，那么下面就会呈现安定平和的景象，国家就会由此隆盛。上位者如果贪图安乐，那么下面就会呈现忧虑惶惧的景象，国家就会由此衰败。因此为天下忧虑，则天下安乐；以天下为安乐，则危亡随之。治理天下，在于善于审识忧乐的时机罢了。现在国家的弊端，莫大于人心不合，纲纪不振，风俗不淳，国家衰败，民众苟且而无法挽救。希望陛下能以正气来培养，用真诚来激励，用明察来治理国家，用英武来决断大事。"此后，陈埙正直的名声开始传播天下。

他担任太常博士时，朝廷为袁燮讨论谥号，其他的人都搁下笔，由他单独起草。他叹道："周幽王、周厉王的谥号虽经百世，不能改变。谥号有褒扬有贬抑，岂能与制作墓志铭一样，不论功绩如何，一概夸大其词予以颂扬？"正好朱端常的儿子为父亲乞讨谥号，陈埙说："朱端常为御史时，则驱逐有德之士；守卫边防时，又以侵夺剥削为能事，应该给予含贬义的谥号。"于是，他草拟了"荣愿"的恶谥。自宰相以下的官员看到这个谥号就神态恭敬端庄。考功郎陈耆复核时，与宦官陈洵益一起想要更改这个谥号，陈埙坚持不肯答应。

宋理宗宠爱贾贵妃，陈埙又直言上谏道："请皇上清除身边以媚态迷惑人的妖女，以端正德行；听从天下的公论，以使国家政治焕然一新。"宰相史弥远死后，陈埙被任命为枢密院编修官。他入宫对宋理宗说："天下安危在宰相，南渡以来，我朝屡失机会，都是因为没有选好宰相。秦桧死了，接任的是万俟卨、沈垓；韩侂胄死了，接任的是史弥远。现在史弥远去世了，由谁来继任宰相，陛下一定要慎之又慎啊！"次日，又进言："内廷当严禁宦官干政，外廷当严格台谏官的选拔。"

陈埙为官期间，屡次犯颜直谏，陈述百姓疾苦，忧心国家财政困难、边境不宁，虽遭权奸弹劾贬官，依然不改其志。

走马塘陈氏以耕读传家，门风极正，自古以来荷花一直被视作走马塘陈氏族人律己育人的族花。陈氏先人在家门前挖掘这些池塘，一来可作消防之用，二来可遍植荷花，取荷花"出淤泥而不染"之意，告诫后世子孙以荷花的品格为规范，无论做人为官，都应清正廉洁。

荷花年年栽种，周而复始，寄托着走马塘人的美好愿望和精神追求。千百年过去了，让走马塘人感到骄傲的是，从陈氏家族走出的76名进士和160余名官员中，无一人因贪而贬，因渎而废，多的是忠孝节义之士，名留青史，令人敬仰。

（文/图：陈武耀）

乐清南阁村

自是胸中铁作肝

南阁村隶属于乐清市仙溪镇，坐落于雁荡山北麓，为章姓聚居之地，距今已有上千年历史。这是一个以文物古迹著称的村落，有全国文保单位南阁牌楼群，是明代著名诤臣章纶的故里。

章纶（1413—1483），字大经，号懿夫。祖先原为乐清北阁吴氏，后出继南阁章氏，遂以章为姓。章纶是乐清历史上可与王十朋、刘黻并称的一位名臣，是乐清文人中最著名的硬汉。他的事迹不仅在正史、方志中有记载，还被后人编成剧本搬上戏曲舞台。清嘉庆、道光年间，温州高腔剧目《拜天顺》，写的就是章纶下狱的故事。

正统四年（1439），章纶登进士第，授南京礼部主事。景泰初年，章纶被召回京师，担任仪制郎中，他见国家总是出现重大变故，因此经常上疏慷慨论事。他曾经呈上太平十六策，反复论述达一万余言。瓦剌首领也先与明朝议和后，章纶请求全力整修政教武备，等候也先内部势力的变化，到时趁其不备进行打击。宦官兴安请皇帝修建大隆福寺，建成后，皇帝将临幸该寺，章纶上疏劝谏，河东盐运判官济南杨浩授了官尚未去上任，也上奏章劝谏，皇帝只好取消前往计划。古代崇尚天人感应之说，如果发生了天灾，就要从帝王或官员的行为上寻找原因，并加以改正以消弭灾祸。章纶曾为灾异的发生而上书皇帝，请求寻找导致灾变的原因，用语非常恳切。

景泰五年（1454）五月，钟同上奏请求复立储君。原来明英宗北征瓦剌惨败，自己也被敌人抓去了。当时，以于谦为首的大臣拥立了英宗的弟弟为帝，史称景泰帝，庙号代宗。瓦剌无法以英宗为质勒索明朝，就将英宗放回去了。被景泰帝尊为太上皇，软禁于南宫。他的儿子朱见深本为太子，景泰三年（1452），也被景泰帝废为沂王，改立自己的儿子为太子。这件事令许多正直的大臣非常不满。不料，次年十一月，新太子又夭折了。所以钟同才会上疏请求恢复朱见深的太子位。过了两天，章纶也上书直言，要求皇帝修德消灾，提出十项建议。包括："宦官不可插手干预外朝政事，奸佞之臣不可假借皇帝之名掌握处理事务的权力，后宫不可以盛行声色。凡属于阴盛之类的事，请都予以禁止。"他又说："孝悌是百行之本。希望陛下退朝之后要朝见两宫皇太后，每日问安，每餐侍奉。太上皇君临天下十四年，是天下人的父亲。陛下亲自接受太上皇的册封，是太上皇的臣子。陛下与太上皇，虽然不是一个形体，实质却是同一人。臣伏读奉迎太上皇回宫的诏书，诏书中说对待上皇的礼仪只有更为隆重，而不能降低待遇；对待上皇的态度是自己为卑，上皇为尊。希望陛下能够践行这一诺言，或者在初一、十五，或者在节日元旦，率领群臣在延和门朝见上皇，以示兄弟之情，这实在是天下人的愿望。并请恢复汪后中宫的地位，使天下人母的仪范合乎法则；恢复沂王储君的地位，以安定天下的根本。这样的话，天地间和气充盈，灾异自然消除。"

章纶下诏狱图

景泰帝看到奏疏后，勃然大怒，下令立即将章纶和钟同二人逮入诏狱。当时天色已晚，宫门已经锁上，禁止人员出入，逮捕二人的圣旨是从门缝中传出去。在狱中，两人受到严刑拷打，逼迫他们交代主使人以及勾结交通太上皇的情况。两人濒临死亡，却没有说一句话牵连他人与上皇。正好京师刮起大风，飞扬的尘沙使白天变得晦暗，人们认为这是上天觉得两人受了冤枉给予的警示，所以案情得以稍稍缓解。景泰帝下令禁锢他们，不准出狱。第二年，廖庄也因同样的原因激怒景泰帝遭到廷杖，被贬为驿丞。皇帝犹不解恨，下令将打廖庄的木杖封好，拿到诏狱中去责打章纶、钟同，每人一百下。钟同竟被打死，章纶虽从杖下幸存，依然长期羁押狱中。

在被禁锢诏狱的日子里，章纶用铁钉在瓦片上划字作诗。他的文集和诗集留传至今，有刻本和抄本多种。章纶的硬汉性格使他的诗文中充满浩然正气和阳刚之气，极富感染力和鼓舞力。如《贯城十二咏》：

> 忠言逆耳如批鳞，网罗陷阱多误身。
> 今我效忠忤人意，果然系狱尝苦辛。

出狱后，章纶又写了一首诗，纪念被杖责而死的钟同，题为《出狱哭钟御史同》：

> 复储一事重于山，自是胸中铁作肝。
> 慷慨捐生今不易，从容就死古尤难。
> 释囚愧我如箕子，封墓怜君若比干。
> 满地血污春草碧，东风泣雨泪汍澜。

此诗写得极为沉痛，不仅是哭悼钟同，同时也是他的自我写照。

英宗复位后，郭登向皇帝进言，说章纶等人都是因为抗疏直言，要求善待上皇，恢复储君，忤逆了景泰帝，现在应该表彰和提拔他们。英宗于是立即释放了章纶，又命内侍寻找章纶先时的奏疏，没有找到。内侍就从旁背诵了几句，英宗听了叹息再三，升章纶为礼部右侍郎。

章纶以能坚守大节而为英宗所器重，然而性格亢直，不能与俗同流。石亨贵幸之后，召公卿大臣去饮酒，章纶推辞不去，又多次与尚书杨善意见不合，石亨、杨善便联手一起诋毁章纶。于是，章纶被调到南京任职。

明宪宗即位，有司以英宗遗诏为凭，请皇帝大婚。章纶上书说："先帝山陵尚新，年号未改，逝世刚满百日就改行吉礼，易以吉服，心中能自安吗？陛下刚刚登基，应当以孝治理天下，三纲五常实根源于此。请等来年春天再举行大婚吧。"他的建议虽然没有被采纳，但天下人都很敬重他的话。

成化四年（1468）秋，章纶的儿子玄应冒充其他籍贯参加科举。那时，每个省都有规定的科举名额，如果冒充其他籍贯，就会占用那个籍贯的考试名额。给事中朱清、御史杨智等人因此弹劾章纶，宪宗命侍郎叶盛调查。

成化五年（1469），章纶与佥都御史高明考察百官，两人意见不合。奏疏呈上后，章纶又单独上书给皇帝，说给事中王让没有参加考察，并且说高明刚愎自用，自己的意见大多不被赞同，请求将他与高明一起罢免。他的奏章被交给叶盛等人手中。于是，王让以及所有参加考察的大臣都连着上书弹劾章纶。章纶自己也上疏要求罢免自己。宪宗皇帝没有听从。后来，叶盛等人查出他的儿子玄应确实冒籍考试。宪宗宽宥了章纶，至于他上奏的其他事情也都置于一旁，不再追责。

不久，章纶又转调礼部。温州知府范奎被弹劾调官。章纶上疏说："温州是臣的故乡，范奎在温州为官，大得民心。他解官离任那天，当地绅士百姓三万余人为之哭泣，攀着他的车辕，不肯让他离去，一直留了十八天，范奎才能离开。恳请陛下让他回任，以安慰温州百姓。"奏章下到有关部门，竟被搁置。

章纶为人憨厚刚直，喜欢直言不讳，不为当权者所喜欢。担任侍郎二十年，不得升迁，后以年老为由请求离去。成化十九年（1483）逝世，享年七十一岁。成化二十三年（1487），章纶的妻子张氏呈上他的奏稿，请求加恩。七月，明宪宗追赠章纶为南京礼部尚书，谥号恭毅，他的一个儿子荫为鸿胪寺典簿。

（文：赵顺龙／图：曾令兵）

平阳鸣山村

深明大义解困局

鸣山村隶属于平阳县昆阳镇，背靠鸣山，三面环河，平瑞塘河从村前蜿蜒而过，村民环河而居，自然环境和谐，有"百鸟齐鸣山，塘河第一湾"之称，是昆阳镇著名的古村之一。全村36个姓氏，36条家规古训上墙，处处古意古香。

村文化礼堂边有一座远近闻名的蔡必胜纪念馆，也是村中大姓蔡氏祠堂所在。蔡氏第36代孙蔡承生说，蔡必胜的精神一直影响着血脉相承的后人，他们以自己是蔡必胜的后人而自豪，"直到现在，我们还是会给孩子们讲他的故事，教他们数典不能忘祖……"

蔡必胜纪念馆

蔡必胜（1139—1203），字直之。年仅二十七岁就考中武状元。他担任左司议时，得到孝宗皇帝的召见，面对皇帝的诘难，从容镇定，侃侃而谈，提出了六条治国建议，都被皇帝采纳。孝宗皇帝称赞他"前程未可量也"。光宗继位后，也曾称赞他"佳士难得"。

绍熙五年（1194），太上皇赵昚（宋孝宗）病逝，他的儿子光宗赵惇以生病为理由既不出来主持祭礼，也不肯上朝处理政事，朝野上下人心惶惶，谣言四起。

原来宋光宗因为身体不好，又受皇后李氏的挑拨，心生疑忌，长期不去向太上皇问安。哪怕在群臣苦谏下，一时心中动摇，最后也会在皇后的阻止下，拒绝去看望孝宗，从而引发历时数年的过宫风波。孝宗病重直到病逝，光宗都没去看他，这在宋代已是大不孝，现在太上皇去世，光宗托病，居然连葬礼都不出来主持。

为了稳定局势，叶适向左丞相留正建议，让皇子嘉王赵扩做监国，代替生病的光宗主持大局。谁知留正多次请求光宗批准这个建议，光宗都没有答应，反而推托说自己累了，早已不想当皇帝。于是，皇室宗亲赵汝愚建议留正直接向高宗的皇后，即现在的太皇太后吴氏请旨，让光宗禅位给嘉王，由他登基后主持祭礼。

禅位并非没有先例，譬如光宗的父亲孝宗就是接受高宗禅位而登基为帝的，而光宗则是接受了父亲孝宗的禅位登上皇位的。现在，光宗生病了，无法主持朝政和祭礼，那么，为了稳定时局，请光宗禅位给太子是唯一的办法。

然而光宗并没有策立太子，也不是主动要求禅位，因此，赵汝愚等人的建议实为逼宫。留正不想承担这种责任，便假装跌倒，声称自己生病了，连宰相也不当就溜了。

禅位之事唯有请太皇太后吴氏出面方能名正言顺，可是宰相溜了，需要另外找一个合适的人选前去说服太皇太后，请她颁下懿旨。这个合适的人选便是韩侂胄，他是太皇太后的外甥，常在内廷行走，深受太皇太后的信任。可是又由谁去请韩侂胄说服太皇太后呢？

叶适、徐谊和赵汝愚都想到了蔡必胜。蔡必胜性格正直，有担当，是光宗皇帝的侍卫近臣。他与韩侂胄不仅是邻居同事，更是至交好友。于是，叶适对蔡必胜说，国家的事情到了这个地步，你作为皇帝身边的人，怎么可以不管呢！希望蔡必胜能在关键时刻挺身而出，说服韩侂胄。接着，徐谊和赵汝愚也前来找蔡必胜想办法。

蔡必胜犹豫了，如果插手这件事，逼光宗禅位，他个人的结局会如何？史书将会如何评价他？如果不插手，光宗已经不能正常主政，直接威胁到国家稳定，人心安定。是保全个人，还是坚持大义？经过反复考虑，蔡必胜最终选择了大义，按徐谊等人的要求，说动了韩侂胄，促使太皇太后颁下了懿旨，同意由嘉王登基为帝，尊光宗为太上皇。

　　嘉王赵扩也害怕承担不孝的罪名，犹豫再三，在徐谊与赵汝愚的百般劝说下才勉强同意登基，所有禅位登基的事务均由赵汝愚和叶适负责，所有表章、奏稿及诏书，也都由他们裁定。

　　一切准备就绪，只等嘉王继位。不料，嘉王临阵退缩，连声拒绝说："不行，不行，这么做会背上不孝骂名的！"无论大臣怎么劝说，他都不肯继位。赵汝愚劝他说："做皇帝的，要以安定国家为大孝。现在国内不太平，外族又虎视眈眈，如果有什么骚乱，将来皇帝该怎么被历史评论，你这样做又怎么算孝？"

　　嘉王还是不肯，一时间双方僵持不下。无可奈何之下，蔡必胜只好不顾个人安危，与韩侂胄两人挺身而出，强行替嘉王穿上龙袍，连扶带抱坐上龙椅，接受百官跪拜，登基为帝，此即宋宁宗。一场政治危机总算解除。

　　宁宗登基之后，韩侂胄成了既得利益者。正如蔡必胜所预料到的，不久，韩侂胄恃功自傲，专权跋扈，疏远排挤了蔡必胜，把他外放到池州做太守。

　　蔡必胜感叹道："我深受太上皇光宗皇帝的知遇之恩，不幸的是，他身患重病，活不久了，我之所以不顾个人安危，是为了报答太上皇的大恩。禅位的事，关系到国家安定，为什么要搞党派分彼此呢？"他意识到如果不离开权力中央，将会大难临头，于是立即动身赴任，完全不提前事。

　　不久，蔡必胜又调到庐州。当时庐州是宋金对峙的前线，蔡必胜上任后积极备战，招募新兵，编练水军，修复城池和粮仓，囤积粮食。为了激励人们的爱国热情，他主持修缮了马亮和包拯的坟墓，为那些为国捐躯的功臣建造庙宇，让人们四时祭祀。他在庐州任上，厉行节约，节省下来的费用，远超历任积累下来的总数。他先后在池州、楚州、吉州等地为官，每到一地，兴利除弊，善政多多，颇有政绩，深受百姓爱戴。

　　蔡必胜对朋友非常真诚，宾客到家，不论关系如何，都待为上宾。他在池州任上的时候，徐谊也被排挤出朝，外放南安，生活非常困窘，就连家中的老母亲都无法照顾，蔡必胜就用自己的俸禄奉养徐谊的母亲。

　　蔡必胜对家乡也很关心，从平阳昆阳到瑞安飞云，沿塘河的道路共有35里，皆为土塘路，年久失修。他建议用石头改造土塘路，并在鸣山保安院设修塘司，开支账目明明白白。这条修成的路一直保留到现在。

　　数年后，蔡必胜以侍奉老母为由，请求闲职，宁宗便任命他为吉州刺史，提举崇道观。不久，宁宗想重新对他委以重任，谁知诏令还未下达，他已经病逝在家中，享年64岁。两年后移葬瑞安，叶适给他写了墓志铭。

　　如今昆阳的很多地方都有蔡必胜留下的痕迹，如前卟状元寺、大眼睛水井、步廊村纪念馆等等。在鸣山村，蔡氏家训一直写在蔡氏祠堂墙上，回荡在子孙心里："一孝父母、二和兄弟、三序长幼、四睦夫妇、五训子孙、六亲宗族、七联内外、八慎职守、九遵法纪、十行文明。"

（文／图：林慧）

桐乡汇丰村

留得清白在人间

在桐乡市屠甸镇汇丰村，有一个叫于家埭的自然村，村民均姓于，堂名忠肃，岁时祭祀，庆吊往来，他们均称自己是忠肃堂于氏，是明朝忠臣、民族英雄于谦的后裔。

于家埭村北有一个漾潭，水质澄清，碧波荡漾，潭北松柏参天，绿荫匝地，正对面有一座高大的坟茔，石碑上写着"大明忠肃公于谦之墓"。每年清明节，于家埭及附近村落里的于姓居民，成群结队，鸣锣奏乐，前来祭拜这位功垂千秋、名扬四海的祖先。

于谦是钱塘人，蒙冤就义后葬于西湖，平反昭雪后，谥号忠肃，后世将他与抗金名将岳飞、抗清名臣张煌言并列，称"西湖三杰"。他怎么会与桐乡市汇丰村于家埭有联系呢？原来，于谦遭诬陷被害后，他的一个儿子正在老家，得此凶讯，决定携妻小远走避难，仓促之间仅带了父亲的一件官服，行走百里后，来到现在的汇丰村，见此地水流回环，人烟稀少，便隐姓埋名，构筑草庐，定居下来。不久，明宪宗登基，父亲昭雪，他便在村北的漾潭边营建衣冠冢，作为纪念之地。从此，桐乡便有了于谦的一支后裔，而于谦的故事也就在桐乡民间流传开来，至今不息。

于谦（1398—1457），字廷益，号节庵，自小长相奇伟，七岁的时候，有一个和尚路过他家，看见他奇特的相貌，惊奇地预言道："他将来可是一个济世救困的宰相啊！"旁人不以为然，引为笑谈，直到永乐十九年（1421），于谦考中了进士，才有人开始相信。

宣德元年（1426），于谦被任命为御史，四年后，又升任兵部右侍郎，巡视山西、河南，整顿军备。正统十三年（1448），于谦被召回京，任兵部左侍郎。第二年秋天，蒙古瓦剌部首领也先率军大举南犯，威胁京畿，太监王振极力怂恿明英宗亲征，于谦与兵部尚书邝野苦谏无果，邝野只得护驾出京，于谦留守京城主持兵部事务。不料，三个月后传来英宗在土木堡战役中被俘的消息，朝野震惊。郕王朱祁钰监国，召集大臣讨论守

于谦墓

御之策，于谦掷地有声地说："国不可一日无君，今皇上被扣北狄之地，料一时难以回还，国势危重，请郕王代理国政，切勿推辞"。于是拥立朱祁钰为帝，是为明代宗，年号景泰。钦天监徐有贞说星象有变，上天示警，主张迁都南京。于谦厉声斥责："此乃千钧一发之际，主张南迁者，可斩。京师是天下的根本，不到万不得已之时，不可轻言迁都。一旦迁都，民心大失，不可挽回，各位难道不知道宋室南渡的前车之鉴吗？"郕王于是采纳了他的意见，决定重兵驻守，并命令于谦调集河南备操军、山东备倭军、江南运粮军急赴京师驰援，于是人心稍安。在国家生死存亡的关键时刻，于谦不忘"社稷为重君为轻"的古训，不计个人得失安危，毅然挺身而出，辅立新帝主政，避免了朝廷群龙无首的局面，并当机立断，调兵遣将，拱卫京师。在于谦的奋力支撑下，明朝军队取得了一系列胜利。一年后，情况发生了变化，瓦剌部也先连续派出使者求和，并愿意交出原先被俘的英宗。于是，于谦派官员迎接英宗回京，瓦剌也恢复朝贡，向明朝称臣。

景泰八年（1457）正月，奸臣石亨、曹吉祥、徐有贞等迎立英宗重新为帝，改年号为天顺。不久，以于谦传布不轨言论、另立太子等罪名，将于谦逮捕入狱，数日后，斩于闹市，并抄没其家，家人充军到边疆。传说于谦被害之日，阴云密布，狂风大作，大家都说于谦被杀是冤枉的，是被奸臣陷害的。

于谦是著名的清官，他对腐败疾恶如仇，对权臣从不曲意奉承。正统年间，王振专权，作威作福，肆无忌惮地招权纳贿，文武百官争相献金求媚，每逢朝会，必须献纳白银百两，方能觐见皇上。但于谦每次进京奏事，从不带银子，有人劝他说："你不肯送金银财宝，也就罢了，难道就不能带点地方土仪吗？比如绢帕、蘑菇、线香之类的东西。"于谦总是潇洒地一笑，甩甩两只衣袖子，说："我只有两袖清风，难道这还不够吗？"还特意写了一首《入京》的诗：

> 绢帕蘑菇与线香，本资民用反为殃。
> 清风两袖朝天去，免得阎罗话短长。

这就是"两袖清风"的出典，此诗写成后广为传诵，成一时佳话。于谦对这句诗也颇为得意，写成横匾，挂于门楣之上，以示不为利禄所动，同时也劝告前来向他请托的人，让他们自动打消不轨的来意。但是这个举动引来了同僚们的不满，说于谦沽名钓誉，居心叵测，但于谦不为所动，以实际行动给予回击。

于谦性格刚烈，遇到不痛快之事，总是拍着胸脯大声说："这一腔热血，不知会洒在哪里！"德胜门一役，明军取得大胜，于谦居功至伟，有人便上疏皇帝，要求给于谦的儿子于冕以世袭侯爵的名号，于谦得知后，极力劝谏皇帝，说："国家多事之秋，为臣子者义不顾私恩。他们不举荐一位有德的才人，不提拔一名有功的兵士，却举荐了我的儿子，这能得到公众的认可吗？"在他的力谏下，皇帝终于放弃了这个想法。

一天，于谦路过一处生产石灰的窑址，看见窑工正在从山上运来青石，要将它冶炼成白色的石灰石，顿有所悟，口占一绝，这便是那首传诵千古的《石灰吟》：

> 千锤万凿出深山，烈火焚烧若等闲，
> 粉身碎骨浑不怕，要留清白在人间。

于谦的一生便是这石灰的写照。

（文/图：颜剑明）

╔═══════════════════╗
永康独松村
╚═══════════════════╝

正言正色程文德

独松村隶属于永康市方岩镇，初名黄金坦，十峰环抱，峰峰皆秀，松溪纵贯南北，九曲迂回。村口的石山，形似昂天巨狮，不到村里不见村。明代有诗为赞："东上屏山望，苍茫水国遥；砑岩森画戟，竹树影风潮。举目收疏影，临流渡小桥；斜阳忽返照，疑是赤城标。"明宣德初年，方岩山麓"得耕居"的永康程氏五世祖程祚，携子迁徙于此，在黄金坦的一株苍松之旁建造一座堂楼，取村名为独松，遂为程氏聚居地。明代礼部尚书程文德就出生于此。

尽忠职守　心怀百姓

程文德（1497—1559），字舜敷，号松溪。少时立志于学，早年授业于章懋，后师从王阳明，以笃学修行称为儒者。嘉靖八年（1529）考中一甲第二名进士，俗称榜眼，授翰林编修。当时嘉靖帝在一甲三名的卷上都有朱批。对程文德的策论，皇帝的批语是："探本之论。"

独松村村貌

嘉靖十一年（1532），同年杨名弹劾汪鋐，激怒皇帝。程文德上奏为其辩护，违背了皇帝的心意，被拖到午门当场廷杖，下诏狱。出狱后，被贬到信宜做典史。三年后，汪鋐被罢免。程文德方才升迁江西安福知县。在以后的宦海生涯中，历任兵部车驾司郎中、广东提学副使、南京国子祭酒、礼部左侍郎、吏部左侍郎、翰林院学士掌詹事府事等官职。

无论是在京师为官，还是在地方任职，程文德都一如既往地尽忠职守，为民办事，为国分忧。他在安福任职期间，制定乡规村约、合理分摊徭役、减免历年欠税、重视民风教化等，深得当地民心。当地百姓为表敬意，特地为他建立生祠以作纪念。

嘉靖三十二年（1553），北直隶、南直隶、河南、山东四省发生灾荒，地方上颗粒无收，百姓没有饭吃。朝廷国库空虚，没有足够的钱粮用于救灾，于是采取以前没有做过的办法，让人们捐助输纳银两以便赈济灾民。程文德上奏道："拯救饥民，犹如拯救被水淹火烧的人一样，动作慢了又怎么来得及呢？让人们捐出银两比较困难，然而捐出食物却是很容易的。朝廷应该让人们随其所有进行捐助，凡是可以用来充饥的东西，都可以捐给官府散给灾民。"朝廷接受了他的建议，旨意下达给四省灾区，乐于捐粮的人络绎不绝，灾区百姓及时得到赈济的粮米食物，大量饥民因而得以存活下来。

致力教育　培养人才

程文德认为国家治理重在选才，故而人才培养至关重要。在被贬为信宜典史期间，依然致力教育，为当地创办岭表书院，在书院讲解阐述自己的学术理论，两广的名士都争先恐后前来听讲，一致推崇他的学问，时人称誉他为"山斗"。嘉靖十五年（1536），他在安福任知县时，感叹当地文教不兴，又发动官民绅士，以原文庙旧址为院址，筹建了规模恢宏的儒学基地复古书院。

他曾先后两次回乡为父母丁忧，服丧期间，他每日守在灵堂，手不离卷。四邻八乡的青年才俊听说他在老家，纷纷赶来求学。程文德索性在家办起了学堂，当起了讲学的老师。至今，程氏后裔还能在老宅里清楚地指出当年讲学的场所。

明初太学教育，尤其是南京国子监，曾经在世界教育史上遥遥领先。但随着时间推移，太学每况愈下，出现国子监官员收受贿赂，滥收生员，生员荒懈学业，生员质量下降等弊窦百出的局面。程文德认为太学教育直接关系到国家贤才的培养和选拔，在担任南京国子监祭酒后，立即着手进行改革，设立严格的条例章程，废黜华而不实的文辞，推崇劝勉好的品德操行，培养德才兼备的贤才，达到社会安定，理学兴盛的效果。可惜的是，没过多久，他的母亲去世，他不得不卸任回家服丧。他在太学的整顿工作就此中止。

服完母丧后，程文德回京起复，担任翰林院学士，掌詹事府事。翰林院有考选、教习庶吉士的职责。程文德开列教习庶吉士职名，精心挑选学问优异的侍讲、侍读、修撰、编修、检讨，充当小教习。这二十八名被选中者，后来都成为明朝后期重要的梁柱。如张四维，乃是明万历年间内阁首辅。

他一生中创办和主持了许多书院，诸如松溪、高明、龙岗、五峰、苍梧等，著书立说，聚徒讲学，培养了上千名学生。《明史》将他的传记列入儒林中。

刚正耿直　清廉自守

嘉靖中后期，皇帝日渐腐化，滥用民力，大肆兴建，迷信方士，尊崇道教，好长生不老之术，每年不断修设斋醮，朝政已逐渐腐败。嘉靖二十一年（1542），严嵩入阁，此后专权擅国长达二十年，到严嵩门下以私事干谒请托的人络绎不绝。然而程文德在这样的腐败风气下，依然严于律己，清廉自守，刚正耿直。

嘉靖三十二年（1553），外地官员入京向朝廷陈述职守。程文德正好担任吏部左侍郎，负责考核事务。按照当时律例，考核不合格的，或是交由刑部判处，或是酌情降调，或是勒令休养。为了通过考核或升职，常常有官员向吏部官员请托贿赂。然而程文德门前却无一人敢去干谒请托。不久后，他又被特命主掌贡举考试。主持考试期间，他公正严明，周全谨慎，坚决杜绝了任何舞弊行贿的现象。

嘉靖三十三年（1554），朝廷官员商议推举他为礼部尚书。当时内阁首辅严嵩及其子严世蕃把持着朝中官员的任选、升迁，官无大小，皆有定价，不看官员的口碑、能力，只看官员的贿金多少。就连裕王（后来的隆庆皇帝）的岁赐没有严氏父子的发话，户部一连三年没有发给他。裕王只好凑齐1500两银子送给严世蕃，严世蕃欣然接受，才让户部补发了岁赐。他曾向人夸耀："连天子的儿子尚且要送给我银子，谁敢不送给我银子?”可是，当他把程文德叫去，公开向他索贿时，却被程文德严词拒绝了，自然程文德的礼部尚书之位随之落空。

第二年，众官员再次推举他任南京吏部尚书。正值皇宫内举行大祈，程文德受命撰写青词，他针对宫内每年设醮祈祷，靡费甚多，所写青词语寓讽谏，嘉靖帝心中不满，将他调到南京任工部左侍郎。程文德见国事不可为，于是上疏请辞，并劝皇帝享安静和平之福，不要再求仙问道。皇帝大怒，以"谤仙"罪将他削职为民。

程文德一生为官清廉，削职返乡时，行囊空空，家无私蓄。回到家乡后，闭门谢客，只在方岩寿山聚徒讲学，著书教人，三年不入城市，不曾以任何私事干扰本地官员，深受学子敬仰。嘉靖三十八年（1559），程文德在家中病逝，享年63岁。因家中并无积蓄，以至于无钱下葬。时过五年，在总督胡宗宪关照下方才入土为安。侍御史王好问上疏请求皇帝给予恤典，称文德"正言正色，学术无忝于儒臣；古道古心，行谊足称乎君子"。隆庆元年（1567），明穆宗追封他为礼部尚书。万历三年（1575），明神宗又赐程文德谥号"文恭"，以表彰他的功绩。程文德著有《松溪集》《程文恭遗稿》等。其文章被收录四库全书，而著作能入四库全书者，永康仅他一人而已。

（文/图：王朝阳）

永康芝英村

守法不失应廷育

芝英村隶属于永康市芝英镇，位于永康中部，古名大田，其后有灵芝产墓的祥兆，乃更改村名为芝英，为应氏聚居地。自宋以来，人文蔚起，先贤辈出。

应廷育（1497—1578），字仁卿，号晋庵，永康芝英人，明嘉靖年间著名的清正能臣、法律学者。他的祖父行素翁，是芝英著名的中医，开设的济生堂药号在郡邑内外均负盛名。父亲天瑞翁，纯朴洁行，为乡邻所钦佩敬服。廷育自幼端静敏慧，嗜书如饴。刚满五岁，就随族兄到家塾就读。塾师给他一本经书，稍加启蒙，他便琅琅诵读不停口，行立坐卧，常挟书自随，手不释卷，令祖父深感惊奇。十六七岁便随叔父应照攻习举子学业。

少年时的应廷育举止言行便已不同凡响。他刚方坚毅，持重有主见，虽出身儒医之家，却丝毫不染纨绔之气。塾中子弟出入都坐轿乘车，只有他泰然徒步，粗衣粝食，不尚奢华。他为人持正，从来不以己之是非人，也不以人之未是而是人。与从兄弟同窗共学，切磋研磨，夜以继日，不辍不懈。他通贯经史百家，尤喜刑名之学，而为文作诗，词采斐然，为郡邑诸生之首。

正德丙子（1516）督学使者视察金华，考查邑庠诸生，挑选应廷育、程文德、王崇三人，以儒士参加乡试。那年，廷育才19岁。考完回家后，廷育深有感触地说："做学问讲究的是求实，而我却想凭文采来争奇斗艳，难怪会被有见识的人瞧不上眼！"于是，他摒去科举考试的格式文体，钻研古代四书五经等典籍，极力探求事理的深奥要旨，学业大进。嘉靖元年（1522）春，提督学政考核诸位生员，廷育为永康庠生第一名，当年秋试中了举人，第二年便高中姚涞榜进士。

当时嘉靖帝登基不久，朝廷要在这批进士中挑选十三道御史和六部给事中等一批要员，要求入选者须老成持重，因而有明确的年龄限制。同榜

芝英村一角

进士中应廷育才学最好，处事能力最强，但年龄最小，只有 27 岁。于是，有人劝他虚加年岁以满足入选条件。应廷育一笑拒绝，说："我只想为朝廷尽力，为君主效命，如果还未曾侍奉君主，却先欺骗君主，这样的事能做吗？"他拒绝弄虚作假，没有参加选拔。

　　第二年，朝廷授予他做刑部河南司主事。当时嘉靖帝是以藩王身份继承皇帝位，登基后，想要追封自己的生父兴献王为皇帝，可是首辅杨廷和等人认为，"继统"同时要"继嗣"，嘉靖帝应该尊孝宗为皇考，生父只能为皇叔考。中下级官员桂萼等人则上书论"继统"不同于"继嗣"，皇帝应该尊兴献王为帝。双方争论激烈。应廷育根据宋代欧阳修的《濮王议》，上疏说，礼法和刑律尚且有"三父""八母"的条例，何况是生父？只要与帝位不相干涉就可以了。实际上已存在的，丝毫不可以削减（意指兴献王是皇帝生父，不能因为继承了皇位，就不承认其生父地位）；名分上本就没有的，丝毫不应该增加（意指兴献王没有做过皇帝，强行追尊其为皇帝，也是不合理的）。现在议论这件事的人曲从其本来就没有的（指杨廷和等人强迫皇帝认伯父为父亲，认生父为叔父。嘉靖帝强行要求追封兴献王为皇帝），而争论的人则强行夺取其本来就有的（指皇帝只承认兴献王为父亲，孝宗为伯父），双方都有过失啊！他坚持正论，结果既与首辅杨廷和等人的意见不同，又不称嘉靖帝的心意，因而遭到排斥。于是他便以归养父祖为由，请求调任南京刑部福建司员外郎。不久因父丧丁忧，守孝三年。服满后补南京刑部河南司主事，转任江西司署郎中事。

　　廷育曾经三入刑部，明习法律条例，每次审事断案，他都小心谨慎，努力不懈地为囚犯寻求一线生机，对冤假错案坚决予以平反昭雪。当时的刑部尚书很赞赏廷育，经常称许他说："应郎敏达而不苛求，宽厚而有决断，真乃刑曹第一人也！"凡是重大案件的审理都交托给他。

公事之余，廷育整天端坐案头，潜心研读典籍律条，总结司法经验，撰写了法律专著《读律管窥》，独抒己见，条分缕析，为同行推重，影响极大。

他做刑部主事时，正好遇上巨盗滕泰作恶多端，按罪当斩。他以巨资买通刑部主理此事的人。主部官员受贿后，千方百计想免去滕泰一死。廷育却坚持《明律》大法，要求严惩不贷，将滕泰判处死刑，立即执行，因而结怨主部官员。主部官很忌恨他，由于廷育廉能刚正，又久负才名，主部官不敢公开报复。于是假装器重他，让他主理刑部诸司奏案，还让他修纂《南京刑部志》。志书修成后，廷育又由志书推展开来撰成《大明律例十事》，得到皇帝嘉奖，并选择了一部分作为典型案例实施。主部官愈加嫉恨廷育，终于捏造了廷育种种过失，散布流言蜚语，将他调离刑部，外放湖北荆门州任同知，并代理谷城县事。

谷城地险民贫，官民对立严重，民心浮动，社会不宁。廷育到任后，施政治事，专以惠民为目的，关心百姓疾苦，宽赋税，免欠款，革除积弊。他亲自处理民刑案件，剖析如流，决断公正，双方悦服，往往不到中午，堂上已空无一人，讼息政清，狱无怨囚。他经常巡视四境，勉励农桑，闲暇时则去县学谈道讲德，剖隐析疑，听者莫不诚服。他力排众议，拆除当地淫祠，改为书院，振兴文教，以化风俗。他在谷城仅十个月，百姓却已经能够安居乐业，士人归心向学，文教开始振兴，风习大为好转，出现了一派清平和谐气象。离任时士民攀辕拦道，再三挽留不成，最后只好挥泪送别。回到荆门后，他兴利除弊，造福一方，政通人和，庭无积案。

任职期满后，他调任湖南道州知州。看到当地农民钱粮过重，疲于完纳，应廷育相时度势，灵活变通，极力给民众以生息之机，坚决废除扰民的政令。当时湖南布政司发银五百两要各州买战马，各州疲于奔命。应廷育知道这些马暂时不会使用，便下令设置马牙郎30人，每人报战马一匹，按价领银，用于地方建设。当湖南各州怨声载道时，只有道州风平浪静。

道州山区内多为苗人居住，时常侵袭汉民聚居地，官员不敢抵抗，致使苗人土司日益猖獗。一天，应廷育获知苗人侵扰永明，亲率道州卫兵马，邀请已经归化的苗民前往迎击，重创土司，斩获无算，从此苗疆安定，再无战端。由于他不仅擅文知法，而且长于用兵，不久升任福建按察司兵备佥事。赴任后便三次上疏，借病力请致仕，时年仅42岁。

回乡后，廷育专心研讨书史文法，发誓读尽古今法典名著，常和友人探究研磨名理之学，孜孜不倦，每有所得，便喜形于色。外出则与胡九峰、吴泉亭诸名家讲论《周易》，见解深邃，阐析明详。在邑内则和朱方、陈练塘、叶旗峰等宿儒穷研《周礼》，力驳郑玄注释中的唯心谶纬之说。在方岩，他和程文德、周桐、卢可久及叔父应典讲学五峰书院。应典去世后他继承遗志，主持五峰讲会，把五峰书院办得风生水起，驰誉四方。

廷育归隐后，刑部主官曾多次荐举他重新出仕，他笑着说："吾讲学著书，足以自乐，此外奚求？"婉言谢绝。在家四十余年，他埋头著述，撰写各类著作17种之多，晚年又编纂了《皇明文武名臣录》，可惜尚未完成，应廷育就于万历六年（1578）正月廿六日寿终正寝了。后来学者论及廷育，都说他"创成一家之言，与子长（司马迁）、孟坚（班固）驰骋上下"，给予极高评价。

（文/图：项瑞英）

永康舟山二村

一门济美留青史

舟山二村隶属于永康市舟山镇，地处永康东南部，群山环抱，曲水如带，至今保留着上百幢历史建筑，宗祠、民居、商业店铺、古井、骑街楼群等，星罗棋布，构造独特，雕刻精美，保存完好，具有很高的文物价值。翻看相关资料，会发现这个小小的村落不但保留有大量的古建筑群，还出现了许多名人。其中明朝黄卷父子一门三人均青史留名，百世流芳，史称"济美"。

黄卷（1550—1620），字惺吾，人称松朋先生。自幼好学，天性机警敏捷，又喜钻研。相传他过目不忘，书看一遍即能倒背如流，幼时就能日诵数百千字。长大后，他博通经史，典籍、章程、律令无不涉猎。读书时成绩皆为优等，乡试亦名列前茅。隆庆四年（1570），黄卷考中庚午科举人，年仅二十岁，这在当时可谓凤毛麟角。万历五年（1577），登丁丑科进士。万历七年（1579），授官中书舍人，担任河南道监察御史。

黄卷虽年少得志，但他并不张扬，时时谨守老师教诲，穷则独善其身，达则兼济天下。在朝中，他遇事敢言，耿介无私，不避权贵。曾奉旨巡视卢沟桥工程及工部节慎库的库存状况，他精神饱满地投入巡察工作中，深入调查，细致检查，一旦发现问题和隐患，当场提出来改正，不留情面。时人称赞说，黄公真是风采奕然啊！

不久，黄卷又被派往河南，巡视长芦盐场。该盐场历史悠久，后唐同光三年（925）设立，盐场所烧制的盐砖，是明清两代皇室唯一御贡盐砖。它也是海盐产量最大的盐场之一。明代，盐商运销食盐，必须向盐运使衙门交纳盐课银，领取盐引，然后才可以到指定的产盐地区向灶户买盐，贩往指定的行盐地区销售。因此长芦盐场附近盐商云集，不少人携带家眷居住于此。于是，黄卷建议沧州知府在长芦附近建设学校，帮助盐商子弟入学就读，解决盐商后顾之忧，使盐商能安心行商，将食盐运往他处，方便百姓买盐。

舟山二村村貌

　　万历皇帝的皇后没有生儿子，他的皇长子为宫女所生，朝廷大臣按照明朝无嫡立长的原则，大多拥戴皇长子，向皇帝建议立长子为太子。然而万历皇帝不喜欢皇长子，他宠爱郑贵妃，想要立郑贵妃所生的皇三子为太子，却受到大臣与生母慈圣皇太后的极力反对。万历皇帝与朝廷大臣为册立太子争论长达十五年。由于中国古代有"太子者，国之根本"的说法，因此这一事件，史称国本之争。

　　万历十一年（1593），皇帝召集三公九卿及相关官员廷议，讨论册立太子问题，涂念东、王省轩、宋纳斋、王介石等诸位大臣因直言上谏，请立皇长子，令万历皇帝十分不悦，纷纷被革职削籍。面对勃然大怒的皇帝，许多人都不敢吱声言事，唯恐受到牵连。黄卷不仅公然写诗安慰他们，竟然还顶着激怒皇帝的风险，向皇帝上疏，为直言上谏的四大臣辩护说理，并希望皇帝能够听从朝廷大臣的意见，回心转意。这本奏章传开后，一时间朝廷内外无不震动，人人都很佩服他的勇气，同时暗暗为他捏一把汗。可惜的是，万历皇帝不为所动，坚持己见，念在黄卷多年来为朝廷勤勤恳恳效力的情分上，没有治他的罪，奏疏留中不发，只是把他放归老家。

　　回家后，黄卷心灰意冷，在碧萝居古松下的屏居讲学 37 年，向学生讲述儒学之道，探讨人生哲理。他每日与松竹溪水为伴，与朝霞云彩为伍，梳理自己大半生思想之所得，撰成《四书五经发微》（30 卷）。泰昌元年（1620），皇长子即位，是为明光宗。眼见吏治败坏，明光宗想到了这位昔日旧臣，下诏重新起用黄卷。但是黄卷已病逝家中。明光宗念其旧德，又派遣大臣赏赐黄家金钱，以表彰他直言敢谏。

黄卷生有二子，长子黄一鹗，幼子黄一鸥，深受黄卷清正谠直作风的熏陶，为官任职均以此严格要求自己，清廉自守，政绩卓著。

黄一鹗，字公升，自幼勤学，聪慧敏锐，通读经史、百家之书，工诗，尤精性理之学，品行端方。天启四年（1624），荐举入官，以廪员身份授乌程县训导。三年任满后，升为广平府威县知县。居官雅厉清操，有人请托，他坚决推辞，不予行事。当权的人赞赏他廉洁能干，命令他兼摄清河县知县，以一身而任两县知县。这在当时是很少见的。黄一鹗在两县任职期内，政清刑简，徭轻赋平，促进生产发展，社会稳定，人人安居乐业，两县百姓极口称赞。当时两县百姓都担心他离开本县到邻县去，威县百姓都说：“黄公是我们威县的知县，怎么能借出去呢？（原文：我公也，何可借?)”清河百姓则针锋相对地说：“黄公也是我们县的知县大人，怎么就不能借出来呢？（原文：我公也，何不可借?)”黄一鹗深得民心的情况，由此可知。六年知县任满后，黄一鹗升为福建延平府（今南平）同知，两县百姓得知后箪食壶浆夹道相送，极力挽留，并感谢其任上给当地带来的繁荣。后来，他致仕回家，随身携带的行李，只有书籍和一些必备家当而已。

黄一鸥（？—1642），字仲升，天赋特异，少负气节，幼承家教，少入太学，学识广博，精通经史百家，为文敏捷，下笔千言立就，尤精书法，逼近钟繇、王羲之，深受书法大家董其昌的器重。

最初，他以明经身份授山东济宁州同知，因为官廉明，断案公平，百姓口碑很好，人人赞誉。不久，他升任东昌府通判，三年后，又转任山东都察院经历司经历。他秉承了清正的家风，在明末那腐败的官场，能够独持清操，关怀百姓，牢记职责。崇祯十五年（1642），流寇围攻山东济南，黄一鸥日夜指挥督战，分守击贼，终因缺乏援兵，苦苦坚持几天几夜后，城破被俘。黄一鸥拒绝流寇的诱降，骂贼而死。全家老少三十余口全部遇害。雍正年间，诏入忠义祠。乾隆四十一年（1776），赐谥烈愍，其事迹编入《圣朝殉节诸臣录》。

（文/图：王朝阳）

龙游石角村

直言宰相余端礼

石角村隶属于龙游县溪口镇，原名石塴村。据《龙游县志》记载："去治西三十里。下临灵溪，有石桀立水上，石壁循水而北为石塴。""塴"同"郭"，是城郭的意思，意为群山环抱如同城塴。当地方言"塴"与"角"同音，后来被误写成石角村。石角村依山傍水，静谧安祥。水绕群山，山环灵江，村内保留着万寿宫、古码头、状元桥等古迹，以及大量风貌各异的古宅院，是金衢盆地内最具代表性的古村落之一。在这块古意深远的土地上，立有一座宰相墓，墓中长眠着南渡名宰余端礼。

余端礼（1135—1201），字处恭，考中进士后，先后担任宁国县尉、江西南路安抚司、乌程县令等职。后奉召入都，历官监察御史、大理寺少卿、太子侍读等职，并先后担任礼部侍郎、兵部侍郎、吏部侍郎、刑部尚书、吏部尚书，直至身居权力中枢，拜右丞相，再拜左丞相。

余端礼墓

余端礼刚正不阿，敢于直言。他担任乌程县令时，当时老百姓缴纳的丁税一律以本地出产的缣（绢）折算，规定每三人出一匹缣，但官府不收实物，而以每匹缣一千钱的价值换算征收。由于官府层层加码，每匹缣的实际费用增加到五千钱，老百姓不堪忍受。余端礼了解情况后，就把这一弊端向上级反映，请求纠正。又亲自赶往京都中书省申诉，以一个小小县令的身份与朝廷大臣抗争，最终使乌程县百姓每年得以减免的赋丁税绢钱达六万缗之多。

事后不久，孝宗皇帝召见余端礼，以国事相问。当时，孝宗皇帝立志恢复中原，赶走金人。端礼大胆应对，回答说："谋敌取胜的方法，有用声威震慑的，也有用实力打击的。对于弱小的敌人，往往先用声威震慑，打击敌人的士气，使敌人惧怕。对于强大的敌人，则先积蓄实力，等候时机，再一举歼灭。汉武帝趁着匈奴窘困之际，亲自巡行边陲，威震朔方，而大漠以南的匈奴没有王庭，被汉朝声威所震慑，臣服于汉朝，这就是所谓先声而后实。春秋时，越国图谋吴国，外面示以盟好，内则整修武备，表面上派文种、范蠡修好于吴国，暗地里与齐国、晋国结盟，越国兵士训练越精锐，向吴国进献贡礼就越频繁，以此迷惑吴国，当时机到来，一次战斗就彻底击败吴国，称霸诸国，这就是所谓的先实后声。当前形势与汉时不同，而与越国相似。希望能内修武备，秘密图谋，观势察时，就有可能抓住机会。"

他又说："古时切中时机的情况有四种：有投隙之机，有捣虚之机，有乘乱之机，有承弊之机。趁敌人内讧而出师讨伐，譬如汉宣帝利用匈奴内讧单于争立的时机出兵，这就是投隙之机。趁敌人有外患时而讨伐，譬如越国趁吴王夫差被黄池战役牵制时出师讨伐吴国，这就是捣虚之机。趁敌国君主昏昧，人心离散之机兴兵征讨，譬如东晋征伐吴国孙皓，这就是乘乱之机。趁敌人形势窘迫，力量衰竭之时，尾随其后，趁势追击，譬如汉高祖追击项羽，这就是乘弊之机。时机未到，不可以先动手；时机已到，不可以落后。以此备边，就会犹如太山一样安稳；以此应敌，则势如破竹，为所欲为，没有什么志向是不能顺利达到的。"

孝宗听了，大为高兴，称赞道："爱卿对国事真是了解啊！"

有一次，孝宗下诏来年举行祈谷之祀，仲春实行籍田礼，下令礼部官员讨论明道礼制的先例情况。当时端礼担任太常少卿，掌管祭祀礼仪事务，认为此事不妥，便上奏说："祈谷祭礼，应该在圜丘祭祀天地，此前在太庙供奉，与冬至郊祀礼制相同，这是本朝的先例。至于明道礼制，则是宫中火灾之后，重建宫寝落成，然后在太安殿恭谢天地，仅仅是为了谢灾一事罢了。现在想要举行祈谷礼，亲耕籍田，必须在圜丘祭祀天地，必须于前期在景灵宫、太庙供奉。想要像举行明道礼那样，在殿廷内进行，是绝不可以的。"

孝宗下令太常、礼部官员集体商议。有人认为可以从权按明道礼制实行，端礼反驳说："礼法固然可以有从权的情况，然而礼制的根本是不可以变动的。古时候人们在郊外祭祀天地，亲耕籍田，所以称之为郊礼。在明堂祭祀，就叫明堂礼。明道谢灾礼制与祈谷礼制完全不同。现在想要在殿庭中举行郊礼，将来是否要在坛壝举行明堂礼了吗？如果这样做的话，那么违背礼法将会从我这儿开始。我死也不敢奉诏！"孝宗只好中止这种行为。

光宗继位，端礼进言道："天子的孝顺与普通人不一样。现在陛下孝顺寿皇（即孝宗皇帝，后传位于光宗），应当像舜对待尧那样，实行他的政治主张就可以了。武功之于文治，只要继承寿皇的志向，遵行他的行事就可以了。凡是寿皇睿谋圣训、仁政善教，曾经施行天下的，希望陛下与二三大臣早晚讲求，身体力行，这样就足以说明陛下非常孝顺寿皇了。"光宗听了，觉得很有道理。

余端礼做吏部尚书，升任同知枢密院事时，发生了一件事情。兴州统帅吴挺死了，端礼对枢密赵汝愚说："吴氏世代掌握蜀地兵权，如果让吴挺的儿子承袭职权，将来一定会有后患"。赵汝愚认为端礼说得对，两人就一起上奏光宗，光宗皇帝犹豫未决，端礼说："汝愚所言是为蜀地长远考虑，是为东南考虑。派驻大将而所选非人，等于没有蜀地，没有蜀地，就等于没有东南。现在蜀军统帅迟迟不决定，人心将会离散。"然而光宗没有听从端礼的劝告。后来，吴挺之子吴曦果然占据蜀地叛乱，端礼不幸言中。

光宗受皇后李凤娘挑拨离间，借口生病长期不去看望重华宫的寿皇，寿皇驾崩，又以病重为理由拒绝主持丧礼，一时间，朝廷上下人情汹然，局势动荡不安。端礼对宰相留正说："唐肃宗时，太上皇去世，群臣在太极殿举行哀悼仪式的故事，您难道不知道吗？应该去请太皇太后代行主祭之礼。"于是决定由宰相请求太皇太后出面主持。留正很害怕，快到重华宫时，故意跌倒在地，退休而去。

太皇太后垂帘，册立皇子嘉王即皇帝位（即宋宁宗），嘉王流泪不肯，坚决推辞道："这样做恐怕会背负不孝的罪名。"端礼竭力劝谏，情词恳切："太上皇（指光宗）生病，丧礼缺乏主祭，人心离散，国家安危的转换时机在于一瞬间，太皇太后并不是为了您着想，而是为了太上皇帝着想，为了宗庙社稷着想。现在陛下坚持退让，是不考虑国家大计，是守匹夫之小节，而昧天子之大孝。"嘉王收泪，不得已侧身坐下，只坐了一半御座。端礼和汝愚带领大臣再次恳请，嘉王方肯正坐御座，登基为帝。

后来，右丞相赵汝愚被奸党围攻，不能主事，端礼受命于危急之际，掌理左右丞相事。可是，韩侂胄权势越来越大，朝纲渐乱，朝廷议事不成体统。皇帝昏庸无能，朝廷岌岌可危，处在风雨飘摇之中。端礼虽竭力维护，然受韩侂胄所牵制，难以扭转乾坤。无奈之余，他只能托病向皇上乞恩退休，以观文殿大学士提举洞霄宫。不久后，做潭州通判，调到庆元，又回任潭州。

66岁那年，余端礼病逝于潭州任上。宁宗闻讯停朝两天，以示哀悼，并追授少保、郇国公，赠太傅，谥"忠肃"。后人誉其为"南渡名宰"。死后，家人把他的灵柩运回龙游下葬，大学士终于回到了他生前日思梦想的故乡，回到了生他养他的故土，长眠于家乡的青山绿水间。

1997年的冬天，在石角村的一道山冈上，当地文物部门正在对余端礼墓进行抢救发掘清理。事前，人们有过种种猜想。归纳起来只有一条，那就是作为相爷的墓葬，余端礼的陪葬品必然有不少稀世珍宝，或者价值连城的文物。

人们焦急地等待着。可是，结果让人大跌眼镜。丞相余端礼的陵墓并没有宏大的规模。墓外圆形的土包，面积约90平方米，墓四周以青砖铺地，未见其他建筑物。打开墓穴，为双穴结构，上用青石板封盖，也不见什么奇珍异物。最后挪开青石板，再也找不到什么值钱的东西了。最有价值的是一方墓志，底部刻着杨万里撰写的《余忠肃公墓铭》，铭文详细记述了余端礼的生平，称赞他"肃如清风，闻者兴起。勋者智名，帛素竹清。"

（文/图：余怀根）

衢州柯城沙湾村

清献精神源沙湾

沙湾村隶属于衢州市柯城区信安街道，北邻风景秀丽的衢江，交通便捷，环境优美。看《宋史》，你会发现与包公齐名的铁面御史叫赵抃；看成语，你会知道"一琴一鹤"乃是出自赵抃的典故。你可知道赵抃是在浙江衢州的衢江岸边长大，又寿终于故乡沙湾的吗？下面就说说赵抃的故事。

在苏轼的文集里，墓志铭仅有五篇，全是为德高望重的贤人名士所撰写，其中一篇叫做《赵清献公神道碑》，就是为赵抃所写，计三千五百余字。墓志铭中最后称赞赵抃有"东郭顺子之清，孟献子之贤，郑子产之政，晋叔向之言，公兼而有之。"宋代名相韩琦评价同时代人物赵抃为"世人标表"。

赵抃（1008—1084），字阅道。他幼年丧母，少年丧父，家境贫寒，是在继母徐氏和哥哥赵振的抚养下长大的，因而极其敬爱哥哥，孝顺继母。西安县令被他的行为所感动，将他所居住的村庄改名为"孝悌里"。宋代景祐三年（1036）中进士第，初授武安军节度推官。

当时民间有人在大赦前仿造官印，大赦后使用伪印，执法的官吏都认为此人当判处死刑。赵抃却说："大赦前没有使用，大赦后没有伪造，论法皆不当死。"审判定罪时，免去了此人的死罪。

他担任虔州知州时，发现在两广任职的内地籍官员，谢世以后难以按礼俗归葬，便筹集资金造船百艘，供官员家属护送灵柩回乡。他做蜀地茂州知州时，少数民族鹿鸣王聚众剽掠，后来愿意投降顺服大宋，双方歃血为盟时，鹿鸣王杀奴隶取血，赵抃止住他，改用牲血，不杀一人。后来，他到越州上任时，遇见旱灾，当地缺粮，他就提高米价，购买粮食，再以平价将粮食出售给百姓，无钱买粮的人就以工代赈。他的弟弟和侄子在衢州要买下邻居的房屋，拓展地基重新建造更为宽敞的府第。赵抃知道后非常生气："我和这位老人三世为邻，怎么能忍心做这样的事！"命令弟弟

孝弟里碑

和侄儿退去屋宅，且不许他们向邻居索还买屋钱。他还先后解囊为族内族外二三十个孤女置嫁资，一如亲生女儿出嫁。见过他的人，都称他为人恭谨宽厚，操行洁美，处事淡定从容，喜怒不形于色，这样的人怎么会和铁面结缘呢？

原来赵抃此人刚正无私，不畏权贵，不徇私情，公正廉明，故此被时人目为"铁面御史"。嘉祐二年（1057），赵抃任睦州知州，发现建德茶园很少，却要缴纳较多的茶税，除此而外，还须向杭州府提供羊肉，真是岂有此理？于是，赵抃上奏章一本，要求免茶税，拒绝供应羊肉。第二年，他到四川梓州、益州任转运使，这是一个管财赋、军防、刑狱和考察地方官的职务。当他发现皇宫的内差从京都到成都办事，一路上吃喝玩乐，居然长达两个月，便愤而上疏皇帝：一是禁绝官员宴请馈赠，减少公款开支；二是皇上少派人员入蜀。内臣入蜀，只许住 10 天，州县之间不准互赠互请，以免伤财害民。

上述两事，实属平常，却不是所有地方官都敢说敢做的事。他升任殿中侍御史和知谏院右谏司时，照样忠于职守，履行监察之责，及时向皇帝指出不当之事，以正朝政之过失。最让官民赞赏的是他不畏权势，扳倒几个犯事的位高权重之人。

宰相陈执中的小老婆阿张捶杀女仆迎儿，没有受到任何惩处，于是更加肆无忌惮。一个月内，又杖杀替迎儿鸣冤的两个女仆。陈执中位居极品，却纵容家人草菅人命，不去其位，难平民愤。半年中，赵抃接连呈上奏疏 12 次，列举陈执中任用奸佞、贬斥贤臣、招引卜祝入宫、执法不公等 8 条罪状，直到皇帝下旨革去陈执中的丞相位。至和二年（1055），马长庆向枢密使王德用的儿子王咸融献上骏马，王德用因此以好的差事报答他。这其实是王德用父子收受贿赂，而以官位酬谢，类似卖官，绝不容许。赵抃又连续上奏章 5 本，请求降黜德用父子与马长庆。又上疏奏称翰林学士李淑不称职。结果王德用、李淑皆被罢免。

后来，皇帝任命文彦博为宰相、程戡为参知政事，赵抃认为文、程两人是儿女亲家，应该执行"避亲"原则，必须调出一人。宋痒担任枢密使时，阿谀不公，武臣差遣不当，又与副使程戡不和，赵抃又连续上疏 3 本，弹劾宋痒，终得皇帝准奏。

嘉祐五年（1060）十二月到第二年春的三个月间，赵抃又来拗劲，要把枢密副使陈升之拉下马。主要理由有：枢密使已有三员，不会因少人而误事，没有必要再任命一员枢密使；陈升此人不忠淳老实，贿赂内官，结交权贵，升官不以正道，非正直之臣；他还携带妓女饮宴，不廉洁。赵抃呈上的奏章接近 20 本，皇帝只好下旨由包拯代替陈升之。

人们或许会问：赵抃是否偏爱倒人？不！他在做侍中御史时，曾经公开宣称朝廷应当以辨识君子与小人为急务。他说："小人虽然只犯了小的过失，也应当竭力遏制清除；君子不幸犯了过失，却应当保全爱惜，以成就他们的德业。"所以赵抃对待诸位小人犹如秋风扫落叶，绝不含糊。但对待君子则不然，吴充、鞠真卿、刁约因为按法制裁撤礼仪院的吏佐，马遵、吕景初、吴中因为议论宰相梁适，相继被贬外地，出为地方官。赵抃多次为他们辩护，使得他们都被召回。吕溱、蔡襄、吴奎、韩绛出任地方官后，欧阳修、贾黯又请求出任郡官。赵抃就向仁宗说："最近品行端正的人都纷纷出走，皇上身边的贤才如欧阳修这样的已没有几个了。现在想到地方任职的人，都是因为他们为人正直，不想曲事权贵。这真是令众臣伤心啊。"仁宗听从了他的意见，欧阳修、贾黯因此能够留在朝中，当时有名的大臣也依赖他得以安定下来。

神宗登基后，将赵抃召回知谏院。按照旧例，近臣从成都回来就会担负重任，必然去省府任职，不会再当谏官。众臣大惑不解，神宗说："朕是想发挥他仗义执言的优点，将采纳他的主张，不是小看他啊！"赵抃谢恩时，神宗对他说："我听说你匹马入蜀，以一琴一鹤相随，政策宽松平和，这样也能任谏官吗？"不久，升任参知政事。赵抃感念神宗的知遇之恩，朝政每有不妥之处，他总是密启上奏，神宗也常常亲笔回书予以褒奖。

王安石主政后，赵抃多次上疏反对其主张，韩琦也上书反映青苗法对民间的危害（当时青苗法实施过程中出现强行摊派和收息过重等问题），神宗同宰执商量后，决定停止青苗法。王安石正在家休假，想辞官。赵抃说："新法都是王安石创立，不如等他假满归来再说。"王安石回来后，推行新法更为坚决。赵抃非常悔恨帮了他，向神宗说："制置条例司设使者四十余人，扰乱天下。王安石善于诡辩，刚愎自用，诋毁天下公论为庸俗，违背众议，欺瞒民众，文过饰非。近来谏官们多因说话无人听而辞职，司马光受聘枢密使，不肯赴任。且事有轻重，体有大小，一时的财富利润是轻，人心的得失才是重；青苗使者的去取荣辱是小，左右大臣的取舍为大。现在因小失大，去重取轻，臣担心这不是国家的福气啊！"

奏章上呈后，赵抃恳请辞官，神宗不允，被任命为资政殿学士，出任地方官。谏院范祥与陈执中交好，当年赵抃弹劾陈执中时，范祥上奏章，请求斩杀赵抃。后来范祥兼任秦州知州时，没有上奏朝廷，就听从守兵请求兴筑城池，引起蕃部惊恐，出兵包围哑儿峡，官军战死者达千余人。朝廷因此贬谪范祥，赵抃却独自为范祥请求减轻惩罚。别人问他为什么这样做？赵抃却说："讨论的是国事，怎能去计较私人恩怨？"

元丰七年（1084），赵抃在衢州去世，葬于莲花山畔，享年七十七岁。神宗闻讯后，为其辍朝一日，追赠太子少师，谥号"清献"。为纪念赵抃，宋咸淳四年（1286），郡守陈蒙请求朝廷立清献祠。明弘治十二年（1499）开始，每年春秋仲月，知县率领僚属穿常服随府行礼。嘉靖十三年秋（1564），郡守郑柏兴修筑清献祠于城南（约今道贯巷南端），因地方较远，遇风雨时不方便，又迁至元妙观右（今新衢小学处）。万历十三年（1585），郡守廖希元又移址于浮石门内的祥符寺，将原刘都宪羽泉之祠转他处，改建为赵公祠。后来，康熙、同治年间，都曾数次修葺，保存至今。成都、绍兴、赣州、虔州、崇州等地也都有赵清献公祠。

近些年，赵抃祠陈列其事迹，年年秋季举办赵抃廉政研讨会，让清献之风代代相传。

（文/图：衢州市农办）

台州黄岩新宅村

公廉刚正黄孔昭

　　新宅村隶属于台州市黄岩区北城街道，为黄岩黄氏族姓聚居地。五代后晋时，黄氏一族从福建邵武迁居黄岩南部洞山。明成化五年（1469），黄岩县析出三乡，另置太平县（今温岭）。明中叶，黄孔昭一家从洞山迁居黄岩城内定居。其孙黄绾再迁居北郊翠屏山，在此建筑新居，故名新宅，逐渐繁衍生息，形成千余人的大村庄，至今已600多年。

　　黄孔昭（1428—1491），初名曜，后来以字为名，显达天下。于是，改字为世显。十四岁时，父母亲去世，他因过分悲伤而异常消瘦，好像身体只剩下一副骨架子支撑。20多岁时，迁居黄岩后街。天顺四年（1460）考中进士，朝廷任命他为屯田主事。他奉命出使江南，事情办完后，当地士绅父老感激他廉洁公正，向他赠送临别礼物，他全都婉言拒绝，没有收受一件礼物。

黄孔昭像

　　成化五年（1469），文选郎中陈云等人被一些小官吏攻讦，全部下狱，并被贬官。一时间，吏部文选司人员一空，人手缺乏。吏部尚书姚夔知道黄孔昭非常清廉，就把他调入吏部文选司。黄孔昭兢兢业业，不敢有丝毫松懈。成化九年（1473）升为文选司郎中，主管选拔文官。

　　吏部文选司职掌官员升调，按以往惯例，文选郎中都要闭门谢客，以避嫌疑。黄孔昭上任后，却改变了这一惯例，由闭门选才改为开门选才。他说："假如文选郎中都以深居简出，谢绝来客为高风亮节，又怎么能够了解天下的才能出众的人呢？"因此，黄孔昭下朝后，遇到客人上门，他都会邀请入内，认真向客人打听情况，趁机寻访人才，并将这些人才的情况记录在册。

　　明朝时，州县都按照大小、繁简、冲僻、难易四项标准划分为不同等级。任命官员时，就会对此加以考虑。黄孔昭通过对人才的了解，按照这些官员才能的高低，选择地方任职。才识高的官员，就派往那些政务纷纭、地当孔道、赋多逋欠或民刁俗悍的地方。才识低的官员就派往那些不属于要缺的地方任职。这样就使得官员各得其所，办好当地的事务。从此以后，吏部铨选都非常公平适当。他常常对人说："国家选拔使用人才，就好像农家储藏粮食一样。在丰收之年储蓄粮食，这样在饥荒之年，才能免于饥饿。国家平时注意储备人才，关键时刻就有充足的人才办成事情。"

　　黄孔昭对于那些托人情走后门以谋求官职的人，都会严加斥责，予以拒绝。哪怕是顶头上司吏部尚书的不合理提名都会毫不犹豫地拒绝。有一次，他和吏部尚书尹旻争执，弄得尹旻大为恼怒，甚至发火推倒了几案。黄孔昭拱手立于一旁，等尚书怒气平息下来，继续向尹尚书陈述，坚持自己的观点。尹旻虽然不痛快，但还是很相信他的诚实正直。

　　尹旻与通政使谈伦很亲近，想要升迁他为侍郎，黄孔昭经过考察衡量后，认为谈伦才识不足，坚决反对。尹旻最后还是提拔了谈伦，过了不久，谈伦果然失职获罪。尹旻又举荐故人为巡抚，黄孔昭又不答应。他的故人来到京城，谒见黄孔昭，为了让黄孔昭高抬贵手，乃至于下跪请求。黄孔昭见了，不为所动，反而愈加鄙视这个人。尹旻命令黄孔昭推举这个人，黄孔昭拒绝了，回答说："这个人所缺少的，正是大臣的体统。"尹旻拿黄孔昭也没有办法，只好对故人说："只要黄孔昭一日不离开吏部，还在这个掌管官吏选拔的部门，你就不可能得到升迁。"

　　黄孔昭当文选郎中满了九年后，才升迁为右通政使。过了很久后，调任南京工部右侍郎。当地权贵侵占国有土地，许多官员畏惧这些权贵的势力，不敢吭声。黄孔昭却毫不惧怕，奏请收回。他奉诏向皇帝推荐知府樊莹、金事章懋应两人，后来这两位都成为历史上的名臣。南京有一个郎官向他进献向百姓征收的附加税白银数千两，被他免官革退。南京人从地里挖掘到一只古鼎，黄孔昭急忙命令工匠在上面镌刻"文庙"二字，送往宗庙。没过多久，就有皇帝宠爱的太监想要夺走古鼎，献给朝廷，看见上面镌刻的字方才打消企图。南京百姓才逃过一劫。

　　弘治四年（1491），黄孔昭病逝。嘉靖年间，追赠为礼部尚书，谥号为"文毅"。黄孔昭不仅自己为人公廉刚正，对于家人也要求严格。受他的影响，他的儿子黄俌，孙子黄绾为官也有清廉的名声。

　　黄俌（1450—1506），字汝修，号方麓。成化十七年（1481）进士，历任吏部职方司主事、员外郎、武选郎中。他在担任车驾主事时，朝廷分封各地亲王，每年报销车船费十余万银两，黄俌奏准裁减车船费半数，并启用车船户票，用于往返销缴。他在担任吏部文选郎中时，就像自己的父亲那样，严格为朝廷考察选拔人才，以致引起权贵们的不满。

　　黄绾（1480—1554），以祖荫入仕，官至礼部尚书兼翰林学士。他很关心国计民生的大事，曾上疏《黄河改道方略》，奉旨安抚山西兵变，建言开放海外贸易，限制皇亲国戚特权，改革司法刑审，保障民生权益等。他还撰写了一部哲学著作《明道编》，提出"大臣法，小臣廉"观点，强调政府官员应遵纪守法，保持廉洁。后来被清朝顺治帝钦定的《御制人臣儆心录》收录，改成"大臣不廉，无以率下，则小臣必污；小臣不廉，无以治民，则风俗必坏。层累而下，诛求勿已，害必加于百姓，而患仍中于邦家。欲冀太平之理，不可思矣。"意思是说，大臣如果不能给下级小臣做出廉洁表率，下级官员就会上行下效；下级官员如果不廉洁，就不能有效治理地方，社会风气就会败坏，百姓就会受到伤害。从上到下，层层官吏普遍腐败，天下就没有太平之日。

　　后人称赞说："国家兴盛时，士大夫大多以廉节自重，难道都是刻意砥砺德行，喜好名声而故意做出的行为吗？其实是这些人淡泊名利，耻于蝇营狗苟，奔走竞争，品性孤高，不随流俗啊。明朝仁宗、宣宗时期，严惩官吏贪墨，提拔公廉刚正的士人。黄宗载清正自持，掌管吏部铨选，顾佐为官刚正，掌理国家大法，于是天下风纪为之一清。段民、吴讷、魏骥、鲁穆等人廉洁清白的节操犹如羔羊素丝一般。轩輗、耿九畴、黄孔昭高昂激越，超出世俗，物欲不能干扰。章敞、徐琦、刘戬律己严正，他乡之人都为之倾倒。这些人的清廉刚直足以让后人学习啊！"

（文/图：严振非）

温岭桥里村

苟利社稷生死以

桥里村隶属于温岭市大溪镇，距今已有 1000 年历史。明代尚书赵大佑就出生于这里。他的祖先出于上虞蛟井（今属新昌），后迁至洪洋（今路桥洪家），始迁祖赵德明于元末为避战乱迁徙关屿（今桥里村）。赵大佑纪念馆就坐落在风景优美的冠屿山麓。据史书记载，赵大佑官至明朝刑部尚书，为官清廉，刚正不阿，"勋业著于官，行谊闻于乡"。擅长书法，有晋人风骨，著有《燕石集》。有明一代，盛行建立坊表，旌表人物。温岭尚书坊就是为赵大佑而建。斯人已去，幽思长存。

赵大佑（1510—1569），字世胤，号方崖。嘉靖十三年（1534）乡试中举。第二年登进士，初授安徽凤阳府推官，在任时，兢兢业业，恪尽职守，理讼状、破悬案，政绩显著。

嘉靖十七年（1538），赵大佑升迁为广东道监察御史，巡按贵州，调查蜡尔山龙求儿、龙子贤等啸聚山林之事。当时朝廷下令贵州巡抚韩士英及湖广巡抚陆杰共同会剿，可是韩士英、陆杰出兵，仅仅拿获喽啰数十人。两人急于夸耀功绩，以求取赏赐，便招安了龙求儿等匪首。不料，仅仅过了一年，龙求儿、龙子贤又各自聚集徒众，往来酉阳、平头、九江等寨，打家劫舍，杀死和俘虏百姓上千余人，至于财物畜产，则不计其数。贵州巡抚韩士英惊慌失措，百计掩盖。赵大佑巡按贵州期间，被害人拦轿喊冤，跪地哀告，请求大人剿灭盗匪。

赵大佑会同巡抚韩士英商议，龙求儿系两省叛乱苗人，须会同湖广围剿。但是陆杰因先前欺骗朝廷说已经招抚了龙求儿，不敢再提围剿之事。新任巡抚刘培菴屡次与陆杰商议会剿，陆杰犹疑不定，出尔反尔，致使盗寇益发嚣张，劫掠范围扩大，甚至围烧县城，绑缚知县，被劫者来巡抚衙门控告，反被陆杰杖责。赵大佑得知此事后，严斥陆杰，果断上奏朝廷，请求合兵围剿。最终他亲自督兵湖广平定叛乱，又上书弹劾巡抚陆杰、韩士英，罢黜二人，两省百姓终于得到安宁。

赵大佑审案图

　　原贵州已退休官员宣慰使安万铨，以及现任宣慰使安仁两人均系土司充任的地方官吏，在任期间不守法纪，放肆妄为，惹是生非，作恶多端，为了侵占他人田地房产，图谋害命，致死无辜，达数百人。还私立庄田，长久拖欠国家粮税，擅自开挖矿场，牟利巨万；以土司袭流官，却不遵守朝廷礼节，藐视朝廷，上司查询文档，也不当一回事。安仁罪行昭著，三司会参，依然不改其恶，不但压案不办，办差催报者，反遭拒捕殴伤。赵大佑奉命巡按，首先将他的爪牙张仁、李木抓起来，绳之以法。赵大佑疾恶如仇，处理完安仁事件后，紧接着又去调查安万铨之事。贵州巡抚刘培菴接受安万铨贿赂，指使他向各衙门递文书，备好兵马，想以武力威胁赵大佑。赵大佑毫不退让，厉声道："人臣苟利社稷，死生以之，吾何爱一身哉！"坚决派人抓捕审理安万铨。

　　春秋时期郑国子产受人诽谤，就曾说过"苟利社稷，死生以之"的话，意思是说只要有利于国家，个人生死就由他去。赵大佑面对威胁，毫不犹豫地说，作为臣子，只要对国家有利，绝不会珍惜自己这条命。安万铨听说后，知道自己罪无可恕，赵大佑绝不会放过他，只好穿上囚衣向赵大佑认罪。赵大佑仔细勘查后，就把安万铨的违法事情全部向皇帝报告，请求按律处置，为民申冤。在奏疏中，赵大佑还弹劾了贵州等地巡抚，认为边关酉阳、铜仁出现此等劫掠、叛乱事件都是因为这些巡抚大臣包庇纵容所造成的结果。据贵州大臣王宗沐记载：赵大佑驻兵辰州、沅州、酉阳期间，最终剿灭了叛乱。还说赵大佑巡按贵阳，考察吏治，一时间，贵戚敛手，豪滑屏息，贵阳百姓得以安居乐业，真是前所无有之事！称赞赵大佑谋略超群，真是抱负远大之人哪！

他巡按贵州时，勤政廉洁，求治务实。这都可以从他上奏朝廷的《按贵奏议》中体现出来。当时贵州许多官员平时不勤于政事，大多延挨时间，以图升迁。军职世臣多数不奉公守法，反而假公济私，索要钱财，克扣手下俸禄，奸、盗、诈无所不为。赵大佑严加整顿，究治奸贪，对官吏结党、教唆作弊者，尽行查出，予以革退，使贵州官场风气一变。

嘉靖四十年（1561），赵大佑奏报伊王朱典楧不法事。朝廷遣派时任刑部左侍郎的赵大佑与锦衣卫都指挥佥事万文明等再次勘问伊王朱典楧不法事。内阁首辅严嵩收受伊王贿赂，言语中暗示赵大佑包庇伊王，遭到赵大佑严词拒绝，他根本不害怕得罪权势滔天的严嵩，据实奏报伊王所犯之罪，嘉靖帝下诏，按律治罪伊王，毁其宫殿，退还官民房舍，放还民女，赵大佑因此得罪严嵩，严嵩恨之入骨。当赵大佑与刑部尚书郑晓、侍郎傅颐上疏坚持案件应按法律程序由法司审理，再由都察院刑部评议时，严嵩极力反对，故意激怒嘉靖皇帝，结果令郑晓去职，傅颐遭贬，赵大佑则被逐出御史台，官降两级。

同年，御史邹应龙不畏强暴，冒死上书，弹劾严嵩、严世蕃父子及其党羽，极论其各种不法罪行。嘉靖帝阅后，勒令严嵩致仕，下严世蕃等人入诏狱，不久后，又将严世蕃斩首示众，严嵩革职为民，查抄家产。严氏父子倒台后，赵大佑升迁南京刑部尚书，调查齐王不法事。原来齐王极为凶残，自己无故杀死家仆，反而嫁祸诬蔑儒生陆某，刑部其他官吏明知陆某冤枉，然而畏惧齐王的权势不敢追查。赵大佑接手此案后，昭雪陆某冤情，怒斥齐王诬告，并奏报朝廷，齐王因此被贬为庶人。五城兵马司胡光弼贪赃枉法，被赵大佑查处，并弹劾罢黜。他还针对此案，上疏请朝廷对兵马司官员制定终岁考察法。嘉靖帝宠爱近侍黄锦，其属下宦官马广依仗其势，目无国法，被判死刑。黄锦许以重贿为马广说情，请求赵大佑缓办，赵大佑却说："岂可以大释当诛之人！"立即上奏朝廷，马广很快被处死。

赵大佑在刑部时，要求官员：禁止滥用酷刑，强调依法用刑；追究钱粮，不得非法拷讯，致伤人命；办案时主张虚心推敲，缘情求实，无罪冤案者，应及时给予释放。有一个冤案，数年不得昭雪，他叹道："死刑，是重刑。法官怎么能明明知道这是冤案，却不为他洗雪冤情呢！"于是，他为之平反。他疾恶如仇，对贪官污吏、搜刮民脂民膏者，强调严格执法。他曾对友人说，自己是御史，即使是朋友犯法，也照样处理，叫朋友谨慎行事。他教育弟子要切实修养，以祖宗、百姓、子孙为念，切不可临财起意贪赃枉法。他一生清廉，与人交往从不收礼。

嘉靖四十四年（1565），赵大佑以留都（指南京）之责上奏嘉靖帝。皇帝称赞他说，"你确实是一个能够坚守法律，恪尽职守的臣子呀！"不久，赵大佑以孝养父母为由辞官还乡。

赵大佑为官三十余年，一生以治国平天下为己任，在监察、理狱、治政诸方面均取得卓越成绩。隆庆初，宰辅徐阶、高拱都曾极力邀请他一起入内阁，先复原职南京刑部尚书，后升兵部尚书参赞机务，均被他婉言辞去。宰辅徐阶，既是赵大佑的座师，后又是同僚，交往密切，非常了解赵大佑。他在墓志铭中对赵大佑叙述较为详细，其中谈及朝廷大臣为赵大佑复出之事而议论纷纷。一种议论是赵公是大臣，应以国家为重，一定要授封他。另一种议论是赵公为国尽忠，为家尽孝，最终以归养年迈的父母为孝，不能授封。最后，吏部同意让赵大佑作为后人的榜样而致仕。赵大佑致仕五年后病逝，其间不曾踏入县城一步。徐阶流泪说道："巍巍六卿，朝廷所尊，两去不顾，卒陨丘园。进能为忠，退能为孝，公身则亡，公名有耀。匪孝非子，匪忠非臣，刻铭幽墟，永训后人。"

刑部尚书应大猷评论赵大佑说："阅览他前后所上的奏疏，激烈恳恻，都是为国、为民、为社稷之言。他在贵州的政绩最为显著，无论地方险易，他都一一亲历，在他之前或之后的巡按御史都未曾到过这些地方，而且他委曲而详尽地了解夷人的艰难困苦，使他们感颂不已，由此可知赵大佑忠于国家人民。"赵大佑尤其关心社稷安危和百姓的生机，他与抚臣、郡守、县令的交往就能说明一切。他写给项宗曙的赠序，就提倡体国亲民，要做纯臣、良臣，做到尽忠直言。

在桥里村，还流传着谢祭酒出联醒凤麟的故事。传说，大溪冠屿赵大佑十八岁高中解元，他和乐清南阁村的章纶是同窗好友，据说当时主考官评赵大佑的文章"贵如麟角"，说章纶的文章"华如凤毛"。从此"赵麟""章凤"的名气到处传开了。两人少年成名，不觉得意忘形，终日游山玩水，寻香访艳，不思进取。

一年春天，两人携美女到雁荡山游玩，回来时经过白溪凉亭，联句吟诗，好不得意。不料从凉亭中走出一个老倌来，嘲笑二人。赵大佑大怒，气冲冲走到他面前问道："你是何人？竟敢笑我！"章纶从旁亦道："让他对对子，给他点颜色看！"

老倌毫无惧色，笑道："请出上联！"

章纶看了看山上起伏不定的松林，脱口而道："望松涛，千里风云收眼底。"

老倌随口应道："听音韵，万民忧乐在心中。"

赵大佑也出了一个上联："锦绣青山，花木香千里。"老倌待他话音刚落，便接口道："澄清白溪，福泽遍万民。"赵、章二人听了自愧不如，于是邀请老倌一起去饮酒谈诗。闲谈中，方知老倌乃是国子监祭酒谢铎。谢铎为了扫尽两人傲气，亦出一上联："白溪白鸡啼白昼。"赵、章二人思虑良久还是对不上来，这才知道山外有山，天外有天，从此不敢再骄傲。临别时，谢铎劝两人继续潜心读书，切勿贪花爱色，虚度光阴。两人都认真听取了谢铎的训导，后来都考中进士，成为一代名臣。

（按：赵、章二人并非同时代人，然两人皆为明代名臣，光耀史册。）

（文：赵富云/图：曾令兵）

仙居高迁下屋村

铁骨铮铮吴时来

高迁村隶属于仙居县白塔镇，以自南向北的月鹿河为界，分为上屋、下屋两个行政村。源自梁代银青光禄大夫吴全智，至六世始居吴桥下宅，自此青紫不乏，人才辈出。明代左都御史吴时来即为其后人。迨至七世祖浙东副元帅兼仙居县尹吴熟，因人稠地狭，遂购朱氏宅而居之，始名高阡，意为阡陌纵横，后来讹为高迁。村内保留了大量风貌各异的古宅院，是浙江中部地区最具代表性的古村落。

吴时来，字惟修，号悟斋。十岁能诗文，有神童之称。一次野火烧山，其父吟曰："半块火可烧千仞山。"他接咏道："一粒谷能种万顷田。"后参加县试、府试，均占鳌夺魁。嘉靖二十八年（1549）乡试中举。次年会试不第。归来后到离家二十里的景星岩古刹，面壁苦读，两年不下山。父亲去看望他的时候，只见读书之处四壁血痕斑斑，不禁大哭道："吾儿呕出心肝矣！"功夫不负有心人，嘉靖三十二年（1553），吴时来终于考中进士，时年二十六岁，授任松江府推官，代理知府治理松江。

父子联诗图

当时正逢倭寇犯境，老百姓都逃往松江城里躲避兵火。有人建议吴时来关上城门，不让百姓入城。吴时来反问道："难道城外百姓不是我的子民吗？"下令开城门放百姓进来，据光绪《仙居志》载，此次救活人数以万计。第二年夏天，倭寇进攻松江西南一角。因为突下暴雨，城墙毁坏，民众惊惶失措，一时间人心动摇。吴时来亲率士卒，以强弩扼守冲要。当时进城的百姓居住在木头搭建的屋子内，吴时来担心会被火器所毁，下令拆除。在记下屋主的姓名后，将拆除的木材乘夜运至城外，一夜间立起栅栏，三天内修好城墙。城墙修好后，又将栅材还给百姓搭建成屋。倭寇知道松江城有了防备，只好撤退。吴时来估计倭寇一定会走檇李，于是密令吴江县令决开太湖，阻挡倭寇，随后又以伏兵夹击被水拦阻的倭寇，大败倭寇。此一战，斩首数千，倭寇溺死者不计其数。在明代抗击倭寇史上堪称第一大捷，极大鼓舞了民族信心。

　　吴时来为人正气凛然，爱憎分明，曾与明朝大奸臣严嵩相斗数年，留下许多妙趣横生的佳话，为江南文人所推崇。

　　嘉靖年间，严嵩曾长期把持朝政，结党营私，朝野上下怨声载道。北方少数民族侵犯中原，而边关守备荒疏，长官克扣军饷，兵卒冻馁，朝不保夕，形势危若累卵。为此，吴时来上疏弹劾兵部尚书许论、宣大总督杨顺、巡按御史路楷，结果许被罢官，杨、路二人下狱。这三个人都是严嵩的党羽，严嵩父子恨之入骨，想要置吴时来于死地。适逢朝廷要遣使出访琉球，严嵩党羽便推荐吴时来出使。吴时来受命后慷慨陈词："男儿死当葬身鱼腹中，这有什么可推辞的？只是权奸不除去，又怎能报效朝廷呢！"于是他毅然上奏弹劾严嵩父子，引经据典，列举了大量事实说明严嵩父子操纵朝政、贪赃枉法、祸国殃民的滔天大罪。他向嘉靖皇帝坦陈道："假如不铲除严嵩父子及其奸党，尽管陛下勤政爱民，励精图治，但边疆海域永远难以安宁啊。"

　　当时嘉靖帝正宠信严嵩，看见奏疏，龙颜不悦，留中不发。严嵩父子趁机指使党羽同僚以"不愿出使琉球，挑拨君臣关系，犯上作乱"为理由，将吴时来打入大牢，命令锦衣卫审讯追究是谁主使的。吴时来铁骨铮铮地回答："祖宗立言官，为国除奸，此是主使。"锦衣卫听了十分恼怒，将吴时来大刑伺候。吴时来又回答说："孔子教人臣事君以忠，此是主使。"锦衣卫愈加恼怒，将衙门内所有的刑具都使用在吴时来的身上，吴时来被折磨得体无完肤，死去活来，却至死不屈。

　　第二天，锦衣卫正准备再审讯时，京城忽然发生了地震。嘉靖帝手中的毛笔一下子掉到地上。皇帝大吃一惊，以为上天在警示他。吴时来才因此逃出一命，被流放横州十年。吴时来在横州淡然无怨，闲读群书，修建悟斋书院，朝夕讲学，造就人才，开拓当地文化。

明穆宗继位后，吴时来恢复原官，不久后又迁工科给事中，曾筹划多处治河事宜，造福于民。又向穆宗上疏推荐谭纶、俞大猷、戚继光三人专练边兵，得穆宗采纳。此三人皆为明朝著名的抗倭将领。又弹劾佥都御史刘秉仁推荐太监李芳，没有大臣的节操，刘秉仁因此被罢免。明穆宗隆庆二年（1568），吴时来官拜南京右佥都御史，提督操江，将宿弊尽数革除。当时高拱掌管吏部，不喜欢吴时来，便以滥举亲信为由，将吴时来降职为云南副使，不久后又免去了他的官职。吴时来闲住家居十六年，直至万历年间才起复。万历十五年（1587）官拜左都御史，正色立朝，知无不言。万历十八年（1590）五月乞休归，还未出都城就去世了，时年六十四岁，赠太子太保，谥忠恪。

注：故事来源于村民、光绪《仙居志》《明史·吴时来传》、林一焕《吴忠恪公行状》。

（文：颜晓红/图：郑寅俊）

丽水莲都大港头村

刚直廉明数王信

大港头村隶属于丽水市莲都区，村庄对岸是峰峦叠嶂的八仙山，山下有一块三面临水，一面依山的平坦土地，人们形象地称之为"坪地"。在这块寂静安详的坪地上，安葬着许多丽水地方先贤。南宋给事中王信亦葬于此处。据清道光《丽水县志》卷六记载："宋给事中王信墓在县南五十五里十九都坪地。"今墓址尚存，石像则散落在墓园周围。

铨选清正严明

王信（1135—1194），字诚之，少时颖异，弱冠之年赴都城临安（今杭州）进太学求学。南宋绍兴三十年（1160），考中进士，开始了他三十余年的宦海生涯。

王信为官清正廉洁，为政秉公守正。他在京城时曾担任考功郎官，负责考核和荐拔官员。四川人张公迁授官后，在最初的八年免于考核，现在改任其他官职。考功司有一个小吏不了解情况却胡乱地写上他的考核结果，还下令阻止张公迁改任升职。王信认真地调阅档案，仔细地探求，查出了实际情况。小吏对他的严格认真由衷地感到信服。四川有三个官员考铨时掩盖升职标准，考功司的官吏接受了三个人的贿赂，替他们遮掩此事。当时工部尚书赵雄是四川人，也为三名四川官员向王信说情，王信不畏强权，严词拒绝。不久，赵雄转任吏部尚书，审阅考功司考核官员的档案，看到王信对那三个四川官员的考核评价，公正严明，不觉抚掌感叹，对自己嘱托的行为感到惭愧不已，于是将此事上奏孝宗。宋孝宗闻知此事后，也感叹不已，对尚书蔡忱时说："考功司有王信，主持铨选的官员就很清白廉明了。"那些巡查的人都私下议论，认为他就像神明一般明智不可欺骗。

宋高宗时重定补荫法，从四品以下文武官员只有年满三十，或任官十五年以上，其子弟亲属方能凭借他们的年龄资历或功绩获得荫补。于是出现武臣的任命状故意不写年龄，在审查考核时，肆意欺骗，想方设法地骗取荫荐，毫无忌惮地为子弟亲属谋取官位。年未三十，一人就荫荐十余人。这种情形发展得几乎无法控制。王信选出最严重的几件事告知宰相，交付大理寺处置。此事牵连到三衙（宋代掌管禁军的机构。有殿前司、侍卫亲军马军司、侍卫亲军步军司，合称三衙），殿帅王有直竭力抗辩，孝宗了解事情经过后，明白王有直的抗辩是不对的，于是阻止他说："考功郎官说的是公事，你想要干什么？"罪案成立后，犯法的人都认罪。此事结束后，王信上奏请求设置簿籍记录，以杜绝类似情况的发生。

不久后，宋孝宗任命王信为军器少监，仍然兼任考功郎官。因母亲去世，王信卸任回乡守孝，一些官吏见王信走了，便聚钱杀猪宰羊祷告神明，愿王信守丧服满后，回朝后不再当考功郎官。

王信起复后，改任永州知州。回朝奏事，被皇帝留在京中，担任将作少监，又重新担任考功郎官，后又转任军器少监兼右司郎官，升员外郎。各地如果有案情不明、证据不充分、一时难以判决的案件上报，王信常常要反复披览材料，直到深夜。

论奏不避权要

宋朝时，在京师的职事官自侍从以下，每五日轮一员上殿奏事，指陈时政得失，时称"转对"。每次轮到王信上殿奏事时，他都能尽忠直言，遇事坚定果敢，从不回避朝廷权贵。

王信曾在殿上批评士大夫趋炎附势的弊病，称："当官的人逃避一时的责任，却对以后的祸患毫不顾忌。进言的人只追求一时符合皇上的意旨，对于建议是否可行却不加考虑。办事的人，只求快点办完事，根本不考虑国家利益。谋利的人只关心那些以赋税盈余的名义朝贡的财物，却不去探求这些羡余征收的实际情况如何。议论崇尚刻薄，逐渐丢失了祖宗忠厚的本意。革除弊端时掺杂着繁杂琐碎的事，却缺少国家宽大的法规。对因循守旧、玩忽职守的事，满不在乎，不觉得奇怪。希望陛下反复衡量和考虑古时候的道理，适合当今的需要，在取舍之间显示出喜欢什么、厌恶什么，使天下人明白怎去做，而不再曲从目前这种因循苟且的士风。"

他还在朝会上批评地方州县官员不能真正地实行朝廷的恤民政策，致使朝廷徒有恤民之政，而无恤民之实。他说："近年粮食歉收，陛下惦念百姓，凡是发生水旱灾患的州郡，或者蠲免了租税，或是暂时停止征税。然而许多州县官员却假借暂时停止征税的名义，去做骚扰百姓的事。还请陛下对这些地方，明确下令免去赋税。"他还建议了预防祸患的三个方法：招集逃亡的兵卒，选用忠顺的官员，加强训练的职责。又讲了屯田的利益与危害。皇帝都采纳了他的主张。

太史上奏说仲秋时太阳、月亮和金、木、水、火、土星将在轸宿会聚，王信说："吉凶的征兆，史籍的记载不一样，但金、木、水、火、土五星会聚是有的，没听说七星会聚的，会聚点对应的地方是楚地，希望陛下考虑怎样顺应天意。"于是他就分列条目，上奏七件事。他说："陛下刚开始即位时，经营中原的志向十分坚定，然而却没有建立这个功绩。原因在于陛下所任用的人不是同类。不是同类的人，言论就不同，言论不同，心思也就不同。希望陛下先求得最适当的言论，使言论统一。锁闱封驳，而右府所颁布的命令不经过中书，有时斜封从宫内传出，被公论所不相容。统领像奴仆一样侍奉宦官，因此获罪被贬到偏远的地方，幸好蒙受赦免，回来后却立即官复原职。与皇子故交世好的仆人，得到榷酤官却看不起朝中官员。老军校侥幸希望获得节钺，使用诡计就能得到，而得到的俸禄和恩惠，同正当途径得到的没有区别。阁职多是超出定员的祗候。妃嫔进封而把异姓的人假充为自己外甥、侄子，被给事中一一加以改动的诏敕奏进后，有的虽然已写成文书而又被慢慢核实出不确当的，妃嫔就争相解救他们。"皇上说："事情不能不问清楚的，你只管一件一件地说，我没有不为你做主的。"于是王信更加坚定自己的志向，毫不动摇和屈服。

宦官甘昇曾被逐出朝廷，流放偏远的地方。高宗驾崩，甘昇被召回负责处理高宗的丧事，没有人敢提出异议。紧接着甘昇又担任了德寿宫提举。王信立即上书反对，满朝文武官员都震惊了。正好翰林学士洪迈入宫，孝宗徐徐地对他说："王给事议论甘昇的事非常恰当。朕特别上报给太上皇后。太上皇后认为，'现在宫中之事与以前不同，不是我这样的老人家能够处理好的，小黄门虽多，却不熟悉宫务，起不到什么用处。只有甘昇可以担起这些责任，为我分忧解难。他如今刚回来，连居住的地方都没有，岂敢故态复萌，像过去那样呢？'因此驳回王信的奏疏不想施行。你见到王给事，可以对他说明这个原因。"王信听了洪迈的话，方才罢手，不再追究。

视民若有所伤

王信考中进士后，朝廷最初任命他为建康（今南京）府学教授，掌管儒学科考之事。不久父亲亡故，护送灵枢回乡守孝。服满回任，将所著《唐太宗论赞》《负薪论》献给孝宗，孝宗阅后赞叹不已，特别破格授予太学博士。按当时定例需先派往外地任职，于是到温州任教授。

他到温州上任时，正遇上那里发生饥荒和瘟疫，百姓面临缺粮的危险和疾病的严重威胁，许多人因此死亡。州府商议派遣官员赈济救灾，地方父老希望王信能够担任此事。州守不想以此事烦劳他，父老反而更强烈地请求。王信知道后，欣然前往灾区，亲自走访灾民，遍至病家探视救济，救活的人不可胜记。

王信在担任绍兴知府、浙东安抚使期间，曾上疏奏免绍兴府积欠官钱十四万缗、绢七万匹、绵十万五千两、米二千万斛，极大地减轻了百姓的负担。当时山阴县（今绍兴县）境内有狭獀湖，环湖四周皆为田地，每年汛期，湖水漫涨，田地淹没，百姓苦不堪言。王信上任后，访问耆老，亲自考察，组织民力修筑堤坝11座，独创启斗门，按时启闭，引水入海，将水涝之地变成上等肥田。百姓非常感激，为他绘像建立祠堂进行祭祀，并将湖名更改为王公湖。

绍兴有溺女恶俗，女孩一生下来，就被父母溺杀。王信上任后，严令禁止溺婴行为。绍兴文风不盛，王信就捐俸置买学田，供养儒士，以兴文教。绍兴有停葬之风，百姓家中死了人，无钱下葬，就长期停放在野外或家中，王信就设立义冢，帮助那些因家贫无法下葬的人家。为使民众老有所养，他还兴治义田，帮助赡养那些贫困无子嗣的百姓。因政绩显著，朝廷加王信焕章阁待制，知鄂州，改知池州。

早先，王信护送父亲灵枢从金陵回丽水时，按孝子规矩草履步行，虽急风暴雨也不躲避，因此得了风湿病。当听到宋孝宗驾崩的消息，读了孝宗遗诏后，悲伤过度，疾病复发，病情日益沉重，于是上书请求辞官。最后以通议大夫致仕。宋绍熙五年（1194），以病卒于王家故宅，朝廷命有司祭葬。据说，他去世前，夜晚有星星坠落在宅前，光亮如火炬，离地数尺时散去。几天后，王信病亡。临终前以"忠、孝、公、廉"传给儿子作为遗训。

（文：吴志华）

第四篇 取义成仁 尽忠报国

编者按：唐代魏征曾说："愿为良臣，不愿为忠臣。"仁人君子适逢其会，幸运地生于盛世，原本不必以忠烈节义昭显于世。然此浩然之正气，不可不常存于天地之间。本章故事的主人公或以民族大义为重，或以社稷江山为重，或以君臣大义为重，竭尽忠诚，义无反顾，"捐躯赴国难，视死忽如归。"

杭州萧山云飞村

民族英雄葛云飞

云飞村隶属于杭州市萧山区进化镇，清代时原属山阴县天乐乡，这里是中国近代史上著名的抗英民族英雄葛云飞故里。走进村庄，故里表、壮节亭、云飞桥、葛氏宗祠等无不诉说着人们对英烈的缅怀之情。

葛云飞（1789—1841），字雨田，出身于武官家庭，其父葛承升乃是武举出身。在父亲的培养下，葛云飞通史书，善武技，臂力过人。年少时曾去杭州西湖游玩，拜祭岳飞墓，对岳飞的名言"文臣不爱钱，武臣不惜死"尤为赞赏。闲暇时，将两汉至明代的著名将领事迹编成《名将录》，以此勉励自己。道光三年（1823），考中武进士，授守备，隶属于浙江水师。

葛云飞像

在浙江水师营中，葛云飞兢兢业业，勤于缉捕海盗。他常常微服巡查海防，屡次捕获势力强大的海盗。最有战绩的一次是道光二十一年（1841）六月二十九日。

那天，在例行巡防时，葛云飞忽然发现定海花鸟洋面有海盗船只出没。他立即率部驾船出海。当时风大浪急，葛云飞亲自掌舵，从上风直逼盗船。

敌方船员压根儿没想到，水师船只会以如此风驰电掣之速，乘风追击他们。等他们发现我方船只时，为时已晚。此时，两船相距只有两丈左右。敌寇刚想调头逃跑，葛云飞已手握佩刀，像一只起飞的雄鹰，纵身跃上了盗船。他手起刀落，一刹那间，已砍倒数人。在他的带领下，众将士与群盗在船上短兵相接，奋力搏斗，不到半个时辰，敌方已无还手之力，余下的贼寇只好乖乖地投降。

据史书记载，此次战斗，葛云飞"亲擒大盗邱亲等十一名，斩取首级十二颗，又拿获盗船三只，烧毁盗船一只"。因屡建军功，葛云飞先后五次获得擢升。道光十一年（1831），他暂代定海镇总兵，不久，又被正式任命。后来，他的父亲去世，葛云飞丁忧离职。

道光二十年（1840），英军侵犯定海，总兵张朝发战败，定海失守。巡抚乌尔恭额、提督祝廷彪强行起用正在服丧的葛云飞，让他暂代定海镇总兵。总督邓廷桢也推荐他，认为他可以担当重任。

葛云飞建议先守后战，重兵扼守招宝、金鸡两山，在江岸布置炮防，修筑土城。他上任后，首先招集那些失伍旧兵，免去他们的罪名，加以训练，军队士气开始振作。他练兵时，常常深入兵营，与士兵同甘共苦。天寒地冻时节，葛云飞巡查海防时，见士兵衣着单薄，仍坚守边防，便下令给每人制作了一套棉裤。棉裤还在赶制过程中，他的家人已经给他送来了棉衣，葛云飞说："士兵顶风冒雪，在外站岗放哨，脸都冻红了，脚都冻麻了，我独自穿着棉衣，怎能舒坦？"他把棉衣送给了年龄最小的士兵，自己仍穿着原来的麻袍进出军营。

英国人安突得藐视清军，明目张胆，毫不掩饰地出来测量定海形势，被葛云飞使计抓住之后，英军才开始防备清军。

道光二十一年（1841），中英双方在广州谈判，议定以香港换定海。钦差大臣伊里布命令葛云飞率领所部渡海收回失地，再放回俘虏。葛云飞带领寿春镇总兵王锡朋、处州镇总兵郑国鸿一同前往。

没过多久，裕谦取代伊里布，以江苏巡抚兼署两江总督，重新讨论战守策略。葛云飞认为定海三面皆山，正面朝海，缺乏遮蔽，不宜坚守。请求在衢头修筑土城，在竹山、晓峰岭两处增置炮台，并在衢头南面五奎山、吉祥门、毛港都部署兵防，使它们之间呈互为掎角之势。裕谦认为花费太多，没有完全允许。葛云飞就向裕谦请求借官府三年的养廉银来修筑工事，裕谦觉得他在要挟自己，非常不高兴。

不久，裕谦前往定海巡视，看见葛云飞用青布帕包头，穿着短衣和草鞋，在烈日下忙碌公事，又听说他曾在海上缉捕盗寇，伤了手臂后，还能反手夺过盗寇的兵刃刺杀敌人，这才对他的忠勇心服口服。

同年八月，英军再次侵略定海，葛云飞率军在竹山门、东浦港炮击敌舰，打退了敌军，清政府奖赏他，给他加上了提督衔。于是，葛云飞屯兵衢头土城，当敌要冲，独自抵挡敌人的正面进攻，王锡朋、郑国鸿则分别防守晓峰岭和竹山。

九月下旬，英军集结舰船29艘，向定海竹山门、五奎山进攻，企图登陆。葛云飞亲自登上五奎山，炮击英军头目，才击退敌人。

第二天，英军隐蔽在山后，发炮仰击衢头土城，葛云飞亦隔山回击。晚上，英军利用浓雾的掩护，偷偷逼近土城，想要打清军一个措手不及。没想到，葛云飞所部枕戈待旦，丝毫不曾松懈。敌人偷袭未能成功，反遭清军迎头痛击，被炮弹击中装载弹药的船只，船只爆炸，英军死伤惨重。

过了一天，敌人增兵抢夺晓峰岭，同时分兵攻取竹山门，定海守军在王锡朋、郑国鸿的率领下，虽然一次次打退敌人的进攻，然而由于阴雨连绵，道路泥泞，粮食和炮弹无法及时补充，土炮也陷入了泥潭，坚守城池变得越来越困难。更严重的是英军不断从南方调来增援部队，舰船增加到40多艘，定海守军却因伤亡减员，武器又是土枪土炮、弓箭刀矛，无法与敌人的洋枪洋炮抗衡，双方战斗力的差距越来越大。最后，王锡朋、郑国鸿力战不敌，全部阵亡，定海县城沦陷。

紧接着，敌人聚集全部兵舰，全力进攻土城。葛云飞明白大势已去，情势已不可逆转，于是他取出印信交给随身亲兵，并叮咛道："此乃朝廷信物，不能陷入敌方，请交大营，并请速速发兵进剿，我若死而有知，当化厉鬼协剿夷寇。"又告知同乡亲兵："是我尽忠的时候到了，请代慰老母，节哀保重；转告儿孙，要奋发图强，继承我杀敌卫国的志向。"交代完毕后，眼看英军逼近土城，他率领亲兵200余人，挥刀大吼，一跃而出，冲入敌军当中，与英军转战二里多路，格杀英军无数。杀到竹山脚下时，迎面一刀砍来，他躲闪不及，被劈去右边半个面部，右手也被英军砍断，顿时鲜血直流。他忍着剧痛继续抗战，身受40多处创伤，被炮弹洞穿胸背，终因伤势过重，背靠竹山崖石，站着死去。史载，其临终时，"遂立竹山门崖石，手擎刀杀敌状，尸直立不仆，左目霍霍如生"，表现出宁死不屈，虽死犹生的崇高战斗精神。

此次战斗持续了六天六夜，杀死英军千余人，最后因众寡悬殊，不敌英军，三位总兵同时殉国。定海义勇徐保深夜摸到竹山，背起葛云飞尸首，乘小船渡海，运回营中。葛云飞抗英杀敌的事迹上报给朝廷后，清宣宗挥泪下诏，赐给银两办理丧事，抚恤恩典按照提督标准进行，赠予骑都尉兼云骑尉职位，谥壮节。又赐给葛云飞两个儿子为文武举人，以长子简袭世职，后官至甘肃阶州知州；以幼子敦为守备。

葛云飞不仅擅长武略，也精通文学。曾著有《名将录》《制械制药要言》《水师缉捕管见》《浙海险要图说》以及诗文集。平时非常孝顺母亲，他的母亲也通晓大义。当葛云飞棺木运回老家时，他的母亲只悲痛地大哭了一声，就止住了，对众人说："吾有子矣！"

（文/图：葛银环）

桐庐松山村

抗辽将领道钟厚

松山村隶属于桐庐县新合乡，始建于宋，至今已有 1000 余年历史，素有"千年古村"之称。说来也奇怪，桐庐县域东南角，翻过高高的杨家岭、雪水岭或大桃岭，与浦江、诸暨、富阳三县交界处，从水系上看跟桐庐没有多大的关系，却称"桐江嵩山"，自古归桐庐县管辖。这里居住着一支从江苏丹阳迁来的晋代重臣钟雅的后裔。人们怀念中原祖地，一直称这聚居的崇山峻岭为嵩山（今松山）。宋代抗辽爱国将领钟厚就是这里人。

钟厚（975—1005），字惠民，桐江钟氏始祖珊公第八世孙。祖父镬公，任宣州判官，为人正直，殁于任上。父亲名沛，随母居家，后娶李氏，躬耕溪谷，薪炭山林。生有二子，钟厚为长子。

因澶渊之役钟厚救驾殉主有功，宋仁宗、宋高宗二位皇帝曾两次颁旨封他为"忠救王"，旌表桐江钟氏为"忠义之门"。凡其宗族的聚居地都建有纪念他的庙宇，有关这位英雄的故事，在本地也广为流传。

东坑坪习艺

钟厚生得方面大耳，天庭饱满，自幼聪明，喜欢玩水。八九岁不仅能下溪滩在石坎缝里摸鱼，卵石底下捉蟹，那一躬身即遁的大虾公，他照样手到擒来，成了饭桌上父亲的下酒菜，还能屏气潜入深潭久久不上浮，练得一身好水性。他没见过爷爷，只听父亲说起过爷爷在很远的地方做过官，在父亲还年幼时就没有音讯了，更谈不上享过什么福。父亲就是个烧炭佬，到处砍柴烧木炭，因家境贫寒请不起先生，只识得炭篓上的字号。十岁那年春天，父亲送他到先生那里上学读书，读了《千字文》和《弟子规》，总算初识文字。

这年夏天，先生放假，钟厚不用上学，于是，他翻过泄水岭，跑到下坞外婆家玩。正当他和几个小伙伴光着屁股在溪水中玩得忘情时，突然有人在岸上大叫："快跑，快跑！大水来了！"真是六月下雨隔田畦，原来这里艳阳高照，上游倒山岭却是大雨滂沱。山里的水说来就来，钟厚叫伙伴们别管衣衫赶快跑，自己却去收集伙伴的衣物抱在怀里，落在后面。这时奇怪的事情发生了，只见洪水在离钟厚丈余的地方原地停住了，只咆哮不前进。等钟厚一踏上岸，说时迟，那时快，轰隆隆的洪水已淹没了刚才的玩场，水底下还不时传来大石块恐怖的走石声。这一幕情景，被对岸的大人全部看在眼里。此人正是在东坑坪烧炭，能用芒干当箭，芒叶作剑，身怀绝技的王老相公。

王老相公从下坞人那里打听了一番，得知那天所见的小孩是他早就认识的烧炭伙伴沛公的儿子，心里不由得一阵暗喜。他不停地自言自语道："是他，就是他，传给他不会错。"

于是，钟厚在父亲的陪同下，爬上云雾缭绕的东坑坪，拜王老相公为师。冬春烧炭，夏秋种田掏六谷，一有空闲就练武不歇。十八九岁时，他已膂力过人，八百斤石墩能随手而起，把玩于股掌；开得千觔硬弓，能左右射；腋下挟得八尺椴头，尚能健步如飞；还学会了编竹筏木桴。在嵩山溪和大源溪发大水时，村民们常常可以看见钟厚操楫撑篙驾竹筏，将木炭顺水运到窄溪、场口二埠。

铁佛寺投军

北宋景德初年（1004），辽国大举侵犯中原。大将萧挞览为前部，率领精兵十万，抢关夺隘，攻城略地，一路势如破竹，直入中州腹地。辽国萧太后与国主耶律隆绪随后尽发国内精锐，地毯式铺进，妄图一口吞灭大宋王朝。告急文书如雪片般飞往汴京，朝廷上下惊惶万状。

这日，宋真宗早朝，令文武百官拿出对策。众大臣纷纷扰扰，有的主张划地求和，有的主张迁都避锋，也有的私下嘀咕不如请降，嘈嘈杂杂乱成一锅粥。此刻，左班中闪出一位大臣朗声奏道："陛下莫听误国之论，强敌入侵，焉有退却避让，自取灭亡之理！"皇帝一看，乃是当朝丞相寇准，不禁愁眉一展，问道："卿有何良策？""辽邦既然倾师前来，我堂堂大宋自当全力抗击，臣请御驾亲征，敛敌锋芒。"寇准话音刚落，只听得班列中有人冷言相向："哼，寇丞相说得轻巧，而今敌强我弱，万岁乃九五之尊，岂能亲蹈险地！"发话者非等闲之辈，乃右相王钦若是也。其人早与辽邦暗通关节，故生此议。众大臣原本主战者少，王钦若平时又深得皇上宠信，便都随声附和。

"佞臣乱国，气死我也！"只听得右班中一声吆喝，转出殿前太尉、天下兵马大元帅高琼。他严厉驳斥了王钦若的卖国谬论，透彻分析了当下情势，力主抗辽，并向皇上呈献三策：一是贬逐王钦若之流，以弭祸国之议；二是御驾亲征，以消辽敌锋芒；三是张榜招贤，以增抗辽之力。

皇帝边听边点头，除对"贬逐祸国者"一条稍作开释，不愿贬逐王钦若外，其他一一准奏，并当即颁诏在汴京四城区设置考点，征选人才，令寇准、王钦若等四大臣主持其事。复令太尉高琼整顿兵马，调集全国勤王之师，准备御驾亲征。

圣旨一下，顿时轰动京师，远近人士纷纷赶来应考候征。

钟厚正好携山货来京，栖身于京城铁佛寺，此事也惊动了他。此处离北门考点较近，于是，他前往报名应征。

第一场考臂力，钟厚举起500斤重的石担，并能在头顶旋转，赢得满堂喝彩。第二场竞射，钟厚要求将60步箭靶移至百步以外，施展穿杨绝技，三箭连中靶心，全场又掌声雷动。第三场实战比武，钟厚仗着一手好棍法挫败群雄，观者顿时欢呼雀跃，个个赞叹不已。

且说北门主考官王钦若，早有降辽之意，见钟厚武艺高强，便存心找茬，当即传他近前问话。得知钟厚来自南方水乡，就问他可会骑马格斗。钟厚回禀道："小人只会水战、步战，从未骑过马。"王钦若摇了摇头，又命他写一篇策论文章。钟厚答："小人自幼习武，只读过几年蒙学，不能为文。"王钦若心中窃喜，却假装惋惜地说道："既不能上马杀敌，又不能运筹帷幄，匹夫之勇，有何可用？"钟厚一听，顿感焦躁，情急之下，不免顶撞了几句："榜文只说征召抗辽志士，又不是荐元帅、取状元，为何要面面俱到？"王钦若一时语塞，恼羞成怒，吩咐中军官将钟厚逐出校场。

满怀一腔报国热忱赶来应考，竟然遭到无理斥逐，钟厚十分懊恼。人说王钦若是奸佞，果真不谬。闻听高琼元帅是保国忠臣，何不前去投奔于他。可惜选士已毕，如何是好？思量再三，他有了主意。

几天过后，皇上御驾出征，高琼元帅统领三军于前开道。才到北门，只听先头一阵喧哗。中军来报，通衢道口有一汉子抱着一尊铁佛阻路。高琼催马上前，见一位昂藏七尺的壮士，怀捧铁佛踽踽而行，细瞧那尊铁佛，足有千斤之重。高琼心知有异，便吩咐中军唤壮士放下铁佛上前答话。经过一番盘问，高琼已经明白，这是王钦若嫉贤妒能，不让壮士报国，遂将钟厚收在中军帐下，随同出征。

阵前救帅

澶州濒临黄河，为南北交通要隘，乃兵家必争之地。当时，辽邦前锋已越过黄河将澶州围住，宋将杨延昭率领军民据城死守，形势十分危急。高元帅领兵在三十里外扎营，问谁敢冲过敌阵去澶州送信，话音刚落，便有人挺身而出，正是那个在京城抱佛投军的钟厚。高琼大喜，即刻拟妥文书，通知杨延昭按约定时辰接应，里应外合恭迎圣驾入城。

钟厚收拾停当，藏好文书，手持齐眉棍雄赳赳来到阵前。只听高元帅一声令下，几员大将直扑辽营，辽军猝不及防，仓促应战。钟厚趁势突入营中，舞弄齐眉棍，打得辽兵四散奔逃，瞬间闪出一条通道，直抵澶州城下，被守城将士接应入城。

次日，杨延昭率兵杀出城门，高元帅亦指挥众将士群起进攻，内外夹击，把辽军逼至黄河边上。于是，皇帝及随驾的文武大臣安然进入澶州，高元帅则分兵在城外扎营，与澶州互为掎角。

那辽敌前锋元帅萧挞览自然不甘心受此挫折，尽驱十万之师过河激战。高元帅不敢怠慢，急忙布阵迎敌。不想，萧挞览这贼酋煞是骁勇，竟然连劈宋军十数员大将。高元帅大惊，急令鸣金收兵，闭城紧守。

王钦若乘机向皇帝进谗言，说贼焰甚炽，不如回銮为安。寇准则连说不可，如果贸然退兵，中原落于敌手，我大宋江山危矣！高元帅也劝谏道："陛下但请宽心，各路勤王之师不日聚齐，届时，臣当亲自出战，定与辽邦决一雌雄！"皇帝这才舒了口气，寄希望于来日。

数日后，两军再次对阵，萧挞览手提开山斧拍马上前，高元帅白马银枪挺身相迎。高元帅暗忖：需用祖传滚龙枪取他。只见高元帅卖了个破绽，回马便走。萧挞览哪肯轻易放过，随后紧紧追赶。双马头尾相接，高元帅突然仰面侧身，枪似滚龙直奔萧挞览咽喉。岂料马失前蹄，一个趔趄，几乎将高元帅掀下战马。萧挞览大喜，乘机抢斧狠狠劈来。只听得"嗖"的一声，忽从旁边飞出一箭，射中萧挞览脸庞。萧挞览疼痛难忍，弃斧护面。高元帅趁势跃起一枪，将他挑于马下。原来，钟厚早就隐蔽在阵前一侧，张弓搭箭等待机会，正当高元帅危急之时，遂给萧挞览致命一击。辽兵大溃，宋军蜂拥掩杀，钟厚舞棍直捣辽营，辽兵抱头鼠窜，纷纷趟水过河，许多辽兵被激流冲走，葬身河底。幸得萧太后与辽主后援部队赶到，这才压住阵脚。

高元帅获胜回城，犒赏三军，并提拔钟厚为游击将军，随中军听用。

救皇殉身

且说那辽邦萧太后与辽主耶律隆绪眼见大宋兵强势炽，难于急图，便心生一计，提出议和。丞相寇准和元帅高琼原本主张抗战到底，怎奈王钦若在皇帝面前一味撺掇，极力言说辽邦厉害，惟议和乃上上之策。皇帝本就害怕打仗，于是赞同王钦若的意见。经过几番磋商，双方决定于澶渊择吉签订盟约。

澶渊，本为澶州城北四十里处的一个古湖泊所在，两山夹峙，一水中流，直通黄河。由于年久淤积，湖中有一大片沙洲，其色金黄，故又名金沙滩。此时，这里已搭建了几顶帐篷，筑起了一座土台，以作宋辽会盟之所。

其实对于议和之事，寇丞相和高元帅早存戒心，并在临行前作了周密安排，以防辽邦暗施鬼蜮伎俩。果然，会谈进行了一半，辽主耶律隆绪突发命令："拿下！"一队持刀的卫队便拥向土台。而大宋这边，由大将杨延昭统率的禁军急忙上前阻拦，双方就在土台下厮杀起来。忽然，台上一声怒吼，宋朝皇帝身后转出一名太监，掀翻案桌，扯下桌腿，逼退了辽主一干人等，迅速背起皇帝冲到台下。如此神勇之人正是受高元帅委派，假扮"太监"保护皇帝的钟厚。

钟厚背着皇帝冲出重围，直奔河岸，杨延昭率众掩护，且战且走，终于上了早就备好的船只。谁知辽军已有埋伏，只听芦苇丛中一声喊，钻出数十艘牛皮艇来。那牛皮艇虽小却十分轻便，眼看渐渐就要接近大船。钟厚当即与杨将军商议说，欲保我主安全，须得如此如此。杨将军听罢连连点头，神色凝重地望着钟厚说："只是难为你了。"钟厚哈哈一笑，转而从容不迫地言道："大丈夫生而为国，死有何惧！"于是，赶快请皇帝换下龙袍，由杨延昭保护，大船加速驶向南岸。钟厚则披上龙袍，率几名禁军将士登上另一条船，直奔黄河口而下。

再说那辽军见"宋朝皇帝"的船进了黄河，个个都想抢立头功，纷纷尾随追来，在河心将钟厚的船团团围住。钟厚耳听岸上号炮声声，知是高元帅援兵赶到，皇上已经脱险，不禁豪气干云，清嗓大叫："你们来吧!"纵身跳进黄河滚滚波涛之中。

　　一代壮士英勇殉国,辽人大为震惊,情知大宋人心未散,难以遽灭,不得不重开订盟之议。而宋室在王钦若之流的极力怂恿下,终于与辽邦签订了"澶渊之盟",换来了北疆几十年的暂时安宁。

　　注:本文根据钟百成编著的《新合世事》中张宝昌所撰《钟惠民金沙滩救主》一文和当地的传说改写。

(文:钟张勇)

淳安汪家桥村

忠烈文武汪乔年

汪家桥村隶属于淳安县汾口镇，村庄地势平坦，三面环水，一面靠山，界川（龙门）溪及支流两河交汇于此。前有朝山，翠竹葱茏，左有剑岳山，峰峦奇峭如剑，紫气红霞，右有龙耳双拳，擎天捧日，水秀山峦，美不胜收。汪乔年就出生于这个风光秀丽的地方。

汪乔年（1585—1642），字岁星，自幼勤奋好学，生性刚毅，不屈于人。天启二年（1622）考中进士，历官刑部陕西司主事、刑部郎中、工部郎中，累升至陕西总督，谥号忠烈，追赠兵部尚书。

每次上任时，汪乔年从不带家属，只带两个仆人。无论在何地任官，都能兢兢业业，处理政事十分勤勉，案头从无隔夜文牍。据说他办案时，快速迅捷，一旦问清案由，当堂立判。坊间有传，一些挑柴卖柴的樵夫凑热闹，赶去听汪太守断案，柴担不用换肩，案子就已判完。故而当地百姓中有"汪不解担"的俗语。他做青州知府时，在官署的廊檐下砌了十多个锅灶，让来打官司的人自己烧饭等候审理，小吏们不敢向他们要一个钱。朝廷核查地方官员任职情况时，汪乔年屡次被评为"卓异第一"。

崇祯六年（1633），汪乔年升为山东布政司参议，被派至登州、莱州处理军事防卫任务。平时，汪乔年居住官邸，从不接受馈赠，两袖清风，但这次他为了修复被李自成、孔有德哗变军队损毁的莱州城墙，增强战斗器械，竟然不惜打破以往规定，照单全纳所有礼单。不到一年，山东半岛西北部便拔起一座崭新的莱州城。

不久，汪乔年家中老父年迈多病，他不得不向朝廷告假，请求回原籍老家侍养老人，朝廷准假。汪乔年只带两个仆人和几箱书籍回了原籍。父亲病逝后，汪乔年料理完丧事后，便在父亲墓旁搭庐居住，一边为父亲守孝，一边研读诗书，同时抢枪舞剑，不辍武艺。崇祯十一年（1638），汪乔年以"长才真品，操守无沾"的评价被朝廷任命为陕西布政司参政。两年后以"治行又第一"，升任陕西按察使。

当时陕西省境内，乱民遍布全境，到处攻城略地，当年又逢天灾，持续干旱，百姓衣食无着，哀嚎遍野，饿殍满地，惨不忍睹。汪乔年上任后，一方面平抑物价，一方面动员陕西的藩王以及地方富豪们出粮出钱，救济穷苦百姓，史称"全活亿万计"。当年夏天，崇祯帝再次升汪乔年为右都御史，巡抚陕西。

恰在此时传来一个消息，在豫陕交界处活动频繁的李自成军队，准备入侵陕西腹地。汪乔年便带领众将领赶赴陕西，在山川险要处，埋伏官军，企图堵击李自成西进。不料，汪乔年和将士们在山中露宿十几日，却侦知李自成南下河南，攻打淅川、登州，这才于八月撤军返回西安。不久，张献忠又从河南内乡西走淅川，然后南下攻打今湖北西北的郧西县，汪乔年又迅速调集陕西官兵赶赴陕西西南部，毗邻郧西的山阳县，堵截张献忠的部队，以防止其北上入陕西境内。

这年九月十九日，陕西三边总督傅宗龙在河南项城被农民军包围，突围时被杀。崇祯帝传命，升汪乔年为兵部右侍郎，接替傅宗龙为陕西三边总督，围剿聚集在河南的农民军。此时农民军已爆发十几年，势不可当，明朝政府先剿后抚，剿抚并用，然而还是扑不灭农民军的烈火。

等到汪乔年出任三边总督时，陕西的形势已极为危险，农民军步步进逼，官兵一触即溃，地方上的骄兵悍将又不听命，朝廷上下也没有人出谋划策，平定叛乱。明王朝内忧外患不断，处于风雨飘摇之中。汪乔年自幼习武，熟读兵书，虽然渴望为国效力，征战沙场，却长期居于内务，郁郁不得志，大有蛟龙困于沙滩的苦闷。如今终于让他统帅大军，却又是粮饷缺乏，关中精锐部队已在项城之战中基本被消灭，无兵可派，无将可调。朝廷下令临兆等地兵力前往西安听其调遣，三地总兵贺人龙、郑嘉栋、牛成虎却直到腊月才各自带兵共三万多人聚集在西安城外，兵疲马惫，毫无斗志，如何抵挡气焰正盛的农民军呢。

可是不出兵又不行，中原地区人心惶惶，迫切需要反击，以激发士气。崇祯十五年（1642）正月，汪乔年带人在墓地中抓住一条巨蛇，他当众亲自斩杀巨蛇，对众兵将说："某以书生受朝廷深恩，被朝廷委以军国重任，惟有以死报国而已，大家应当同心协力，消灭贼军。如有二心，当如此蛇！"众人都被他的言行所慑服，随后汪乔年发兵三万进攻潼关。此前，左良玉已经拿下临颍，屠城报复农民军，缴获了许多物资。敌军首领闻讯大怒，放弃开封，率领大军转而攻打临颍，左良玉抵挡不住，退守郾城，被敌军团团包围，左良玉遂向汪乔年求救。

汪乔年召集手下将领商讨对策，说："郾城危在旦夕，如果我们不去救援，必被攻破，但是我们贸然进军，贼兵有二十万人，敌我差距悬殊，肯定会全军覆没。襄城离郾城只有一百二十里，贼兵的老巢就在那里，守兵多是老弱病残，战斗力不强，我们放弃郾城不打，转移精锐兵力去佯攻襄城，贼兵一定会回师来救，郾城之围不攻自破。待解围后，我们全力攻打贼兵的前军，左良玉攻击它的背后，让贼军首尾不能兼顾，就可以大败贼兵了。"众将领听了齐声叫好。

汪乔年于是把步兵火器留在洛阳，挑选一万精锐骑兵连夜赶往襄城，翌日上午，内外夹攻，很快大败城中贼军，拿下襄城。进入襄城后，汪乔年把部下分为三路，驻扎在城东四十里，自己则统率军队驻在襄城外。军队尚未部署好，忽然有探子来报，贼军果然解除对郾城的包围，已逼近襄城，不一会儿，又报两军已交战了，不一会儿，又报我军撤退了，再过一会儿，又报三位总兵不战而逃了。左右之人向汪乔年进谏道："大势已去，不如撤出襄城，整顿军队，以图再举。如果坐守孤城，恐怕抵挡不了贼军。"汪乔年却道："我的军队虽已解体，却还留有四千劲旅，加上襄城绅民同心齐力，事情还有转机。况且襄城粮草储备甚丰，守城武器也充足，为什么要撤退？等左良玉部前来支援，便能合力消灭贼军。即使援军不来，又何妨尽心尽力，以死报国？"

汪乔年派人分守城池四门，自己则率军正面对敌，固守城池。经过几个昼夜的激战，敌军一时难以攻下城池，于是派亡命之徒在城墙下挖掘地道，放置火药，企图炸毁城墙。汪乔年下令城中军民打地洞，利用贼兵所挖地道，用长矛刺杀贼兵，贼兵死者数千人。敌人又以门车撞击城门，汪乔年命令城中军民使用石头、弓箭、火药为武器作战，敌人应声而倒者又数千人，被枪炮弓箭毙命者不计其数。敌军头目见己方死伤惨重，目眦欲裂，怒骂道："自从我起事以来，所向无敌。襄城小小一城，竟然杀死我这么多人！"自此进攻愈加尽力，而汪乔年守城也更加坚不动摇。两昼夜激战后，敌军集中兵力进攻城墙西角，汪乔年站在城头指挥，被敌军察觉到他所处的位置，于是瞄准汪乔年以炮火猛烈攻击。汪乔年面前的雉堞全部被炮火击毁，然而他神色不变，指麾自如。手下的将吏拉着他的衣角，哀求道："贼人的炮火太猛烈，请暂且躲避到雉堞坚厚的地方！"汪乔年大怒，用脚踹他们的头说："你们怕死，我不怕死！"

　　敌军知道汪乔年善于用兵，襄城一时难以攻下，于是佯装撤退，引诱汪乔年大军出城再袭击。汪乔年识破敌人的居心，对各位将领道："头可断，身不可移。我誓于城池共存亡，谁敢说撤退者斩！"又过了两日，城门终究被攻破，汪乔年指挥士兵展开巷战，士兵陆续战死。汪乔年被团团围住，犹手刃三人，他大声疾呼："臣已经力气用尽了，不能杀贼反被贼伤。现在只有去死，才是我的本分！"于是向北稽首，拔刀自刎。然而没有立即死亡，被敌人抓住。敌军喝令汪乔年下跪，汪乔年大骂道："我是朝廷大臣，奉命剿灭你们，岂能向你下跪！我恨不能生吃你的肉，死后一定要化为厉鬼杀死你，以完成我报国的愿望。"敌人知道汪乔年不可屈服，于是割掉他的舌头，敲碎他的牙齿，挖掉他的膝盖骨，以五牛分尸之刑处死了他。后来，襄城百姓敬仰汪乔年的忠义，建祠而祀之。

　　汪家桥村中也建有御赐牌楼，保留有汪乔年府邸，均为木质结构。汪氏家厅门面呈牌楼样式，重檐歇山顶，做工精湛，门楼上挂一御赐"钦封忠烈"匾额，下挂横匾，上书"文武学宪"四个大字。堂内正中悬挂"纪纲齐鲁"匾额，建筑气势恢宏。追思先贤忠烈，有诗为证。

天生一幅风情画
更靓皇封忠烈楼
一剑拂云傍明月
双峰捧日重北斗
几家老树墙头绿
三面清溪檐下流
先世公卿成典范
文武忠孝美名留

（文：蒋富治）

┌─────────────┐
│ 建德于合村 │
└─────────────┘

抗日英烈叶润华

　　于合村隶属于建德市更楼街道，始建于元，至今近700年历史，主要大姓为郑、叶、陈、徐、周等，其中叶氏原居寿昌县衙前照墙后的新街，后迁到于合对面金鹅山麓源口，即今于合村所辖新街自然村。1939年3月24日，春寒料峭，冷雨潇潇。寿昌县（1958年并入建德）七里乡新街村男女老少沉浸在异常悲痛肃穆的气氛中。他们倾村而出，迎回了自己的儿子——寿昌县为抗日牺牲的第一位少壮军人叶润华的灵柩。

　　寿昌江在呜咽，金鹅山在哭泣。英雄是由其兄叶润石移榇归葬的，途径富阳、桐庐、建德停灵时，沿途地方官员及百姓闻讯后，都主动设灵祭拜。寿昌县各界在南门外草坪上召开了盛大追悼会。浙江省主席黄绍竑特地派人送来挽轴，寿昌县各界人士和亲友送来的挽联挂满了灵堂，会场庄严肃穆，恸哭之声不绝于耳。送葬队伍排成长龙。为了纪念为抗日献身的叶润华，县政府将七里乡新街（叶家祖居地）小学改名为润华小学，并树碑纪念。

大义凛然　视死如归

　　叶润华（1914—1939）是在富阳东洲保卫战中英勇牺牲的。东洲保卫战是抗战八年中富春江上著名的战役之一。它是我军以劣势之师同占绝对优势之日寇作战，并取得胜利的光辉典范。

　　1939年3月，日本侵略军侵占了杭州、富阳一带，富春江下游成了浙江抗日的前沿。东洲地处富阳城东，是富春江下游中的一个大沙洲，它将富春江分隔成南北两江，江面狭窄，乃是进出浙东浙西的要道。日寇视东洲为南侵的跳板，是敌我必争之地。

　　3月20日清晨，日寇调集精锐部队400余人，装备了迫击炮、小钢炮、掷弹筒、轻重机枪等武器，在八座炮台数十门大炮的掩护下，乘坐汽艇几十艘，企图渡过富春江，攻占东沙，继而南侵。我自卫团将士在东洲

抗日英烈叶润华

自卫队和民众配合下，仅凭步枪、手榴弹与敌军作战，形成拉锯形势，双方互有伤亡。

3月21日晨，敌人眼见东沙久攻不下，恼羞成怒，施放毒瓦斯，并以炮火掩护，继以橡皮艇先登紫沙、浮沙。我军顽强抵抗五小时，因毒气中毒，伤亡过重，奉命撤退。时任浙江省抗敌自卫团一支队迫击炮队队长的叶润华奉命率部坚守，掩护大部队撤退。

一个跟随叶润华多年，深受其信任的赵班长，激于情义，两次从三里路外的防地赶到战壕中，请求他相机后撤，把阵地交给士兵。但是，叶润华拒绝了，他正气凛然地回答："这是什么话，我早就对洲民说过，与阵地共存亡。队长怎么可以先后退，而让士兵们去死？这岂是我叶某人所能干的？就是你们退了，我也要死在这里。"赵班长只好回到原地。

情势越来越危急，赵班长再次赶到战壕，哭泣请求："队长的身体无论如何比我们重要，我们死不足惜，你如有不测，就是国家的损失。"说完，突然猛拽其臂，强迫他后退。叶润华立即举起手枪厉声呵斥："你懂纪律吗？速回阵地，不得多言。"赵班长见叶队长态度坚决，凛然不可侵犯，只好含泪再回原地。

此时，敌人已经冲了过来，双方进行了激烈的肉搏，队伍也被冲散了。叶润华带着传令兵吕龙虎、勤务兵张承材，一直向前冲杀。在一座关帝庙前，碰上了大队敌人。敌人发现他是一位军官，立即密集的机关枪弹向他扫射过来。他拿着驳壳枪进行还击。忽然，一颗罪恶的子弹穿过他的钢盔，接着又一颗打中头部……他终于倒下了，传令兵、勤务兵也相继阵亡。敌人过去后，一批难民逃经庙前，叶润华似乎又苏醒过来，看见难民，还在喘息地说："我是叶队长……对不起你们。"

已退至南岸的弟兄，听说队长没有回来，又含泪集合几次冲到东洲，且战且寻，终因天色已晚，搜寻无果。

最后，一位小兵化装成轿夫，冒着生命危险，骗过敌人，半夜才将烈士的遗体背了回来。烈士所遗的钢盔弹痕累累，鲜血殷红，他将自己的热血洒在了东洲的热土上，一位年仅26岁的青年军官践行了与阵地共存亡的铿锵誓言。

3月22日，我军多支部队协同反攻，东洲光复。此役，国共合作，将士用命，军民协同，以劣胜强，极大地鼓舞了浙江人民的抗日热情。叶润华在战场上数次放弃避险保身的机会，视死如归，奋勇杀敌，充分体现了军人的凛然正气。他和自己的同伴们用生命阻击了日寇，为赢得东洲保卫战的胜利打下了坚实基础。

师生同仇　相许救国

东洲保卫战发生在抗日民族统一战线比较稳固的阶段。当时浙江省政府主席黄绍竑拥护国共合作，采取了一些利于抗战的开明措施，接纳了一批共产党人和进步青年，积极抗战。叶润华烈士所在的第一支队，也有中共浙江地方组织派党员参加的60余人组成的政治工作队。司令员赵龙文亲自抓政治工作，加强了前线的政治思想工作，民运工作深入敌区。

叶润华的成长与赵龙文的影响关系很大。叶润华毕业于浙江警官学校第三期，当时的校长正是赵龙文。赵龙文毕业于南京中央大学，曾任中学国文教师，深谙历史和文学，担任过省会城市警察局长、浙江警官学校校长等职位。赵文龙虽有国民党军统背景，却是一个有抱负、有学问的知识分子，对新思潮、新事物比较敏感。在当时轰轰烈烈的抗日救亡大潮的推动下，他的英雄主义气质逐渐同爱国主义精神相结合，不顾旧部中排共反共的企图，以抗日大局为重，坚持拥护国共合作，积极投身抗日。周恩来到一支队视察慰问时，曾与赵龙文密谈良久。赵龙文亲自给将士们上政治课，大讲特讲岳飞、文天祥、陆游、辛弃疾等民族英雄故事，特别是抗倭民族英雄戚继光和戚家军的故事，大大地激励了队伍的抗战激情。他非常赏识叶润华，曾说："许多学生中，在军事方面，润华进步最快，亦当最有成就。"叶润华对赵龙文司令也最为敬仰，矢誓舍命相随。

叶润华等烈士牺牲后，赵龙文司令为烈士们召开隆重的追悼会。会上，全军素缟，赵龙文抚棺恸哭，为叶润华挥泪作祭："呜呼润华，汝竟去耶！七年之前，汝才少年，裙屐翩翩，歌舞如仙；暴日凭陵，陷我热省，汝仍攘臂，怒气如云；洗尽铅华，专心军训，誓死报国，尝胆卧薪；会值乱离，从我流徙，尝言师苦，弟子当死；群彦纷纷，各投所契，唯汝扬言，效死勿去！呜呼！谁知江南一抔土，竟为汝成仁之地耶？又谁知出师未捷，即丧我右臂耶？报仇杀敌，后死之责，千万同志，终继先烈。呜呼，润华！九泉之下，汝应瞑目，汝师今日凭棺恸哭，魂如有知，尚来其格！"

字字血，声声泪，全军将士无不动容，会场上爆发出：

"为死者复仇！"

"宁可战死，不当亡国奴！"

"把日本强盗赶出中国！"

排山倒海的怒吼，气壮山河，浩气冲天。

忠孝传家　诗书继世

叶润华出生在寿昌县东门一个"忠孝传家，诗书继世"的知识型官宦之家。新街叶氏宗亲情浓，如同许多先祖一样，叶润华一家将新街祖居地看作是自己的根，祖茔于斯，宗祠于斯，衣锦还乡更不忘斯！新街也确实是块"五马跑槽，一龙入海"的风水宝地，背依金鹅山，面临寿昌江，自古林木茂盛，风光宜人，民风淳朴，乐耕崇文，人才辈出。据叶氏宗谱载，一个仅有600人的村庄，历史上出了10名进士，1名武状元，57名庠生，8名京官，40多名地方官员。

叶润华排行第四，其父叶浩书，字采章，清末拔贡生，五品蓝顶戴，历任桐乡、瑞安等县教谕。民国元年（1912），任严州军政分府府长兼摄建德知事。八十寿诞时，中华民国大总统黎元洪题赠"令德孔昭"匾额，后又出任山东省、浙江省省署顾问官，深得山东省长屈映光赞赏。叶浩书品学兼优，清正廉明，怜贫惜孤，造福桑梓，是严州六县名宿。叶浩书回乡省亲祭祖时，在村口（于合村唐皇庙旁）下轿步行，访贫问孤，施舍救助。

据村民叶成祥回忆，每年正月，父亲带他去叶浩书家拜年，凡是新街叶姓晚辈，每人赏银元一枚。叶浩书拨冗参加《寿昌县志》编修，三度主修《新街叶氏宗谱》，捐建叶氏宗祠，深得村民尊敬。

叶润华兄长叶润石，毕业于浙江医学专科学校，日本东京泉桥慈善病院硕士研究生。曾创办寿昌新街医院。民国十九年（1930）在建德梅城东湖之滨创建严州地区第一所科室较为齐全的现代西医医院，现为建德市第二人民医院。1937 年"七七"事变，全面抗战爆发，叶润石停办医院，义无反顾地服从征调，任国民党军政部第 37 后方医院主任、院长，直接投身抗日洪流。

叶氏家教严谨，父兄侠肝义胆，品行端方。叶润华在这样的家庭环境中熏陶成长，时刻不忘父兄给自己的教诲。有一年，乡里演大戏，演的是《岳母刺字》。叶润华回家后就哭闹着要父亲在自己背上也刺上"精忠报国"四个字。父亲没给儿子背上刺字，只要求他将这四个字烙印在心中。于是，"精忠报国"四个字成了叶润华矢志不渝的人生信条。

10 岁时，润华随兄长在杭州读书。叶润华曾经读过严州中学、安定中学、金华高中、杭州高中，每个学校读了一半，即随意弃去，而且很会用钱，使兄长接济都来不及。兄长严厉恳切地责备了他一番，使他深受感动。于是，他哭着对兄长说："哥哥，没有什么的，项羽学书不成，学剑不成，不过为选择方向未定耳，请再允许我一次吧！"后来他进入警校，功课与他兴趣颇为契合，从此专心致志地修业。

1937 年夏，叶润华娶于合乡绅郑廷鳌之女郑桂英为妻，次年生一子，名茂生，但不幸夭折，妻子也得了抑郁症，不治身亡。叶润华虽然处在人生极度悲惨之境，却绝未沉沦，毅然怀着弃家报国之志，凭借满腔热血，奔赴战场，奋勇杀敌，舍生忘死，终成一位名留青史的爱国青年。

注：本文中有关叶润华的相关史实均来源于《东洲保卫战》一书。

（文：陈晔/图：曾令兵）

┌─────────────┐
│ 临安杨溪村 │
└─────────────┘

抗金名将韩世忠

　　杨溪村隶属于临安市清凉峰镇，古名义洄，位于浙西之巅清凉峰东麓的昌化江畔，始建于唐，至今已有 1000 余年的历史。自古以来，被誉为"忠孝文化第一村"，名扬浙西乃至全国。

　　据《昌化县志》《杭州府志》《浙江通史》《韩氏宗谱》《陈氏宗谱》等书籍记载，唐昌县十都义洄是宋代抗金名将韩世忠的归宿地，也是元代敕封孝子陈斗龙的出生地。韩世忠精忠报国的民族精神和陈斗龙孝敬父母的感人事迹，在义洄融合形成的"忠孝文化"，成为历史留给杨溪后人宝贵的精神财富。

　　提起抗金名将韩世忠，杨溪村的郎姓老人会向你娓娓道来。

　　韩世忠（1089—1151），字良臣，今陕西延安人。18 岁应募从军，臂力过人，能挽强弓，驰马射箭，百发百中，作战勇往直前，英勇顽强。宋金战争爆发后，韩世忠率部转战南北，参加大大小小的战斗不计其数。宣和三年（1121）韩世忠和梁红玉结为夫妻，新婚不久，就随刘延庆出兵燕山（今北京市郊），收复失地。

杨溪村忠孝学堂

靖康二年（1127），金兵再次攻陷汴京（今开封），掳走徽宗、钦宗二帝。韩世忠时任大名府前军统制，得知大元帅康王赵构为金兵所追，逃至济州（今山东济宁），韩世忠立即率部前往接应，力战金兵，终使金兵败退。康王赵构摆脱追兵后在商丘登基称帝，是为宋高宗。韩世忠以御营左军统制身份，率军护送高宗皇帝直至临安（今杭州）。

建炎四年（1130），金兵大举入侵，中原守军节节败退，金兀术亲率大军强渡长江至建康（今南京）直逼临安，宋高宗闻讯逃至温州，金兀术未能捕获宋高宗，于是大肆掠夺南宋各大城市，获得无数金银财宝后，企图通过镇江向北回撤。韩世忠早已料到金兵定会经过此地返回北方，遂以八千水兵驻守在镇江青龙镇和江湾，阻止金兵北归渡江。此时恰逢上元节，金兵直奔镇江，谁知韩世忠早在焦山寺一带聚集上百艘海船严阵以待，宋军虽只有八千兵力，面对金兵十万，众寡悬殊，然而宋军斗志激昂。韩世忠依照梁红玉的计谋，把水兵分成前后两队，采取四面截杀的办法，梁红玉则亲自擂鼓助威，战斗了十几个回合，宋军越战越勇，杀得金兵人仰马翻，纷纷掉落水中，被杀、被淹死的金兵不计其数，仓皇的金兵根本无法渡江，金兀术无奈之下，要求与韩世忠谈和，愿意将掳掠来的财宝归还宋朝，只求网开一面。韩世忠不答应，金兀术又提出增加良马千匹献给韩部，韩世忠还是断然拒绝。韩世忠步步进逼，最后将金兵逼进一条死港黄天荡（今江宁东北），金兵进退失据，无路可逃，被困了四十八天，损兵折将。金兀术在绝望中再次与韩世忠谈和，恳请哀求，韩世忠答道："还我两宫，复我疆土，则可相全。"此次战斗，韩世忠率部与金兵在黄天荡血战四十八天，虽未消灭金兵主力，但足使金兵闻风丧胆，大大增长了抗金军民的斗志，灭了侵略者的威风。

绍兴十一年（1141），韩世忠奉命救援淮西，在泇口镇迎战，击败金兵。然而宋高宗只想维持半壁江山，一心求和，重用力主议和的秦桧。韩世忠多次上书反对和议，遭到秦桧党羽的讽刺和抵制，甚至被弹劾诬陷。绍兴十二年（1142），韩世忠被召回临安，任枢密使，岳飞为枢密副使，皆被解除兵权。岳飞被陷害后，满朝文武官员慑于秦桧淫威，一个个缄口不语，噤若寒蝉，只有韩世忠挺身而出，独闯秦桧家中，当面怒斥秦桧，质问秦桧，岳飞身犯何罪？秦桧词穷理缺，以"莫须有"答之，韩世忠气愤地道："以莫须有之罪何以服天下？"

自朝廷与金和议后，韩世忠性情大变，口不言兵，闭门谢客。退职回家后，思乡之情越来越浓，可故乡已被金人侵占，难返故里。一天，韩世忠与夫人梁红玉叫上随从离开临安，想再看一眼昔日的战场黄花，途经浙西之巅清凉峰东麓杭徽古道旁的唐昌县义洞，梁红玉问一村妇，这叫什么地方？村妇回答，这儿是百丈镇义洞，前面的高山是清凉峰。韩世忠一听此言，大为高兴，此处名为清凉峰，自己故乡则在清凉山下，一字之差，两音相近，两地相似，此处亦是山清水秀，且是一个莫大的村庄。于是，他对夫人和随从说，好似到家了，就住下吧。

当地的百姓对于远道而来的客人非常欢迎，在众多乡民的帮助下，韩世忠带领家人随从很快在义洞定居下来，自称"清凉居士"，在此地过起了隐居生活。韩世忠有三儿一女，经常会到此地小住。义洞村前是清澈的杨溪小河，村后是五圣山、屏风山、韩坟山（原名后山）、凤凰山，四山环抱，并有十里深山坞，易守难攻，危急时可随机应变，地理位置优越，是唐昌县公认的安营扎寨的风水宝地。韩世忠非常熟悉义洞的人文地理，爱义洞山水犹如故里。

绍兴二十年（1150），梁红玉因病去世。宋高宗得知后，特地赐给韩家贵重礼物，以示哀悼，并赞扬她协助丈夫保卫国家英勇作战的崇高精神。次年，韩世忠亦病逝在唐昌十都义洞村，享年63岁。夫妻合葬在义洞后山，百姓改称为韩坟山。

建炎三年（1129），宋高宗曾亲书"忠义"两字揭旌以赐。绍兴三年（1134），又褒奖世忠"忠勇"。宋孝宗赵昚即位后，追封为"蕲王"，谥号"忠武"。青山有幸埋忠骨，历代县令都颁布法令保护韩墓，并按时祭拜。

（文/图：郎洪荣）

奉化正明村

舍生取义戴德彝

奉化古城，昔时以城里厢最为繁华。城里厢以县前街为界，南侧即是正明村。这片小小的区域，面积仅 0.86 平方公里，曾经是望族聚居，颇多高门大户。由县前街由东向西行，过街楼不远，有个面阔四五间的独院，木结构楼房用料讲究，门窗都有精美的雕刻装饰，地面铺着平整的石板和青砖，正厅的墙壁上贴满了官府颁发的宗人荣登的邸报——它叫戴家阊门，建于明代，它的主人就是至今仍为人们所传诵的一身铁骨的戴德彝。

戴德彝（1364—1402），字帮伦。他幼时聪颖好学，展现出不同于一般人的天赋，十余岁就投入"浙东四先生"之一的宋濂门下学习。同一时期，二十余岁的宁海人方孝孺也慕名投入宋濂门下。俩人因为同乡之谊，又在学人中同样出类拔萃，意趣相投，结为知交。洪武十三年（1380），宋濂因为胡惟庸案牵连被流放茂州，门人星散，戴德彝与方孝孺相携回乡，在奉化与宁海交界的妙相寺讲学授徒，专心学问，为入仕报国作准备。

洪武二十七年（1394），戴德彝蟾宫折桂，考取殿试一甲第三名，成为当年的探花郎，按惯例任职于翰林院。因为有才华，又敢于提出自己的想法，很受朱元璋的青睐，曾经亲自点拨他："翰林虽然职掌文学，然而既然跟随禁中帝王身边，凡属于国家政治得失，民生利害，应当知无不言，言无不尽。昔年唐朝陆贽、崔群、李绛在翰林院时，都能够敢于直言，谠论侃侃，补益当时。你应该以这些古人自我期许。"不久，他便升迁为侍讲学士，累迁至监察御史。在此之前，两次受人举荐的方孝孺已经进京，但朱元璋认为还不到发挥方孝孺作用的时候，于是，任命方孝孺为汉中教授，让他负责给儒学生员讲学。

洪武三十一年（1398），朱元璋驾崩，因太子朱标英年早逝，皇太孙朱允文即位，年号建文。建文帝久闻方孝孺的才名，一上任就征召他为翰林侍讲，纳入皇帝的智囊团，又升迁为文学博士，让方孝孺一面从事志书类典籍的修撰，一面为重大的国家大事的决策做参谋。有时，建文帝上朝的时候，也会命令方孝孺趋身屏风之前，听取百官奏事，批答文书。戴德彝当时任左拾遗，负责监督皇帝政策决策方面的失误。俩人职责相近，戮力同心，振纲饬纪。

建文帝即位之初，因各地藩王拥兵自重，多行不法，朝廷孤危，所以推行了削藩政策，企图加强中央集权。削藩措施雷厉风行，建文元年（1399）短短几个月，周、代、岷、湘、齐诸王先后削夺封地，湘王自焚，余皆废为庶人。被秘密擒拿失败的燕王朱棣感到巨大的威胁，当年七月在封地北平（今北京）起兵反抗，发动靖难之役。经过四年的苦战，建文四年（1402）朱棣率军攻下帝都应天（今南京）。朱允文闻讯焚宫，不知所踪。建文旧臣有四百余人乘着夜色逃亡，而戴德彝选择留在京城闭门不出，准备必要时以身相殉。

朱棣称帝后，为杜绝天下悠悠之口，废除建文帝年号，号称自己乃是直接继承明太祖朱元璋的帝位。因为方孝孺曾为建文帝文胆，文章和声望都有公论，他宣召方孝孺起草登基诏书，方孝孺披麻戴孝前往，痛骂不绝，写下"燕贼篡位"四个大字，被处以车裂，灭十族，史称"瓜蔓抄"。死前，方孝孺以肘撑地，爬行而书，用手指沾血连书十二个半"篡"字方才气绝。方此之时，人人自危，唯恐与方家有所牵连而祸及自身，戴德彝却义无反顾地前往刑场，抚尸痛哭，并为其收尸。事后写诗一首凭吊："临危生死决须臾，为国宁怜家与躯？继志情殷愧力短，承先念切遇时渝。关山欲断春秋泪，骨肉长分南北区。手泽遗今无复守，聊凭风雨泣桑榆。"

身居京城，眼看着旧时同僚，建文帝时期的栋梁黄子澄、齐泰、方孝孺相继遇害，戴德彝感到无比愤懑又无能为力，绝食三日以抗议暴行。在祭告自己父亲的文章里，他表达了自己舍生取义的决心："讵被篡燕谬起戎心，直入京邸，李景隆献门纳降，上急以火焚宫而崩。遂袭大位。执齐、黄二公，族其家。复以方公草诏不从，磔之，夷其九族。我岂能独生乎？即于今壬午之岁六月十四日谨就会所焚香哀告：遥遥千里，望空泣拜父，我父有知，尚其鉴之。"

还写了一首诗明志："近臣职治思，玉堂清且荣。要以士品贵，匪徒文墨攻。自昔有唐氏，士以骨髓风。崔李韵不群，敬舆望更隆。因时效忠苌，补天犹有功。士生百世后，取法宜何从。圣人示以鹄，正学于此崇。拾遗不后君，矫矫追其踪。夷险运不同，臭味古今通。"

作为建文帝智囊团中的主力之一，戴德彝也是朱棣的招安对象，劝他为新帝服务。谁知戴德彝却递上一封声讨朱棣的檄文，并痛骂不止。恼羞成怒的朱棣下令锯杀戴德彝，却被他讥笑身为帝皇却不懂刑法，不知道不该对儒生施以锯刑。早存死志的戴德彝从容赴难，写下《绝命》诗一首："丈夫砥节石如坚，临难何辞鼎釜煎。王蠋捐躯英万古，常山断舌志千年。灵光长照丹心血，飞魄还歌正气篇。碎首今朝知毕业，空留遗恨有谁怜？"除了对壮志未酬的遗恨，对于面临的厄运，他丝毫不以为意。

戴德彝被锯杀时，年仅39岁，夫人汪氏充为奴婢，朱棣又下令夷其九族。当时在京的戴氏族人10余口，都未能幸免。其中就有随戴德彝同住，在京为官的堂弟德佑，他平时常与德彝讨论国家兴亡人生抱负，得到兄长就义的消息，戴德礼说："兄既就义，吾亦并受国恩，岂忍偷生。"于是"即整冠束带，北面再拜，自刭而死。"

堪称奇迹的是，居住在正明村的戴氏族人却得到了最大程度的保护周全，这场浩劫中遇难的戴氏族人总人数为46人，远低于方孝孺被害时被诛族的873人。为什么会这样？不是因为戴氏人丁少，而是一位有远见卓识的女性的策划，这位女子就是赴京探亲却受牵连赴难的戴德佑的妻子项孟和。

项氏从方氏被诛十族起，就预料到戴家很有可能因为戴德彝与方孝孺的交情而在此次事件中受到株连。为此，她说动族人烧毁族谱，遣散仆从，让族人分散各地逃难。最后，当京城的使者到达正明村时，偌大的戴家阗门正堂中，只端坐着项氏一人。她声称："拾遗亲口数十人，俱京居，妾夫德祐，妾夫兄德礼，亦殁于京矣。留家居者，独妾，宜坐，诸他戴姓悉非拾遗亲，愿无滥及，伤明主恩。"使者不信，在寻找谱籍未果后，对她施以各种寻常人难以忍受的酷刑，乃至用烧火的铁钳一寸寸烙烫她的全身，致其全身糜烂，体无完肤，而项氏始终坚持着最初的说法。使者无可奈何，回京复命，放了项氏。

戴德彝罹难后二十余年，至永乐二十二年（1424）十一月，明仁宗即位，下诏赦免靖难之变中死难诸臣，逃散各地的戴氏族裔才陆续返回故土。在漫长的岁月中，戴德彝的气节备受后人推崇，对他的纪念之举颇多：宣德六年（1431），县令周铨在戴家弄建明德坊。嘉靖九年（1530），邑令陈缟请祀于乡贤祠。嘉靖十三年（1534），奉化县令钱璠于学宫东首建显忠祠，置田13亩以祀，赠匾曰显忠祠。隆庆六年（1572）四月，应生员王钊等人请求，宁波府节推周光镐重建显忠祠五楹于官山之阳，置田20余亩以祀。浙江巡抚谢廷杰题赠匾额"乾坤正气"，春秋二祭。万历元年（1573）赐谥号"毅直"，由县令率众入祠祭祀。崇祯十年（1637），邑令胡梦泰题匾曰：通身是齿。崇祯十五年（1642），邑令胡梦泰捐俸30两置田6亩以供祠用。清同治三年（1864），由东门戴、北门戴（即忠裔堂）共同出资，在官山之阳原址重建显忠祠五楹，内有御赐"贞诚报国"直督牌匾等楹联文物不下50件，内塑德彝公像，膝盖设有机关，一按膝会自站伏背。

可惜的是，诸多遗迹大半都已成为史册中的一笔记载，留存至今的不过是一条明德坊路的路名、一座削去了一半的官山、一个失火后间杂在新旧民居间不复有旧时模样的戴家闾门，以及他的后裔1999年清明节前在现今戴氏聚居地黄夹岙村口建成的显忠亭一座，亭额由毛冀虎先生所书。

（文：江幼红）

宁海仇家村

爱国名臣仇悆传

仇家村隶属于宁海县梅林街道，该村武风昌盛，名将辈出，在"耕读传家"较普遍的宁海古村落中，可以说是独树一帜的。宁海仇氏始祖仇悆乃是南宋时期爱国名将，自迁居宁海之后，以爱国尚武教导后人，故历代以来，仇氏后裔武风炽盛，精忠报国，留下许多遗迹。

仇悆（？—1134），字泰然，益都人，大观三年（1109）考中进士，任职地方时，治事严明，处事公正，百姓十分爱戴他，以至于每次调职时，当地百姓都拦住马头，恳请他留下。朝廷调兵十几万于燕山时，他为大军押运粮草，从不扰民，也从不拖延。当大军溃败时，许多物资都被扔下，资助了敌人，唯有他守护押运的物资完好无损。他做高密丞时，莱州、密州一带巨寇横行。这些贼寇听说了仇悆的名声，都相约不去劫掠高密，高密境内的百姓因此得到保全。密州兵卒叛变，关闭城门，抢劫财物，屠杀官员殆尽，唯独大呼："无惊仇公！"

宋室南渡后，仇悆知建昌军，入考功郎，迁右司及中书门检正诸房公事，不久后担任沿海制置使，防御金人从海上偷袭。当时明州太守与宰相关系很好，谎言城内兵卒将要叛变，结果精兵良将被派来准备秘密逮捕当事者。统制官徐文察觉后，率领叛军坐船出海而去。临去时大呼道："我因为仇公的缘故，不杀人，不焚烧房子。"整个城市因为仇悆得以保存。

仇悆以淮西宣抚知庐州时，叛臣刘豫的儿子刘麟联合金兵大举入侵，百姓惶恐不安。宣抚司统制张琦，想要乘危为乱，带领数千甲士，持刀威逼仇悆弃城出走，驱赶老百姓渡江往南走。由于事情发生突然，左右的人措手不及，惊慌溃散，仇悆却毫无所动，神色镇定地说："你们不负责保卫国土，我应当以死殉国！金兵还没来，你们就仓皇逃走，还要威逼我弃城出走。老百姓靠谁来保护呢？"张琦等人大为错愕，仓促间解散了兵士，人心因此安定。

金兵临近庐州，仇悆向宣抚司求援，又急遣儿子赴朝告急，都没有求来援兵；皇帝下诏要亲征，可诏书亦无法送至两淮。朝廷中还有人声言要放弃两淮，走保江南。仇念将诏书的内容告示百姓，众人读了都非常感动，纷纷自告奋勇，保卫家乡。恰好一群官兵因主将战死，退至庐州，仇念将散兵收容起来，加以慰劳、整编，并招募庐州、寿州乡兵两千，出奇兵进攻寿春城，三战三捷，敌军大败，退走淮北。后来刘麟增兵来援，又被仇念击败。仇念不仅收复了寿春，还俘虏斩首众多，缴获数千旗械，焚烧敌人的粮船百余艘，降伏了渤海首领二人。庐州保卫战取得了大胜。

最初，金兵围困濠州，十几天都未曾攻下。因为天冷，战马多冻死，于是集中兵力进攻淮东。当时枢密使张浚到金陵视察，他献计说："金军重兵在淮东，既疲乏，又缺粮，若以精兵两万，一支从寿阳，一支从汉上，直指汴京，敌人当不战而退，再以大军尾追，胜利可望。"并指出："若今日放纵敌人，将来会有数世之患，希望您不要有失去时机的悔恨！"张浚没有采纳这个建议。刘麟又率军到合肥，声称金兀术的大军作他的后殿，一时间，两淮地区人心惶恐，不知所措。邻郡官吏纷纷焚烧粮草，弃城逃跑。枢密使张浚下令，让他相机撤退，他回答说："溃败后残余下来的军队，士气低落，粮草又供应不上，实在是无法抵抗敌军。但是作为一个路（宋代行政区域名）的主将，应当誓死坚守，今日若是弃城而走，金人就会得到淮西，并在巢湖整顿训练兵舰，这一定会给朝廷留下隐患。"这时恰好京西制置使牛皋统兵过境，他请牛皋协助抵御刘麟。牛皋率2000骑兵冲向敌军，短兵相接，所向披靡。他的副将徐庆坠马，牛皋扶其胳膊将他弄上马，手刃数人。他摘下头盔，大呼道："我是牛皋！曾经四次打败兀术，你们可来决一死战！"敌人害怕牛皋，争相逃命。

后来仇念改任浙东宣抚使，知明州。在明州时，他挫豪强，惩奸猾，开仓救灾。又改任湖南安抚使，知潭州，有政绩，加宝文阁学士，任陕西都转运使。当时金人无故提出要归还侵占的疆土，他上书力陈敌人的诡计叵测，坚决阻止。秦桧正力主和议，因此视他为异己，削了他的官职。不久，金人果然又重新占领了所归还的郡县。于是，朝廷恢复了他的徽猷阁待制，再知明州，又改知平江府。他上殿辞别皇帝时说："我军已练习作战，不再像从前那样，所以刘锜才能以少击多，大败敌人，如果能够趁着已展开的气势，鼓行而前，那么不需要出兵，一纸讨敌文书，就可以拿下中原。"后累官至左朝议大夫，爵封益都伯。死后，朝廷赠其左通议大夫。

　　宁海仇悆的后裔，九百年来慎重保存他的著作、语录，以爱国尚武教育后代，"好男要当保国臣"的遗言代代相传，为国勤读兵书，苦练杀敌本领，习武成为宁海仇氏的优良传统。到清光绪年间，更为兴旺，那时仇家村青年个个读兵书，人人练武功，出现了考武生热潮。这个热潮影响深远，曾经一次考中武生七名。

（文：颜晓红）

宁海清潭村

尽忠潭边忆张岵

　　清潭村隶属于宁海县（原属台州，民国三年划归今宁波）深甽镇，清溪流经村子东南，四面有九峰环抱，溪中有岩，自古有"九龙抢珠"之称。该村原名里岙。明代初年，张岵自溺于清溪斗岩潭，以身殉节。从此以后，该村因"忠节清气"而改名为"清潭"。

　　张岵，字原望，号慎斋，明洪武十八年（1385）进士，历任河南道监察御史兼武英殿大学士等职。他与方孝孺是好朋友。洪武二十三年（1390），方孝孺曾在清潭村讲学，撰写了《娱静楼记》《懒斋记》和《清潭张氏宗谱序》等文章。张岵对方孝孺先生的文章非常敬佩，对方孝孺先生的人品与正气更为敬仰。虽然张岵比方孝孺年长，但他却始终把方孝孺作为自己的楷模。而方孝孺对张岵的评价也很高，在他的文集中，曾说与他相交的朋友中，张岵朴实而通达，温厚而正直，是一个善士。

清潭村村貌

　　洪武三十一年（1390），明太祖驾崩，因太子朱标早逝，而将皇位传给皇太孙朱允炆，是为建文帝。此事引起了以燕王朱棣为首的诸王不满，建文帝为巩固帝位，大举削藩，却被燕王朱棣以"清君侧，靖国难"为名起兵，经历了四年战争，攻陷了南京，夺取了帝位。

当是时，张岵因父母亡故，在父母坟墓前搭庐守灵，惊悉燕王朱棣篡位，方孝孺因拒绝为燕王草写即位诏书，被车裂于街市，并株连十族，牵连亲友、门生。张岵闻此惨祸后，立即写了一封遗书给家中，信中说"君主已经死亡，臣子岂有独生的道理"。于是，张岵毅然来到村边的斗岩潭，准备沉潭自杀，以身殉节。

临终前，张岵身着孝服，素巾散发，手捧酒杯，朝着天地跪拜，沉痛地念道："方公孝孺，忠肝义胆。虽知狂澜难挽，却以'义'字当先！斧钺之下，意志难摧，游魂杜鹃，未归故里。华表柱头，盈盈净空，常见孤鸿掠影；晦暗子夜，也听不平之鸣。我辈有此公，我辈幸甚，我乡有此公，我乡幸甚！哀哉方公，壮哉方公！"听着张岵一字一顿地吟诵着悼念方孝孺先生的文词，随同而来的家属和村中的百姓深受感动，不禁一齐号啕大哭起来。

张岵说完后就将酒洒向大地，洒向潭中，最后与乡亲依依告别，庄重的步伐迈向布轿，泰然自若地稳坐在布轿里，挥手叫道，将我与轿子一起放到潭里去。在场的人们都十分悲痛，一边大哭，一边大叫，张岵呀！张岵，你慢慢走呀！紧接着张岵的妻子、孩子、亲戚朋友和村民们也一个个跳向潭里。据史料所载，跟随张岵投潭自杀的有十余人。这是一场悲惨壮观的场面，亦是一个赤胆忠义的气节之举。

不久之后，官兵来到了清潭村抓捕张岵，自然一无所获。后来，官兵又接二连三来抓张岵的亲戚和张氏家族，幸而不少人及早逃至深山，才免遭祸殃。

明代永乐二十二年（1424），朱棣驾崩，其子朱高炽称帝，是为明仁宗。为安定人心，明仁宗大赦天下。一年之后，仁宗驾崩，太子朱瞻基继位，是为明宣宗，再次大赦，并下旨赐张岵"忠节"谥号及匾额。清潭村才逐渐恢复了元气。后人为了纪念张岵及其族人的忠节之举，将斗岩潭更名为尽忠潭，并在尽忠潭边竖立了"张忠节先生尽忠潭碑"。碑文为："呜呼，此忠节先生之汨罗也……苍茫间，丹心可贯金石，浩气可作山河，未尝不肃然起敬，则谓斗岩一泓与未求片土，辉映千秋也，可遂焚盥而书之。"

对此，后人有诗赞曰："斗岩落月潭心冷，止水斜月碑字明。""指躯赤族祸株连，痛哭方家血泪鲜，视死如归千载后，忠魂依旧入乡贤。"

　　清潭之水清悠悠，忠义之乡情浓浓。读此碑文，遥想600年前清潭村发生的那惨烈的一幕，令人不禁潸然泪下。

　　按：本故事主要依据光绪《宁海县志》及滕延振《张岵的忠义气节》改编而成。

（文：颜晓红/图：吴一鸣）

象山东溪村

退寇卫境励太公

东溪村隶属于象山县新桥镇，位于镇西北部，五狮山麓南首，是省道茅石线、县道东旦公路的交汇点，交通便利，历史悠久。据《励氏宗谱》载，北宋末年，其祖先自义乌迁至此处建村定居。因沿东溪北岸布村，故以溪名村，至今已有743年历史。村内约26姓，其中励姓占90%。

新桥境内有一条上通象山县城，下通渔港石浦的古道，旧时人们称之为"官马大路"。"官马大路"上建有数座石桥，在东溪村的东北首，庙前杨村西南首的外堡庙旁，有一座看起来较为普通的石桥，桥旁立一桥碑，正面刻有"太平桥"三字，背面则刻有"退寇卫境"四个大字。东溪村的男女老幼都知道，这四字里，记录着一名叫励敬爵的村民，奋勇抵抗外来入侵者的传奇故事。

明朝嘉靖年间，倭寇常常入侵浙闽沿海一带扰乱，地处东海之滨的象山也深受其害。村中传说，这些倭寇看起来似人非人，形同猿猴鬼怪，性格凶残狠毒，是杀人不眨眼的魔王，凡是见过的村民都谈倭色变。村里妇女常用倭寇来吓唬小孩，当小孩调皮不肯入睡时，她们将之搂在怀里，嘴里发出"倭、倭、倭"的叫声，孩子就吓得赶紧闭上眼睛睡觉。直到今天，东溪人还在将它当作哄小孩入睡的催眠曲。

这群流窜的倭寇穷凶极恶，他们抢掠财物，奸淫妇女，杀害当地百姓，无恶不作，犯下的罪行可以说是罄竹难书。那时，东溪村民常常夜不安寝，做父母的害怕小孩哭出声音，恐遭不测。大白天，胆小的青年都不敢下地干活，妇女们更是惧怕至极，常躲在隐蔽地方做针线活，以防倭寇非礼。烧火做饭时，不用平时的柴草作燃料，只用"狗牙头"的柴代替，因为这种柴烧起来没有烟，可防倭寇在山上看到炊烟，奔下山来抢劫。

倭寇的侵害，使村民的生活处于水深火热之中，倭寇犯下的滔天罪行也激起了他们的极大愤恨。这时，东溪村有位叫励敬爵的村民，将他们组织起来，联合周边村庄的村民共同抵抗倭寇的入侵，掀起了奋起抗击倭寇的斗争热潮。

励敬爵，字朝贵，号东川，生于明弘治四年（1491），在励氏太公中为五房总太公。据《励氏宗谱》记载："尝行阴德，更有武功。日振臂一呼，斩首数级。而倭即为之稍却，宪请授官，不没其能。褒之匾曰：征戎第一功。"敬爵太公身材魁伟，力大无穷，还懂武功。他为人心地善良，经常帮助他人，也乐意为村里造桥、铺路、做塘、修祠堂等。村民遇到什么困难向他求助，他都会帮忙解决，村里无论有什么事，他都会主动上前去做。日积月累，励敬爵便成了东溪村最有威信的人。

那时，倭寇在象山境内四处流窜。对倭寇的入侵，励敬爵早已恨之入骨，心里暗暗下决心，一旦遇上，定要狠揍倭寇，为民除害。

据《励氏宗谱》记载，有一天，敬爵太公正在拗脚窝干农活，听到有村民在大声呼喊："庙前杨大路上有一伙倭贼来了，大家快躲避一下！"敬爵太公听到消息后，心中升起了一股怒火。心想，今天我要不拿出点颜色给这群倭贼看看！枉自为人！倭贼果然冲过来了。仇人相见，分外眼红。积聚多时的怒火，瞬间在敬爵太公胸中迸发。只见他身子往下一蹲，大喊一声"拔啊"，地头的一棵柳树就被他连根拔起。他力大无比，拿着这棵柳树当武器，口里一迭声怒吼："打啊！打啊"冲向倭贼群。他单枪匹马，以一抵十，一个人独斗一群倭寇。用柳树见一个，打一个，接二连三地击倒数名倭贼。没击倒的倭贼见状，吓得屁滚尿流，抱头逃窜……

事后，敬爵太公还不解恨，把已击毙的倭贼首级割下来，挂在村前的大树上。从此以后，这些贼寇闻风丧胆，再也不敢来侵犯了。

敬爵太公怒打倭贼的消息传开后，附近村里的村民们都扬眉吐气，拍手叫好。据庙前杨村的《杨氏宗谱》记载，敬爵太公英勇抗倭的事迹极大地鼓舞了庙前杨村的村民，他们也奋起反抗，齐心协力团结起来共同对付倭寇，每次倭寇入侵，都被他们打得落花流水。从此以后，东溪与庙前杨村附近一带，倭奴再也不敢来侵犯了，村民们也过上了太平日子。

不久之后，浙江兵备道谭纶奉命前来浙江沿海一带抗倭，听闻了敬爵太公的英勇事迹，又见他本人身材魁伟，疾恶如仇，就招他跟自己一起抗倭。敬爵太公跟随谭纶在沿海一带抗倭五年，立下了赫赫战功。谭纶上奏朝廷给敬爵太公加官晋爵，被敬爵太公一口拒绝。他坚辞官爵，退隐象山东溪乡下，开田辟园，甘居林泉之所，乐食田间之物。他还将朝廷赐给他的物资，一并分散赠予村民。在饥荒年代，凡遇饥民，必援手相助。乡里村里有生活困难的农户，每年都送衣赠食，让他们安然过年。

　　为了纪念敬爵太公的高尚为人以及抗倭事迹，也为了让后代子孙记住这段历史，人们在太平桥的桥碑背面刻上"退寇卫境"四字，以激励后人若遇外来强敌，只要"人心齐，泰山移"，发扬团结拼搏精神，一致对外抗敌，定能保家卫国，过上平安幸福的日子。

　　嘉靖五年（1526），谭纶得知敬爵太公归隐东溪后，一面禀报平倭大将军戚继光，一面特制匾额一块，上书"征戎第一功"五个金光闪闪的大字，挂在东溪励氏宗祠的正厅上，以褒奖敬爵太公抗倭之功。《励氏宗谱》（光绪二十五年版）有记载道：谭纶赠敬爵号东川。

　　"征戎第一功"匾一直挂在励氏祠堂，敬爵太公怒打倭寇的事迹，则被记载在励氏宗谱里。敬爵太公用自身的行为告诫后世子孙：若遇外来入侵者，族人应拧成一股绳，奋力抗击，以保家卫国为己任。敬爵太公是东溪历史上第一位有记载的民族抗倭英雄，在他的激励下，东溪后代中为国家、为民族无私奉献的义士层出不穷。一直到今天，东溪的老百姓还在代代传述这段传奇的故事。

（文：杨卓娅）

抗倭英雄吴碧山

黄坑村隶属于温州市瓯海区泽雅镇，群山环拥，东面雪积山，南面南角山，西面金刚尖，三大山脉以居高临下的气势俯冲下来，盘旋于黄坑平展之处。来自东、南、西峡谷的三条清溪殊途同归，汇聚于村前，自东向西流去，此种地形在风水上被古人称为"三龙抢珠"。小溪之间则是梯田和民居建筑，大多坐南朝北，依山而筑，沿山势逐级升高，布局错落有致。居民以吴、黄二姓为主。吴氏先民于南宋德祐年间自永嘉楠溪上吴迁于此处，为宋朝吏部尚书吴湛然后裔。

吴氏家族，系浙南一带名门望族，历史上出过不少名人。这可以从几百年前遗留下来的族谱及宗祠遗迹证实。吴氏宗祠前悬挂一块匾额，白底黑字写有"宋吏部尚书湛然吴公祠"。宗祠正堂上方悬挂四个代表吴氏家族历代荣耀的匾额，分别是"公勤荣寿""大学士""旌奖""父子勤公"。族谱上显示四个精致的柱磉及栋梁代表了吴氏家族四位族人，分别是：吴表臣、吴子量、吴碧山、吴鼎臣，意喻栋梁之才撑起家族兴旺昌盛之业。其中吴碧山为明朝浙江有名的抗倭英雄。吴氏宗祠里"旌奖"匾额就是奖励吴碧山的抗倭功绩。

吴拱俊，字得凌，号碧山。为人刚毅正直，爱憎分明。平时乡邻若有纠纷，必请他出来裁决，由于他处事极公正，能明辨是非，故为乡亲所信服，称其为人处世有太古之遗风。

明朝中后期，随着朝政日渐腐败，海防逐渐松弛，倭寇日益嚣张。尤其是东南沿海一带一些海商大贾、浙闽大姓为了牟取暴利，不顾海禁，进行海上走私贸易，形成海上走私武装，甚至亡命海外，勾结倭寇，劫掠沿海一带。温州地处东南沿海，首当其冲，倭患十分严重。

嘉靖三十七年（1558）戊午四月六日，倭寇数万人沿南溪港直下，至朱村浦海壇下登岸，沿路烧杀掠夺，外沙军民房屋毁于一旦。十八日，倭寇抵达温州，兵临城下，企图攻取城池。城内百姓如惊弓之鸟，惶惶不安，乱作一团。温州知府杨公率领张保、陈仑等将士坚守城门，一时间无数弓箭飞石如雨点般射向倭寇，为了击退敌人，守城将士还用上了土制乌铳火箭炮，杀伤力远胜弓箭飞石。在乌铳火箭炮的猛烈炮火下，倭寇损兵折将，温州府城也久攻不下，只好于二十九日撤退。坚固的城池攻不下，倭寇就转向了防御较弱的周边山村，屠杀村民，烧毁民居，劫掠财产。周边山村形势非常危急，百姓生命岌岌可危。

在这危急存亡之际，杨知府委托黄坑村吴碧山出手相助，共同对付倭寇。吴碧山接到任务后，毫不推辞，立即召集村里勇猛之士，组成乡兵，捐出巨资，充当军饷，以保境安民。他的五个儿子也一起参加了乡兵，正所谓打虎亲兄弟，上阵父子兵。

吴碧山派人侦察敌情后，依据当地山势地形，制定出一套制敌策略。他先派乡兵把守黄坑、陈岙、大源、小源等重要的山头、关口，并将巨石垒堆于地势险要之处，同时，又准备充足的武器装备乡兵，包括了乌铳火箭炮、大刀、长矛、盾牌等，只待倭寇进入包围圈，便与倭寇进行一场殊死搏斗。

穷凶极恶的倭寇，由于对这一带地形比较陌生，不敢长驱直入，停停走走，东张西望。吴碧山率领乡兵，耐住性子，采用欲擒故纵之法，先是按兵不动，引诱倭寇的大部队进入山坳中后，再一声令下，埋伏在隐蔽处的乡兵立即用乌铳火箭炮炮轰倭寇，紧接着两岸高山上巨石滚滚而下。山坳里的倭寇措手不及，顿时人仰马翻，哭爹喊娘，乱作一团。

趁敌军慌乱之际，乡兵们又擂响战鼓，吹响号角，伴随着冲杀之声，将士们如奇兵天降，兵分两路向敌军包抄过去。带头者用盾牌掩护冲入敌军，尾随者手执大刀长矛紧随其后，与倭寇短兵相接，展开殊死搏斗。顿时，山坳里硝烟弥漫，杀声震天。吴碧山身先士卒，奋勇冲杀，乡兵们亦个个不甘人后，一往无前，奋不顾身。经过激烈的鏖战，倭寇终于败退。

此一战役，吴碧山及将士们用飞石击死倭寇二十人，生擒六人，其余敌军伤亡不计其数，缴获大量刀枪器械粮草物资。俘虏及物资都送交给温州官府。吴碧山的二儿子吴嵩折伤左手，三儿子吴嶂牺牲在战场上。后人有诗歌咏道：陈岙兵战胜，黄川士得功。

温州知府杨公将吴碧山率领一乡义勇击退倭寇的事迹上报朝廷，经典史卢治复核属实后，朝廷授予吴碧山官职，授山东德府及旌奖匾额，并犒赏他银两145两。吴碧山将所赏银两全部捐献出来，分给士兵，自己分文不要。碧山公的行为一时在乡间广为称颂，成为街头巷尾的美谈。

关于故事的结尾在黄坑村中其实还流传着另外一个版本。据说，此次战斗吴碧山自己也牺牲在战场上，连尸首都消失在硝烟弥漫的战场上，家人只找到了他的一条辫子，造了一个衣冠冢，留作纪念。遗留在吴氏宗祠里一副对联给了他这样的评价：剿海倭以振瓯邦忠义因为孙子孝，见三峰而守孤耸义旗遥忆祖宗功。

（文：温州市农办）

> 温州龙湾新城村

叔侄抗倭保家国

新城村隶属于温州市龙湾区永中镇，也是明代城堡永昌堡所在地。那长 778 米、宽 445 米城堡所包围的 0.34 平方公里范围，是相对于永兴街道永兴堡的老城而言的"新城"，故新城为永昌堡别称，当地人称"新城底"，村庄因此得名。堡即是村，村即是堡，与周围村庄泾渭分明。

倭寇，俗称"倭儿贼"。14 世纪，日本处于南北朝的内战时期，一些战败的溃兵败将流落海上，得到封建主和寺院大地主的支持，会同浪人、奸商组成海盗集团，进行劫掠和走私。有的还与我国的海匪和土豪勾结在一起，成为无恶不作的流寇，经常骚扰我国东南沿海。

明代抗倭英雄王沛、王德像

历史上，倭寇入侵始于洪武年间，至嘉靖年间成沿海大患，一直延续到明末。特别是嘉靖三十一年至四十二年（1552—1563）的短短 11 年间，温州遭受了倭寇 28 次侵扰，每年因此而死的人数不少于 3 万人。永嘉场位于温州东部瓯江入海口，首当其冲，备受倭寇侵扰掳掠之苦，"倭儿贼"所到之处，皆为焦土，人员死伤、财物损失、房屋被焚，社会经济遭到极大破坏。史书中多次出现"各乡罹其锋者几半""烧毁民居十之八""杀人溪水变赤""稻禾不能下种"等惨不忍睹的记载。

　　嘉靖三十七年（1538），倭寇自四月初入境至五月望后始去，在二十余天时间内，烧毁乡间民房十之八，杀死男妇以数万计。有瓯以来，未曾有如此之惨。哪里有侵略，哪里就有反抗。为了保卫家园，永嘉场民众纷纷武装起来，组成义师，同仇敌忾，奋起抗倭，出现了王沛、王德等抗倭英雄。永嘉场的抗倭故事也开始以族谱、唱词、民间壁画等形式流传开来。

　　王沛（1485—1558），字子大，号仁山，永嘉场二都英桥里人。出身仕宦世家，舅父张璁为内阁首辅，长兄王澈官兵部员外郎，次兄王激任国子祭酒兼经筵讲官，王沛行三，不乐仕进，学习医术，为人治病。嘉靖三十一年（1552），倭寇袭掠黄岩。四月，倭寇大船两艘由瑞安港进入永嘉场一都长沙。王沛事先侦得消息，组织乡民千余户，挑选健士，把守要塞。当倭寇即将登陆时，王沛与从侄王德率领乡兵义师赶到，涉水与之格斗，倭寇不敌，蹈海遁去。

　　王德（1517—1558），字汝修，号东华。王沛从侄。嘉靖十七年（1538）进士。历官东昌府推官、大名府推官，有能声。丁父忧，起复补大名府（今属河北省），署滑县事。升户科给事中，以风节自持，上疏请简任辅臣，为当路所忌。嘉靖二十九年（1550），出为广东按察司金事，备兵岭南，与抚台议事龃龉，谢病回乡，归奉母亲，居温州郡城内。王德看到家乡永嘉场遭倭寇劫掠，庐舍为墟，生灵涂炭。在国难临头之际，王德抛却个人仕途恩怨，毅然捐献全部家产，协助叔父王沛募兵抗倭，增募义兵1000余人，使队伍扩充到2500余人，为保家卫国悉心训练。2500人的"王氏义师"平时学习武艺，潮讯时聚集宗祠，以作防守。王氏义师纪律严明、士气高昂、战斗力强。

　　嘉靖三十五年（1556）十月初九，一股倭贼由永嘉楠溪渡江至蒲州登陆后，过茅竹岭，烧海山钟秀坊，欲经永嘉场前往梅头下海，可是听说永嘉场有王氏义师，不敢轻进，于是屯据龙湾，分掠永嘉场诸乡。王沛、王德闻讯后，立即率领王氏义师赶赴龙湾上金截击，义兵斗志昂扬，奋勇杀贼，倭寇不敌，大败而逃，义兵追杀数十里，取得了"斩首十六、生擒十四、夺马十余匹、解救被虏百姓八十余"的重大胜利，史称"上金之战"。从此，王氏义师名扬浙南，时人称之为永嘉场长城。

　　嘉靖三十七年（1558）四月初，倭寇再次入侵，大肆烧杀劫掠。当时遍地皆为倭寇，又有奸细为之引路，深山穷谷，无所不至。永嘉场各乡遭其劫掠几达半数。此时，王沛已是七十三岁高龄，众人劝他入城暂避贼寇之锋。他却说："今若退一尺，便失一丈。绝不能为自身计，而忍看乡间成废墟。"

四月初四，倭船十七艘登陆梅头前冈。初五日，倭寇800余人进攻海安所，劫掠索求蓑笠和银两。守城军民凭借城垣为屏障，坚守奋战，滚石利箭倾城而下，倭寇惨败而退。初六日，王沛、王德率王氏义师追剿，倭寇见义师来战，焚烧舟船，佯装下海逃遁。于是，王德分兵屯驻山前海边，王沛则留驻梅冈半山腰，以监视敌情。

忽然有一只船队顺风飘来，众人都以为是渔船而没有防备。不料乃是倭贼装扮突袭，顿时将义师截为两段，并迅速包围王沛，刹那间，形势极其险急，王沛身先士卒，挥戈左冲右杀，终因寡不敌众，未及王德来救，便不幸壮烈牺牲。同时遇难的还有族弟王崇尧、王崇修等七十余人。当义兵抬着尸体回来时，乡人见之，哀震闾里。

王氏义师喋血梅头，王沛牺牲。王德归来后，当众断刀发誓："我王德若不能为沛公报仇血恨，就如此刀。"次日，王德统领义兵，奋起神威，连斩二寇，擒七人，倭寇见其勇猛难敌，遂退兵。

十八日，数千名倭寇包围温州郡城，十九日，守备袁祖庚派人告急。在敌强我弱的不利情况下，王德置生死于度外，与宁村所参将张铁相约：二十日，会兵出击。是日凌晨，王德率少部精兵从偏僻的小路前行，不料消息走漏，行至金岙时遭到倭寇伏击。据《明史》记载，王德殉难前，仍"射杀数人，骂贼死"。民间传言他被倭寇惨无人道地"剥皮滚沙"，死得极为凄惨悲壮，年仅42岁。值得一提的是金岙一战后，王氏义师虽严重受挫，然而倭寇自此不敢再从此地入侵府城了。

王沛、王德壮烈牺牲后，倭寇气势益加嚣张，以至于屡次围攻郡城，焚掳村落，无所不至，再也没有顾忌了。族人王叔果于嘉靖三十七年（1558）回乡扫墓，正遇倭寇猖獗，于是上疏请筑永昌堡。其弟王叔杲放弃赴京会试的机会，会同族中父老，亲自主持建堡工程。同年十一月，开始修筑城堡，次年十月竣工。耗资七千余金，王叔杲独自拿出建城所需的一半资金，仅用了11个月就完成了这座垒石填土达10万立方工程量的永昌堡。从此，宁村所城、永兴堡、永昌堡互为犄角，在防倭抗倭战斗中发挥了有效的防御作用。

（文/图：方舟）

永嘉芙蓉村

抗元志士陈虞之

芙蓉村隶属于温州市永嘉县岩头镇，是一座背靠"芙蓉三冠"，布局于平地上的大型村寨，始建于唐代末年，为陈姓聚居之地。抗元志士陈虞之就出生于此，为永嘉大源鞭蓉陈氏第十六世后人。关于他率领族人誓死抵抗元军，最后自杀殉国的壮烈故事依然在村中父老中口耳相传。

陈虞之（1225—1279），字云翁，永嘉芙蓉村人。自幼勤于耕读，咸淳元年（1265）考上进士，并授官。善书画，工墨竹，以忠义自许。宋度宗在位时，金朝已经灭亡多年，北方蒙元的军队大举南下，国难当头之际，他却把军国大权交给贾似道执掌，使南宋偏安江南的锦绣江山处于暗无天日之中。陈虞之为国上谏，反遭撤职返乡。

1274 年 6 月，昏庸无能的宋度宗病死于福宁殿，遗诏以四岁幼儿赵显继承皇位，谢太后临朝听政，实际上却是大奸臣贾似道独揽大权。这时元军已攻下西部重镇襄阳、樊城，声势大振。9 月，忽必烈认为灭宋的条件业已成熟，发兵二十万，分兵两路向南宋进军。1276 年 2 月，元军攻陷临安，宋恭帝赵显被俘，南宋主管军事的枢密院官员和御史纷纷离京逃跑。南宋皇室也仓皇逃至浙江温州的江心屿。

自都城临安陷落后，元军继续南下。当一支元军在宋朝降将吕文焕的带领下追击至温州时，九死一生的文天祥想到了赋闲在家的离这里不远的陈虞之。为恢复大宋江山，陈虞之义无反顾地接受了文天祥的命令，亲自带领族人和乡军 1000 余人赶赴瓯江北岸，引开元兵主力，保护宋端宗（即小皇帝赵昰，宋恭帝赵显的庶长兄）顺利向南撤退。

陈虞之率领部下在永嘉上塘附近的绿嶂咩与元将乞答剌对垒，双方鏖战激烈。虽然陈虞之及部下奋勇拼杀，终因寡不敌众，陈虞之且战且退，一直退到他家乡南面的芙蓉岩，以此为据点，坚持抗元。

芙蓉岩位于芙蓉村南，高耸入云，崖顶平坦广阔，四周峭壁千仞，只要守住几条小径，就可据险固守，是一个"一夫当关，万夫莫开"的天

抗元志士陈虞之

险之地。陈虞之率领族众利用有利的地形与敌人巧妙地周旋，在崖上克服了许多难以想象的困难，粉碎了元军发动的大大小小数百次进攻，坚守此岩长达两年之久。援尽粮绝之时，忽然传来一个消息，张世杰兵败广东崖山，左丞相陆秀夫背着小皇帝赵昺投海而死。陈虞之闻此噩耗，自知宋室覆亡，大势已去，加上芙蓉岩背面唯一的粮道已为元军截断，于是陈虞之带领八百部下一起跳下百丈悬崖，以身殉国。

元军攻下芙蓉岩后，对当地进行了疯狂的报复，扫荡了芙蓉峰及附近的芙蓉村，除极少数陈氏后裔逃出之外，其余陈氏族人被屠杀殆尽，芙蓉村也被一把大火化为灰烬。然而"野火烧不尽，春风吹又生"，正是这场大火成就了现在我们看到的芙蓉古村，也正是这场大火，芙蓉古村才有了奇特的"七星八斗"布局。

芙蓉古村重建于元朝顺帝年间。元顺帝是元朝最后一位皇帝，他在位期间，元朝正处于风雨飘摇之际。据说元顺帝有一次沉思国事，忽然问身边的嘉义大夫陈轼道："臣子是忠的好还是奸的好？"

陈轼不假思索地回答道："当然是奸的好。"

"为什么？"

"想当年国史院编修陈虞之为国上谏，反遭撤职，只好返乡。在家乡为了抵抗元军，结果落得跳崖自尽的命运。但是专权的贾似道虽然诬陷忠良，却能荣华富贵，做了三朝的宰相。可见还是奸臣好啊。"

陈轼的陈词当然是反话，元顺帝此时正愁自己身边没有陈虞之那样可以为江山社稷拼死尽忠的忠良之臣。于是，他当即下了一道圣旨重建芙蓉古村，为的就是树立一个忠君报国的典型。

　　清朝康熙己丑年（1685）秋，赐进士出身吏部候选知县林元桂为芙蓉村陈足轩撰写的祝寿文中，称赞陈虞之道："虞之公悯宋祚不延，志图恢复，聚孤军，保穷崖，究能成仁取义，萃忠孝于一门，今观史书所载，凛凛生气，不第以十八金带之艳当时也。"虽然在正史、方志及前贤笔记史料中，当年追随陈虞之抗元殉国的众多陈氏族人仅仅留下一句"死者八百人"记载。陈氏宗谱中也只是在姓名、排行后添了几个字，或"死节芙蓉岩"，或"战死芙蓉岩"。然而史书记录虽简，忠烈之气却扑面而来，那些浴血奋战、从容殉国的陈氏族人，仿佛就在眼前。

（文：颜晓红/图：曾令兵）

┌─────────────┐
│ 平阳钱仓村 │
└─────────────┘

千秋大义话黄友

钱仓村隶属平阳县鳌江镇钱仓社区，钱仓社区历史上几易其名，曾用凤林乡、前仓镇、钱仓镇等名字，古为南雁之门，是浙闽交通要塞，迄今已有一千多年的历史。经济发达，名贤辈出。吴越国王钱弘俶、南宋著名诗人陆游曾在这里留下足迹，明朝县令朱东光捐俸建城堡成为千古佳传，北宋的爱国将领黄友、宋代名臣林待聘、元代著名学者史伯璿和晚清金钱会领袖赵起等众多历史名人，都为钱仓历史添上了浓墨重彩的一笔。

说起历史上的宋金战争，人们自然会想到那位以"精忠报国"著名的爱国将领岳飞。不过，这里讲述的却是另一位同样在抗金历史上流芳百世的爱国将领——他就是黄友。

黄友（1080—1126），字龙友，北宋两浙东路温州平阳县凤林乡梅浦（今属钱仓社区）人，黄友15岁入太学学习，他年龄虽小，但体貌雄健，谈吐不凡，全身上下透着一股英伟之气。在太学里，他很快就崭露头角，成为太学生中引人注目的风云人物。

黄友从小就志向高远，七岁时便赋诗抒怀"鹏程如借便，万里看扶摇"。当时的北宋王朝在西夏和辽国的两面夹击之下，形势日益危急，黄友每每和同伴们谈论国事时，常慷慨激昂地表示："大丈夫不能为国立功，亦造化中赘物耳！"成年后，他毅然投笔从戎，离开太学，来到了边城廓州，投奔守将刘法，报效国家。刘法很赏识黄友的才能与胆略，便把他留在身边，协助自己处理军务。在宣威城的一次保卫战中，都护高永年不幸牺牲，残暴的西夏军队竟"探其心肝食之"。黄友沉痛哀悼战友的忠魂，一连为他书写了七首挽诗。其中的一首云：

　　　粉身碎骨勇无难，祗为君恩重泰山。
　　　风淡月明都护府，功名千古在人间。

　　不料，高永年的功绩上报时，却被经略使抹煞，家属因而得不到朝廷发放的抚恤。高永年的儿子就把黄友的挽诗呈奉皇帝，皇帝阅后感伤不已，不仅降旨追赠高永年以资表彰，还让黄友免去省试，直接参加殿试。

　　北宋崇宁五年（1106），二十七岁的黄友考中进士，先后被派到永嘉和瑞安担任主簿，不久升任金华县令。他为官清正，声望卓著，又被升调到澶州（今河南濮阳）当通判。檀州属于边防重地，金兵常来侵扰，战事不断。他的妻子陈氏作《贺新郎》一词鼓励丈夫尽忠国事，报效国家。词曰："此去关山阻。出都门，匆匆告别，友朋亲故。灞水桥边垂杨舞，此是分携去处。还伫立，殷勤嘱咐，王事艰难身莫惜，先拓开，秦凤熙河路。归奏凯，报明主。"

　　此时已是北宋末年，奸臣乱政，朝廷在外交、军事上接连失策，金兵铁骑长驱直入，席卷中原大地，一时间山河破碎，民不聊生，狼烟起，战鼓鸣。

　　宣和七年（1125），金国撕毁盟约，再次发兵南下。原为辽国的降将郭药师又背叛北宋，投降金国，充当金兵向导。知府徐杰贪生怕死，弃城仓皇逃跑。危急关头，黄友挺身而出，亲自率领留下的几千士卒，拼死抵抗来犯之敌。他躬冒矢石，身先士卒，虽唇齿受伤破裂，仍忍痛坚持战斗。终因寡不敌众，士兵伤亡惨重，黄友不得不带着残部，撤退到中山（今河北定县），协助中山守将一起保卫城池。

　　靖康元年（1126）正月，金兵继续挥师南下，直扑汴京。宋徽宗匆忙将皇位传给太子赵桓，这就是宋钦宗。此时，朝廷急需抗金将领，尚书右丞何桌将黄友推荐给钦宗，说他"久服武事，筹略过人"。钦宗亲自召见，问起他唇破齿裂的原因，黄友告知是在澶州城外与金兵苦战时留下的，钦宗听后很受感动，便派他到河东制置使种师中那儿担任参谋官。

　　此时，大敌当前，金兵压境，形势异常严峻。黄友早已将个人生死置之度外，他对家人交代说："如今国难当头，金兵入境，血战在所难免，我已随时准备为国捐躯。马革裹尸，乃是我的宿愿。你们记住，如果哪一天，我战死沙场，你们收尸时，只要辨认脚板上有颗黑痣的，那就是我黄友。"家人听了，无不感伤流泪。

　　不久，黄友随种师中出征，解除了太原之围。种师中乘胜克复寿阳，黄友也率兵三千攻下了榆次，还从敌人那里夺回了一万多斛粮食。原本黄友打算稍事休整，待后援军队过来时，再向前推进。不料，朝廷督战甚急，种师中不得已命他率领一支兵马先行。行至十余里后，黄友发现地形不利，辎重不济，急忙提醒种师中尽快转移，却未被采纳。第二天凌晨，金将和尼统率大队人马突然杀到。一时间，矢石如雨，黄友毫不退缩，挥军苦战，最后，终因失却支援，矢尽道穷，兵败被俘。

金军把受伤的黄友押送到和尼的大营。和尼爱惜他的勇猛，企图胁迫他投降。黄友厉声高叫："男儿死耳！"接着又破口大骂不止。和尼恼羞成怒，下令用蜡油涂满黄友的全身，把他倒挂在树上，用火焚烧他的身体，将他活活烧死。黄友遇害时，年仅四十七岁。

黄友牺牲的噩耗传到汴京，满朝震惊。宋钦宗赞扬黄友的忠勇，御笔亲书"忠节传家"四个字，加赠中大夫，以表彰黄友精忠报国。诏书曰："朕设用命之赏，励介胄之士，有能赴汤蹈火，徇国家之急，必加旌劝。况久服武事信任良材之臣乎！尔筹略有闻，尝佐元帅，缘庙谟之失策，致榆次之偾师，矢尽道穷，执节不扰，特优赠典，用慰忠魂。"

（文：周仁多）

泰顺国岭村

慷慨就义王维亮

　　国岭村隶属于泰顺县雅阳镇，是一个历史悠久，文风昌盛，先贤辈出的古村落。村庄四面青山环绕，犹如天然屏障，东南西北各有一个鞍门，是通向村外的四个隘口，四达皆岭，整个村子俨然一座城堡。村民以王姓为主。始祖王遑为避战乱，于1124年从平阳象冈迁居此处，躬耕苦读，繁衍生息，至今将有900年的历史了。当初迁至此处时，王氏先祖希望后裔能够认真读书，报效国家，故村庄得名"国岭"。王氏后人亦不负先祖期望，代有名贤，尽忠报国。近代爱国抗日烈士王维亮就是其中的一个。

　　王维亮（1915—1937），字秉铭，乳名作箴。自幼聪颖过人，五岁入蒙学，读书过目不忘，成绩优异，深得先生喜爱，人称"神童"。

王维亮像

　　村中有关王维亮的传说很多。民国时期，军阀割据混战，县乡级政府更是腐败不堪，巧立名目，征收苛捐杂税，对人民进行敲骨吸髓地剥削压榨。当时国民党的征税人员，被村人叫做"钱粮客"。有一次，这些"钱粮客"到国岭村征收税款，故意多算钱粮税款，当村民找他们理论时，他们欺负村民大多不识字，不会计算税赋，反而耀武扬威地训斥村民，甚至将部分村民抓到祠堂里严刑拷打，这其中就包括维亮的哥哥王作哉。王维亮哥哥被钱粮客抓到祠堂后，他的母亲非常着急，却又无法可想，正急得团团转的时候，王维亮正好放学回家，妈妈一把抓住他，焦急万分地说："你哥和几个叔叔们跟钱粮客理论几句后，就被抓到祠堂里去拷打了，这可如何是好？"王维亮安慰母亲说："娘莫慌，等我去找他们算账。"于是，他拿着一个算盘来到祠堂，先向钱粮客说明税赋知识，然后再找他们算清钱粮款。在事实面前，钱粮客只好返回多算的钱粮，放出被抓的村民，灰溜溜地走了。从此以后，钱粮客知道国岭村有了"能人"，再也不敢在国岭村随便搜刮钱粮款了。

王维亮不仅胆识过人，而且抱负远大。他写文章时，曾有"久居乡井，壮志未伸"之句。由于家境贫寒，他极有可能中途辍学。族人得知此事后，联想到王维亮反抗钱粮客的事情，认为他有抱负，不畏强暴，天资聪颖，日后必能办大事，成大器。于是，族中父老商议后，大家一致同意以祠堂田产资助他继续求学。王维亮也不负众望，以优异的成绩考入浙江第十中学。求学期间，他兴趣广泛，通晓英语、俄语，思维敏捷，出口成章，下笔成文，行事练达，胆识超凡，十五岁毕业时，以全省优生会考第二名的成绩考入杭州高校。

1936年农历二月二日，刘英、粟裕率领的挺进师在国岭冥斋岩展开了激烈的战斗，（俗称"二月二战斗"），由于刘、粟用兵如神，红军英勇顽强，又有冥斋岩村民的支持，挺进师歼敌一个连，大获全胜。事后，敌人为了报复冥斋岩，准备对冥斋岩进行屠杀，村民王友奇不幸被捕，关到桐山保安团。王维亮获悉此事后，前往周旋，通过同学关系进行疏通，想方设法，营救了王友奇，阻止了屠杀，保住了冥斋村的安全。

王维亮的学识、胆识、为人、志向深得泰顺名士梅鼎、肖岩、翁柽等人的赏识，时任陕西长安县县长的翁柽亲自到国岭村邀请王维亮到长安任职。不久，西安事变爆发，长安县政府被第十七路军占领，当地舆论认为外省公务人员无一人清白，凡非陕籍者，都要求严查处理。翁柽也被扣押审查，王维亮亦被罢免。由于翁柽、王维亮任职以来，素来勤于政事，亲近民众，毫无劣迹。审讯一番后，终于还了两人一个清白。

事件了结后，翁柽携眷返回老家。1937年，国民党中央以翁柽因事变而去职，电令浙江省政府安置，翁桱遂被任命为嘉兴县长。王维亮也跟随翁桱来到嘉兴，担任主任秘书。在此期间，王维亮逐渐接受中共地下党员赵力子的影响，秘密参加了中国共产党，积极投身于抗日救国运动。

"七七事变"后，中日战争全面爆发。"八一三"淞沪会战开始，嘉兴进入战时状态。11 月 8 日起，敌机对嘉兴狂轰滥炸，县政府也被炸成土丘，惟地下防空室安然无恙，专员、县长等人只好在地下室办公。不久，日寇逼近嘉兴。当时，县长翁桱因紧急事务前往杭州，嘉兴政务交由王维亮全权代理。他临危受命，代理县务，尽管形势危急，依然不负重托，坚守岗位，敢于担当，视国家存亡为己任，面对日寇大敌压境，和翁希文等人积极组织指挥军民顽强抗日，保境安民。

11 月 14 日，日寇兵临城下，在飞机轰炸、大炮轰击之下，嘉兴县官舍民居全遭炮毁。19 日，王维亮带领县政府公职人员带着重要文件转移至离城 27 里外的新塍镇设立行署应付事变。那一天，天空正下着瓢泼大雨，他们沿新塍塘准备进入新塍镇时，由于汉奸郭剑石的出卖，王维亮、翁希文等 13 位留守行署的政府人员全部落入日寇的虎口。

王维亮被俘后，日寇先是巧言诱降，继而用尽酷刑。可是，王维亮始终坚贞不屈，拒不投降。嘉兴新塍人至今还传颂着王维亮就义时的慷慨陈词："我生为中国人，死为中国鬼。卖国求荣我做不到。要杀要剐，悉听尊便"。

王维亮牺牲得十分惨烈，惨无人性的日寇因劝降无望，对王维亮使用了最残忍的残杀手段：先用大刀断其双臂，再挖心剖腹，然后把躯体斩成三段，抛尸于嘉兴吴江岸边，其状惨不忍睹。

王维亮牺牲时，年仅 22 岁。正所谓报国未捷身先死，长使英雄泪满襟。与王维亮同时被俘的 12 位爱国志士也都捐躯赴难，慷慨就义，史称"十一月惨案"。1939 年，嘉兴县政府为了纪念王维亮等 13 位爱国志士，特地在他们殉难的新塍镇能仁寺旁建造了一座塔墓，墓碑上刻着"为国捐躯"四个大字，两边的对联为："行署同僚驻新塍，英勇义士尸纵横；古刹殿前埋忠骨，万户香火奠英魂"，以叙事的形式写出被杀害者，被杀害的地点，杀害的惨状，埋尸骨的地点以及人民的缅怀。遗憾的是，1943 年，纪念王维亮等 13 位烈士的塔墓被汉奸郭剑石派人蓄意摧毁，烈士遗骨至今无处寻觅。

　　然而，烈士的事迹，人民不会忘记，历史更不会忘记。在王维亮殉国64年后的2001年12月31日，中华人民共和国民政部重新追认王维亮为革命烈士。

（文/图：王小军）

桐乡东田村

一指忠骨葬东田

东田村隶属于桐乡市洲泉镇，距镇区不远。自汉至今，洲泉是吴氏聚居之地，所以有"洲泉千年吴"之说。东田村名也是来源于吴氏，它是吴氏拥有的众多庄园中的一个。《吴氏世谱见闻记》记载：自汉历唐宋间多显达者，田宅浸广，饶园林池馆之胜，其东花园、西花园皆在宅之西里，人称花园村，至今有遗石。数里内有吴家田塍、吴家浜、吴家横头、南庄、北庄、西庄、东田、大吴村等名。

一指忠骨葬东田

明末抗清英雄吴尔埙就出生于东田村，村庄也因为他的"一指坟"而闻名遐迩。

吴尔埙（1621—1644），初字吹伯，长大后，因倾慕古代介子推的为人，改字为介子，故后人称其为介子公，自小即承家学，博览群书，深通经义，性情豪爽，胆略过人。崇祯十二年（1639）中举，三年后又高中进士，入翰林院，授庶吉士。

吴尔埙入仕之时，正值明亡清兴六十年刚刚拉开序幕，农民起义风起云涌，李自成的大顺军大掠古都西安，张献忠的大西军攻克武昌三镇，腐败透顶的明王朝已是雨打泥墙，摇摇欲坠。新科进士吴尔埙以国事为念，夙夜忧叹。崇祯十七年（1644），李自成大军势如破竹，渡过黄河进入山西，直逼京畿，朝中君臣相对，束手无策。崇祯帝于德政殿急急召见大臣，垂询守御之策，大学士范景文推荐了吴尔埙。崇祯帝立即传其进殿，吴尔埙侃侃而谈，献计曰："河南土司李、祁、鲁三家实力雄厚，家兵十万，足以挡贼，请派遣密使，许以重爵，联络起兵，牵制贼军，以解燃眉之急。"可惜为时已晚，计策尚未实行，李自成大军已兵临城下，军民大乱。崇祯帝在下了最后一道诏书——《罪己诏》之后，自缢煤山，更意料不到的是驻守山海关的辽东总兵吴三桂竟"冲冠一怒为红颜"，引清兵入关。

对于这突如其来的变故，吴尔埙悲痛欲绝，绝食数日以求速死。同窗友人祝渊劝说他："死徒何益？应善自爱惜，徐图报复。"不久，李自成被清军打败，逃出北京。吴、祝两人困于乱军之中，改装南归，原本想投奔南京福王，却听闻南明小朝廷马士英当国，不纳义士，只好另图出路。当时兵部尚书史可法正督师扬州，吴尔埙决定投奔史可法，祝渊却心灰意冷，欲归家息游，两人遂在途中分手，吴尔埙自知将战死沙场，他拔出佩刀，斩断左手一指，托祝渊寄回老家，并修家书一封，告诉父母："国仇未雪儿不还，他日不归，可以手指葬我。"并力请父母尽散家财犒劳军士。其时吴父尚在福建督学任上，母亲沈氏深明大义，广献家财，以助抗清斗争。

吴尔埙投奔史可法后，奉命去河南归德、彭城等地檄抚抗清义军，先后收复了临颍、西华等六州县。不久，清兵南下，扬州告急，吴尔埙回师救援，此时扬州已孤悬江北，独木难支。弘光元年（1644）四月二十五日，在坚守了数昼夜后，扬州终于城破，史可法誓死不降，壮烈殉国，吴尔埙身负重伤后，也不肯被俘，投井自沉。

家中遥闻凶讯，合族举哀，将先前所寄之一指及衣冠一套葬于东田村，人称"一指坟"。为了纪念这位颇具民族气节的抗清志士，家乡父老又在古刹祇园寺内，建祠塑像，焚香祭奠，世代不绝，直至三百年后毁于抗战时期。建祠之初，同乡诗人胡滢作诗赞曰："王气金陵尽，孤臣受命时。三军皆缟素，一指独淋漓。志以仁书誓，心唯义友知。回思转战日，飒爽犹英姿。"

吴尔埙十三岁录籍秀才，十八岁考上举人，二十三岁高中进士，二十四岁受皇帝召见，在德政殿上滔滔不绝陈述御敌之策，参与军国大事，二十五岁便以身殉国，浩气长存，真可谓是一个早慧、早熟、早夭之人。对于自己的结局，吴尔埙似乎早有察知，他曾与弟弟吴尔篪编撰过一本书，书名怪异，曰《死臣传》，记载的都是历史上取义成仁的英烈，故亦名《仁书》，书前有小序："披犀甲，操吴戈；气之雄，胜天河；警广野，捐爱戚；志之决，头非恤；我心赤，我心碧；长城虽坏，白虹贯日。"与他数年后的结局竟完全吻合，真是一语成谶，怪不得两百多年后，后裔吴学俊、吴肖桐续修族谱，写到这位先祖时，情不自禁地添上一笔："后死维扬，竟如其言。"并写下一篇四言诗赞咏："壮哉我公，年少尽节；一指遗归，淋漓碧血；脱身京阙，死事维扬；越今累页，家乘有光"。

胡滢在《语溪棹歌》中也有一首凭吊东田一指坟的诗："太史孤忠胜国闻，谁从汗简考遗文。丹心碧血埋荒草，记认当年一指坟。"将吴尔埙与史可法并论。如今，一指坟边的池塘依旧微波荡漾，杨柳青青，遥想起三百多年前吴尔埙大义凛然、挥泪断指的壮烈情景，不禁让人肃然起敬。

（文：颜剑明/图：曾令兵）

绍兴柯桥冢斜村

"止水汨罗"夸余煌

冢斜村隶属于绍兴市柯桥区稽东镇，属于国家级历史文化名村。穿村而过的公路把它划成两片，路北多为新建的民宅，路南则是老的传统民居，也就是真正意义上的老村冢斜。"冢"字有坟墓之意，"斜"则是宫人埋葬之地，相传此地为古越国埋葬宫人之处。更有传说称，远古舜、禹都有妻妾葬于此，故以"冢斜"命名此地。

现在村中居民多为"余"姓，从其保存久远的家谱来看，据说是大禹第三个儿子罕的后人。罕，赐姓为余氏，有纪念其妻涂山氏之意。东晋时候，皇帝觉得"余"是自己专用的，遂把余姓改成了余姓。唐朝乾元元年（758），唐国子监博士、第六十九世余钦公，向唐肃宗写奏章要求恢复先祖余姓并获准，至此余姓为余已经四百三十八年了。余姓定居冢斜村是元代的事情，第九十二世余光之从明州迁到山阴潘彭坞，"作贾于越"；到了九十六世余子陵，把生意做到了会稽山腹地的冢斜村并定居于此，成为冢斜余氏的始祖，距今已经600多年了。

余煌，字武贞，自幼好学，天启五年（1625）高中一甲第一名，也就是状元。考中后授官翰林院修撰，参与撰修《三朝要典》。这是魏忠贤为了打击东林党人而开馆纂修的一部书。崇祯四年（1631），余煌以母丧归。守丧结束后，起用为左中允，历任左谕德、右庶子，充经筵讲官。

崇祯十一年（1638）回乡省亲，看见三江闸濒于倾圮，倡议修复。天乐乡濒江农田常常被潮水毁坏，余煌力任其事，在猫山的山脚下，横截江流，建立闸坝，使得昔日沿江受灾的农田变成了沃野。百姓非常感激他，在闸上为他修建了祠堂。不久以后，他的父亲去世，他在家守丧。守丧结束后，却迟迟没有得到起复。

崇祯十七年（1644）三月，李自成率领农民军攻入京师，崇祯帝在紫禁城后的煤山自缢而死，明朝灭亡。同年，清军入关并大举南侵。次年，明朝宗室鲁王朱以海在绍兴监国，余煌出任兵部尚书，辅佐鲁王政权。

　　当时江南诸臣贪婪奢侈，竞相要官要爵，请乞无厌。余煌因此上书劝诫，说："现在国家形势越来越危急，朝政却越来越纷乱，一尺土地尚未恢复，无论是战是守，都没有粮饷和钱财。诸位大臣若是请求祭祀，应当想一想先帝四时的祭祀都不曾备好；若是请求墓地，应当想一想先帝的坟墓未曾营建；若是请求册封，应当想一想先帝还没有接受宗庙的祭祀；若是请求荫袭子孙，应当想一想先帝的子孙未曾保住；若是请求赐予谥号，应当想一想先帝的谥号尚未议定。"这段话传出去后，成为一时名言。

　　第三年（1646）七月中旬，清军渡过钱塘江。鲁王闻讯坐着船，从海上逃跑了。次日，余煌登上城头长叹道："临江数万之众尚且不能与之一战，竟然想要以老人与孩子坚守孤城吗？"为了保全一城的百姓，余煌下令大开城门，放军民出走。事情结束后，余煌穿戴好朝服，袖石自沉于东郭门外渡东桥下，以身殉国。其衣带间藏有绝命诗一首。诗曰："穆骏自弛，老驹勿逝。止水汨罗，以了吾事。久愧文山，不入柴市。"诗的大意是：周穆王的骏马自主地往前奔跑，老去的马儿却跑不起来了。还是像屈原那样沉在汨罗江吧，结束我这一生。不能像文天祥那样尽忠报国，我感到十分羞惭，所以再也无颜去柴市这个他就义的地方了。

　　余煌投水殉国，却被舟人救起。两天之后，再投水深处而死。曾经因为参与纂修《三朝要典》而留下人生污点的状元余煌，在国灭之时没有如史可法一般去率众抵抗，因而保全了一城百姓。又独自殉国而死，是作为忠臣的悲壮选择。为官保全百姓，为臣赴死殉国，最后时刻的余煌让后人刮目相看。《明史》将他列入了忠臣传中，清朝也赐给他"忠节"的谥号。

　　注：本故事主要依据《明史·余煌传》及《海东逸史·翁洲老民手稿》改编而成。

　　　　　　　　　　　　　　　　　　　　　　　　（文：颜晓红）

新昌元岙村

抗金名将表张浚

　　元岙村隶属于新昌县七星街道，始建于南宋前期，距今已有 800 多年的历史。自宋室南渡，定都临安后，抗金名将张浚携家眷安顿在新昌县城定居，几十年后其后裔迁徙至潜溪选址建村，因地处潜溪流经的第一个山岙，故取名为元岙。张浚后裔便在此繁衍生息，十分兴旺，至今已有三十多代，子孙后裔中人才辈出，参理朝政者亦不少。"源溪张氏宗谱"对此有详细记载。

抗金名将张浚

　　张浚（1097—1164），字德远，号紫岩先生，原籍四川绵竹县人。南宋名相、抗金统帅，官拜左仆射侍郎、枢密院枢密使，都督诸路军马，曾统领岳飞、韩世忠等将领。南宋建炎三年（1129），张浚护送宋高宗赵构南渡，建都临安，一生辅佐宋钦宗、高宗、孝宗三帝朝政，乃三朝元老。

　　张浚为官清正廉明，文韬武略，运筹帷幄，军纪严明，治暴安良，一生中屡建奇功，被誉为诸葛再世，深得朝廷器重，军民爱戴。每到一地，军民夹道欢迎，武夫健将，庶民童叟皆知其为人。对内他曾平定苗傅、刘正彦叛乱，对外他抵御金兵入侵，与秦桧、张俊、万俟卨等主和投降派进行针锋相对的斗争。

苗、刘二人叛乱时，曾以重金雇佣刺客，潜入官邸刺杀张浚。不料刺客深明大义，听说张浚乃忠良之臣，不愿加害，为虎作伥，于是亲临席前，跪告苗、刘欲害真相，警告张浚要严加防范。张浚请问姓名，义士却不告而别，苗、刘暗杀阴谋未能得逞。

金人听说他还在宋廷任职，就不敢轻举妄动，侵犯边境，一旦得知他被贬逐，立即兴兵入侵。据《宋史》记载，金兵统帅粘罕病重时，曾嘱咐诸将说，自我领兵攻打中原，无人敢与我为敌，唯独张枢密能与我抗衡，我尚不能取胜，我死后，你等不可轻举妄动，但求自保而已。金兀术不服，提兵南侵，果然大败而回，再也不敢犯边。

张浚力主抗金，屡建奇功，众望所归，秦桧等人怀恨在心，屡次毁谤陷害于他，贬职、复用，三落三起。宋高宗轻信秦桧造谣，将张浚贬职零陵。起程时，他随身只带了几箱旧物。秦桧党羽为达到致其死地的目的，诬告说他带走的箱笼内有张浚和其旧部往来的策划谋反的书信。宋高宗立即派人查抄他的箱笼，并在金殿当堂打开箱子查验，只见箱内只有一些旧衣物和治国安邦的书籍，虽有一些与岳飞等将领的往来书信，信中内容均是一些忧国爱君、用兵韬略的话，并无分文银钱。宋高宗大出意外，非常感动说："没想到张浚竟清贫如此！"于是，派使者送还箱物，并赏金三百两。

秦桧见此计不成，又生奸计，派党羽赶在朝廷使者前面，造谣宣称朝廷派使者宣旨赐张浚死罪，指望张浚得知谣传后，信以为真，作出自杀或者反叛的错误行为。消息传到零陵后，左右幕僚大哭，埋怨朝廷轻信诬告，不识忠奸。张浚却说："如果像外面传说那样，我的罪过固然当死，死了向国家谢罪也没有什么，你们不必为我哭泣。"又问朝廷来使是谁，听说是殿帅杨存中，张浚笑着说："皇上不会赐我死了，杨存中是我的旧部下，如果朝廷要赐我死，必定另派别人传旨。"果然使者到后，宣读圣旨，赏金三百两。

宋孝宗即位后，召见张浚，向他询问治国之策，并庄重地说："听说你的大名很久了，现在朝廷只有依靠你了！"张浚从容地说："人主之学，以心为本，一心合天，何事不成？所谓天，就是天下的公理。陛下只要兢兢业业，不敢自恃，赏罚分明，人心自然归向，敌仇自然可报。"孝宗悚然说："朕一定不忘记你的话！"

　　金人以十万兵力驻屯河南，扬言要进攻两淮，向宋室传布文书，索取海、泗、唐、邓、商诸州以及岁币。一时间，人心惶惶。张浚认为北敌诡诈，不应当为之所动，重兵驻扎在盱眙等地以备敌患，果然如其所料，最终无事。

　　隆兴元年（1163），朝廷任命张浚为枢密使，都督建康、镇江等地军马。当时金人将领蒲察徒穆等人驻扎在虹县，都统萧琦驻扎在灵璧，积蓄粮食修整城池，准备南攻。张浚打算乘其未发，抢先进攻，正好主管殿前司李显忠、建康都统邵宏渊也提出捣毁敌人二城的计策，张浚详细告诉皇帝，获得皇帝同意。于是李显忠、邵宏渊按计划出兵，张浚亲自前去巡视督阵。李显宗出兵濠州，攻下灵璧，打败了萧琦；邵宏渊出兵泗州，围攻虹县，逼降徒穆，乘胜攻克宿州，中原为之震动。孝宗赐给手书慰问张浚说："近日边报，中外鼓舞，真是十年来未有之战绩！"

　　张浚年轻时有大志，任熙河幕官时，遍行边垒，观览山川形势，经常与戍卒守将握手对饮，询问祖宗以来守卫边疆之法、军陈战略事宜。因此，他一旦被提拔，担当枢密之职，能全部知道边事本末。他曾亲眼看见徽、钦二帝被掳，皇族被捕，百姓涂炭，发誓不与敌人共存，终身不主张和议。每次朝廷商议定都大计，他坚持认为东南形势，莫如建康，人主居之，可以北望中原，常怀愤惕之意。至于钱塘，偏处一隅，易于安逸，不足以号令北方。他与赵鼎共同执政时，引荐了很多人，如虞允文、汪应辰、王十朋、刘珙等，这些人都成为一代名臣。他在军队中提拔韩世忠，认为他忠诚勇敢，可以托付大事。一见到刘锜就认为他是奇才，委以重任，这些人后来都成为战功赫赫的抗金名将。一时间，人人都称赞张浚慧眼识人。

　　张浚去世后，追赠太师太保，追谥"忠献"，被列入宋朝昭勋阁二十四位名臣之中兴四名将之首。明朝洪武帝下诏，把他与历朝名相周公旦、张良、姜公尚、诸葛亮、房玄龄等三十六人配享历代帝王庙。清顺治时，张浚等四十一位历代功臣从祀帝王庙。

　　　　　　　　　　　　　　　　（文：新昌县农办／图：曾令兵）

嵊州贵门村

贵门吕氏出忠义

　　贵门村隶属于嵊州市贵门乡，位于嵊州西南山区，古名鹿门。据《吕氏宗谱》记载，南宋理学家吕规叔，见鹿门山水清妙，遂卜筑此地，又在距鹿门二里之处，另建别业，号"白宅墅"，种植梅树数百株。以后又于炉峰山麓修建鹿门书院，教读童子，谈道讲学。因为鹿门学院就在村后，四周古木参天，野草丛生，时时得闻鹿鸣之声，"鹿门"村因此得名。那么，鹿门又是如何改成贵门的呢？原来淳熙九年（1182），朱熹来嵊县放赈，专程拜访吕规叔，题鹿门为"贵门"，从此，鹿门改称"贵门"。

　　贵门吕氏在两宋时，先后有 9 位先人位极人臣，官至宰相。他们是：吕端（宋太宗时拜相）、吕蒙正（太宗、真宗时三次拜相）、吕夷简（仁宗时拜相）、吕公著（哲宗时拜相）、吕大防（哲宗时拜相）、吕公弼（英宗时拜相）、吕希哲（徽宗时官至太子太保）。还有两位分别是吕规叔的祖父吕好问及他的伯父吕本中。

朱熹手书"贵门"

　　吕好问（1064—1131），字舜徒。金兵攻陷开封，掳走徽、钦二帝，立张邦昌为傀儡皇帝，张邦昌拜吕好问为门下省摄政（宰相）。当时康王赵构领兵济州，金兵为了彻底消灭宋朝，选派精兵直取济州。吕好问闻讯，一面修书急告赵构，一面派兵暗中救援。金兵赶到济州时，赵构已安全走脱。待金兵退走，吕好问又力劝张邦昌还政赵氏，张邦昌只做了三个月的傀儡皇帝还政给元祐太后，这就是历史上的"元祐摄政"事件。

靖康二年（1127）五月，康王赵构在吕好问等人拥立下登基为帝，是为宋高宗。赵构在慰劳众臣时，特别赞扬吕好问，称："宋朝获全，卿之力也。"遂拜吕好问为尚书右丞（副相），并在婺州（金华）建造宅第，赏赐给他。

吕好问之子吕本中于绍兴八年（1138）官至中书舍人（南宋时，中书省不设中书令、侍郎两员，中书舍人掌行政命令，即副相）。此时左相赵鼎与右相秦桧不和，赵鼎是皇亲，与吕本中是世交，而秦桧考中状元时，吕本中之父吕好问是其座师，吕秦之间有师生之谊。吕本中利用这一政治背景，企图调和两相之间的矛盾，但秦桧拒不听从调解，两人失和，吕本中被秦桧排挤出京，他的门生汪应辰，也受牵连被贬。秦桧死后，汪应辰还朝，官至吏部尚书，吕本中才得以昭雪。吕氏家族又一次名显朝野。

每当国难之时，贵门吕氏家族便有忠臣志士挺身而出。抗日时期，更是出现了一位宁死不做汉奸的民族志士——吕韶美。吕韶美也是吕规叔的后裔。

清朝末年，吕韶美父亲尝够了没有文化的苦头，省吃俭用供儿子读书，功夫不负有心人，吕韶美终于考得清朝末科秀才，可惜时运不济，革命风雷此起彼伏，打破了老父亲培育儿子中举做官的人生规划。

年轻的吕韶美毅然离开家乡，东渡日本，寻求救国救民的济世良策。到日本后考入东京警监学校读书。留学期间，参加了孙中山组织的同盟会，为了革命事业，积极奔走。

辛亥革命后，吕韶美先后出任浙江省警察稽查长兼司法科长、省议员及萧山、常山县长等职。1931年九一八事变，日军迅速占据我国东北三省，国内出现了三种对日态度：一种是积极抗日，前方拿起武器，后方出钱出粮；另一种是消极抗日，"攘外必先安内"；再一种则是从亲善走向投降。吕韶美反对投降，到处奔走呼号，鼓动抗日。虽然他的官越做越小，然而他那颗保家卫国的民族良心从来没有泯灭。即使是在1938年被卸去乌纱帽回老家躬耕垄亩后，也不忘记抗日救国初衷。贵门一带，山峦连绵，历来为盗匪出没之地，聚集了许多小股盗匪。吕韶美经常上山，与山中盗匪接触，对他们晓以民族大义，鼓动他们抗战杀敌，保境安民。在吕韶美的感召下，那些盗匪有的转向抗日，有的金盆洗手，有的小了动静。贵门一带渐渐安宁下来。

1941年农历4月初，一支日寇骑兵队突然窜进贵门。那时，绍兴已经沦陷，嵊州还未被踩躏。他们孤军深入意欲何为？指挥官在昏黄的暮色中找到了吕韶美的家，九十度鞠躬，弯了又弯。最后，把吕韶美"请"到鹿门书院"商讨国事"，后转移到书院前的一所民房里。据同时被"请"去的邢友谅医生回忆，他们之间有一段有趣的对话。

指挥官用日语咿哩哇啦地讲了一通又一通，吕韶美闭口不言，指挥官见吕韶美不回答，问得急了，就改用生涩的中文：

"吕先生，您怎么不开口讲话？"

"你叫我讲什么？"

"我刚才不是问你了吗？"

"你咿哩哇啦地我还以为是鬼念经呢。"

"吕先生的日语呢？"

"那是过去的事了。"

指挥官耐着性子，故作友善地说道：

"您是东京警监学校的高材生，能培养出您这样的人才也是大日本帝国的骄傲。"

"我的日本老师教导我们，反对暴力，反对侵略。可是你们违背了先师们的遗训！"

"我们对中国不是侵略，而是为建立东亚共荣圈而努力。"

"你们不是侵略跑到中国的土地上干什么？烧杀抢掠就是你们共存共荣的政策？"

……

最后，指挥官改变了态度："这次冒险来找你，是请你去担任维持会长的……"话未说完，吕韶美就厉声打断：

"我已年过半百，虽不能流芳百世，又怎能甘作民族败类！"

"那么！"指挥官吼道，"你得动员乡民去修复被游击队破坏的道路！还得解决军粮！"

"我哪里去找人？要人，你们自己去抓！要粮，你们自己去抢！"

指挥官恼羞成怒，把吕韶美押到鹿门书院前的一块麦地里。指挥官再次以恳求的口气问吕韶美：

"吕先生，请接受我们的邀请，出山去做嵊县的维持会长。"

吕韶美知道，这是最后通牒。答应了可以高官厚禄，不答应人生就走到头了。他昂起头，毅然回答道：

"我是中国人，绝不当汉奸！"

他始终没有忘记民族大义，没有忘记知识分子临危不惧的文化人格。面对敌人寒光闪闪的刺刀从容不迫。日寇往他身上刺了三刀后，把枪口塞进他的口腔，子弹从太阳穴蹿出⋯⋯

（文/图：成于渐）

金华金东蒲塘村

五经拳抗日显威

蒲塘村隶属于金华市金东区澧浦镇，三面浅山坡环抱，一面清水塘环绕，当地人俗称"燕儿窝"。这里藏着金华最出名的金华一中（原省立七中）的旧址，吸引着金华学子慕名前来；这里拥有王氏宗祠、文昌阁等古建筑，留下了徽婺融合的八字门建筑文化，是金华市首批省级历史文化村落保护利用重点村之一。这里的村民，无论男女老少，家家练拳，世代相传，习武成风。这里还流传着蒲塘五经拳在抗战时大显神威的故事。

1942 年 5 月金华沦陷。次年 7 月，驻扎在澧浦的日军，在距离蒲塘村五华里左右的王姆山构筑炮台。那时日军每天向周边村庄强征民工 10 人至 80 人，由 3 名至 4 名日本兵在工地上用步枪、刺刀监视。民工稍有懈怠，就会遭到日本兵的脚踢、皮鞭打、枪托劈。每天还出动 3 名至 5 名日本兵，荷枪实弹到周边村庄派粮征夫，掳掠财物和牲畜，搞得百姓人心惶惶、鸡犬不宁。

一天，有人从澧浦集市回来讲了一件令人气愤的事，说有两个日本兵把许多妇女集中在一个明堂（晒场）上，要她们脱光衣服，放出几只鸡让她们去抓，谁抓到鸡，就让谁穿上衣服。而两个日本兵提着上了刺刀的步枪在一旁观看，哈哈大笑。

日本兵如此糟蹋蹂躏中国人，蒲塘人早就恨得咬牙切齿。尤其是几个蒲塘五经拳拳师，凭着自己过硬的武功，自发组织起来，处处与日本侵略者组织"治安维持会"的汉奸作斗争。

当时有个日军翻译称作"小老王"的义乌人（一说诸暨人）倚仗日本侵略者作后台，经常出入王姆山日军炮台，为日军到地方上派粮、派猪、派鸡、派鸭，还要派"花姑娘"。因此，以蒲塘村王海清为首的几个五经拳高手，就在澧浦集市上痛打了他一顿。这就极大地触犯了日本侵略者。没过几天，王海清便被日军抓走了。

蒲塘人一见王海清被日军抓去，立即四处打探消息，设法营救。第二天得到消息说，王海清被关在石塘的一间房屋内。

石塘是一个小山村，位于金华通往温州的公路旁边，交通十分方便。如果组织人员强行营救，很容易被日军发现，并会引来在附近驻扎的日军。况且营救人员赤手空拳，没有武器，日军有枪有炮，强行营救等于鸡蛋碰石头。于是，大家经过商量，最后认为只有"偷营"才能顺利救出人来。

于是蒲塘人明面上邀请10个"理政"（当时称保长为理政）到郭坞喝酒，请他们出谋划策，商量营救办法，故意让汉奸知道以迷惑日本人。暗地里却串通章家村小苟（俚称"贼王"），乘10个"理政"在郭坞喝酒商量营救办法时潜入石塘，找到关押王海清的房屋，打洞入室。结果，这边的酒席未散，那边"贼王"小苟已救出王海清。

蒲塘人从此露了一手，让日军刮目相看，更让汉奸小老王恨之入骨。

一天，汉奸小老王在王姆山炮台与日军联络好，潜入蒲塘。在日本飞机低空飞行寻找轰炸目标的时候，据传小老王使用镜子在太阳光下与上空的日本飞机联系，引来日本飞机投下三颗炸弹，炸毁"香火前"（在村子中间）三间房子，炸死村民一人。

小老王的这一恶行激怒了蒲塘人。祠首及几个士绅集中于王氏宗祠商议，决定派遣蒲塘五经拳名师王海清、王明松、王春满等五人，追杀汉奸小老王。

两天以后，汉奸小老王终于在澧浦被抓获，绑回蒲塘，吊在祠堂前旗杆石上示众，村内打锣告示："汉奸小老王抓到了，快到祠堂前去看！"打锣人尚未转完一圈，这边祠堂门前已经聚满了人。大家义愤填膺，任何人都可以脱下鞋子打他的脸。这时，人群中突然冲出一位拳师，对着小老王当胸一拳，右手钩过，提膝往其胯部一击，小老王当即倒地，一命呜呼。几个年轻汉子立即将其拖葬美塘里。

日军几天没见小老王，先是派出汉奸四处打探，后来感到情况不妙，就亲自出马，荷枪实弹，到处寻找，也没找到。

那一天，三个日本兵从澧浦来到蒲塘，又走到积道山下。见积道山上有个寺庙，不知是心生疑问还是想乘机游玩，叽里咕噜几句，便拾级上山。

当时积道山天圣禅寺的住持和尚，人称"明悟师"。明悟师个头不高，已经五六十岁了，却有一身了不得的武功。特别是他的手上功夫，与蒲塘五经拳有异曲同工之妙。平日里，明悟师也常来蒲塘找几个拳师练练手，磋商武艺。蒲塘人不但认他为师傅，且视他为盟友。明悟师不但身怀武艺，而且擅长女红，刺绣、剪花、拼布常不离手，还有一个爱好就是观天象。听说他在积道山顶观天象，画下几千幅天象图。

这天，明悟师正坐在山门外日照石上边观天象边刺绣，无意间发现山下来了三个荷枪实弹的日本兵，先是一愣，接着便怒火中烧。

原来自金华沦陷，日军在王姆山构筑炮台以后，明悟师常听人说日军烧杀掳掠、强暴妇女的恶行，早就对他们义愤填膺，总想找个机会教训教训他们。现在机会终于来了，他便悄悄退回寺里，放下手中的刺绣，关上半扇门，自己立于门后，待一个日本兵跨进门槛，便举手用两指往日本兵喉颈一戳，那个日本兵立即无声倒地。

后面一个日本兵以为他不小心绊倒了，立即跨进门槛要去扶他，明悟师又用两指朝他喉颈间一戳，这个日本兵又立即无声倒地。

走在最后的那个日本兵见势不妙，立刻掉头往山下逃去。明悟师也没有追杀，但他知道事情闹大了，便闭门不出。他知道，这时他到哪里去就要牵连哪里人。

蒲塘人得知此事后，成群结队上山去看明悟师，与他商量对策，并邀他下山到蒲塘躲避几天，明悟师坚决不从。

不出所料，过了两天，不知道从哪儿调来了十几个日本兵，上积道山天圣禅寺找明悟师对打。明悟师光明正大地立于正殿大堂，面不改色。日本兵一个个上前与明悟师对打，一个个被他撂倒。待他们每一个人都被明悟师揍倒后，再也无人第二次去交锋。他们一个个自己艰难地爬起，最后集体无声地离开。

那一次非常奇怪，日本兵没有打过一枪。事后有的人分析是日本武士道精神使然。有的人估计日本兵还有更大的行动，结果一天过去了，两天过去了，三天过去了，都寂然无声。再过几天，连王姆山上炮台里的日本兵也撤走了。

原来，此时已是1945年春夏之交，第二次世界大战中的日军开始全线崩溃，逐渐由农村向城市龟缩。

新中国成立后，有邻村人到法院状告蒲塘人，说蒲塘人有血案。结果明悟师首先被抓走。蒲塘人一批批到金华法院说明情况。金华法院经过几十天的调查，明悟师被放出来了。说他不但无罪，还有功。因为打死的是日本侵略者。至于被蒲塘人打死的那个小老王，经查是名副其实的汉奸，有血案。

（文：王克俭）

金华婺城长山村

满门忠烈朱大典

长山村隶属于金华市婺城区长山乡，东通婺城，北连兰溪，肩扛伏龙，头枕船山，桐溪、石道溪由南而来，穿村而过。该村历史悠久，据《光绪金华县志》记载，东汉初年，将军卢植，字文台，平赤眉，退隐婺南白沙溪，首开三十六堰，引水灌田，其中第二堰水东流直注长山，时长山先祖开发农田，利用水源繁衍生息。最早的居民有滕、刘、徐、谢四姓，历史上出过不少名人，然而最有名的并非这四姓人家，而是明末的朱大典。

朱大典（1581—1646），字延之，号未孩，出生于长山乡五家村。自幼家境贫寒，祖辈都以务农为生。稍长，随父亲移居到长山村。因为贫穷，全家只能栖身于伏龙庙里。朱大典虽自幼喜爱读书，但苦于家中捉襟见肘，没有机会上学。

彼时，伏龙庙旁有一个徐家私塾，朱大典很羡慕那些上学的孩子，每次路过时他都会靠在窗口，歪着脑袋认真听讲。好学的大典感动了私塾老师和东家，被破例吸收入学。朱大典深知机会来之不易，读书异常刻苦，学习成绩也十分优异。兰溪县令刘宇烈看见他后，认为他很奇特，称赞他说："这个年轻人身形挺拔，锋芒毕露，定非池中之物！"

万历四十四年（1616），朱大典考中进士，被任命为山东章丘县令。由于政绩显著，能力突出，朱大典步步高升，不断被提拔。崇祯十七年（1644），清军占领北京。朱大典屡次抗击清军，勤王效命，最后投奔鲁王，任文华殿大学士兼兵部尚书，奉命镇守金华，坚守浙西。

朱大典来到金华后，用所有的家财招兵买马，巩固城防，积极备战。隆武二年（1646）三月，清军攻克浙东，兵临浙西，阮大铖驰书招降，并派明朝降官徐準前往金华，劝说朱大典投降。刚正不阿的朱大典撕碎书信，将招抚使斩首示众。清军将领见朱大典拒绝投降，决定出兵进攻金华。朱大典率领军队坚守孤城二十多天，浴血奋战，歼敌无数。最后，阮

朱大典读书处

大钺侦知西门新修的一段城墙，筑土不坚实，于是清军集中炮火专攻此处，城池遂破。清兵大举入城，朱大典虽内无粮草，外无援军，依然率军进行巷战，顽强抵抗，直到将士大部分战死，朱大典才从容召集家人、幕僚32人，环坐在靠近火药库旁的八咏楼上，毫不犹豫地点燃导火线，在爆炸声中以身殉国。金华府城陷落后，清军屠城三日，死者不可胜数。

朱大典的五个儿子和一个孙子与他一起殉难。在此之前，他的长孙朱钰在突围求援途中被杀害，朱大典的长媳章氏在金华城被攻破前一天，拜别家人首先自缢殉难，朱大典的妻妾何氏等人以及次媳陈氏、三媳姜氏、四媳来氏、五媳汪氏也在金华城被攻破时，手牵着儿孙投井自尽了；就连朱大典早已出嫁金华石门村倪汝学为妻的女儿，在看到金华城滚滚浓烟，听到父亲殉国的消息后，也自缢而死。朱大典全家22人，祖孙三代在金华保卫战中全部殉难，满门忠烈，无一幸存。

《明史》评论说："盖浙东死事之烈，未有如大典者"。朱大典殉难后，长山村人曾悄悄地在他当年栖身过的伏龙庙里为他塑像纪念，并四时香火供奉，以表达村民对朱大典的敬慕和怀念。

朱大典大义凛然的民族气节、舍生取义的精神，不仅令金华人景仰，就连掌握了政权后的清政府也被他的不屈和气节所折服。康熙年间，朱大典以及共同为保卫婺城殉难的严万龄、朱万化、朱万仍、朱钰等被入祀乡贤祠和忠烈祠。乾隆四十二年（1777），清廷赐谥朱大典为"烈愍公"，并在金华通济桥北的双溪驿前，建造了一座高10米、四柱的青石牌坊，横额上勒刻"表海崇勋"四个大字。

　　在长山，民间除了广泛传播着朱大典忠肝义胆、壮烈牺牲的事迹外，还流传着一些关于他的趣事。相传朱大典在山东当官时，长山村的有一个姓徐的太公从小和朱大典很要好，不远千里去找他，想认认乡亲，不想到了那里，朱大典根本不理睬他。

　　"当了大官就不认乡亲了，怎么有这种人！"徐太公很生气。更让太公想不到的是，朱大典还让公差把他抓起来，铐上沉重的手铐脚镣，下令将他发配到婺城滕桥（就是长山东村桥）。公差一路将太公押回长山后，打开手铐和脚镣，扔在了太公家楼梯底下。

　　过了几年，朱大典回长山探亲，各路官员前往村口相迎，村民们也都涌上街头一睹大官风采。徐太公心想：当初我来找你，你不认我，现在还想我去接你，没门儿！可是，朱大典却找到太公家，把他当年的良苦用心告诉太公。原来，当初那副手铐脚镣是他送给太公的"大礼"。那其实是金子做的，外面镀了一层黑漆，外人看不出来。那时他担心直接给太公送礼，难保太公路上不被人打劫，甚至丢了性命，于是，他便用这种方式给太公送了"礼"。太公这才恍然大悟，连连感谢。后来，太公就用这金子造了祠堂和房子。

（文/图：章一平、杨诗悦）

兰溪梅街头村

殉国尚书梅执礼

梅街头村隶属于兰溪县梅江镇，坐落在黄矛山脚下，青砖黛瓦，石道环绕。沿着村后的一条小径曲折而上，不一会就能看到一口清澈的池塘。村民称为"里塘"。从里塘往前继续走，就到达了黄茅山。山的两侧向南延展，呈环抱之势。在半山腰的位置，有一处山坡向外凸出，好像一个胖子的腹部。此即为梅氏宗谱所说之"金刚肚"，乃是宋朝户部尚书梅执礼的墓地所在。

梅执礼（1079—1127），字和胜，婺州浦江黄茅山（今兰溪梅街头村）人。北宋崇宁五年（1106）中进士。授常山尉，还未赴任，就被人举荐，担任敕令所（宋代编纂整理各种行政命令的机构）的删定官（类似从事校对业务的工作人员，八品）、武学博士。大司成强渊明觉得他这个人很贤能，于是就向宰相进言推举他。宰相却以没有和他见过面作为不满意推荐的理由。梅执礼听说这件事后说："因为别人的言论而有所得，必定会因为别人的言论而有所失。我只要追求通过我自身的完善而有所收获就够了。"最终没有去拜谒宰相。

梅执礼曾担任比部员外郎的职务。当时比部职掌稽核财务簿籍，文牍堆积如山，多得来不及一一核查。有一个掌管苑囿的低级官员拿着茶券要求支取三百万钱，打着杨戬的旨意强行索取，非常急切。当时杨戬主管皇帝的后花园，由于善于揣测皇帝的意思，非常受宠。执礼拿过这个人的茶券一看，发现此券不符实际，准备禀告此事。比部的正副职官员都害怕得罪杨戬，不敢做这件事。于是，执礼单独列名禀告此事，果然此券是假的。

梅执礼平素与宰相王黼关系很好，王黼曾经在自己的府第中置酒晏客，洋洋得意地向客人炫耀自家的园林池塘歌儿舞女之盛。梅执礼不但没有附和称赞，反而正色说道："您是宰相，应该与天下同忧乐。现在方腊（宋末农民起义领袖）流毒吴地，当地到处受到兵祸破坏，百姓生活困

梅执礼像

苦,流离失所,这个时候岂是歌舞晏乐的时候?"回家后,梅执礼又写了一首诗送给王黻,劝告他不应当奢侈宴乐,而应以天下为重。王黻既觉得惭愧,又对梅执礼感到恼怒。正好朝廷举行帝王宗庙及原庙祭祀时,梅执礼来迟了。王黻便以此为借口,将他外放地方,以显谟阁待制知蕲州(今湖北蕲春),紧接着又撤去他的官职。

被夺职后的第二年,梅执礼转任滁州,恢复了集英殿修撰的官职。当时征收盐税有一定的数额,滁州盐税总是没有征齐,亏损严重,不得不强行摊派,滁州百姓常为此事所苦。梅执礼知道后,说:"滁州一个郡抵不上苏州、杭州一个县,然而食盐征收却是粮食征额的一倍,百姓怎么能忍受呢?"于是,梅执礼向朝廷申请减轻滁州的盐税征额。朝廷下诏减去二十万,滁州百姓因此大大减轻了负担,非常感激梅执礼能够为民请命。

宣和七年(1125),宋徽宗迫于金兵入侵,将帝位禅让给儿子赵恒。十二月,赵恒即位,是为宋钦宗。梅执礼转任镇江府知府,接着被召回京师为翰林学士,尚未回京,在路途中又被任命为吏部尚书,不久又改任户部尚书,统理国家钱粮。当时正值金人入侵,军费开支庞大,国库钱粮不足,梅执礼请求将皇帝宫禁内所属钱粮交由户部掌管。凡六宫廪给,都须经由户部度支方能支给。曾经有个小黄门拿着皇帝的诏令前来户部支取钱粮,但诏令的封识上却没有加盖玉玺,到户部后才发现这个失误,又重新加盖玺印再来取钱。梅执礼立即上奏要求审查此事,皇帝下诏斥责了典宝夫人,并下令杖责了小黄门。

金兵犯境，围困京师，在一片主和声中，梅执礼却苦劝宋钦宗御驾亲征，并请太上皇、太后、皇后、太子都离开京师，以避金兵。可惜梅执礼的建议遭到当权者的阻挠，宋钦宗没有实行。不久后，汴京失守，徽、钦二帝皆落入敌手。

徽、钦二帝刚被羁押于金营之时，梅执礼曾经与宗室赵子昉、吴革等将领密谋，准备秘密召集兵马，夺取万胜门，夜捣金营，拿下金军统帅帐营，迎回二帝。可惜的是，王时雍、徐秉哲故意将他们的计谋泄露给范琼。范琼知道消息后，正好遇上吴革率领义兵数百人举事，便假装同意与他合谋，乘其不备从后面袭击，杀死百余人，吴革亦被拿下，不屈被杀。事败未成。

金人以天子为人质，要求宋室交纳金银财帛以数百千万计，并说："和议已定，只要将我们所要求的金帛数量缴齐，就把你们的皇帝还回去！"梅执礼与同僚陈知质、程振、安扶四人都被要求负责搜求金银财帛以满足金人的要求。当时国库早已空虚，民穷财尽，四人怜悯百姓已极度困窘，不忍心再去敲剥百姓。于是四人私下商议说："金人的贪欲毫无止境，即使是铜铁也无法富裕充足地供给。何不以军法担保民力确实困乏，无法拿出更多的金银财帛。假如做得到的话，就可以阻止金人的要求。"然而有一个和他们有宿怨的宦官，向金人统帅告密说："汴京城中有七百万户人家，所取财帛不及百分之一。如果您不相信的话，可以下令允许百姓拿金银来换取粟麦，一定会有人拿出金银的。"金军统帅听了此人的话后，下令照做。不久之后，果然出现这样的情况。

金人统帅大怒，唤来梅执礼四人，严厉斥责他们。梅执礼回答说："天子落难，臣民都愿意为救天子而死，哪怕是肝脑涂地，也在所不惜，何况是金银财物呢！环顾城中，家家户户都已空了，实在是没有办法交出更多的金银财帛来。"金人更加生气，问谁是长官。程振担心梅执礼获罪，于是上前说："我们都是官长。"金人于是下令杖责他们带来的四位副使，每人一百杖，以此威吓梅执礼四人。梅执礼等人还是坚决拒绝金人的贪得无厌。金人无奈，只得遣返他们。刚走到大门，金人又反悔了，将梅执礼等人抓住杀死，并砍下他们的头，挂在城门上示众。时值靖康二年（1127）二月，梅执礼才49岁。梅执礼等人被杀的那天，大白天一下变得昏暗无比，无论士人百姓都为之哭泣愤叹。

宋高宗即位后，下诏追赠梅执礼为通奉大夫、端明殿学士。参加讨论的人都认为追赠不够优厚，于是皇帝又加赠资政殿学士。梅执礼死后归葬故乡黄茅山，梅氏后裔发展繁衍，由梅街头村而扩散到其他地方。其中诸葛镇万田村的梅执礼后裔建有梅祠。梅祠挂有一对联，写道："提举殉国铭祖训，万胜不克慰苍天。"

（文/图：何百川）

东阳官桥村

蹈节死义五举人

官桥村隶属于东阳市横店镇，位于东阳市区南 24 公里处，村庄南面荷峰耸翠，北面罗溪淌绿，村西有一座矮山，叫做大头山，又称"祝保宋祚山"，山下有一口水塘，人称"五举塘"，这里传诵着一个让人心灵震撼的事件。

历史上的官桥，人文荟萃，先贤辈出。南宋咸淳丁卯年（1267），这里出了个举人，名叫陈熙祖，字明仲。由于国家动乱，中举以后，未能出外做官，报效国家，他就一边教书，一边潜心著述，著有《宋纪汇编》五十卷，一时名声大噪，方圆百里都以子女能跟陈熙祖读书为荣。当时他的侄儿陈师道、陈允升，堂侄陈炳、陈曜龙都是在他的教导下考中举人。叔侄五人都没有出外做官，而是在官桥村里教书著述，相互之间时时交流，倒也其乐融融。

官桥村大头山下的五举塘

当时南宋王朝日益衰败，元兵步步紧逼，宋军节节败退。叔侄五人在教书著述之余却也忧国忧民，于是，就在村西的大头山上建造一座厅堂，里面供奉历代皇帝的遗像，前面造一个亭子，每当初一、十五，就带领家人到亭子里向列代皇帝求祷祝福，因此，这个亭子被称为"祝祚亭"。他们还买田若干亩，收取租税以购置香火蜡烛，用于祝祚亭祝祷。

景炎三年（1278），南宋大臣陆秀夫、文天祥等人拥立 8 岁的卫王赵昺做皇帝，改年号为"祥兴"，迁居广东新会县的小岛上。

祥兴二年（1279）二月十五日，正是叔侄五人相会祝祚亭的日子。这天早晨，陈师道与陈允升、陈炳、陈曜龙早早起来，手捏檀香到祝祚亭祈祷。兄弟四人在每位皇帝像前烧过高香，心里祈祷当朝皇帝能从广东重新发祥，收复全国。祈祷完毕，竟然还没有看到陈熙祖叔叔到来，正惊奇之时，忽然看见山下一位白衣男子，领着一大群人上山来。只见领头的那人，头上裹着白布头纱，身上披着白色孝服，腰上捆着草绳，脚上穿着草鞋——那是一幅全身披麻戴孝的装束啊！陈师道吃惊地指着山下道："那不是熙祖叔叔吗？"大家十分奇怪，今天早上大家出来时堂叔（叔叔）还是好好的，怎么一下子就披麻戴孝了呢！大家急忙迎上前去，只见陈熙祖一路跌跌撞撞奔来，大声哭嚎："皇上，皇上，你死得好惨啊！"

大家一听都惊呆了，大声问："叔叔，这是怎么回事？"原来，二月初六日，南宋军队保护着皇帝逃到广东小岛上，南北受敌，陆秀夫走投无路，背着小皇帝赵昺投海身亡。

陈熙祖走到祭桌旁，提起酒壶，满斟三杯酒，洒在地上，扑通一声跪在地上，大声哭道："君主已经捐躯，臣民岂有脸面活在世上！"

后面跟上山来的一位族长，大声劝道："熙祖啊，千万不要想不开，皇帝殁了，我们大宋子民今后也要收复大宋江山啊！"陈熙祖却大声回答道："君主死了，儒生哪有独生的道理！"

另外四个举人一听，都震惊了，对呀，皇帝死了，作为大宋的臣民活着还有什么意思！于是，大家一齐喊道："我们一起追随皇帝去吧！"

跟随而来的人们都大吃一惊，纷纷上前劝阻。

"我们能中举人，是皇上的恩赐！我老朽无能，让我随同皇上去吧！"陈熙祖转头对另外四位举人说，"你们还年轻，应该好好活着，今后收复大宋江山，还指望你们哪！"

年仅 26 岁的陈允升点燃了三炷清香，对着青天三鞠躬，哭着说："苍天在上，皇帝在世，我等未能为君皇效力，今君皇仙逝，我等将尾随前往！"

此时，乌云密布，狂风怒吼，真是苍天瞑目，山川呜咽。在场的人们忍不住悲痛，都哭出声音来。突然，族长喊道："我们不能让我们的才子去死，大家把他们拉回家！""对呀，我们把亲人拉回去！"

一时间，祝祚亭内，人们簇拥着五位举人，一直往村里拖。五位举人却死也不肯往回走。正僵持不下时，族长说："大宋皇上去世，我们所有百姓都应该为皇帝守灵！举人读书知理，应该带领我们守灵！所以，殉葬不是现在你们最要紧的事，带领我们百姓祭奠皇灵才是当务之急！"

陈熙祖说："乡亲们，大家的情意我们心领了！既然大家要为帝昺皇帝守灵，那请让我们在祝祚亭守灵吧！"他又对四位举人说："请你们先回家沐浴，穿好孝服再回来！"陈熙祖又自言自语道："可惜的是匆忙之中，就连守灵的物件也没能准备齐全！"

族长马上说："守灵的物件不用你们担忧，前些日子祠堂里准备了清明的祭祀用品，可以先拿来用，祭祀君皇比祭祀祖宗更要紧！"

人们也喊着说："对呀！"于是，人们趁机拉着举人们回村了。

傍晚时分的祝祚亭显得异常庄严肃穆：大堂前檐底下，六盏纸灯一字排开，上面的"奠"字显得分外沉重；堂前三张长条桌都围上了白色桌围，大梁、帷屏上都挂满了白色条幅；大堂左边安放铜锣一副，琴、铮各一，分别有乐手演奏；大堂右边坐着吹鼓手四人，正用唢呐、锣鼓演奏哀乐；香案长条桌上是馒头、青稞、杨梅、鸡、鸭、鱼等祭品……大厅上下站满了官桥村的乡亲们，连祝祚亭前面的山坡上也站满了人。

申时正，擂鼓九通，族长大喊："祭祀皇灵开始！"一时间，锣钹同响，琴铮齐鸣。

族长又喊："请主祭者盥洗！"陈熙祖带领着村中各房族人以及四位举人一起走到了堂屋前面的脸盆旁洗手洗脸。然后到镜台前，整冠、束带，三次上香，再注酒、祭酒，倒在沙盘上。

族长又喊道："请主祭恭读祭文！"

陈熙祖走上前，慷慨激昂地宣读祭文："浩浩九州，悠悠蛮荒。轩辕吾祖，并炎和畅……陈桥烽幻，匡胤复旺。烽火民声，融合而昌。"祭文激扬，引得人们点头颔首，义愤填膺。

"尔来八代，廷立临安。再过七代，昺帝幸南。日渐日衰，赴海而亡。呜呼哀哉！哀哉吾皇！"读到这里，亭子内外，一片唏嘘声……

"我等臣民，岂能旁观！君皇前行，我等跟上。不畏蹈火，甘愿赴汤！"场内人群再也抑制不住悲痛的心情，都哭出声来了。

　　族长看到大家越来越悲痛，担心又引发五位举人的以身殉国之念，赶紧叫停。于是，人们就在唏嘘声中逐渐走散。

　　谁知道，第二天清晨，在大头山祝祚亭下的池塘里，浮着身着孝服的五具尸体，原来时过半夜，五位举人认为已经告慰村民，就跳进了池塘。

　　官桥人为了纪念五位举人，称颂其德行，就在池塘旁建造了"五举亭"，将这池塘改称"节保塘"，人们却习惯称它为"五举塘"；建有祝祚亭的大头山，从此以后也被称为"祝保宋祚山"。

（文/图：陈齐金）

义乌倍磊村

万里疆场觅忠魂

倍磊村隶属于义乌市佛堂镇，倚靠八保山，西枕义乌江，历史悠久，风景优美，村内古屋鳞次栉比，是义乌境内的一处重要的商贸古集。村内至今流传着明嘉靖年间抗倭名将戚继光亲临倍磊村招募义乌兵的故事。戚家军义乌兵的骁勇善战和刚强好义也为倍磊人在抗倭英雄史上争得一席之地，成为倍磊村人的美谈。

十四世纪初叶，日本进入南北朝分裂时期，封建诸侯割据，相互攻战，争权夺利。在战争中失败的一些封建主就组织武士、商人和浪人到中国沿海地区进行武装走私和抢劫烧杀的海盗活动，史称"倭寇"。明初，由于国力强盛，重视海防建设，倭寇未能酿成大患。正统以后，随着朝政开始腐败，海防渐驰，倭寇日益嚣张。尤其是嘉靖时期，随着东南沿海商品经济的发展，对外贸易日益发达。沿海一带的部分海商大贾、浙闽大姓为了牟取暴利，不顾朝廷海禁命令，出海与番舶贸易，形成海上走私集团，还勾结日本各岛的倭寇，沿海劫掠，攻城略地。嘉靖三十四年（1555）秋，戚继光从山东调到浙江抗倭前线，次年任参将。戚继光上任后，针对卫所军队不习战的弱点，多次上书请求招募新军。义乌倍磊兵就是在这样的情况下被招募的。

戚继光亲临义乌招兵之前，义乌南乡曾发生了一起轰动乡野的民间讼案。

事件缘于邻县盐商施文六纠集多人擅自到八保山开矿寻宝。此处原为倍磊陈氏一族产业，因传说盛产银矿，引得无数奸商矿徒前来偷偷开采冶炼。施文六私自采矿之事，被陈大成等人探知，便召集一帮族人前往阻止。施文六自恃人多势众，不肯退出。而陈大成等人亦认为祖宗的山产田业岂容外人侵吞。双方互不相让，发生了激烈的械斗，历时半年之久，死伤近千人。这一架打得天昏地暗，打得酣畅淋漓，最后倍磊人以男人的气概和血性捍卫了家族的利益和荣誉。当然这一事件也充分展现了倍磊村民

倍磊村村貌

的剽悍和无畏。

戚继光正是看重了这一点，方才决意在义乌招募第一支抗倭强军。但他的招兵计划一开始并非一帆风顺，响应者寥寥无几。于是，戚继光亲自登门请陈大成出山从军，经过一番推心置腹的交流之后，陈大成被戚继光的民族大义所感动，当场表态："我第一个报名。"在陈大成的帮助下，戚继光第一次在倍磊村招兵，就招募了800多名精悍汉子。从明嘉靖三十八年（1559）至明嘉靖四十三年（1564）的五年时间里，戚继光在义乌各地募兵26000人。义乌兵跟随着前方飘扬的那面"戚"字大旗，抱着保家卫国的信念，告别了父老妻儿，离开了生养他们的这片土地。他们的心里明白，此去一别，前面必然有无数场恶战在等待他们，他们要共同经历和面对惨烈的腥风血雨，要承受无尽的思乡愁苦。他们东征剿倭、北疆戍卫、援朝抗倭，把一生中最美好的青春年华都消磨在茫茫的征途里，有许多人还永远留在了异乡。但从那以后，他们就有了一个共同的名字——戚家军。

这支新组建的军队，最初在浙江台州进行正规严格的训练，将他们的刚毅和勇猛用纪律和章法加以完美。嘉靖四十年（1561）四月，倭寇侵犯台州花街，戚继光率领新招的义乌兵迎战，首战告捷，接着又九战九捷。后来又转战福建、江西等地，为抗倭屡建奇功。隆庆年间，为维护北方地区的安宁，义乌兵又移师长城脚下，修筑蓟北长城，镇守马兰峪关隘，城砖上滴洒着义乌兵的汗水，老龙头经受着海浪的撞击。万历年间，义乌兵又东援朝鲜抗日，被朝鲜国王称为"剑阁精兵"。在同一个历史时期，从同一个江南古村里走出的这么多优秀儿郎，很快就成了戚家军的中坚力量，许多人都成了戚继光手下的得力将领，当时戚家军中任千总、百总的将领中，倍磊人有六七十人之多，这是一个奇迹。其中著名的有：

陈大成（1506—1569），字延中，倍磊陈氏十世孙。六岁丧父，生活的磨难和艰辛逼得他过早地承担起人生的重担，同时也使他秉承了先祖们的遗训，志量过人，识见超卓，见义勇为，刚正不阿。自参加戚继光部队后，早在台州进行严格的训练时，就受到了戚继光的倚重，被任命为诸营总领。嘉靖四十年（1561），倭寇再次进犯台州。然而他们没有料到在这里碰到了自己真正的对手，陈大成率兵勇猛冲杀，所向披靡，蛮横残忍的倭寇被杀得落花流水，大败而逃。陈大成在从军期间，经历了几十场的激战。因战功赫赫，先后升任台州卫指挥佥事、浙江管理中军督司、三省总捕都司等，诰封怀远将军。当他两鬓霜白之时，方才退役还家，让家乡清澈的江水洗去战袍上的征尘。

陈子銮（1519—1580），嘉靖三十七年（1558）投笔从戎，跟随戚继光参加了台州花街、白水洋、长沙、水涨、乌根岭等战役，后转赴福建、衢州、严州、蓟镇，身先士卒，爱兵如子，历任台州松门卫指挥佥事、三屯营守备、蓟镇都司，诰封武略将军。

陈禄（1529—1595），曾与陈大成一起平定八保山矿徒事件，并于同年投奔戚继光麾下。从军后英勇杀敌，屡建奇功，因功升任总旗、宽田提调、金华所指挥佥事、指挥同知、乍浦备委都司，诰封怀远将军。这个立下赫赫战功的军人，在他晚年的生涯中，谢绝了王室的诰封，在故乡的晨风暮霭里度过了他的晚年。

陈蚕（1539—1601），倍磊始祖第十世孙，自小志向远大，通晓文韬武略，二十一岁那年，只身前往投军，在戚继光帐下听用，因年轻骁勇，胆量非常，又熟谙兵法，深得戚继光器重，多次率兵平定倭患，后授金华卫所世袭指挥所把总。嘉靖四十四年（1565），在闽南粤北征剿南逃倭寇和通倭山贼的战斗中屡立战功，升任石匣游击将军。万历二十年（1592），陈蚕奉命征东援朝抗倭，平倭安民，朝鲜三道民众感其恩德，特立德政碑相颂。回京后又升中路副总兵，诰授明威将军。

翻开倍磊陈氏族谱，可谓是将星闪耀，武官云集：陈文澄、陈九霄、陈彦才、陈彦奎、陈茂义、陈大绅、陈文相、陈文瀋、陈希明、陈希圣、陈惟亮、陈思贤……其中担任将校武官的就有 50 人，有将军衔的 6 人，指挥使 1 人，都司 1 人，守备 2 人，把总 17 人，千总 17 人，中军官 3 人，巡司、校尉、指挥司人各 1 人。前人曾用"簪缨代有""佩符拥旄者相望边镇"的词句来描述当年倍磊的子弟兵在军中的盛况。然而在数万之众的兵卒中，更多的人是在生命的最后一刻眼望着蓝天，面朝乡舍故土倒在了疆场上，客死他乡。

明代中后期，义乌这个偏远的古村落里为什么升起了这么多的"将校之星"？是首重孝悌之义的家训家风影响，是义乌山水孕育出来的敦本尚义精神，是"保家卫国，大家同去"的豪迈。倍磊人有着典型的义乌人的脾气和性格，他们素以耕读传家，尚节义，重廉耻，耿直憨厚，忠义刚勇，富有强烈的正义感和爱国心，关键时刻勇于挺身而出，奔赴国难。

从倍磊村走出去的戚家军义乌兵，在为民族利益的厮杀中详尽地诠释了"义乌精神"，搭建起历史记忆的轮廓和血肉，沉淀为人类群族的集体记忆。村文化礼堂最显眼的位置上，是他们当年风貌的再现。

（文/图：何恃坚）

嵊泗龙泉村

侯继高抗倭保岛

龙泉村隶属于嵊泗县枸杞乡，村域面积 18.15 平方公里，全村 684 户，1564 人。村民主要以捕捞、养殖业为主，是一座保存较为完整的传统渔村村落，距今已有上百年历史。全国闻名的历史古迹"山海奇观"摩崖石刻正坐落于此，这座摩崖石刻不仅是龙泉村的标志，也是全乡的历史与景观的主要代表。

村里"五里碑"峰顶上有一块凌空雄峙的巨石，峭壁上天然突起一块石碑，石碑外形雄伟、挺拔，远远看去，气势非凡。正面东壁镌刻着楷体书写的"山海奇观"四个巨擘大字，书法苍劲有力、气势磅礴。每个字高 1.6 米，宽 1.3 米，分两行直书。在"山海奇观"四字下面另有一段小字"大明万历庚寅春，都督侯继高统率临观把总陈九思、听用守备宋大斌、游哨把总詹文武、陈梦斗等督汛于此。"每个字圆润雄厚，笔力遒劲。该石刻是目前舟山市发现最大、刻工较为精良的摩崖石刻之一，2011 年 1 月公布为浙江省级文物保护单位。

山海奇观摩崖石刻

"山海奇观"既道出了舟山海岛山海自然风光的特色，也表明了"封侯非我愿，但愿海波平"的酬国壮志，体现了英勇的军人和百姓抗击外来侵略者的决心。石刻文字的书写者就是摩崖中提到的侯继高。

侯继高（1533—1602），号龙泉，祖籍江苏盱眙。自幼随祖父迁到金山卫。嘉靖二十七年（1548）袭祖职任金山卫指挥同知，年仅 16 岁。侯继高虽为武将，却工于诗书，是一位颇有造诣的书法家。任职期间，除了履行其巩固边防、防倭抗倭的职责之外，还写下了《游补陀洛迦山记》《补陀山志》《全浙兵制考》和《日本风土记》等著作。其中《日本风土记》较为详细地记述了日本当时的地理环境、政治经济、语言文学、风俗人情，内容极为丰富，是今人了解和研究明朝对日本认知的重要文献。

明万历十八年（1590）春，浙江都督侯继高统率临观把总陈九思等四个将领前往海防前线督汛。当时他所领军务有二：一是抗倭（日寇），二是护渔，即督汛。

明万历年间，国势渐衰，倭寇经常骚扰我海疆，一些流民海匪也冒充倭寇，致使朝野骚动。当时东南沿海匪患不断，浙闽地方官员连连上奏朝廷，要求派兵清剿匪患。但是海匪十分狡猾，常常是官兵不来，则到处烧杀抢劫，待官兵一到，则逃遁无踪，致使朝廷剿匪收效甚微。

面对狡诈猖狂的海匪，奉命在江浙剿匪的侯继高想了一个诱敌之计。一天，侯继高佯装携家人到普陀山焚香拜佛。一路上鼓乐浩荡，吹吹打打，好不热闹，同时放出风声说：侯夫人久有夙愿，一家人要在普陀山做道场月余，以谢佛祖厚爱。倭寇以为侯将军此时无暇顾及百姓安危，就伺机在嵊泗附近海面作恶。侯继高却早已在此之前派出游哨水师，在各地扮成渔民、商船水手进行秘密查访。当嵊泗暗哨传来密报，在嵊泗的枸杞一带有倭寇侵扰时，侯将军立即带领水师以迅雷不及掩耳之势赶来。

开始，倭寇以为是朝廷小股侦察水师，妄想且战且退，逃出重围。可是，打着侯字旗帜的水师战船却越来越多，转眼间，已经把匪船围困其间，倭寇此时方知大事不妙，仓皇逃跑，慌乱无序。此时海面上又刮起了七八级东北大风，匪船不但遭到侯将军的战船围攻，且相互碰撞，根本无法逃窜，短短几个小时，匪船倭寇被一举歼灭于枸杞洋面。由于天色将晚，风浪又急，侯将军指挥战船泊于枸杞港岙，率领兵将上岛修整。

侯继高将军来到五里碑山顶，站在五里碑的山脊上环顾四周，向西则波光涟涟的海面上，起伏的岛屿隐约可见，向东则金光闪烁的云霞下，茫茫大海上点点帆影，再回望枸杞，金沙碧海、奇岩怪洞，碧蓝的海水击打着海湾滩礁，风光旖旎，风长物静，气象万千。于是他兴致勃勃地提笔写下"山海奇观"四个大字，叫人镌刻在巨石上，注上日期以及一同登临的部将名字。

侯继高离开后，枸杞岛上的渔民为了纪念侯将军根除倭匪祸患，乞求平安，在石碑旁建起了一座小庙，以侯继高的号为名，叫龙泉庙。岛上渔民如果要祭祀、祝愿，都会到这座小庙和石碑上祭奠。1937 年，日寇侵占了中国大片河山后，又把魔爪伸向嵊泗列岛。他们登上枸杞岛，谎称庙里有抗日游击队藏于其间，放火烧掉了龙泉庙。新中国建立后，才在旧址重建此庙，二十年前此庙扩建，易名观音殿，虽然殿内寻觅不到侯继高的像，但在枸杞岛上的百姓心里，侯继高已经成为无形的菩萨了。

枸杞岛，侯继高，已经是两个不可分割的名字。一个是美丽的海岛，一个是给了海岛人文遗产的历史人物。前者带给后者的激情创作，成为枸杞岛的最好阐述；后者留给前者的历史遗产，也让枸杞岛留名青史，给了人们无限遐想的空间。

（文/图：嵊泗县农办）

台州椒江卫星村

海上豪客王相义

卫星村隶属于台州市椒江区大陈镇，地处下大陈岛中部五虎山西麓，不仅自然风光奇绝，还有众多历史文化遗迹，保留有一系列民国建筑。其中最著名、最洋派的民国建筑是原为海上豪客王相义的故居，后为蒋经国故居的小洋楼了。

王相义，字仙金，又名先进，世居黄岩白峰桥，父辈始迁居下大陈岛。幼年曾入私塾学习，稍长即随父兄出海打鱼，从事贩卖海鲜生意。他身材魁梧，臂力过人，武艺高超，周围聚集了一大批好勇斗狠的年轻人。

原王相义故居，现蒋经国故居

当时大陈岛属温岭县管辖，是东海海盗活动的主要区域之一。温岭县曾屡次发兵围剿，均不见效。无奈之下，岛上乡绅陈炳麟出面主持，由王相义及其伙伴组建了岛上第一支自卫武装，以抵御海盗侵袭。

1938 年 8 月，日军兵舰 2 艘入侵台州，在大陈岛附近海域及台州湾内击沉渔船 39 艘，投下数十枚炸弹，炸死炸伤民众 10 余人，炸毁房屋30 余间。日军的暴行激起当地民众的反抗，纷纷加入王相义的保岛武装。其后，王相义率部多次与日军在附近海域激战，击退日军登岛企图，一度控制了自洞头岛以北、舟山群岛以南的洋面。

1939 年夏，王相义指使王采平率所部诈降日军，领得不少枪械弹药和军饷。8 月 8 日晚，日军联合王采平部进攻椒江口，在海门白沙企图登陆时，王采平率部忽然反戈一击，打得敌人措手不及，击沉日舰 2 艘，毙伤 40 余人，台州军民士气为之一震。1940 年 6 月，一艘日舰妄图侵占大陈岛，遭到王相义部攻击而失败。

1943 年 10 月 3 日，两艘日舰又侵入大陈湾，在炮火的掩护下放下汽艇，直向大陈岛冲去。王相义率部阻击，凭借地形掩蔽击毙伪军 5 人，多次击退敌人登陆企图。然终因实力不支，战至深夜，不得不乘船向温岭松门港撤退。在撤退过程中，王相义被流弹击中下身。4 日，日伪军 300 余人在大沙头登陆，大陈岛沦陷。

大陈岛沦陷后，日伪军开始对当地实行残暴的殖民统治，拆掉民居 160 余间改建营房，设立岛务管理局，列出五花八门的"规矩"敲诈当地渔民。例如，强迫渔民出海时挂上太阳旗，每旗缴费 50 元；规定渔民捕捞海鲜，每筐纳税 1 元；小网船出海一次纳税 20 元，网艚船则一次纳 50 元至 70 元不等的税款；每只鹰捕船收 15 公斤干虾皮，年收三次。如果不按时缴税，就扣船、吊人，手段极其毒辣。不少岛民不堪重负，只得偷偷逃往松门等地。

日伪军还以大陈岛为据点，多次侵扰台州沿海地带，抢劫商船和粮食，致使商船不敢轻易出海，货源断绝，附近一带商店商行大量倒闭。

有一天，一个日本兵去海边钓鱼，不慎摔下悬崖，日伪军直到傍晚才找到面目全非的尸体，怀疑是隐藏着的王相义部所为。次日，日伪军召集岛民，对每个人的手脸进行检查，面色白净、手无老茧的 4 个青壮年被拉了出来，押到海边悬崖充当活靶子，被日军用机枪点射而死。

王相义在松门养伤两个月后，身体才逐渐康复，但从此失去了生育能力。国仇家恨，令王相义怒火中烧，发誓要收复大陈岛，消灭日伪军。伤好后，他一面收罗旧部，筹钱购置武器，扩充势力，厉兵秣马，增强战力。一面收集情报，耐心等待复仇时机。1944 年 3 月 11 日，王相义得知敌军林友森部调回南麂岛，岛上日伪军实力削弱一半，这正是收复岛屿的大好时机，于是王相义于次日晚率 1000 余人，分乘 50 余艘船只，分六路进攻大陈岛。

凭借对地形地貌的熟悉，以及事先掌握的日伪军分布情况。王相义部避开了防守严密的大陈岛主滩大沙头,从望夫礁等险处及浪通门等渔村登陆,趁着黑夜的掩护,将日伪军营地团团包围,处于睡梦中的日伪军成了瓮中之鳖,全部被歼。大陈岛顺利光复,王相义也声震东南沿南。

同年6月,王相义部被国民党政府收编,改编为温台护航委员会第七区海上抗卫支队,王相义任支队长。收编后,王相义以大陈岛和松门港为据点,先后在礁山、钓棚、石塘洋面袭击日伪军,拦截日军零星运输队,不遗余力地打击日伪军。

1945年2月初,王相义部击伤和俘获日舰各一艘,生擒日伪军33人。3月17日,围攻日军"晴空"水上飞机,生擒敌军6人,击毙日本海军中将山县正乡和8名佐官、2名尉官及18名军曹。4月在大陈岛附近洋面袭击日舰,毙敌多人,俘获日军11人。7月,在下大陈岛包围一支日军,逼使十几个日军集体自杀,俘虏伤兵3人。8月,日军1256固定无线队和佐佐木部队乘"金渊"号,在下大陈岛东北洋面与温台护航委员会相遇,王相义部紧急弛救,除击毙和跳海者外,俘获庄野秀勇等43人。

日军投降后,王相义弃武从商,在大陈岛上开设了"王益生商行",一本正经地做起了渔货、油盐等买卖。1947年秋,深感自己没有多少文化、平生吃足了没文化苦头的王相义,就在自家小洋楼的西北侧的天仰山上,盖起了一座两层西式楼房,办起了"温岭县凤尾乡相义代用中心国民小学",后来改名为"勾践小学"。

(文/图:陈楚)

台州黄岩浦洋村

英雄故里爱国情

距离黄岩城西 30 里处，有一座村庄，叫做茅畲浦洋村。村中有一条南北走向的石墙路连接四条村巷，使全村路路相通。30 年前，不论四合院或畲斗楼皆随村后山形朝西，形成古村堡格局。因村后皆山，山涧之水因势利导，归入四条村巷的水沟流淌，出村汇成圳浦，称壶瓶圳，向北过"风水堂圳"入九溪。白浦呑溪流经村北耕作区，因"水能聚财"，图个吉利，村名叫浦洋，形成青山绿水拥抱着的宜居村落。

浦洋村村貌

牟大昌，字逢明，号北蔾，生于南宋理宗绍定二年（1229），他自幼研读史传，义勇绝伦，慷慨有志。咸淳十年（1274）元军挥师南下，顺长江而下迳取金陵，兵逼临安。张世杰传檄天下勤王，牟大昌和侄子牟天与响应檄文，招收义兵。浙东提刑杜渊知道牟大昌叔侄二人贤能，举荐牟大昌为浙江都将军，牟天与为副将军。

宋末德祐二年（1276），元兵统帅伯颜派遣降将张弘范率领元军兵临台州（临海）城下，知府杨必大贪生怕死，大开城门纳敌投降。张弘范拿下台州城后，领兵直逼温州、黄岩。牟大昌认为以身许国的时机到了，于是率领部下在浦洋、水碓、卓山之麓及九溪沿岸陈兵把守，天与则在乐清樟树下拥兵待命。

十一月二日，牟大昌探知元军已从临海向黄岩进发，于是领兵到北洋镇芎厂村北的矮山冈与天与的乐清兵会齐，并在大旗上题书："大宋忠臣牟大昌，义兵今起应天祥，赤城（指临海）虽已降于虏，黄山不愿为之氓。"这个矮山冈因为树过义军的将旗，故名将旗岭。会师后，这支大约六七百义兵，雄赳赳，气昂昂地开赴城北黄土岭，与元军作战。

战场上，牟大昌使双股铜身先士卒，牟天与挥一柄铁扫帚横扫如飞，主将们面对劲敌奋不顾身的精神，极大地鼓舞了义兵士气，义兵们个个怀必死之心，蹈必死之地，以一斗十，奋勇拼杀。然终因寡不敌众，牟大昌力竭阵亡，义军也大多战死沙场。牟天与不敢恋战，杀出重围，纠集残部，返回将旗岭，驻扎在岭下下西山一带，日树旌旗，夜悬灯笼，以为疑兵，继续与元军周旋。

十二月九日，天气骤变，漫天大雪肆意飘洒，元军突然袭击畲川，包围了浦洋牟大昌的宅院，牟大昌兄长坦老、迎老，儿子茂才、文儒、僧儒，夫人马氏及两个女儿全被元军杀戮，堂妹则娘及追随则娘的女义兵们，宁为玉碎，不为瓦全，一齐奔向乡北的碧潭跳潭自尽。元军屠戮了牟大昌满门三十余口，还不满足，又包抄山冈附近人家，大肆屠杀，无数的百姓死于非命。野蛮的屠乡风暴过后，残余的牟氏族人返回家乡，在大田山四世祖牟巽墓右的中垄，筑大墓埋葬了牟大昌一家，时人称为十八圹。元儒大澧潘伯修以擘窠大字题碑《宋忠臣牟北黎牟大昌公之墓》。

嗜杀的元帝国并没有征服百姓之心，在中原仅仅维持了89年的统治，便被新的王朝明朝所取代。元顺帝退出大都，逃往应昌。茅畲牟氏仿佛草木逢春，重新发展壮大。他们弘扬耕读家风，知书识礼，尊长睦邻，克勤克俭，逐渐成为茅畲"望族"。明正德年间，官府于卓山之麓，始建英武庙，祭祀抗元民族英雄文天祥、杜浒、牟大昌、牟天与、胡文可、吕武、张和逊。

善门出贤裔。民主革命时期，先贤林泗斋，满怀抗日救亡之志于1934年深入茅畲，以教书为掩护，在浦洋村访贫问苦，宣传抗日，组织夜校、午修班，启迪贫苦百姓阶级觉悟，撒播抗日救国思想，培养了章益坚、章学英姐妹和其他许多革命青年。到1938年早春，浦洋村出现了一门仨父子，母女俩同时参加抗战的场面。皖南事变中，来自本村的牟同友、牟同法壮烈牺牲；村民牟同阜、牟玉柱亦在与日本侵略军作战时牺牲。解放战争期间，虞定道、牟永培、牟锡侬等村民志愿参军，为建立新中国付出了生命。

　　注：本故事根据牟家宗谱整理。

　　　　　　　　　　　　　　　　　（文/图：虞敏行）

台州临海张家渡村

尽忠报国周泽瑞

张家渡村隶属于台州市临海区括苍镇，原名湖阜，地处括苍山主峰北麓，为永安溪和方溪的交汇处。宋朝宝祐年间，黄沙进士张汝楷丁忧后，来此隐居，因溪水阻隔，于是，出资修筑埠头，购置渡船，方便行人。村民感怀张汝楷的恩德，遂将此地改名为张家渡。周泽瑞晚年就定居于此。

周泽瑞，字旭东，号惠鸣，生于1918年，祖上原系仙居东乡周宅村人，出身书香门第，家境富裕，有二十四间大台屋，良田无数。光绪年间，周泽瑞堂伯被人误伤致死。双方还未商定事宜，对方十分恶毒，将自家痴呆人打死，深夜将死人抬至祖父家门口，反咬一口，诬陷祖父先打死他家的人。因祖父房派较少，势单力薄，经不起地痞恶霸如此敲诈勒索，所有家产全部荡尽，全部叔伯都出外逃生。周泽瑞的父亲周成浩也迁往外祖父处安居。由于父母勤俭刻苦，经商务农，经数十年艰苦创业，得成小康之家。周泽瑞七岁时就读私塾，后去临海回浦就读。"七七事变"后转仙居中学就读，当时周泽瑞已娶妻室并有一女，受进步思想鼓动，他抛妻别子，毅然割舍温馨之家，投身抗日，发誓要把日本侵略者赶出中国。

1939年，周泽瑞顺利被黄埔军校录取。当时浙江省共招80余人，接兵部队设在戴笠老家常山，全部学生须从常山集合出发。可是，常山至成都的道路多被日寇侵占，沿途可搭乘的车船很少，而且需要绕道避开沦陷区。长途跋涉八千余里，有些同学病死途中，就连周泽瑞抵达目的地时，身体也垮了下来，患病住校部医院数月。病好后，他被编进校属入伍生团，依然以大学课程为主。1940年通过考试，考入十八期二总队。三年军校生活没有片刻闲暇，艰辛的学习生活，也磨练了他的意志。1943年春，离毕业还差半个学期时，蒋介石亲自到军校颁布命令，因前方战事紧急，军校生提前毕业。

周泽瑞被分配到昆明抗日远征军第五军军务处，任少尉排长，赶赴老河街，学习美国新式武器，再转曲靖，到美国驻中印缅远征军汽车训练

张家渡古街

处，学习汽车驾驶、机件结构修理等。由于各项成绩优异，美国教官为他颁了奖，上级也对他非常满意，他被调入军直属营，升为中尉连长。1944年，日寇在怒江西岸有4个师团，企图占领保山，直捣昆明，威胁陪都重庆。上级电令第五军速编加强混成团，全部换上美式装备。周泽瑞所在的突击营也被编入，归71军指挥。宋希濂总司令官下令开展滇西还击战，争夺龙陵，打通国际通道。

此次作战，对于周泽瑞等军校毕业生而言，人人都觉得上阵杀敌机会终于来了，激动得满腔热血都在沸腾。随即，他们所在部队由昆明武家坝机场空运到保山战场上，在敌机的不断轰炸下，只见城内已变为一片废墟，瓦砾随处，疮痍满目，老百姓被敌机炸的妻离子散，露宿街头，沿街乞讨，惨不忍睹。这种惨状激起了全体官兵的同仇敌忾，决心为死难同胞向日寇报仇。未几，我军即发起滇西反击战，周泽瑞所在的部队同兄弟部队一起强渡怒江，一路血战到龙陵。

龙陵被滇缅国际通道穿境而过，是一个易守难攻的地方。日寇侵入滇西后，龙陵是其重兵集结地点，有两个师团，还配有特殊部队约一万多人。当时远征军包括盟军在内，有十几万人参加滇西还击战。其中龙陵战役耗时最长，牺牲最多，歼敌也最多，是远征军征战最艰苦的地方。日寇驻扎在龙陵的阵地就有四五处。周泽瑞所在的部队奉命攻打团山。团山离龙陵城约两公里，滇缅公路绕山而过，山头有营房，四周敌堡星罗棋布，全部以钢板水泥建成，构成交叉火力网工事，布置非常严密。

第一次进攻于1944年6月开始，中途经数十次冲杀，攻打了三天三夜。这时日寇外围部队驻腾冲、芒市有 6000 多援军赶到，将我军包围，总部下令保存实力，由 6 团掩护，后退三公里，借有利地形筑工事，而 6 团将士则与日军决一死战，全团壮烈殉国。日军增派一个师妄图把我部全部歼灭。双方僵持了一个多月，都伤亡惨重，我军伤亡过半，不少阵地重新陷落，最后，与总部一起撤退 10 公里，准备再行反击。

这里的气候非常恶劣，白天犹如盛夏，夜晚仿似寒冬，燥蚂蟥遍地横行，疟蚊虫四处乱飞，一旦被咬被叮，肿痛难忍，不少战士都被燥蚂蟥叮死。那时军需物资全靠空运，反击战全面开展时，兄弟部队包括盟军部队有十几万官兵参加战斗。敌机日夜轰炸，空降下来的食品首先供应盟军。其他部队只能吃树皮、挖树根、挖野菜，甚至将自己皮带煮汤吃掉。

9 月中旬，远征军在腾冲、松山作战取得了全面胜利，左右两翼主力部队相继汇聚龙陵。于是，周泽瑞所在部队对龙陵战略作了调整，对龙陵日寇进行了第二次还击战，与新增援军一个师继续攻打团山。一开始，采用重炮轰击，结果不仅命中率低，且所在部队离敌较近，还经常出现误伤。71 军不得不调整了战斗部署，改变战术，先集中六十门大炮以火力压制日寇两侧碉堡，再由周泽瑞所在突击营布置火箭炮迫近敌堡二百公尺之死角，连续发射，终于贯穿敌堡四壁，其顶部坍塌。71 军官兵趁机使用榴弹一齐冲杀，全歼山顶残敌。此次战斗，伤亡重大，战地指挥副团长壮烈牺牲，周泽瑞头部也受轻伤。

团山被攻破后，日寇节节败退，向芒市、碗町溃逃，71 军乘胜追击，终于打通滇缅国际通道。战后周泽瑞回国，因战绩晋升为少校。

（文/图：周立亮）

温岭城南村

戚继光歼倭"三绝"

　　城南村隶属于温岭市新河镇，形成于明代，历史悠久，古迹众多。那披云山上山岩垒叠的烽火台、戚公祠前竖立的《南塘戚公奏捷实记》石碑、新河石砌城墙、斗门桥歼敌石碑等等，一处处历史古迹，都在诉说着三百多年前戚继光将军在此地抗击倭寇的历史。

　　话说明代山东登州府蓬莱鲁桥有一戚姓大宅，大门联云："天下太平，文不爱钱，武不惜死；乾坤正气，下为河岳，上为星辰。"大门横匾书"昊天无涯"。戚府主人单名谏，自幼膂力过人，弱冠之年曾经独自一人抓住一只猛虎，为里人所赞扬，世袭登州卫指挥佥事。可惜的是，他英年早逝。戚谏有两个儿子，长子戚宣，没有子嗣，便过继弟弟的儿子景通为嗣，承袭世职。戚景通原配张氏不育，又娶王氏。时隔十三年，即嘉靖七年（1528）闰十月初一日，夫人王氏梦见赤衣神人从天而降，落于庭中，变成猛虎，燿燿室内。当天，王氏生子，日华五色，景通将军给新生儿取名为继光。这便是明代著名的抗倭将军戚继光。

戚继光像

　　戚继光自幼倜傥，聪慧颖悟，性朴行端，好弄摔阖，多权奇。稍长，折节为儒，以经术著称。当时，乡里某员外喜爱他，赠予丝鞋，戚继光喜不自胜。戚景通见后，斥责道："你小小年纪，就喜欢这等物件，长大定然喜爱金衣玉食，贪图享乐，如果做了将官，势必贪污军饷，中饱私囊，污我清白，我岂能容你贪得无厌。"戚继光听了父亲的训斥，羞愧万分，于是，脱下鞋子，撕裂丢弃，自此以后，以清苦自励。戚景通还手书"忠孝廉节"四字，悬于厅堂，令戚继光晨夕省览。

戚景通教子，爱而不溺。晚岁退休，埋头著书，家中经济窘困，适逢友人来访，对他说："将军以什么东西留给子孙呢？"戚景通立即叫戚继光来到庭前，指着堆积案头的厚叠书稿，对他说："你不要以为父亲没有留给你东西，这些留给你的书稿，它的价值岂能估量？等你长大，可以将遗产献之国家，贮于朝廷。"戚继光回答道："父亲嘱托遗产，如此崇高博大，足够孩儿一生消受。"

戚继光十岁时，生母王夫人去世。张夫人对他慈爱甚于己出，含辛茹苦抚育他，对他的品格熏陶影响极大。受父母影响，戚继光从小立志疆场。

十七岁那年，父亲又因病去世。戚继光袭任父职，成为登州卫指挥佥事，操练水军，整顿军备，辑和众心，抗击入侵山东沿海之倭寇。自此金戈铁马一生。嘉靖三十四年（1555），因为浙江倭患严重，戚继光被调任浙江都司佥书，次年升任参将，镇守宁波、绍兴、台州三府。

日本在中国古代被称为倭，来自日本的海盗因此被称为倭寇。他们四出抢掠时，常分成几队、十几队甚至几十队，以当地奸民为向导，用海螺号互相联络。刀枪磨得雪亮，且大多使用武士刀，杀伤力极强。擅长近身格斗、火枪射击，惯于设伏偷袭，常用川字或一字长蛇阵。由于明朝各地卫所处于严重废弛状态，军队腐败，明军与倭寇作战之初时常吃败仗。

戚继光到浙江上任后，见卫所官军都贪生怕死，平时也没有经过操练，正在烦恼之际，忽然亲眼看见义乌矿工与永康矿工几万人打架的凶狠场面，戚继光不禁惊呼道："如有此剽悍一旅，可抵三军。"于是，他招兵不纳城市游滑之人，特募浙西壮丁四千人。平日严格训练，教以击刺之法，长短兵迭用，由是戚继光所率军队特别精锐，号称戚家新兵。他还针对浙闽沿海多山陵沼泽，道路崎岖，不利驰逐，大部队兵力不易展开，而倭寇小股分散，又善于设伏，好短兵相接的特点，创立了攻防兼宜的"鸳鸯阵"。

　　嘉靖四十年（1561）夏四月，倭寇大举进犯台州，复分流700余徒，乘8艘船，由坭澳潜抵下洋梁，次日进犯新河，并于周洋港（即北闸处）登陆。一时间，新河四境骚动，人心惶惶。此时新河城内精壮兵丁都已出征了，只有戚夫人留守新城，大家不免手足无措。戚夫人急命士兵迅速赶往披云山烽火台燃烟报警，同时下令打开军火仓库，让留守士卒以及全城男女都穿上兵装，布列城头，"旌旗丛密，铳喊齐哄"。贼寇远望，怀疑城中早有准备，不敢贸然攻城，从而为救兵赶到赢得了时间。

　　戚继光闻报后，一面派人到泽国、南塘两处做好竖立木城的准备，一面急驰书派佥事唐尧臣率兵趋新河会战。同时，知会太平县令徐钺、黄岩县令张思善等率兵助战。下梁梁姓乡兵最先赶到，正好遇上倭贼大肆抢掠，双方相遇于新河城下，短兵相接，鼓噪大战。戚继光指挥若定，摆开"鸳鸯阵"，阵形以12人为一队，最前为队长，次二人一执长牌、一执藤牌，长牌手执长盾牌遮挡倭寇的重箭、长枪，藤牌手执轻便的藤盾并带有标枪、腰刀，长牌手和藤牌手主要掩护后队前进，藤牌手除了掩护还可与敌近战。再二人为狼筅手执狼筅，狼筅是利用南方生长的毛竹，选其老而坚实者，将竹端斜削成尖状，又留四周尖锐的枝丫杈，每支狼筅长3米左右，狼筅手利用狼筅前端的利刃刺杀敌人以掩护盾牌手的推进和后面长枪手的进击。接着是四名手执长枪的长枪手，左右各二人，分别照应前面左右两边的盾牌手和狼筅手。再跟进的是使用短刀的短兵手，如长枪手未刺中敌人，短兵手即持短刀冲上前去劈杀敌人。倭奴从未见过此等战阵，霎时阵脚大乱，被杀得死伤遍地，鬼哭狼嚎，向南逃亡。戚家军歼倭第一绝招"鸳鸯阵"初见实效。

　　倭寇逃至牛碶桥，慌忙上船向西逃去。戚继光急命人从新河城里运出四门虎蹲炮，安于披云山之南坡，炮口对着江面。同时命令戚家军六百余人带弓弩至南塘设伏。不到一个时辰，倭寇之船从西向东急急开回。

　　原来，寇船向西至泽库时，戚继光早已命人在河中打木桩，堵塞其从温峤港出海去路，岸上又遭太平县令徐钺、黄岩县令张思善等率兵袭杀，倭寇只得调转船头想从团浦出海。

　　刚到披云山下，倭寇就听闻江边喊杀连天，山上炮声隆隆，两艘寇船被击中起火，余船向南逃窜，戚家兵沿江跟踪追杀，箭如飞蝗。寇船逃至南塘，突然听见轰轰连响，水面下木桩并排，连木成城，碰得船上倭寇落水无数，船只根本无法通过。这便是戚家军歼倭第二绝招"木城"（后来人们把这条河也叫"木城河")。

眼看追兵将近，倭寇只得弃船上岸，向不远的海滩逃命。海滩泥涂，软陷没膝，倭寇拼命逃跑，还是比不上陆地快，力气大的奔逃在前，力气小的远远落后，气喘吁吁。这时，只听岸上急急锣响，泥涂上南北方向突然出现两彪人来，他们踩着海马，"溜—溜—溜"快速滑行追击。逃得慢的倭寇纷纷被弩箭射中，倒在海涂上动弹不得，戚家兵也不去管他们，只顾踩着海马追杀逃跑的敌人，那些逃得快点的倭寇也被追近射杀，逃得最快的倭寇转头见追兵已退去，暗暗庆幸，想不到潮水忽涨，不及逃生，都被海浪吞没。戚家兵踏着海马，赶在潮头前轻快安然地返回南塘。"踏海马"这是戚家军歼倭第三绝招。只见南塘海堤上"戚"字大纛被海风吹得猎猎作响，戚继光将军正向背着海马凯旋的士兵频频挥手致意，岸上军民万众跳跃齐呼，欢声惊天动地！正如戚将军所写诗词：

南北驱驰报主情，江花边草笑平生。
一年三百六十日，都是横戈马上行。

注：

踩海马（踏艇）

明代，戚继光率军在台州沿海平倭寇时，曾制造海马，又称泥艇（俗称桥，"桥"是将"泥艇"两字快速连读而成），为海涂作战器械。用木板一条，长 1.7 米，宽 35 厘米，两边钉狭板作舫，头稍翘起，中间架一横木。驾驭时，双手扶横木，一脚跪板上，一脚蹬涂滑行，每蹬一脚可滑两丈许，小沟亦能窜越。在海涂上追杀倭寇，转动灵活，撞击有力。因它重不过三四十斤，不用时即可提起背着。以后它发展成海涂快速交通工具，沿海一带渔民常驾海马在海涂上取蛏捕鱼；并成为民间体育运动器械，青年们劳作之余，常自发进行踩海马（俗称踏艇）比赛，比速度，比超越障碍技术。

（文/图：李小咸）

缙云西施村

游击将军施化麟

西施村隶属于缙云县壶镇，地处缙云县与永康市交界处，村民以施姓为主。南宋时期从缙云雅施村迁入，距今约 700 年历史。光绪年间，西施村出了一位施化麟将军，他是恭亲王的得意门生，深受左宗棠、廖寿恒等人的赏识。他在福建前线屡建奇功，得到清廷嘉奖，敕造游击将军府，赐堂号"丛公堂"。这座"游击将军府"，又称"道门进士第"，它实际是一个层层设防、步步为营的军事堡垒。

那么，施化麟是一个什么样的人物？据道门施氏后裔方野的《游击将军府》记载：施化麟（1862—1902），乳名文彬，字守仁，号蔫虞，出生在一个仁厚殷实的武术世家。他从小发奋读书，仰慕岳飞，4 岁就跟随曾祖父学习扎马步、举石锁、练内家拳。光绪三年（1877），年仅 16 岁就考中武秀才，光绪八年（1882），中武举人。

施化麟像

当时清政府外患频仍，时局动荡，施化麟考中武举人的第二年就奉诏赴京，任兵部、军机房捷报处行走。初入仕途，施化麟小心谨慎，忠于职守，勤勉有加，深得恭亲王赏识。不料风云突变，1883 年 2 月，法国召回驻华公使宝海，推翻《李宝协定》，悍然发动中法战争。慈禧太后以前线失利，借口恭亲王"萎靡因循"，免去他的一切职务，命左宗棠赴京任军机大臣。1884 年 8 月 26 日，清政府下诏对法宣战，在一片主战声中，左宗棠临危受命。恭亲王召集刚入军机处不久的施化麟等 30 名武举人组成敢死队，交由左宗棠指挥，一起随军前往福建御敌。

施化麟第一次参加战役，就主动请缨，率 30 名敢死队员赴广西参加镇南关战役，他们以迅雷不及掩耳之势，制服守军，打开城门，攻破城池，夺取谅山。谅山一战，法军大败，残部狼狈逃窜，清军主力渡过淇江，收复谅山。谅山—镇南关大捷，首战得胜。此战直接导致了法国茹费里内阁垮台。

光绪十三年（1887），年仅 26 岁的施化麟荣任都尉钦差官，钦差直隶良乡关。他忠于职守，尽心尽力办差。当时恭亲王和廖寿恒都鼓励他考武进士，以期大用。于是，一有空闲，施化麟就勤加练习，研习军事，并与大内高手、同僚切磋武学。光绪十五年（1889）秋闱会试时，他一路过关斩将，顺利进入由光绪皇帝和慈禧太后亲自主持的程文殿试，金榜题名，考中李梦说榜第三甲第三十四名，赐同进士出身。初授三等侍卫，正五品营守府，隶属于恭亲王镶黄旗麾下。

日本明治维新后制定了对外扩张的"大陆政策"，派遣间谍渗透中国各地，收集情报，图谋日后大举侵华。军机处得到确切情报，日本间谍宗方小太郎出现在威海一带活动。兵部立即派施化麟率领禁卫军前往缉拿。

宗方小太郎自幼习文好武，喜读历史，曾于中法战争期间前往上海学习中文，并扮成中国人遍游北方九省，成为著名的中国通。他还协助另一间谍在上海培训间谍学员 130 多名，分散到中国各地收集情报。近日，他带了四个随从，正在威海一带刺探清军驻防情况。施化麟率精锐禁卫军将士 100 人，日夜兼程赶到威海后，全体改着便装，扮成平民，分 10 人一组，巡游于各军营周边集镇要道，搜查间谍的蛛丝马迹。起初毫无所获，为了引蛇出洞，施化麟实施单人行动计划。他自己也扮成店小二，在威海西城门附近的"日升酒家"暗中监视，终于发现宗方小太郎的间谍行动，在抓捕中，日本四名间谍为了掩护宗方小太郎逃脱均自杀身亡。

此次行动虽然逃走了宗方小太郎，但击杀了四名日本间谍，撕烂了日本在威海的谍报网。因此，施化麟等人回到京城后，受到兵部嘉奖。不久，中日甲午战争爆发，施化麟也参加了此次战役，却难以挽救败局。战争以清政府签订丧权辱国的《马关条约》而结束。

《马关条约》的签订，在全国引起强烈反响。康有为等发动公车上书，掀起维新变法高潮。光绪帝也激愤于甲午战败割台，决心变法，于1898 年 6 月发布"明定国事上谕"，推行变法运动。

施化麟亦深受震动，他在拜访妻舅廖寿恒时，面对至亲好友，道出了自己的见解："民富必须兴工，国盛必须强军。惟变法维新，力求进取，方可屹立于世界之林。"

然而维新变法在以慈禧太后为代表的顽固势力的反扑下，以失败告终。慈禧太后再次临朝听政，幽禁光绪皇帝，并下令将跟从其变法的亲信——缉拿格杀。

恭亲王眼看康、梁等维新人士就要大祸临头，自己却病体恹恹，时日无多，便招来施化麟，下达密令："速速通知梁启超和康有为等，立即远遁欧美，不然将身首异处。施化麟，吾之季布也，努力自爱。"施化麟凛然下拜，愿意前往通风报信。就在他要迈出房门时，又被恭亲王叫住，叮嘱了几句："你带一武功高强之亲信，装扮成平民，不得暴露身份，不得言我差遣。护送彼至塘沽码头后，立即潜回。此事天知地知你知我知。"

施化麟得令之后，连夜约来同在兵部的挚友施东洵，两人乔装打扮后立即出发至梁启超寓所，见其大门紧闭，就翻墙入院，亮出了恭亲王令牌，传达了消息。梁启超早年就认识施化麟，知道他是同情维新派的官员，就立即收拾紧要物品，匆匆随同二人前往宣武门米市胡同康有为住处，双方来不及寒暄，就按计划前往天津塘沽码头。廖寿恒已派遣应振在码头做好接应准备。在赶往码头的途中，大内骑兵杀出，目标直取康梁二人性命。在施化麟和施东洵的拼死护卫下，夺下两匹军马，一路狂奔，闯过了鬼门关，趁天黑冲到了塘沽码头。康有为和梁启超从天津塘沽南下逃亡香港后，辗转国外。同年 9 月 28 日，谭嗣同等六君子被杀，戊戌变法失败。

施化麟因暗助光绪皇帝维新变法，遭到慈禧太后疑忌。太后下达旨意给军机大臣廖寿恒，着令施化麟一干人等速速奔赴福建御敌。施化麟揣着兵部"调任福建前协陆路提标右营守备"的委任状，偕同施东洵等 29人，披星戴月奔赴福建前线而去。

到达福建时，已是次年正月十五。元宵佳节，地方上本应普天同庆，然而这泉州城却因海盗肆虐显得一片萧条冷清。施化麟等人刚刚安顿下来，就听见军号吹响，军队集结。原来是要去歼灭海盗。游击将军杨岚运筹帷幄，命令领各部兵勇分路清剿，又嘱咐施化麟率众埋伏海边，切断海盗退路，终于取得于山镇大捷，此次战斗共剿杀海盗128人，俘虏56人，烧毁贼船5艘，缴获大帆船1艘，洋枪18杆，刀械230件，从大船上起获赃银8000余两，击毙两个海盗头子，侵扰福建多年的海盗大患一举剪除。回营后，杨岚对各部将士论功行赏，特别表扬了施化麟的神勇善战，并将他的功绩逐级上报兵部，直至太后。慈禧太后闻报，自然是凤颜大悦，眼下时局不稳，正是急于发掘吏材、笼络干将之际，有感于施化麟主动请缨，英勇杀敌，力保江山稳固，于是放下猜忌，下懿旨表彰："擢施化麟为福建前协陆路游击将军，钦加二级三品封典，赏戴花翎。通报大清海陆全军嘉奖，鼓舞士气。"

剿灭海盗后，泉州地面相对平静，当地百姓额手相庆。施化麟手下统辖将士近万名。他治军严厉，秋毫不犯。如有士兵不小心扰民，他必亲自登门道歉。在他的镇守下，泉州地面太平无事，百业兴旺。泉州军民感其恩德，屡送德政牌，以示感激。

光绪二十六年（1900），台湾志士高扁因为不满朝廷签署《马关条约》，在安溪一带聚众起义。施化麟受命前去平定，他命部将化装成平民，暗地侦察，弄清原委后，力劝高扁率义军投诚，不费一枪一弹平复了民间动乱。

英军四艘战舰入侵广西，被清军水师狙击后，往泉州方向窜来。施化麟事先侦得消息，预先进行周密布防，结果英军的坚船利炮，被施化麟所部打得落花流水，仓皇逃亡。此次龙湖大捷，施化麟一战成名。泉州各地百姓闻知施化麟部英勇作战，驱逐英军战舰出境，再次保境安民，又自发联络起来，制作万民伞和四块德政牌，敲锣打鼓，送到游击将军衙署，并将泉州的一条街命名为"化麟街"，以示纪念。

慈禧太后闻讯后，欣喜万分，随即颁发懿旨："福建陆路游击施化麟打败英国海军四艘军舰，厥功甚伟。传旨：诰授昭勇巴图鲁，赏穿黄马褂，敕造游击将军府，敕造午朝门，敕造牌门楼。"一口气颁完懿旨，老佛爷面对众臣长吁了口气道："倘我大清将士皆如此神勇，定当江山永固，何愁列强不除？"

光绪二十八年（1902）五月二十三日辰时，施化麟因救助百姓不幸传染上鼠疫，病逝于泉州任所，享年四十一岁。清廷追赠他为一等威毅伯爵，诰授振威将军衔，赏双眼花翎，赐游击将军府堂号"丛公堂"，行棺还乡，钦赐祭葬，准建家庙，春秋祭祀，谥号为"武丛"。

（文/图：李根溪）

第五篇　舍生取义　救国救民

编者按：杀身成仁，舍生取义，自古以来，中国的仁人志士们都讲求以身任天下，把个人的安身立命与天下兴亡、百姓福祉联系在一起，体现了中华民族为社会正义、人类进步而斗争的崇高价值追求和道德精神。尤其自近代以来，浙江无数的志士仁人为了革命理想信仰、为了救亡图存、为了至高无上的道义精神，他们大义凛然，慷慨就义。本章主要叙述那些为了国家和人民不惜牺牲生命的革命志士的故事。

淳安厦山村

红色印记知多少

在皖浙交界的万山丛中，有一个美丽村庄，叫厦山村，这个村由茶山、半山、泰厦（含徐家、汪家、项家三个小自然村）三个自然村组成。村庄的历史非常悠久，据汪氏宗谱记载，南唐武状元汪杨高之子汪得罗，秉性忠直，才智过人，多次拒绝朝廷征辟。北宋天禧三年（1018），狩猎至泰厦，见山川秀丽，即举家从开化县霞山村迁来定居，子孙延续至今已近千年。泰厦村地处徽（州）严（州）交界处，衢（州）徽（州）古道和古遂安县最大的溪流武强溪穿村而过，是徽商进入浙江的重要水陆要道，元、明、清三朝都在这里设立过巡检司，并在村口和村后山冈上建有关隘（石寨门）。汪氏先祖汪都一曾任泰厦巡检司巡检，谱中称："汪都一，字伯畿，智识宏远，有志四方，元末干戈纷扰，行省以公义勇，擢为本处巡检，守备游寇。公善于用兵，士卒咸乐为用，有恩于乡里，至今人犹思慕之。"

泰厦村地处要津，为历代兵家所重。土地革命时期，红军著名将领方志敏、刘畴西、乐少华、粟裕、刘英等都曾率领中国工农红军北上抗日先遣队红十军团转战此处，方志敏同志曾在茶山方氏宗祠"敦睦堂"亲自主持召开了他生前最后一次重要会议，史称"茶山会议"。先遣队10多位高级将领聚集在这座祠堂内为先遣队的命运焦虑、担忧、商讨出路，最后作出停止北上行动，全军返回赣东北的决定。皖浙赣省委书记关英、省委组织部长刘毓标、省委宣传部长滕国荣曾在这里战斗过；中共下浙皖特委、下浙皖苏维埃政府、下浙皖军分区领导人也在这里战斗过，留下了许多红色印记。

1935年1月9日，风雪交加，在通往厦山村的衢徽古道上，寒风凛冽，军号嗒嗒。中国工农红军北上抗日先遣队红十军团数千名饥寒交迫的将士，在军政委员会主席方志敏、军团长刘畴西、政委乐少华、参谋长粟裕、政治部主任刘英等一大批红军高级将领的率领下，静静地穿过茶山、

浙皖茶山古道

　　半山、泰厦，进入安徽境内，因前方遭遇强敌，重新撤回，当夜驻扎在泰厦、半山、茶山一带。自古以来，人们视兵匪为一家，山里人最怕过兵过匪，每家每户都在山上搭个小草棚，一有动静就躲进山里，红军还没进村，百姓们能走得动的，都钻进了大山，留在村里的只有几个老弱病残。方志敏望着寂静的山村，思绪千万，感叹道："百姓们被害苦了！"于是，他亲自找到留守在村里的老人，满怀深情地嘱咐他们："我们是穷人的队伍，是为穷人打天下的。天气寒冷，快把躲在山上的人喊回来吧。"当得知茶山村民也姓方时，他高兴地对群众说："你们姓方，我也姓方，我们是本家。"说完爽朗地笑了，长期如草芥般被兵匪欺凌践踏的山民，顿时感到一股暖流缓缓淌过心间，凝结在心中的坚冰瞬间化作滚滚热泪，他们对着巍峨的群山，大声地疾呼："躲在山上的人，赶快回来吧，来村里的是穷人的队伍，是我们自己的队伍！"喊声犹如洪钟大吕，在空旷的山谷久久回荡。逃离村庄的村民回来了，本以为这么多军队进村，家里的财产一定遭殃，可当他们回村一看，红军们穿着褴褛的单衣，站在小路旁、屋檐下、田埂上，迎着寒风，打着哆嗦，可是家里却连园门都没被打开。村民什么时候见过这样的军官？这样的军队？于是村民们激动了，茶山沸腾了，全村男女老少都自发地行动起来，把红军一个个拉进家里，升起火盆，为红军烘烤衣衫，做饭烧菜，端茶送水。这一天成了茶山人、半山人、泰厦人历史上最盛大的节日。这就是我们的党，这就是我们党领导的人民军队，在任何艰难困苦的环境下都把人民群众的利益放在首位。从此，泰厦人坚信：只有共产党，才能救中国；只有共产党，才能为人民。

红十军团在厦山村停留的时间虽然短暂，却是震撼世界的中国工农红军万里长征的组成部分，载入了中国革命的史册。如狂飙，挟带雄风，一扫厦山村千年阴霾；如曙光，穿过乌云，照亮了白际山脉的千山万壑。从此厦山人知道，黑暗的中国，有一支为人民打天下的队伍，这支队伍叫中国工农红军，于是，在厦山人心中燃起了对光明的期盼。

历史静静地翻过一页，1936 年春天，一支由皖浙赣省委委员、省委宣传部长滕国荣等人率领的红军游击队也来到了厦山村，他们深入农家，走进田头，传播着共产党"打土豪，分田地"的革命纲领。很快，党的组织建立起来了，中共泰厦支部、中共茶山支部、中共泰厦中心区委、泰厦中心区苏维埃政府，红色政权很快建立起来了；徐家村农民团、项家村农民团、汪家村农民团、茶山村农民团，人民群众也很快组织起来了。一个个党组织、一个个农民团，如一团团烈火，在厦山村燃烧。厦山的天，成了晴朗的天，欢声笑语代替了愁眉苦脸，男女老少热爱红军，省吃俭用支援红军，青年小伙参加红军，儿童们为红军站岗放哨，妇女们为红军做鞋送饭，很快革命根据地从厦山村延伸到遂安县的大部分区域。

"西安事变"后，国民党为了抢在国共合作协议生效前彻底消灭南方游击队，加快了剿共步伐，把淳安县列为"特别清剿区"，要求在 40 天内剿灭红军。他们临时拼凑队伍对山区实施拆棚并村，保甲连坐，禁运粮食、油盐，在各村制高点修筑碉堡，妄图把红军困死、饿死。1937 年 2月 9 日，皖浙赣省委书记关英、省委组织部长刘毓标、省独立团团长熊刚等人率领独立团三个连到达茶山，在当地活动的省委宣传部长滕国荣也率队前往会合，并报告了紧急军情。原来茶山村对面的项家山村有一支安徽省保安团一个连的兵力，他们处处与红军作对，听说红军到达茶山，正在盘算前来袭击。红军独立团立即与下浙皖游击队合兵一处，悄悄地赶到比项家山村地势更高的严池村，居高临下，以迅雷不及掩耳之势，突然发起攻击，一举将其歼灭。敌人不甘心失败，皖浙两省反动派迅速增加兵力，企图对游击队实施报复。

1937 年 2 月中旬，滕国荣率中共下浙皖特委、下浙皖独立营 100 余位红军，在泰厦西关隘与国民党浙江省保安团遭遇，几经拼杀，仅 30 余人冲出重围，大部分壮烈牺牲。在白色恐怖下，滕国荣率领游击队机智地周旋于皖浙边的大山里，在当地群众的掩护下，避免了一次次死亡威胁，一直坚持到 1937 年 7 月，这时国共合作的协议已经生效，但国民党背信弃义，暗地里继续围剿红军游击队。一次，滕国荣率省委保卫队和下浙皖游击队部分武装从结竹营（现属歙县狮石乡，当时属遂安县）向化婺德游击区转移时，在泰厦村附近，被国民党独立 46 旅包围，由于队伍长途跋涉和连续作战，干部和战士都已极度疲劳，弹药也所剩无几。生死关头，滕国荣仍和往常一样沉着冷静，他挑选了 15 名共产党员组成敢死队并带领大家宣誓："为了苏维埃，勇敢前进，绝不后退！"这时敌人已经爬到半山腰，滕国荣率领敢死队员愤怒地向敌人投出了手榴弹。在"轰！轰！"的爆炸声中，敌人抱头鼠窜，趁着硝烟弥漫，游击队冲出了敌人的包围圈。狡猾的敌人又重新组织力量追击突围部队，滕国荣率领敢死队员英勇阻击，掩护大部队转移。在激战中，两名敢死队队员牺牲，两名队员负重伤。滕国荣被流弹击中腿部，排长要背他转移，滕国荣厉声命令排长把他放下，带领敢死队掩护游击队撤退，而自己和另两名负重伤的队员则掩护敢死队撤退。排长含着泪水放下几颗手榴弹，向滕国荣和两名伤员告别。当敢死队追上突围部队时，身后传来震天动地的爆炸声，党的好儿女滕国荣为掩护战友拉响了绑在身上的手榴弹，与围上来的敌人同归于尽，长留在了厦山村的土地上。

厦山村头有座孤魂碑，建于 1938 年 11 月，青黑色的墓碑，历经近八十年风雨，上面的碑文仍然依稀可辨。碑文介绍，内埋军士 77 位，墓地所在地名为姜塘，墓地形状为黄龙下溪形，尸骨由村民向立坤等人从厦山村的各座山上收集而来，徐姓村民负责安葬。墓内埋葬的军士，是 1934年至 1937 年，牺牲在泰厦一带的中国工农红军北上抗日先遣队、中共皖浙赣省委独立团、中共下浙皖特委游击队的红军战士，其中或许还包括滕国荣烈士。聪明的厦山村人为了避免被国民党扣上私通红军的帽子，故将碑名刻为"孤魂碑"，可他们暗地里都称"红兵坟"。自该墓建成后，附近百姓和负伤掉队流落在泰厦一带的红军战士常来祭扫，坚持了数十年。

青山依旧，绿水长流，英烈们的音容笑貌，与岁月渐逝渐远。但人们不会忘记，方志敏同志与村民亲切交谈的身影；人们不会忘记，皖浙赣省委委员、宣传部长滕国荣，在厦山村留下的串串足迹。至今村里还完整地保留着方志敏住过的房子，红十军团开过会的祠堂，内有方志敏的画像，就挂在祠堂的正中间。2011 年 6 月 27 日，方志敏的女儿方梅到茶山追寻父辈足迹时，看见父亲的画像挂在祠堂正堂上，不禁潸然泪下，久久不愿离去。

　　厦山村风光秀丽，环境幽美，人文历史厚重，红色遗存丰富，是一代又一代厦山人民成长的摇篮。2014 年，淳安县政府筹资 5000 万元，在村内修建了一座规模恢宏的中国工农红军北上抗日先遣队纪念馆，又为村庄增添了新的红色风采。

（文/图：严卫华）

没有硝烟的战场

　　金堡村隶属于温州市瓯海区潘桥街道，西面与瑞安市交界，坐落在海拔 600 多米的山上，四面环山，空气清新，到处充满生命的绿色，地理位置十分偏僻。正因如此，几十年前，这里成为地处深山的战斗堡垒，革命活动异常频繁，曾是红十三军、红军挺进师、浙南游击纵队的根据地之一，又是省委、特委通向温州市区、瓯江南北党组织的秘密联络的地方。这里也涌现出一批甘为人民解放事业出生入死的志士仁人。他们在 20 世纪 30 年代与国民党官兵斗智斗勇，谱写了一曲曲没有硝烟的战斗凯歌，留下了许多动人的故事，至今仍为人们津津乐道。

　　20 世纪 30 年代，金堡村只有一条由碎石铺成的泥泞小路，生活所需的粮食来自山下农田的耕作，粮食上山全靠村民徒步运送，生活的艰苦也只有当时亲身经历的老一辈才知道。

　　据金堡村原支部书记林定巧透露，1930 年，红十三军胡公冕、金贯真、陈文杰等同志就是在这里建立村党支部。当时，该村村民林振升任支部书记，周岩田为副书记，林定巧的大爷爷林永福，以及村民严宝元为支部委员。党支部成立之后，中共闽浙边临时省委书记刘英长期在该村活动。后来，林振升被任命为红十三军第一团第二支部副队长。

　　林振升的孙子林碧清提及当年父辈的革命岁月，按捺不住激动的心情，侃侃而谈。1937 年，闽、浙临时省委书记刘英同志和国民党的第一次谈判，没有成功，敌人发动了新一轮的进攻，于是刘英同志率领部队来到金堡村，那时他的爷爷林振升负责在金堡村组织发动群众，建立地下秘密交通站，进行单线联系。

　　刘英在金堡村的活动场所就在林振升家里，房子后面有一块大石头。平时，大家在屋内研究部署革命工作，这块石头就成了他们放哨站岗的地方。由于屋外的竹子比较少，坐在石头上可以很清楚地看到山下人的行迹。正是因为这样的有利条件，金堡村便成了当时红十三军、红军挺进师和浙南游击纵队的重要根据地。

林振升时任红十三军第一团第二支部副队长，他的儿子林启银从小就开始担任交通联络员，探听情报，传递密件。1938年，年仅13岁的林启银就跟随父亲林振升送密信给刘英同志。在温州府学巷的九柏园头17号，设有国共合作抗日办事处。虽然敌人不曾注意到小孩子身上有密信。但是，办事处楼上人来人往，国民党军官很多，都是全副武装，背三解皮带，信件无法转交给刘英。于是，刘英故意对林启银说："这里情况复杂，小孩子以后不能来这里，我明天去你家看你。"然后顺势把他送到楼下，在偏僻处取回了密信。

1940年5月17日，国民党保安四团200多人在一个叫燕子窝烂头翁的地方进行埋伏，企图包围刘英及其率领的19名武工队。林振升得到情报后，急速叫儿子林启银抄小路送信，并带领刘英等人往小路转一个弯，有惊无险地躲开了敌人的包围圈，使敌人扑空而回。

有一次，林启银送信到温州三角城头，途中被国民党兵发现，眼看就要被抓，机智聪明的林启银立即将密信吞进了肚子，这才化险为夷。据金堡村林氏族谱记载，在8年的抗日战争中，林启银为党搜集了许多情报，将密件传递到各个交通联络点，南到瑞安沙门山的陈文春交通站、湖岭浙南游击纵队总部和特委机关交通员金德清同志；西到永嘉山头岩门王宝升联络点，以及泽雅石榜山王何楷和王方标联络站；东到温州三角城头盐店阿河伯交通站等。无论上级交给他什么样的艰巨任务，他总会顺利完成。

当时形势很紧张，红军出城都需要通行证，正因为这样，林启银还接下了保长这个位置，这个工作表面上看是为国民党效力，实际却是为共产党做地下工作。然而这个"红心白皮生意"并不好做。由于是保长，国民党兵会隔三岔五地到他家里了解情况。

有一次，红军隐藏在他家楼上，楼下却有国民党兵进来，一时半会还不肯走。这一来，麻烦就大了，躲藏在楼上的红军不但没法去吃饭，连尿也没地方去撒。实在憋不住了，有些人只好往放置在楼上的那只菜缸里撒尿。

还有一次，有一个装扮成农民的红军在他家里和国民党兵一起吃饭，当时他腰间藏有一把短枪。大家都在一张桌子上吃饭，那时厨房和餐厅是分开的两个房间，这位红军站起来准备去厨房盛饭时，遮盖在腰间的那支短枪和桌子碰撞了下，碰撞声恰好被同桌吃饭的国民党兵发觉。那个红军也很机智，毫不慌张，就好像没有发生任何事情一样，继续去厨房盛饭。就在盛饭的瞬间，他迅速将腰间的短枪转移给了正在厨房干活的林振升的妻子，并藏了起来。同时，自己拿了一个烟盒藏进了腰间，然后走出厨房，不慌不忙地继续吃饭。

吃完饭后，有所怀疑的国民党兵立即站了起来，要求大家都不能走开，一定要搜身。结果，他们把这位红军从上到下，从里到外，搜了个遍，却只搜到了一个烟盒。国民党兵误以为自己听错，认为碰撞桌子发出声响的就是这烟盒，于是，就把他放过了。

金堡村就是这样一个没有硝烟的战场，无数次的狭路相逢，无数次的相安无事，没有枪林弹雨的冲锋，却有扣人心弦的斗智斗勇。党支部书记林定和说，金堡村是旧中国人民奋斗不息的典范。如今的金堡村分山上山下两部分，村中大部分村民从三十年前就整体搬迁到山下居住，过着现代便捷的生活，山上仍然保持着90年前革命时期的模样，现在村里正向有关部门申请，要建一座革命历史纪念馆，以纪念那段峥嵘的革命历程。

（文：朱建波）

文成下庄村

红星闪耀下庄村

下庄村隶属于文成县西坑镇，又名雅庄村，地处浙南西部偏远山区，三面环山，放眼望去林海莽莽。村里古木参天，有古宅十多座，还有"联欢田"和"四面屋"两处红色遗迹。在革命战争时期，当地人民群众以国家大义为重，义无反顾地参加和支持革命工作，做出了重大牺牲，留下许多可歌可泣的事迹。

沉着机警干革命

1936年3月，下庄村建立地下交通联络点，主要负责人郑沛灶。在上级党组织的领导下，联络点成员积极做好向群众宣传党的政策、为革命同志当向导、为队伍提供情报等工作。下庄当地有郑延年、郑进华、郑进怀、郑苏林四户地主，为了不泄露革命机密，联络点成员在开展革命活动时高度保持警惕，周密行事。当时郑沛灶、林守龙等党员们夜间前往岩岗坪、佛宫等地开会，路上不敢点火篾灯。天黑又看不见路，他们就用香火照明。离地主家远一点的地方点三炷香，近的地方只点一炷香。由于香火的光亮微弱，他们只好眼睛贴着地面摸索前进。为了保护党的机密文件，他们把文件用油纸包好，爬上下庄村后山的一棵大桉树，放在三四米高的啄木鸟啄过的树洞里。

随着革命事业的发展，革命活动越来越频繁。联络点成员就琢磨，在地主眼皮底下活动难免会被他们发现，怎样才能防止他们向国民党当局告密呢？联络点成员经过深思熟虑，干脆把宣传革命的小册子送进郑延年等地主的家里。这一着险棋果然奏效，那些地主老财担心自己家里的册子被当局发现受到牵连，就再也不敢向当局告密了。

热情服务"挺进师"

1936年冬，挺进师政委、中共闽浙边临时省委书记刘英率省委机关和教导团共 400 多人进驻下庄村，发展队伍，开辟革命根据地。联络点成员立即发动群众，做好挺进师的后勤和安全工作。

当时村里只有 40 来户人家，20 来处房子。除了地主家之外，其他房屋都很简陋。当地的群众就把最好的房间腾出来给红军战士住。省委书记刘英就在里湾"四面屋"后厢左侧二层楼上居住和办公。

里湾"四面屋"

挺进师到达下庄以后，当地青壮年纷纷帮助红军在踏对翘里舂米，妇女们则给他们做饭。下庄群众还给红军送饭送菜，帮助红军救治伤员。妇女们把红军带来的布匹制成军服，还拿出家里的布料给红军做军鞋。

为了确保挺进师的安全，联络点成员派金松凑等人到岭后、黄坦、叶山等地打探消息，还派人到赤水坑坳、水源头等地站岗放哨。

10 月底，挺进师准备在坳田（后来村民将此田叫做"联欢田"和"红军田"）搭台举行军民联欢大会，宣传党的政策，发动群众参加革命。联络点的成员积极发动群众，协助红军战士做好筹备工作。联欢会在晚上举行，为了解决照明问题，群众和战士们到山上砍来毛竹和松明。把毛竹截成一段段，每段有三四米高。毛竹的上端用刀劈裂，里面夹上松明，插在会场的周围。到了那天晚上，点亮松明灯，整个会场灯火通明，亮如白昼。

当时参加联欢会的军民共有 1000 多人，连卖烧饼的也挑着担子过来叫卖。台前的红军战士盘腿席地而坐，一排排坐得整整齐齐。战士们昂首挺胸，胸前靠着步枪，背上背着打成方块的被子。会场的四周站满了群众。联欢会开始时，先由省委和部队首长宣讲救国救民道理，随后进行文艺演出。

这次军民联欢会政治影响很大，震动了整个浙南地区。1936 年 11 月 4 日，国民党《浙瓯日报》载："泰顺岱溪乡、青田之下庄（现属文成县境）毗连……近有四百余人盘踞该两地为巢穴，召集无知民众开会，大作赤化宣传。"

不惜生命为革命

1937 年春，国民党当局集景宁、泰顺、青田、瑞安四县的保安团来下庄村清剿，扬言要对下庄采取"三光"（杀光、烧光、抢光）政策。

联络点成员得到消息以后，纷纷组织党员群众给红军当向导，帮助红军冲出国民党包围圈，有的甚至献出了年轻的生命。

金松凑原是黄坦镇富岙后村人，后来移住在下庄村其姊姊家里。金松凑以中医为业，经常担着药材出入附近方圆几十里的山里头，走村串户，为贫苦农民送药治病，为乡亲们的小孩"放宝"（种牛痘），深得山区群众好评，与当地村民感情深厚。

挺进师进驻下庄时，金松凑接受了革命教育，参加了革命。他以担药材做郎中为掩护，为红军传递消息，带路当向导。保安团来下庄"进剿"的时候，金松凑发挥自己人地两熟的长处，带领红军冲出敌人的包围圈。第一次，他引着一队红军从岭后转移到叶山，顺利地通过"蟹眼睛"敌人封锁线，安全到达目的地。第二次，不幸在叶山坳被敌人抓住。当时有一队红军躲藏在金松凑身后三百多米处的山上。敌人问他："上面有没有红军？"金松凑回答："没有。"正在这时，山上的红军向敌人开枪，于是敌人就枪杀了金松凑。他牺牲时，年仅 25 岁。1958 年 9 月 29 日，经文成县人民委员会批准，追认为革命烈士。

挺进师转移以后，保安团进入下庄，当地党员立即组织群众撤到山上躲避。

当时下庄村里各处站满了保安团士兵。他们到了下庄后，就开始抄家烧房子。烧毁了新屋、丁头处两处房子。用斧子砍断"火烧基"房子的柱子，房子的一边坍塌下来。然而下庄的党员群众继续开展革命斗争，巩固革命根据地，有的同志不幸被捕牺牲。

赵森尾，出生于下庄村岭头一户贫苦农民家庭，靠租种地主几亩薄田和到深山老林帮人烧炭来维持生活。

挺进师进驻下庄时，赵森尾深受革命思想教育，不久即加入中国共产党。他热情接待红军战士，给战士们安排住宿，还主动给他们担任向导。他经常深入到贫苦农民之中传播革命思想，教育人民群众支持革命，参加革命。下庄的革命活动，震动了国民党当局，曾多次派兵前来围剿。1946年夏，国民党政府派一个中队常驻西坑，由李玉飞带领一个分队兵力专门清剿上垟、岭后一带革命根据地。同年8月11日，敌人包围了赵森尾的家。赵森尾不幸被捕，被押往西坑中队部严刑逼供。连续刑审10多天，赵森尾坚贞不屈，最后在西坑枫树盂光荣牺牲，年仅30岁。1958年9月29日，经文成县人民委员会批准，追认赵森尾为革命烈士。

老党员郑沛灶，在剿匪斗争中，也付出了巨大的代价。1951年6月30日，郑沛灶得到消息，浙赣边区反共救国军司令政治参谋严文海潜伏在黄坦区雅梅乡后巷村其岳父家地洞内。当时担任黄坦区公安员的郑沛灶立即前往抓捕。不想严文海从地洞里窜出，与郑沛灶扭打在一起。严文海用手枪猛击郑沛灶头部，郑沛灶当场昏迷倒地。后严文海被赶来的民兵击毙。郑沛灶头部受到重伤，留下终身的后遗症。

注：本故事主要依据《中共文成历史》《碧血丹心》《浙江省革命遗址通览》《郑氏文成宗谱》改编而成。

（文/图：胡加斋）

平阳凤林村

浙南巾帼郑明德

凤林村隶属于平阳县水头镇，全村由过溪、满洋、房山、面前山、冠尖5个自然村组成。郑氏始迁祖一助公，号南阳，子乐公，次子仲成，其第八世孙，于明隆庆五年（1571）生于福建省安溪县石盘头下殊。万历年间，寇贼蜂起，郑氏屡遭兵乱之苦，于万历三十七年（1617）跋山涉水来到平阳。初居江南界外龟山，因地邻海滨，屡遭海寇侵扰，故弃之，后择地凤林安居。革命战争时期，凤林村是一块被鲜血染红的革命土地，凤林人跟随刘英、粟裕、郑海啸等同志，进行地下党活动，凤林村的家家户户都住上了红军，当地的人民群众为浙南的解放立下了汗马功劳，作出了重大牺牲和巨大的贡献，全村被烧房屋56间，为党牺牲了14位革命烈士，被誉为"浙江红村"。郑明德就是其中一位烈士。

郑明德，乳名爱珠，母亲金澄梅1940年牺牲，父亲郑海啸青年时在家务农，1933年参加中国共产党，1936年开始任中共平阳县委书记，因此她自小就接受共产党的教育。1937年，中共闽浙边临时省委书记刘英、红军挺进师师长粟裕率领省委机关和挺进师部队来到平阳，时任小交通员的郑明德有机会到省委机关进出。刘英看小明德活泼好学，机敏好问，就在休息时教她唱红军歌曲，给她讲方志敏的故事。小明德听后感动得流下眼泪，表示渴望参加红军干革命。当时，她年仅12岁。

郑明德自幼勤奋好学。由于父亲和哥哥离家干革命，家里全靠母亲劳动养育弟妹。郑明德上学无钱买书，她就借来书本自己抄写。晚上学习没有油灯，就点着火篾看书。放学回家帮忙干家务的明德，哪怕是烧火煮饭的工夫，也会借着灶膛里的火光看书，有时火苗从灶膛里窜出来，烧着了她的头发，她还不知道。一次被烧掉半边头发。她索性要她妈妈替她剪成男孩子一样的西瓜头。

1937年9月，当时党领导下的抗日救亡运动蓬勃发展，各类抗日群众组织遍布鳌江南北，郑明德也以火一样的热情投身抗日救亡斗争。1938

郑明德故居

年春，粟裕要率领新四军第七军团北上抗日，郑明德和村妇女会同志一起串门走户，动员妇女做军鞋。妇女们都被她鼓舞起来，日夜忙碌赶做军鞋。短短几天，200多户人家的凤林村，就做了400多双军鞋，部队离开的时候，每个战士穿了一双。

1938年夏，年仅13岁的郑明德离开家乡参加抗日救亡活动，党组织派她和其他同志在水头镇办妇女识字班，组织抗日宣传队。郑明德每天不知疲倦地忙碌着，白天教妇女学文化，教唱抗日歌曲，宣传共产党抗日主张；晚上，提着煤气灯到农村进行抗日演说，演出抗日活报剧。每次群众大会，面对大家要她上台讲话的要求，年少的郑明德从不推辞。一次，水头镇埠头殿召开抗日救亡群众大会，明德在会上宣传毛主席和共产党的抗日主张，严厉驳斥国民党顽固派散布的亡国论。她人虽小，但声音十分洪亮，有条有理，说服力强，富有感染性，许多人称赞她比男人还强。水头镇进步人士王醒吾（曾留学日本，新中国成立后任复旦大学教授）听了郑明德演讲后，当着众人的面给明德起了个名字：超雄。

1939年冬，国内政治形势发生了急剧变化，国民党顽固派不把枪口对着日本侵略者，却部署兵力对付共产党领导的抗日游击队和革命老区群众，白色恐怖笼罩着整个浙南革命根据地。郑明德当时被分配在中共平阳县委宣传部附设的流动"红星"图书馆工作，背着二三十斤重的图书和宣传品，跟着游击队伍夜行军、急行军，不时参加战斗，过着风餐露宿的生活。游击队里的女同志很少，组织上还分配她做发展妇女的工作，每到宿营地时，她除了摆好图书，就是到群众家里去做宣传发动和调查研究工作。一次，她在腾蛟包垟住了10多天，走遍全村30多户人家，帮年轻妇女纺纱、烧火、抱小孩，替老婆婆洗头、梳发髻。郑明德总是辛勤工作在第一线，每到一个地方，都能在最短时间内和群众熟悉起来，即使群众有顾虑，经过明德的工作，也能及时解除，游击队内的同志们对她都是赞不绝口。

1941年，郑明德加入中国共产党，不久分配到环境艰苦、斗争激烈的平西区工作。7月16日，郑明德等10多人转移到瑞安县公阳（今属文成县）时，被国民党清乡队发现，郑明德被子弹打中，鲜血直流，行动困难。为了保存党的力量，她坚决谢绝同志们的援救，隐藏在小坑沟里，被清乡队顺着血迹搜索，不幸被捕。

国民党平阳县长张韶舞以为郑明德只是个黄毛丫头，稍加哄骗、恐吓，就可以得到共产党的秘密，便亲自审问，却被郑明德驳斥得哑口无言。张韶舞又派爪牙到监狱以同乡之情妄图软化她，还派叛徒施泽民和自己的外甥到监狱威逼利诱，均遭到郑明德的痛骂。眼见劝说的一个个都碰了钉子，张韶舞只得再次出面，带着丰盛的酒菜到监狱假献殷勤。郑明德痛斥张韶舞破坏抗战，倒行逆施。张韶舞恼羞成怒，叫来刽子手把刀架在明德的脖子上，气势汹汹地威胁道："限你三分钟，把共产党的事说出来。"郑明德斩钉截铁地说："要杀就杀，我死也不会把党的秘密告诉你们！"张韶舞暴跳如雷，使出坐老虎凳和灌辣椒水的酷刑。老虎凳上的砖头已经垫到五块，郑明德依然坚强地忍受着极度的痛苦，一声不响。当她痛得昏过去时，就会被刽子手的冷水泼醒后继续用刑；敌人又把她倒吊着，把一碗碗辣椒水往她鼻孔里灌，灌得她鼻孔里、口里鲜血直流。敌人残酷地接连用刑，郑明德一次次地被折磨，一次次昏了过去，一次次被冷水泼醒，遍体鳞伤，却始终没有吐露党的一丝情况，自始至终她都只有一句话：要么放我出去，要么枪毙我，再没有别的可说。张韶舞万万没有想到一个16岁的小姑娘，竟然会有这么坚强的意志。他遇到的，是一个真正的共产党员。

一年的监狱生活，郑明德都忍受着创伤和酷刑的痛楚，但凭着一颗始终跳动的丹心，她依然坚持为党工作。她常常给狱中的难友唱《义勇军进行曲》等革命歌曲，讲革命故事，启发他们的阶级觉悟，鼓舞他们的革命斗志。她与男牢房的中共蒲门区委组织委员张传卓取得了联系，领导难友进行绝食斗争，要求改善狱中生活，终于取得胜利。一次，郑明德和女看守交谈，得知县里在开会，城里又增加了兵力。郑明德估计敌人新的进攻和"清乡"就要开始了，立即写信托人送出去，使县委机关和游击队得以及时转移。这也是郑明德给党组织的最后一封信。

1942年5月，日军在温州登陆，国民党变本加厉地镇压人民。张韶舞感到对郑明德这个英勇的姑娘无计可施，又害怕县政府退到山区时，郑明德会被游击队劫走，于是决定下毒手了。6月27日下午，敌人从白水临时监狱里押出了郑明德。郑明德知道，自己的最后一天到来了。

她换上在游击队里经常穿的那件印花大襟衫，穿上买来不久的力士鞋，梳了梳短发，神情是那么坦然，态度是那么从容。傍晚，从平阳坡南到西门刑场，一路上岗哨密布，杀气腾腾。郑明德被反绑双手，坐在黄包车上。她面庞虽然消瘦，两眼却射出炯炯的神光。她抓紧生命的最后一刻，在车子经过大街时，她站立起来，向两旁群众大声宣传。敌人十分惊慌，监刑官陈国聪带领一群国民党兵声嘶力竭地喊起反动口号，想要压住她的声音。郑明德越说声音越响亮，"共产党一定胜利！同胞们，坚决斗争下去，10年后，国民党顽固派定要垮台！"拉车的老人胡培郎回过头，望着这位勇敢的姑娘，悲痛地摇摇头。明德挣脱脚上的力士鞋，对他说："老伯，这双力士鞋您拿去吧，我什么也不留给他们。"

黄包车经过国民党县政府大门前，郑明德昂首挺胸站在车上，高呼口号。国民党顽固派在极度恐慌中等不及郑明德走到西门刑场，就向她开了枪，郑明德壮烈牺牲。

郑明德短短的一生，是光辉的一生，人们后来敬称她为"浙南刘胡兰"，她的事迹曾作为乡土教材编入中小学的语文课，她永远活在人们心中。

（文/图：平阳县农办）

绍兴越城东浦村

辛亥先烈徐锡麟

"积水之区，小者为浦。"据乾隆《绍兴府志·水利志》记载，东浦因地势低洼，且在山阴县东而得名。东浦村历史悠久，早在东晋末年已有聚落，两宋时形成集镇并日渐繁华。

东浦村是绍兴水乡、桥乡、酒乡、名士之乡的缩影。境内三里街河连贯南北东西。辖区内有 37 个溇、7 座古桥；曾开设有许多美酒作坊，如诚实酒坊、贤良酒坊、谦豫笨酒坊、沈鸿兴酒坊、汤源元酒坊、沈裕华酒坊、许永福酒坊、东海酒坊、章永茂酒坊等等；出现过许多名人，如父子总兵周国奎、周文英、清代藏书家沈复粲、辛亥革命英烈徐锡麟、当代文学家许钦文、党的早期革命活动家余礼泉等等。村内直到现在依然保存着许多古建筑和传统风土人情，是东浦古镇地理、人文的重要组成部分。

徐锡麟（1873—1907），字伯荪、又字伯圣，别号光汉子，是近代杰出的民主革命家，辛亥革命的先驱和烈士。1873 年，徐锡麟生于东浦镇东浦村孙家溇，并在家中"桐映书屋"从父读书。

甲午战争爆发后，徐锡麟每天都从东浦赶至绍兴城里，查阅报刊，了解战况。当时，日寇疯狂地屠杀中国人民，战后清廷签订了割地赔款、丧权辱国的《马关条约》。消息传来，他痛心疾首、悲恸异常，强烈的爱国热忱和救国思想就此被激发。戊戌变法失败后，已考取秀才的徐锡麟受康有为、梁启超等人维新思想的影响，认识到"保国之举，则在御患；御患之术，则在人才"，从此他踏上了寻找保国之路的征程。

1901 年，徐锡麟怀着投身教育事业，实现教育救国的抱负，应何寿章之聘，出任绍兴府学校算学讲师，他在数学研究论文《代数备旨草序》中，开篇即以"开一国之风气，则于学习之途有直接之关系焉"，道出开设学堂造就人才的重要性。

1904 年 2 月，徐锡麟决定在东浦创办学堂，暗地里培养革命人才。办学需要钱，而徐锡麟手头的积蓄只有二百块银元，这无疑是杯水车薪。

徐锡麟像

徐锡麟就去找同是秀才的陈赞钦商量，陈赞钦提议去租东浦陈家"斗坛"的房屋作为校舍，并以年租金 12 块银元的价格把"斗坛"的全部房屋租了下来。

可是，这件事被一些封建势力知道了，他们以"斗坛"改办学堂会冲撞神灵为由，百般阻挠，仗势诉讼于山阴县，县府判决徐锡麟归还"斗坛"，停止办学。

徐锡麟知道此次诉讼如果胜了，必定结仇；如果失败，则必定散财。可是，他不畏强权，挺身冲破阻碍，借清政府当局曾一度支持洋务运动以及兴办教育为由，上诉绍兴府，据理力争。他的铁齿铜牙，说得豪绅们哑口无言，官司总算获胜，学堂准予创办。

回到东浦后，徐锡麟走东家、串西家，分别邀请了热心办学的曹钦熙、陈子英、许东山等人到家聚谈，并讲了租用"斗坛"作为校舍，开办新式学堂的想法，得到了众人的支持。徐锡麟还当即铺开宣纸，写了一副"有热心人可与共学、具诚意者得入斯堂"的嵌字楹联，并取其四字"热诚学堂"作为校名，众人一致击掌称好。

此后，热诚学堂成了徐锡麟在光复会的联络机关。学堂开设有国文、历史、修身、算术、体育等课程，徐锡麟亲自出任体操教员，他采用日本体操教材，特别重视兵式体操，兵器为木枪、宝剑、哑铃，还聘请南京兵船军乐司教军乐。徐锡麟还曾到上海购买后膛九响枪 50 杆，子弹 2 万发，寄存于学堂；自制浑天仪，绘制绍兴形势图，日夜练靶，为革命做好准备。此后，徐锡麟来往于诸暨、嵊县、义乌、东阳等县联络会党，结交反清志士，发展光复会成员。当时秋瑾、陶成章、竺绍康、王金发、陈伯平、沈钧业、孙得卿等仁人志士都曾来学堂秘密策划革命事宜，热诚学堂成了光复会的革命机关。

1905年9月，徐锡麟在陶成章、龚宝铨的协助下，又创办了第二所学堂——大通师范学堂。学校设置14门各类课程，尽量使学生学到比较渊博的知识，特别强调体育、军事训练，所开设的兵式体操、器械体操在国内是个创举。徐锡麟亲自授课，向学生灌输民权思想，抨击时弊，鼓励"排满革命"。大通学堂先后培训光复会成员600余人，成为领导江、浙、皖三省活动中心和武装起义的指挥中枢，徐锡麟成为光复会在国内的实际领导人。

为了打入清军系统掌握兵权，伺机发动起义，1905年冬，在徐仲卿资助下，徐锡麟捐资为道员。1906年1月，他带领陈伯平、马宗汉、王振汉等13人，东渡日本学习陆军，受到秋瑾的热情接待。回国后，在杭州、绍兴等地继续发展光复会员，壮大革命力量。在表叔湖南巡抚俞廉三的推荐下，12月，前往安庆任职。上任前，他对秋瑾等同志说过这样一番话："法国革命八十年才成，其间不知流过多少热血，我国在初创的革命阶段，亦当不惜流血以灌溉革命的花实。我这次到安徽去，就是预备流血的，诸位切不可引以为惨而存退缩的念头才好。"

徐锡麟抵达安庆后，先任安庆陆军小学堂会办。1907年3月，调任巡警学堂会办和陆军学堂监督，取得了安徽部分军警大权。他利用合法身份，积极联络和争取安庆新军中的革命志士，发展了一批革命力量。是年春，在安徽创办浙江旅皖公学，广事交游，结识志士，为起义作准备。秋瑾根据徐锡麟"为排满事，欲创革命军"的倡议，组织了一支有数万人参加的光复军，推徐锡麟为首领，秋瑾为协领；编光复军为八军，用"光复汉族，大振国权"8字为八军口号，徐锡麟亲自拟定了《光复军告示》。

1907年2月，徐锡麟与秋瑾商议好，决定于7月8日浙、皖两省同时起义。谁知消息外泄，安庆全城搜捕革命党人，恩铭要求徐锡麟按照名单抓人。千钧一发的时刻出现了：徐锡麟拿到名单一看，名单上排名第一的"光汉子"正是自己！于是，起义只能提前进行。

7月6日清晨，徐锡麟召集学生发表演说，反复强调"救国"二字。

他慷慨陈词："我这次来安庆，专为救国，并不是为了功名富贵。大家也不要忘'救国'二字，行止坐卧，都不可忘。如忘'救国'二字，便不成人格。"随后，毕业生在礼堂外台阶下列队如仪，徐锡麟一身戎装站在台阶上等待巡抚恩铭来临，他的两个助手陈伯平、马宗汉分别把守着左右甬道。按照保卫要求，现场所有枪械均是空枪，就在恩铭现身之前，有关人员还特地卸掉了徐锡麟腰上所佩的手枪。

上午9时，乘学堂举行毕业典礼之际，徐锡麟抢上前向安徽巡抚恩铭大声报告说："回大帅，今日有革命党起事。"这个正是起义的信号。陈伯平闻讯迅速上前向恩铭投掷一颗炸弹，炸弹在地上转动，却没有爆炸。恩铭惊恐万状，其他官员目瞪口呆，徐锡麟迅速从靴筒内拔出两支手枪，左右开弓向恩铭射击，恩铭身中七枪身亡。

徐锡麟立即集合学生，与陈伯平、马宗汉率学生进攻安庆军械所，经过4个小时的激烈战斗，陈伯平战死，徐锡麟、马宗汉弹尽援绝。马宗汉提议："不如烧掉军械局，与敌人同归于尽。"徐锡麟不同意，他认为如果引爆军械局，则全城将化为灰烬，百姓就会遭罪，"与革命宗旨不符，我们即便能成功，百姓必将糜烂不堪"。于是他们仍然坚持与敌人搏斗，不幸受伤被捕。

徐锡麟被捕后，面对酷刑审讯毫无畏色，自画供词："蓄意排满已十年余矣，念日始达目的。我本是革命党大首领，捐道员到安庆，专为排满而来，做官本是假的，使无人可防，尔等言抚台是好官，待我甚厚，诚然；但我既以排满为宗旨，即不问满人做官之好坏，至于抚台厚我系个人私恩，我杀抚台乃为排满公意。"词壮气直，大义凛然。问起同党有哪些，徐锡麟回答："革命党本多，在安庆实我一人，你们杀我好了，将我心剖了，两手足断了，全身碎了，不可冤杀学生。"

当晚，威武不屈的徐锡麟被押上安庆抚院前的刑场，他在敌人面前谈笑自若，视死如归，他神色自如地说："功名富贵，非所快意，今日得此，死且不恨！"年仅34岁的徐锡麟毫无畏惧地倒在敌人的屠刀下，他的心被清朝官吏挖了出来，他的肝被恩铭卫队挖去炒食。暮色苍茫，晚风如泣，徐锡麟的一腔热血洒在中华大地上，滋润着拯救国难的革命之花。

皖浙起失虽然失败了，但激起了各地革命党人的斗志，革命运动风起云涌。皖浙起义是辛亥革命时期最重要的起义之一，其意义和影响不亚于黄花岗起义。它不仅大大激励了人们推翻清朝的斗志，使得清朝高官人人自危，更使摇摇欲坠的清王朝离死期越来越近了。在日本东京，革命党人隆重举行追悼会，章炳麟宣读了亲自撰写的悲壮悼词，介绍烈士光辉的革命业绩。孙中山在辛亥革命胜利后，亲来杭州致祭，他说："光复会有徐锡麟之杀恩铭，其功表见于天下"，并亲写一副挽联哀悼："丹心一点祭余肉，白骨三年死后香。"蔡元培也为徐锡麟烈士墓撰写《碑记》，颂扬烈士的英雄壮举。

徐锡麟的英勇事迹和大无畏气概为后人钦服，正如柳亚子诗中所言：

慷慨告天下，灭虏志无渝。

长啸赴东市，剖心奚足辞！

（文/图：陈云德）

绍兴上虞虹溪村

革命烈士王惠成

　　虹溪村隶属于绍兴市上虞区陈溪乡，由原虹桥、刘生、生溪三个自然村合并而成，村域面积仅4.8平方公里。它虽然只是一个面积很小的小山村，然而这里竟有十多位烈士在革命战争时期奉献了自己的宝贵生命。在陈溪乡烈士纪念碑上，"王惠成"的名字格外显眼。这个名字，是根据乡亲的回忆写上的，村支书王柏成说："虹溪还有很多无名英雄，为革命献出了宝贵的生命。"

　　王惠成（1925—1948），原名范兴鳌，陈溪是他的第二故乡。1941年夏天，王惠成小学毕业。1942年6月，年仅17岁的他加入了中国共产党。1944年5月，王惠成受党组织调动，到浙东抗日根据地工作。他先在四明地委举办的青年训练班受训。学习结束后，被分配到余姚县大岚区搞民运工作。1945年4月，他被调到梁湖区工作，任组织委员，后兼任全区民兵大队长。1945年8月下旬，他组织民兵半夜袭击汪伪军队的五夫据点。

　　1945年9月下旬，王惠成奉命留下来坚持地下斗争，担任中共下管区特派员。王惠成连夜发动民兵把浙东游击纵队在陈溪的军械厂、被服厂、印刷厂里带不走的物资埋藏到深山。一个多月后，国民党派了两个正规师和浙江保安一团及各县的地方部队，分多路向四明山革命中心进犯。王惠成通过熟人的关系，在一个地主家里当雇工。他白天上山干活，晚上睡在牛棚里，就这样躲过了国民党军队的"清剿"。半个月后，国民党军队撤走了主力部队，留下浙江保安一团王祥根部驻扎在下管。王惠成亲眼看见群众的深重苦难，就从地主家里辞工来到陈溪凤凰山村，继续开展革命工作。他白天与老百姓上山砍柴、挖笋，晚上联络地下党同志进行革命活动。他一有空闲还教群众识字，向群众讲述革命道理。

　　1946年初，国民党又一次对四明山区进行"清剿"。王惠成的外地口音很容易被敌人发现、怀疑，于是他跳出了包围圈。在新昌县新北区特派员的安排下，王惠成打入国民党驻丁家园自卫队，做秘密工作。1947年12月，由他做内应，中共党组织未发一枪，顺利地缴获了丁家园自卫队的枪械。缴枪的第二天，王惠成的家庭遭到国民党迫害，母亲被捕，家里只留下3个孤苦伶仃的幼小弟妹。

1948年3月，嵊新奉独立大队成立，王惠成任指导员。同年4月，党组织又把王惠成调到下管区任特派员，给他配了郑孝火和龚孝惠两位警卫员。他到下管后，领导群众开展抗丁、抗粮、抗税斗争。他在大泽（陈溪）、下管、岭南一带搞宣传活动。他在生畈、虹桥等地争取了中间派保长。一个夜晚，王惠成带着两位警卫员大胆地缴获了岭南乡公所的两支长枪和一支木壳枪。缴枪后的第二天，他来到下岭村地下党员王纪成家，又写了一批革命标语。晚上，王纪成从县城回来，报告了敌人正在召开紧急会议，估计敌人要实施报复了。王惠成离开王纪成家后，带着警卫员到生畈、陈溪口一带贴标语。后半夜来到潘宅村缴了保长潘芝云的手枪。

5月12日晚上，王惠成带着两位警卫员来到虹桥村，到保长王顺宝那里催粮。突然，从村边传来急促的狗叫声。警卫员小龚机警地喊了声"有情况！"王惠成立即拔出手枪，冲出门。当他准备撤出村子时，发现几十个国民党兵向他冲杀过来。王惠成当机立断，命令警卫员小龚和小郑先向山上撤退，自己则面对来敌进行回击。不料，枪弹卡壳了，几十个国民党兵蜂拥而上，王惠成被捕。

国民党上虞县自卫大队长许晃举起刺刀，戳穿王惠成的锁骨用铅丝穿住，再把王惠成的两只手也用铅丝穿住，押往县城。王惠成的左脚被打成重伤，身上鲜血直流，额上冒出豆大的汗珠，他依然昂首向前。

第二天，县自卫大队开庭审讯，软硬兼施，王惠成坚定地说："一个共产党员是不会被鬼话所迷惑的。"县自卫大队多次对王惠成实施酷刑，王惠成始终坚守党的机密。

次日清晨，王惠成被押到梁弄国民党绥靖指挥部。在那里，王惠成受尽毒刑，几次死去活来，被折磨得遍体鳞伤，可是他的革命意志依然坚定不移。

7月16日中午，一无所获的国民党准备杀害王惠成。临刑前，他们强迫王惠成呼喊"国民党万岁，蒋委员长万岁，消灭共产党"等口号。

王惠成大义凛然，毫不畏惧，反而对敌人露出一丝轻蔑的微笑。国民党在王惠成身上毫无所得，恼羞成怒，向王惠成连开数枪。王惠成倒在血泊之中，是年23岁。

（文：绍兴市农办）

嵊州泉岗村

爱国志士俞丹屏

泉岗村隶属于嵊州市下王镇，地处嵊州市东北部，属四明山区，村北有海拔861米的覆卮山。全村平均海拔在480米以上。自东向西峰峦连绵，地势高峻，多峡谷岗坡。当地农民有歌谣描述泉岗村地形："前岗大岭头，走路碰鼻头，云雾绕山头，老虎蹲岩头"。

泉岗村中主要姓氏为俞姓，是周边俞姓村庄的发源地，村内保留有俞家人共有的"俞氏祠堂"。据《俞氏宗谱》记载，明朝宣宗乙未年，始祖俞善十，佃猎到此，因附近没有人迹，便在山冈上生火过夜。因怕引起火灾，就用石块盖住火种。第二年，他打猎又途经此地，发现去年的火种竟然还未熄灭，惊奇不已，又见土地宽广，山清水秀，宜于宅居，便动了迁居于此的念头。第三年，他就携其妻子来到尖山顶，妻子问道："居住何处？"善十公答道："前面山冈。"定居后，此地即命名为前冈村。后村庄合并，改名为泉岗村。著名实业革命家俞丹屏，就是出生于此。

革命救国，大功初成被贼窃

俞丹屏（1872—1942），名炜，字载熙。略通经籍，练得一手好书法。三十岁时，因生活窘迫，携母亲与妻子去杭州、绍兴一带谋生。

时值甲午战争之后，俞丹屏看到国势衰弱，帝国主义列强虎视眈眈，企图瓜分祖国，遂决心投军报国。1901年夏天，他投身军旅，不久即发现清军内部极其腐化堕落，非常失望。

1904年，他考入浙江武备学堂。1906年夏，浙江弁目学堂成立，他被调往该校任区队长。在学堂里，他接受了一系列革命新思潮的冲击，逐渐倾向革命。1907年冬天，俞丹屏加入了光复会。他还在弁目学堂发展了几十个学生加入革命党。他和竺绍康负责大通学堂时，特设体操专修科，挑选精壮人员300余人学习体操和军事学。由于活动能力强，俞丹屏专门负责联络外界，他不负同志期望，将警、政、交通等各界都联合起

泉岗村村貌

来，还说服了巡抚衙门数十人入会作为内应，使得光复会势力大增。1907年，徐锡麟安庆起事失败，秋瑾就义，许多教员、学生处境危险。家境并不富裕的他却将家中所有值钱的东西卖了资助那些死难者家属。同时，他还继续联合军界等同志筹集资金，以图再举。

1911年秋，武昌起义，浙江密谋响应。11月3日，俞丹屏虽卧病在床，接到秘密通知后，依然抱病赶往顾乃斌家，与王金发、张伯岐、蒋介石等开会部署起义，俞丹屏被推选为民军第一路参谋官。他家"红门局"为第一路军机关驻所，由于有人告密，只好将机关秘密转移到梅花碑。起事前，俞丹屏担心子弹数量不够，又秘密借得子弹四千余发。他还购买茶食数百斤作为晚间干粮，买白绫数匹，让战友和自己的妻子母亲一起连夜赶制药包。他和王涛秘密约定，时间一到，王涛即派人到嘉兴切断电话线。一切准备就绪后，11月5日凌晨，光复杭州的炮声打响，俞丹屏任浙江新军八十一标督队官，率领新兵五队，与王金发率领的敢死队一起攻下了军械局。一个月内，浙江就建立了革命新政权。

为攻克战略要地南京，俞丹屏担任镇江兵站专地司令官，筹运粮草弹药等军需物品。11月18日，他与副官傅其永化装成和尚，在夜间混进南京城，侦察敌情。不料敌军搜查，他连忙躲进寺院，幸亏有和尚掩护才没有被发现。当天夜里，俞丹屏同地雷队一起匍匐前进，离城不到半里时，突然城头探照灯扫射过来。他们还来不及伏下头，步枪、机枪的子弹声和大炮的轰鸣声瞬时大作。俞丹屏和战友绕过枪林弹雨准备登城，不料，一时失足，俞丹屏腿部重伤。战友将他扶归司令部，他不顾伤情，急向司令报告：“我观察了阵地形势，我军若要夺取朝阳门，非先取天堡城不可。”果然，浙江革命军攻取了天堡城后，就顺利光复了南京。

1912 年元旦，孙中山就任临时大总统，俞丹屏被任命为混成旅旅长。由临时大总统授予陆军少将衔，颁发龙虎勋章一枚。五月，浙江成立稽勋局，俞丹屏任局长。1914 年，俞丹屏被举为众议院议员。1915 年 12 月，袁世凯复辟帝制。辛亥革命的果实被袁世凯窃取。尤其是王金发被诱捕后，他更是万分悲痛，对当时的中国政坛十分失望。

实业兴国，商海沉浮立功德

辛亥革命后，中国政治舞台上出现的一幕幕荒诞剧目，令俞丹屏深深地感到只有实业才能救国，才能使国家富强。于是，他开始慢慢脱离军政界，致力于浙江实业的发展。

1912 年，他在江山县平顶山、长兴县开办煤矿（即现在的长广煤矿），使用现代技术开挖矿产。他投入资金，担任了杭州大有利电灯公司（浙江省最早的发电厂之一）的董事长。面对工厂颓废的情况，他改善经营管理，知人善任，终于使公司经营走上了轨道，业务蒸蒸日上。接着，俞丹屏又在海宁碛石、余杭县城、长兴泗安、诸暨枫桥先后创设了电厂。1920 年，他在杭州艮山门建造新厂，将机量扩充到 2250 千瓦。

俞丹屏还于 1917 年在杭州筹股创立了道一银行。1919 年从日本考察回来后，俞丹屏又在杭州小河和睦桥创建武林造纸厂，有黄版纸机一台，月产量约十余吨。1927 年，俞丹屏到浙江省省道局任局长。此时，正逢浙东发生大水灾，人民受灾严重。他使用以工代赈的办法利用灾民的劳动力修筑了浙江省第一条省办公路——肖绍公路。此外，他用同样的方法雇佣新昌灾民修筑了嵊新公路。在杭州城内还修筑了拱（宸桥）三（廊庙）段公路。在他担任省道局长期内，还培养和输送了一大批公路交通运输的业务技术骨干。

为了振兴丝绸业，俞丹屏又致力于蚕种改良。1929 年，他出资在杭州开办西湖蚕种制造场，聘请国内专家和日本技术员，培养新蚕种，还在临安、余杭等五地开设分场生产原蚕种和改良种。他还招收学员，聘请专家讲课，为社会培养和输送了一批蚕桑专业人才。经过多番努力，最终新蚕种得到推广，最高年产量可达 10 万张。1934 年 1 月，俞丹屏被任命为全国经济委员会蚕丝改良委员会会员。

回报家乡，修路办校美名扬

虽然身在他乡，但俞丹屏却一直心系家乡建设。当地农民盛赞："俞丹屏当官不忘本，为村里办了好多好事。"的确，在泉岗村，七十岁以上的老人都有文化，而且很多人身体硬朗、还会拳术，这不得不归功于热心家乡公益事业的俞丹屏。

1914 年，俞丹屏出银币 10003 元，费时 9 年，在泉岗村创办了启祥小学。课堂桌椅、教学用具、体育卫生设施等在当时的山乡学校中堪称完备，远近四五十里自然村的儿童竞相来此投考入学。俞丹屏又筹资 2 千元聘请最好的老师来教书。据该校的毕业生俞服乜说，当时学生入学，书册、本子等文具全都免费，成绩好的学生到期末还能奖励 50 斤谷子。

1936 年，俞丹屏返乡时，见村里赌博成风，人们终日无所事事。为了改变村民的恶习，他出资从外地请了一个拳师，免费教大家学"林冲豹子拳"锻炼身体，还在村里贴了一张倡议书，上书"学点拳头，为国效劳"。消息传开后，村民们跃跃欲试，从 8 岁到 40 岁，一下子有 150 多人报名参加，很快，泉岗村开设起六个拳坛，一切费用均由俞丹屏支付。后来，六个拳坛还合办了一个狮子班，经常活跃在农村各个节会上，威震邻乡。直到现在，泉岗村的武术水平还是全市第一，该村有很多拳师被外地人请去教拳术。

在泉岗村，每走一步都会想到俞丹屏。1935 年到 1936 年，俞丹屏带头出资，修筑了前岗到动石山最陡峭崎岖的 15 公里路，通过修路还训练出了一批能开石筑路的人才。接着他又在高家头修造了全村的会堂。

在 1921 年的嵊县洪水灾害中，他共赈放大米 600 余担，让群众渡过了灾荒。抗日战争开始后，他不畏时局艰难，自告奋勇地担任了五联乡乡长，积极组织农民生产自救，就地开仓济民，将 53500 斤谷全部发放给灾民，帮助当地农民开发山区多种经营，想方设法帮助家乡的泉岗珠茶打开销路，推广水稻良种和先进科学技术，使全乡农民度过了困难时期。

1942 年 1 月 22 日，俞丹屏患肝炎逝世于永康住所，享年 70 岁。

注：本故事主要依据嵊县政协文史资料委员会编的《嵊县文史资

料》、辛亥革命史料续辑（第八辑）俞超程写的《俞丹屏传略》以及泉岗村书记俞微芳和俞服乜、俞佩泰和俞竹顺老人的口述资料改编而成。另，下王镇政府的陈彭宇提供了很多资料。

（文/图：王鑫驾）

新昌丁家园村

红色记忆永流传

　　丁家园村隶属于新昌县羽林街道，在这个村庄中，潘家新祠堂是一座赫赫有名的古建筑。这个坐落于村子中央的古式建筑里，至今还流传着许多发生在抗日战争和解放战争期间的故事。这些故事与当时的新北区革命斗争史紧密相连。新北区，即新昌县北区，地处四明山西南边沿。这是一块富有革命传统的土地，有着丰富的革命斗争史。是新昌县最早开展革命活动的区域之一。

　　1938 年 7 月，在距丁家园不远处的兰州建立了第一个农村党支部，1940 年 1 月，新昌县第一个区级党组织新北区建立。1945 年 3 月，新北区抗日民主政府新北区抗日自卫队成立。这一切，都发生在丁家园潘家新祠堂。新北区成为浙东抗日根据地的组成部分和前哨阵地，为创建和发展浙东抗日根据地作出了重要贡献。在丁家园村，人们津津乐道、有口皆碑地传颂着一个革命故事。

　　1945 年 9 月，新四军浙东游击纵队奉命北撤。丁家园随后陷于国民党军事"清剿"和"清乡"的白色恐怖之中。村里也建立了"冬防队"。"冬防队"最早叫"巡畈会"。这个冬防队有队员 9 人，驳壳枪 2 支，步枪 7 支，类似于我们平常在书籍电影中看到的自卫队，承担着大户人家的看家护院等使命。为了控制这支地方队伍，党组织指派了一个叫范兴鳌的当地人，通过保长加入了冬防队。因为范兴鳌有文化，他同时兼管着冬防队的经费。范兴鳌还在冬防队中发展了吕华铨入党。冬防队员平时都分散在各家，集训或有突发事变才会集结在一起。

　　1947 年 11 月，中共嵊新奉特派员丁友灿根据中共浙东工委独立自主地开展游击战争的方针，决定重建武装，打开工作局面。在和中共嵊南区委书记、政治交通员吕少英商议研究后，决定收缴新北区丁家园村自卫队（即冬防队）的枪支，并派吕少英通知已打入自卫队的范兴鳌从内部策应。当时，范兴鳌刚结婚不久，家里有老母亲和三个年幼的妹妹，如果暴露，后果将不堪设想，可以说，顷刻之间，全家就会遭殃。可是，当吕少英说了决定后，范兴鳌却毫不犹豫，当即表示服从决定，从内部做好策应工作，并说可以叫新发展的党员吕华铨一起参加。接着，他们详细制定了具体的行动方案，商量了具体办法和事后安排。

12月8日，吕少英等4人化装行动。白天穿过新昌县城西门到达新北区，当晚又仔细研究了缴枪后如何安置范兴鳌妻子的隐蔽问题。第二天，与范兴鳌、吕华铨商量确定了缴枪的具体时间和方法。

转眼到了12月10日下午，范兴鳌通知自卫队员，说村里有事，务必请自卫队员带枪到潘家新祠堂集中。潘家新祠堂当时是自卫队的驻地。晚上，除了一个脚杆疯发作的队员和他的一支破烂枪没有到外，自卫队其余队员陆续带枪到达潘家新祠堂，集中在祠堂楼上。几个队员席地坐在铺位上闲聊，还有几个在四方桌上搓起了麻将。吕华铨站在桌角支牌脚，打胡炮（一种麻将场外的玩法）。

到夜里8点半，范兴鳌走到祠堂门口，让在门口站岗放哨的队员去搓麻将，自己接替了岗哨。夜深了，闲聊的队员们开始倦了，陆续地把枪放在睡在统铺的人当中，子弹带都解下来放在床头，呼呼入睡了。只有一桌麻将还在噼里啪啦地搓着。"碰""吃""杠"的声音此起彼伏。范兴鳌再一次返回楼上，向带有驳壳枪的队副说："我到外面去看一下，你的短枪借我用用。"队副打麻将正在兴头上，哪里还想得了这么多，"唔"了一声，枪就到了范兴鳌手上了。拿到了驳壳枪，范兴鳌立即走下楼，朝门外走去。在祠堂外面转了一圈后，他终于看到吕少英带着几个臂上系着白毛巾的人悄悄地接近祠堂。双方简略地交流了一下情况，吕少英就带人轻手轻脚地摸进了祠堂，上了二楼。

"嚯……"吕少英猛地吹响哨子，高喊一声"抓赌！"，便和战友们一起冲进了门。黑洞洞的枪口对准了自卫队副队长的脑袋，高声喝道："举起手来！不准动，谁动打死谁！"

搓麻将的，惊呆了，谁也不敢动，乖乖举起了手；睡觉的，也从睡梦中惊醒，不知道发生了什么事，呆呆地看着吕华铨将他们的枪支弹药拢在一起。

吕少英随即开腔，说："我们是四明山三五支队的，经过这里，借你们的枪用用。"

此次缴枪，吕少英他们里应外合，没有费多大的周折，不损一兵一弹，就缴获了两个驳壳枪、六支步枪、六条子弹带、一百二十多发子弹。

丁家园缴枪的胜利，打响了浙东主力北撤后嵊新奉地区重新开展武装斗争的第一枪。随后，革命的武装斗争迅速开展，为全面解放新昌打下了坚实的基础。

从 1946 年到 1950 年，丁家园村为革命牺牲的烈士多达五名。为夺取新民主主义革命的胜利，立下不可磨灭的功勋。他们的英名和业绩将永远载入史册，与青山同在，和山河共存！

丁家园，这个古老的村落，因为有红色记忆，所以将格外夺目。

（文：新昌县农办）

金华金东方山村

革命英烈方国迪

方山村隶属于金华市金东区澧浦镇，古称黄山岭村，始建于宋，据《国塘方氏宗谱》记载，方氏始迁祖骑马途经黄山岭，遂在此处定居，故村以山名。抗战时，由于村民多数姓方，改名为方山岭村，后简称方山村，并一直沿用至今。革命英烈方国迪就出生于此。

方国迪（1904—1930），曾用名贾南坡，又名方山，1924 年参加中国共产党，1930 年英勇就义，为党为人民献出了年轻的生命。

家族败类，时代英才

1904 年，方国迪出生于方山村的一个大地主家庭。他的祖父方金荣年轻时出外创业，发家致富，挣下良田千石（一石相当于现在二亩五），成为当地的大地主。作为土生土长的方村人，方金荣深受村落传统影响，虽家财万贯，然而为人处世光明磊落，平时与家中的长工也是同食同寝。虽然日常生活非常俭朴，但是对于公共事业异常热心，曾经一次性捐资八千元大洋，资助金华八婺女中（今金华四中前身）办学。因此，八婺女中用精制的木料篆刻"敬教劝学"四个大字的牌匾赠给他，以示感谢。他重视教育的理念也深深影响了他的子孙，方国迪、方国熙兄弟二人能成长为满腔热忱，出类拔萃的人才，亦与其家教有关。但是，作为大家长的方金荣并不能理解中国共产党的革命事业，也不支持革命活动。在他看来，方国迪这个孙辈参加革命，乃是不务正业，方国迪也被他视为"家族败类""不肖子孙"。

据说，在大革命时期，方国迪曾回家劝说祖父方金荣将家里的田地都分给老百姓，响应土地改革，方金荣听后勃然大怒，将他一顿臭骂赶出了家门。

而小方国迪一岁的方国熙，在祖父方金荣眼中可谓是又一个不肖子孙。方国熙也是一个热血青年，全力支持哥哥从事革命工作。当哥哥发愁

方山村村貌

党的组织经费不足时，他到处找人募捐资金，以帮助哥哥解决问题。

"四·一二"和"七·一五"两次反革命政变后，国民党右派发布清党命令，共产党被宣布为非法组织，革命的工会、农会遭到查禁，许多党员和领导干部遭到敌人的杀害。党的工作被迫转入地下，经费筹集更是极为困难。为了帮助哥哥，方国熙回家筹集资金，遭到祖父拒绝后，就偷偷拿了家里的一本存折，取出里面的钱全部交给哥哥用于我党的地下组织经费，数额甚大。祖父方金荣知晓后，极为恼怒。当方国熙再次回家时，还没来得及进家门，就被祖父吊在殿堂的佛像边，用家法严刑拷打了一天一夜，当天就得了恐吓症，次日发高烧医治无效去世了。弟弟的死让方国迪悲痛不已，更痛心的是他和弟弟革命事业得不到家里的支持，气愤之下就和家里断绝了联系。直到方国迪关在浙江牢狱期间，通知家人去保释时，此时的祖父依然认定他是方家的"家族败类""不肖子孙"，坚决不去保释方国迪。后来父亲方锦林偷偷地筹措资金后去保释，然而为时已晚，这位年轻的革命志士已经遭到屠杀。

献身革命，青史留名

1920 年，方国迪在浙江省立第一师范学校毕业，后来又考入上海大学。上海大学于 1922 年创办，原为东南高等师范学校，在陈独秀等人的筹划下，接受师生们的要求，将其改建为上海大学。创立时正值国父孙中山于广州蒙难脱险，留驻上海，筹划改组国民党，培养革命人才，因此对上海大学甚为关注，希望上海大学办成"以贯彻吾党之主张，而尽言论之职责"的革命学校。上海大学因此集中了众多的共产党员，成为中国共产党早期在上海的一个重要活动据点，曾被国民党反动派称为"赤色大本营"。在这样的革命氛围中，本来就非常关心国事的方国迪顺理成章地于1924年加入中国共产党。

1926年，他在上海大学文学系毕业后，就开始从事上海闸北区工人运动，任闸北区共青团区委宣传部部长。1927年3月受党组织的派遣，率领一个武装组织，到南市区参加了由周恩来领导的上海工人第三次武装起义。经过浴血奋战，上海终于光复。任务顺利完成后，方国迪又被派到南汇县光华火柴厂组织工会工作。因工作能力突出，接着又被派驻到杭州，任共青团杭州地委宣传部部长，并加入到当地工农运动的组织领导工作。"四·一二"政变后，党组织的工作转入地下，继续斗争，方国迪也受命在金华、兰溪一带进行党的地下活动与农运工作。1927年7月12日夜，方国迪在杭州皮市巷寓所被捕，囚禁在浙江陆军监狱。

在狱中，方国迪几经酷刑，始终坚贞不屈，并同难友多次参加绝食斗争，反抗狱方无故拷打、虐待囚犯、无故克扣伙食等事件，并取得了胜利。当时浙江陆军监狱中被囚者的生活环境十分恶劣，一天两餐，吃的饭是发了霉的仓底米，里头有沙子、石子、稗子、谷子、虫子，囚犯们都叫它"五子饭"。吃的菜不但没有油，而且都是菜场上卖剩的或者没人要的发臭的黄叶烂菜。1928年下半年，狱中党组织组织全监难友一致行动，在家属探监那天举行大绝食行动，并提出了立即公开刑期、有病保外治疗、改善生活待遇等要求。此次绝食持续了三天，在家属和狱外舆论的压力下，狱方不得不屈服，狱中生活条件也得到了改善。

虽身处囚狱之中，方国迪依然坚持学习，并在狱中撰写了一部《中国文学史》。1930年春夏之交，红军接连打了几个胜仗，革命根据地也得到很大的发展。尤其是7月底，彭德怀率领的红三军团攻占了湖南省会长沙，并占领了十天。这令国民党反动政府非常愤怒，一方面调集重兵进行反击和镇压，另一方面在全国范围内对在押的政治犯实施集体枪决，进行政治报复。8月27日8时，浙江陆军监狱内岗哨林立，监狱长亲自带人到各牢笼分批提人，方国迪和其他18名政治犯被押往刑场，连续的口号夹着不断的枪声震动监狱内外。方国迪牺牲时，年仅26岁。

（文/图：金华市农办）

武义水碓后村

忠心赤胆留英名

　　水碓后村隶属于武义县熟溪街道，始建于明代初年，距今约600年历史。据《徐氏宗谱》记载，南宋时徐氏贵安公迁履坦，其九世神福公南游双溪，见此地山清水秀，于是卜筑而居，是为水碓后村徐氏始迁祖。徐英就出生于此。

　　徐英（1907—1930），原名徐胡连，又名紫衡，化名于凤鸣。1925年冬在宁波加入中国共产党。他是中共浙江省第五任省委书记，也是大革命时期浙江省委最年轻的书记。1929年12月17日，在宁波不幸被捕，1930年8月27日，在浙江陆军监狱刑场，英勇就义，年仅24岁。

徐英烈士纪念馆

　　徐英出身书香门第，太祖父徐永大是县邑庠生，曾祖父徐鸾翔是国学生，祖父徐星懋，也读过书，父亲徐尔康也是庠生。徐英5岁时父母双亡，由姐姐徐月琴和姐夫抚养。姐夫见他天资聪颖，就挑水卖苦力供他读书。全家省吃俭用，也只能供徐英在村里的两川小学上了五年学。

　　13岁时，徐英就出外谋生，最初他在古竹村的一家南货店当学徒，不久后，又到桐琴一家染布店当杂工。后来，他又到武义城内新兴染布店当杂工。生活的艰辛，人世间的不公，使得年幼的徐英对穷苦人抱有强烈的同情。为了摆脱贫困，1925 年，年仅 18 岁的他远离家乡，只身来到杭州、宁波等地谋生。几经周折，由同乡介绍进入宁波美球针织厂做工人。在那里，徐英发现城里的工人也没有过上好日子，他们和乡下的农民一样受苦，因而他心中十分苦闷。

不久，"五卅"运动在上海爆发，正在上海福华丝边厂参加培训的徐英接受了中国共产党的教育，也亲眼看到了工人阶级团结起来巨大的力量。回宁波后，他就发动工友成立了工会，并被选为厂里第一任工会主席，开展工人运动。

1925 年 11 月，中共宁波地委成立。同年冬，由王小曼（即后来担任省委书记的王嘉谟）介绍，徐英加入中国共产党。之后，美球针织厂建立了中共党支部，徐英任支部书记。不久，任中共宁波地委机要联络员，后选为宁波地委委员。

1926 年初，徐英在宁波美球针织厂领导革命斗争。在艰险的地下斗争中，徐英增长了胆识，遇事镇定沉着。1926 年 8 月的一天晚上，宁波地下党在启明女中召开党的活动分子会议，中途突然遭到孙传芳反动军警的包围，几位年青代表顿时慌张起来，徐英立即提醒大家："别慌！先把党的文件、名单藏到井下。"为防止意外，他一面指派学校负责人蒋士菁（地下党员）去应付，一面要求每个人身上再检查一遍，然后有秩序地分散到教室外面纳凉，校门打开后，军警蜂拥而入，除蒋士菁被捕外，其他同志安然脱险。

宁波是蒋介石的"老巢"，也是浙江最早实行清党的地区之一。蒋介石在发动"四·一二"政变之前，就派心腹到宁波，勾结豪绅恶霸，收买流氓打手，打击革命力量。1927 年 4 月 9 日，宁波国民党当局正式宣布戒严，发动清党。形势急剧变化，群众谓之："狼虎成群，百姓遭殃。"在阴云密布的日子里，徐英一刻也没有停止党的工作，他经常改名换姓，化装成各种不同身份的人出没在人群中，巧妙地避开国民党便衣密探，四处打听消息和进行秘密联络。他还通过永耀电厂的党员和同情党的革命群众，利用外出检修线路的机会，暗中传递情报、散发传单、张贴标语，打开了一条通行无阻的地下联络线，在敌人眼皮底下进行着"无声的战斗"。王嘉谟等一些地下党的领导人，都称赞徐英的机智勇敢和出色的化装本领，说他化装起来，就连自己的同志也一时难以辨认，敌人再狡猾也奈何他不得。

大革命失败后，国民党不断进行"清党"、"剿共"，一时间，乌云滚滚，恶浪滔天，中共的斗争环境愈来愈险恶。不久，城里出现了"生擒王小猫（指王小曼）、活捉徐狐狸（指徐英）"的反革命标语。美球针织厂的老板，也出来告发徐英在厂里组织工会，带领工人"闹事"，结果徐英被国民党当局逮捕。徐英在拘留所里，坚贞不屈，面对敌人的频繁审讯和严刑拷打，丝毫没有吐露真情。美球厂的工人听到徐英被捕的消息时，义愤填膺，向厂主交涉、抗议，提出"若不释放徐英，我们就不上工"。厂方唯恐事态扩大，难以平息，只得答应保释徐英。

徐英离开美球针织厂后，专门从事党的秘密工作，他的家庭住址成了地下党的绝密机关。不久，他被调到省委，继续从事党的地下活动。

1927 年 11 月，徐英受省委指派回到武义，他通过秘密串联恢复了已经停顿的武义党组织和农民协会，将原来的临时县委组建为中共武义县委，并担任了县委书记。同月，徐英在下王宅王树平家主持召开了秘密会议，传达了省委指示精神，推举邵李清为县委书记，倪云腾为团县委书记。

1928 年 8 月，县委在金畈村召开扩大会议。徐英协同中共浙西特委邵溥慈来武义检查贯彻党的"八七"会议精神。徐英在会上分析了革命形势，就整顿发展党的组织，加强农民运动的领导，提出了很好的意见。会议决定在全县成立东、南、西、北四个区委，会后县委成员分头发动群众从事各项组织准备工作，之后，全县先后成立了 63 个基层党支部，发展党团员近 500 人。

一天，徐英和倪云腾在蒋卓南陪同下，来到离县城 40 华里的新宅，参加那里召开的农民大会，徐英利用这个机会，宣传党的主张，提出要在积极分子中间发展党团员。接着，他们又赶到梁宅、陶宅一带，了解党支部活动的情况。他们到了东阳门、大莱口等几个近山村庄，一面察看地形，一面商量在这里开展游击活动的问题。然后又翻山越岭绕道来到家乡水碓后村，晚上在村里召开党员会，告诫同志要广泛发动群众，加强党内团结，坚定不移地开展革命斗争，会议直到次日凌晨三点钟才结束。

徐英每次外出活动，总是要求同志提高警惕，谨慎从事，不能暴露身份，并现身说法，介绍自己的"化装"技巧和秘密工作的方法，培养干部的应变能力。有时他扮成学生模样，口袋里揣装《圣经》之类的书籍，以防沿途盘查而引起麻烦和危险。徐英重视实际调查，熟悉情况，常和大家共同商讨如何通俗生动地宣传发动群众，热情地帮助同志拟讲话的提纲。他的宣传、讲演，通俗易懂，引人启发。徐英还常与积极分子秘密串联，促膝谈心，宣传党的主张，启发他们的阶级觉悟，了解他们要求入党入团的愿望。

徐英为建立党的武装，呕心沥血，想了不少办法。他曾秘密地弄到了几支手枪送给同志们，大家很受鼓舞。为了打击地主豪绅嚣张的反动气焰，消除农民的思想顾虑，提高农民的革命斗争性，由县委领导人邵李清带领党团员严厉惩办了依仗权势疯狂欺压农民的隔屋村恶霸林新福。随后，徐英亲自率领党团员到县城张贴布告，揭露林新福的罪恶，一夜之间，几十张布告从大街小巷，一直贴到国民党县政府的头门和二门。当时他用来作糨糊的是熟毛芋，他风趣地说，这东西藏在袋里不引人注意，饿了还能充饥。1928年9月上旬，浙西特委邵溥慈来武义布置秋收起义工作。9月13日，永康、武义两县党的领导人在桐琴召开联席会议，决定在10月10日晚上，两县联合举行农民武装暴动。10月初，县委又在白溪的新殿湾召开干部会，制定《暴动计划方案》。暴动失败后，省防军派出一个团来武义配合县自卫队，到处搜捕我党同志和革命人士。徐英指派倪云腾调查暴动造成的伤亡情况和被捕同志的家庭状况，及时做好难友家属的善后救济工作。为了狠煞敌人的嚣张气焰，他和邵李清商量，派人镇压了抓人凶手林金良。不久，团县委书记倪云腾被捕，关押在县看守所。他又委托自己的姐姐带去一碗干菜和五块银元前去探监，嘱咐姐姐安慰倪云腾"要坚强些，母亲（指党组织）时刻在挂念你"鼓舞倪云腾的斗志。

1928年11月底，徐英调回杭州，任省委常委，负责职工运动。1929年1月16日，在中共中央代表彭湃同志（不久被捕，壮烈牺牲）的主持下，召开了中共浙江省委扩大会议，改组了省委，工人出身的徐英选上了省委书记。此时正是国民党制造的白色恐怖日益加剧的时期，也是省委最困难的时期。受命于危难之际的徐英无所畏惧，他使用复写纸抄写的办法向中央及时汇报工作，向各地通报斗争情况。为了打开工作局面，徐英亲自到各地巡视，嘉兴、兰溪、永康、武义、义乌等地都留下了他的足迹，他每到一地，革命斗争的烈火就在当地重新猛烈地燃起。

1929年4月，由于反动派制造的白色恐怖日益加剧，省内党的工作举步维艰，党中央决定临时撤销浙江省委，另行建立杭州、宁波等六个中心县委，直属中央领导；1929 年 5 月，徐英再次到宁波领导革命斗争，担任宁波特支书记。他与中央巡视员卓兰芳一起，凭借丰富的地下斗争经验，工作进展顺利，到 10 月底，宁波特支就在镇海、鄞县、慈溪等地以及鄞县警察局教练所内，先后建立起六个支部，有党员 30 余名。1929 年 7 月下旬，徐英以中央巡视员身份，前往台州、天台、温州等地帮助健全和整顿党组织，正当宁波特支的工作取得较大发展的时候，国民党当局加紧了破坏和搜捕活动。1929 年 12 月 17 日清晨，徐英在特支机关宁波君子道三街四号楼上被捕。

1930 年 2 月 3 日，宁波反动当局审讯徐英后，将他押解到浙江陆军监狱。4 月 28 日，被国民党浙江高等法院判处死刑。徐英从他被捕之时就下定决心，只要活着一天，就要坚持斗争一天，绝不放弃斗争的权利。他利用放风机会与狱中的党组织成员裘古怀取得了联系，并用暗号建立起联络网，把上级党组织称为"外祖母"，把狱中的党组织称为"母亲"。他提出"法庭是战场，监狱是熔炉"，要求同志们不要丧失意志。在狱中，徐英每天很早叫大家起床，做徒手操、八段锦，还在狱中办起了两个刊物《火星》《洋铁碗》。为了改善"笼子"里的生存条件，徐英领导难友绝食 3 天。徐英因此受到铐三节镣、藤条毒打等酷刑，但他毫不动摇，最终领导狱友争得了部分权益。受徐英的感化，一些监狱看守渐渐改变了对共产党人的看法，并暗中给予帮助，甚至秘密"通风报信"。

1930 年 8 月 27 日，徐英等 19 人在刑场英勇就义，年仅 24 岁。走上刑场前，徐英从容地倚在牢房门，与仍被囚禁的同志们说："徐英今天和各位同志永别了，大家不要为我被屠杀而悲哀，要踏着我们的血迹前进，革命一定会胜利的！"

（文/图：武义县农办）

开化霞川村

红色故事代代传

霞川村隶属于开化县长虹乡，由原霞坞、河滩两村调整而成，地处浙赣两省交界处，一河隔两省，群山连绵，绿色葱茏，杉树、松树、樟树、苦槠、青冈等众多树种筑成了一道道绿色屏障，守护着古老的山村。古色古香的廊桥、庄严肃穆的古祠诉说着悠久的历史。绿色、古色而外，更突出的是霞川的红色。霞川村是闽浙皖赣红色革命根据地的核心区域。在那枪林弹雨的年代里，霞川村许多村民献身革命，先后有 10 余位村民献出了宝贵的生命。至今霞川村依然流传着革命时代的红色故事。

邱老金救一人保一村

1934 年，白色恐怖的阴云笼罩着浙西的霞川村。血雨腥风一波高过一波。革命烈火却在霞川村民的支持下依然猛烈。对敌斗争只有保存自己才能消灭敌人。人民群众支持红军的策略也在改变。

国民党反动当局任命下潘村江灶喜为甲长。江灶喜是红军的人，若不当甲长，国民党军队不会放过他；若当甲长，村里的老百姓要害死他。江灶喜正为此事发愁时，游击队的邱老金（原名邱金炳，开化人，10 余岁为地主帮佣，1934 年加入游击队，同年冬加入共产党，1937 年七月被捕，同年 12 月牺牲。据霞川村红军烈士纪念馆人物介绍）得知后开导他说："在环境恶劣的情况下，一定要伪装起来，表面上为国民党做事，暗中你为红军办事。一定要身在曹营心在汉！你表面上去推辞，国民党让你当甲长你就当。"

国民党 16 师三团的一个连长，当着全村人说："江灶喜从今天起就是你们村的甲长，你们要听他的，不能和共匪有来往。若他有什么三长两短，格老子杀了你们全村人！"

就这样，江灶喜身在曹营心在汉，他开的杂货店也成了红军的联络站，打探到敌人的许多军事活动情报，使红军免遭了许多损失。夜里，他又时常为红军送粮食和生活必需品。红军看在眼里记在心上。

1935年一个深秋的晚上，红军为打击亲敌势力的嚣张气焰，实施"旋风"行动，刺杀反动保长、甲长，匡扶群众支持红军的热情。当时，负责刺杀江灶喜的游击队的一个小队长，趁着夜幕，悄悄摸到江灶喜家门前，用枪从大门缝里瞄准。说时迟那时快，背后一只大手抓住了正要开枪的手，制止了一次错杀。

这只大手不是别人的，正是邱老金那只有力的大手。当时邱老金刚从婺源赶回霞坞，想到江灶喜家了解一下敌情，凑巧救了江灶喜，也救了下潘一村人。

事后，邱老金救一人保一村成为人们的美谈。后来，江灶喜更加坚定了革命信念，从事革命活动，直至1937年牺牲，成为革命烈士。

霞坞人民的好儿子——程阳古

程阳古，1905年出生在一个贫苦农民家庭，是一个地地道道的霞坞人。他从小过着吃糠咽菜的生活，长大后，又跟着父母起早贪黑的干活，生活却始终没有改变。他终于明白：社会不公！只有推翻旧社会，穷苦人才有好日子过。

青年时期，程阳古曾多次想出走当红军去，父母却死活不肯，看着年老多病的父母，程阳古只好放弃了这一想法。

1933年，方志敏率领红军在霞坞一带活动。程阳古喜出望外，频频和红军接触，并主动组织村里的年轻人帮助红军。送信、送米、送菜、送生活用品、带路等，红军干部看到了程阳古的行为，无不为之感动。程阳古也多次向红军首长要求参加红军。红军首长谆谆劝导他说："一心革命，不一定在什么地方。地方上也很需要像你这样的人，我们才能站得稳。"很快，程阳古就光荣地加入了中国共产党，并当上了霞坞党支部副书记。

1934年，国民党军队多次围剿红军16师未果，撤走了55师，从上海调派国民党王牌师前往霞坞，企图全歼"赤匪"。在这样白色恐怖的日子里，程阳古却正式加入了红军。他机智勇敢，多次完成了侦察任务。

1935年深秋，在西山的水竹坦的一次战斗中，红军因寡不敌众，决定撤退转移。程阳古坚决要求留下来掩护主力红军转移，在弹药耗尽的情况下，不幸被俘。

凶残的敌人把他打得遍体鳞伤，五花大绑拖到霞坞村头的操场上。国民党的一个连长说："只要你报出'赤匪'去向，马上放你回家，不说，马上送你上西天。"

程阳古镇定地说："我不识字，根本没有'招'字！"

敌人用死亡来威胁程阳古的阴谋失败了，只好气急败坏地说："枪毙！枪毙！"为了向霞川人示威，敌人又把程阳古从霞坞村头押到霞坞村脚，途中，程阳古边走边喊："十八年后，我又是一条好汉！今天你杀我，十八年后我杀你！我杀你！！我杀你！！！"这喊声在山谷里回荡，传遍了村庄的每个角落、传进了大人小孩的耳朵里。

最后，他们来到村脚的大樟树底下，程阳古就像这大樟树一样，昂首挺胸，高声呼喊着："打倒国民党反动派，红军万岁，中国共产党万万岁！"

一声枪响，霞坞人民的好儿子离我们而去了，千百个霞坞人又站起来了。"十八年后，我又是一条好汉"一直响彻在霞坞人的耳边。

霞坞的"阿庆嫂"——邹欢喜

霞坞村坐落在绿水长流，空气清新的群山环抱之中。邹欢喜就出生在霞坞。她像一朵出水芙蓉，更像一支利剑直插敌人心脏。

邹欢喜家境尚可，上过私塾，识文断字，能说会算。邹欢喜人美心更美。她看见左邻右舍生活困难，就会出手帮衬。她常常思索：为什么村里穷人这么多，我能帮助一家两家，可帮不了所有人家！我能帮一时，但帮不了一世！随着她逐渐长大，问题终于得到解决，那就是只有跟着共产党推翻旧社会，村里人才能过上幸福生活。

当方志敏率领红军来到霞坞后，二十多岁的邹欢喜一边带孩子，一边帮着父亲打点家里的杂货店。但是，无论家里多忙，她都不会忘记帮红军办事。她的杂货店自然而然地成为红军的联络站，她也充当起联络员，为红军搜集情报、送信息。

第二次国内革命战争时期，红军部队中缺少文化人，更谈不上首长有秘书。邹欢喜便顺理成章的担起了赵礼生的额外秘书。白天开店，晚上帮助赵礼生写战斗总结报告、抄文件等等，往往要到深夜才能忙完。

当时，霞坞驻扎着国民党中央军，指挥部设置在集贤祠内，布防严密。驻扎在库坑的红军无法到霞坞来取货。为慎重起见，邹欢喜便亲自出马，把自家杂货店的手电、毛巾、跑鞋等生活用品送出去。霞坞至库坑虽然路途很近，国民党军队封锁却很严密，盘查严格。邹欢喜只好以走亲戚为由，把货物送到阳紫山大姐程桂伩家，再让红军到阳紫山去取。这样一干就是几年。

霞坞村庄不大，几个出众人，一目了然。国民党中央军的大小官也看得清清楚楚。于是，敌人也要求她为白军服务。他们威逼利诱兼施，一面派人监视她的行动，一面要她加入国民党，彻底切断她与红军来往，让她死心塌地为白军服务。

邹欢喜被逼到绝境，便把这一情况如实向邹奎圣汇报。邹奎圣马上和邱老金、赵礼生商讨对策。如果失去邹欢喜，对红军来说损失不小。最后大家商讨决定让邹欢喜表面加入国民党。这样既能保证她自身的自由安全，还能获取更重要的军事情报和敌人动向。

在以后的日子里，由于有了这张招牌，邹欢喜暗地里为红军做事更加方便。她自由地出入中央军指挥部、获得敌人的情报更多、更加有价值，为红军送东西也更加顺利、更省时。

后来，由于叛徒告密，邹欢喜被敌人抓了起来。她坚贞不屈，半点机密也没透露。16 师高官恼羞成怒，决定枪杀邹欢喜。

邹欢喜被抓的事情急坏了全村男女老少。全村人一拥而入，冲进集贤祠要求放人。国民党军官们见势不妙，心里害怕，可说出去的话，犹如泼出去的水是收不回来的，于是，只好对聚集起来的群众说：“只要你们保长同意并盖章，我们就放人。”然后，16 师开始踢皮球了。

这一消息传到红军那里。赵礼生派邹奎圣连夜赶到霞坞村，设法营救邹欢喜。他召集村上有名望的人商讨营救方案。经过三个多小时商榷，营救方案出炉。

第二天早上，由方新莲、邹翠云带头，带着村中六七个少妇，要求保长盖章，死缠烂磨。对保长是你推我摇，七手八脚。说时迟那时快，手脚麻利的方新莲趁混乱之中，迅速从保长上衣口袋摸出私章，盖上红印。邹欢喜被释放了，群众和红军战士心上的石头落地了。

“文革”时期，邹欢喜被批斗。新中国成立后任八一电影制片厂党委书记的老红军邹奎圣，马不停蹄地从上海赶赴霞坞为邹欢喜澄清事实，邹欢喜获得平反，并享受国家生活补助。

邹欢喜是霞坞的“阿庆嫂”的名声更响了！

（文：开化县农办）

开化余村村

血洒余村四烈士

余村村隶属于开化县苏庄镇，始建于唐，位于国家自然保护区古田山的山麓，山川秀丽，风景优美，保存完好的余氏古祠堂白墙青瓦、屋檐飞翘，被列入衢州市第二批孝文化教育基地。然而在余村，流传最广的故事，却是土地革命战争期间四烈士热血洒余村的故事。

1935年秋的一个夜晚，古田山旁的横中村高山占龙山家，正在召开地下党员会议，此处山高林密，单家独户，是红军游击队的堡垒户。库坑中心县委派来的红军党员干部邱老庭，正在向他们传达上级指示，发动贫苦农民起来闹革命，参加红军游击队，打土豪、分田地，组织贫农团，并宣布成立横中地下党支部，由余奎有任支部书记。

余奎有从小就帮地主程神仙家放牛，如今又在他家打长工，深受压迫，受苦深重，入党后，工作积极，发展了占龙山、余寿根、邱生兰、余观成四人入党，并组织了100多人参加的贫农团，早就想与土豪劣绅斗争了。今天会上，他提议先打本地土豪程神仙、吴早文，后打余村大土豪余夏球。八月中秋，他带领贫农团打开土豪程神仙、吴早文家的粮仓，将8000多斤粮食分给贫民，把地主的物资、衣服放在晒场上，每户拿一样。九月十二日，又带领贫农团到余村，打击当地大土豪余夏球，筹集了银圆300余元送给红军作活动经费，并在余村发展了地下党员方凉亭等五人。革命形势发展很快，真正是自从共产党来，山山水水都变了样，墙上到处刷上革命标语，群众唱起"当兵就要当红军"的歌，邱老庭和小老三还自编了"劝郎要革命"的歌曲，教大家唱，当时早山、高山、蟠坑连成一片，成为红军游击队的革命根据地。

地主老财们对农民造反心惊肉跳，恨之入骨，连夜逃到长虹下坞国民党军队五十五师团部诉苦，说横中、余村都被共产党赤化了，要求派兵镇压。五十五师便派了一个连的白军驻扎在余村。他们像疯狗一样到处乱咬人，抓了无数老百姓拷打逼供，要大家交代出谁是共产党员，凡参加过贫民团的要自首，拿了财主的东西要如数归还，搞得横中、余村、溪西一带乌烟瘴气，鸡飞狗跳，妄图扼杀革命。

1936 年七月的一天，红军小队长邱荣文带着小刘、小张两位战士来横中，到约定地点枧坑野猪棚联络。真是冤家路窄，地主程神仙的狗腿子余来寿正好收租路过枧坑，他见有人上山，急忙躲入树林中窥视，发现是邱荣文。原来他与邱荣文以前在王坞招程长娇家，相互认识，得知邱荣文三人要去野猪棚联络点，便连忙去白军连部报告。白军的黄连长得知消息，如获至宝，马上集合部队，亲自带领上山，悄悄地包围了野猪棚。小刘放哨，开始没发觉，后来听到沙沙响的脚步声时，敌人已经到了面前，他急忙开枪示警。枪声一响，邱老庭、余奎有、邱荣文、小张四人纷纷拿枪抵抗，余奎有扔出一个手榴弹，炸开一条血路，向山顶突围，邱老庭弹无虚发，接连击毙近前的两个敌兵。黄连长下令不准士兵开枪，要抓活的请赏，四人边打边退，子弹打光，已上山顶，眼看便可进入山林，谁知山顶上还有白军的一位徐排长埋伏的一个排，他们层层围上，四人寡不敌众，双双被捕。

白军抓住了四位红军，发现其中两位是红军干部，一位是横中"土匪头"，非常兴奋，连夜把他们押解到余村大祠堂审问，要他们交代出当地地下党员和革命人士。四人坚贞不屈，任凭匪兵上枷棍，坐老虎凳，灌辣椒水，他们始终不肯出卖组织和同志，审了三天三夜，各种刑具用遍，办法用尽，都撬不开他们的口。这位心狠手辣的黄连长见在他们身上捞不到自己想要的东西，就把他们押解到青山殿枪杀了，并残暴地砍下四位烈士的头，将他们的头颅挂在柿子树上示众，威吓革命群众。

话说小刘冲出重围后，立即向浙皖特委常委邱老金报告了四位烈士牺牲的情况，邱老金非常悲痛，发誓要报仇雪恨。烈士遇难后的第三天夜里，他带着游击队来到余村，迅速干掉了匪兵岗哨，正想骚扰一下匪兵，忽然看见有个匪兵头目带着一个卫兵从祠堂出来，邱老金以迅雷不及掩耳之势，擒住他俩，拉到山上审问。原来正是抓捕四位烈士的那位徐排长，烟瘾发作，准备去烟馆抽大烟，从他口中得知，是余来寿提供的情报。邱老金带着部队又杀回横中，从土豪程神仙家抓到余来寿，把他和匪兵排长正法在磨刀石山上，为革命烈士报了仇。

（文：金龙）

温岭兰公岙村

枫杨山水流英魂

　　兰公岙村隶属温岭市城南镇，东连池头，北接寨门，西、南、北三面环山，呈现原始的生态景观，村内农作物、植被、溪流等均未受污染，生态气息浓厚。村以山名，有枫杨溪穿村而过，全长900多米，溪水清澈见底，常年不涸。从村口一直到兰公岙坑，沿溪而上，数百株枫杨树冠层叠，连成一条绿丝带，蔚为壮观，是目前台州市内保存最完好的枫杨群。

　　兰公岙村生态保持原始风貌，村舍建设在山岙之中，周边青山农田，自然环境优越，生活图景丰富，形成了人与自然和谐相处的空间布局。村庄植被覆盖率高，白墙青瓦与山水相协调，乡风淳朴，极有特色的垒石墙、石屋古建筑在本地区相当有代表性，具有明显的浙南乡村风情。所谓"一方水土养一方人"，兰公岙村虽仅仅是一个只有一百多户人家的小村庄，但在革命史上却涌现出了应保寿、应昌志、林存增、林多得等一批革命烈士。本故事的主人公即是革命义士应保寿。

　　应保寿（1883—1936），原名应祥建，字昌业。其父经营面坊，家境富裕，置有田地和房产。他少时读书习武，粗通文墨，喜弄拳棒。至长大成人后，身材魁梧，膂力过人。平时重情谊，轻财物，爱打抱不平，不拘小节，又沾有绿林无产者习气。遇到乡邻急难，即使身边仅有一元钱，也要慷慨解囊，哪怕是穷困潦倒时亦是如此。因此，应保寿在周边一带的穷苦百姓中享有极高的号召力，人们尊称他为"保寿（大）爷"。

　　1929年间，温、台一带连年灾荒，是年冬季，坞根游击队领导人柳苦民、叶景泰动员应保寿揭竿闹"共产"。应保寿以当地开明绅士陈愚亭赠送的两支短枪起家，在芳杜一带串联群众，组织农会，开展闹荒斗争。同时四处筹资集款，购置武器。不到一个月，就拉起了一支五六十人的队伍，后编入温岭坞根游击大队。

　　芳杜游击队的产生，使国民党玉环县当局惊恐万分，于是，在芳杜茶头村也建立起反动地主武装——保卫团，妄图与游击队相抗衡。1930年2

月，应保寿所部在竹坑岭头开会，遭到茶头保卫团的偷袭。由于敌众我寡，游击队只好沿石桥向坞根方向撤退。途中，又遭到湖头、上王等地保卫队的拦截。腹背受敌，应保寿毫无惧色，沉着应战，坚持到援兵到来，立即反守为攻，奋勇回击，毙、伤保卫队员各一名。

茶头保卫团的武装袭扰，成为游击队活动的重大障碍。为了建立一个进可攻、退可守的大雷山区游击根据地，坞根游击大队根据应保寿的建议，决定拔除这个反动据点。1930 年 7 月 8 日，坞根游击大队领导人程昌顺与应保寿率领中路主力直捣茶头村，在进村时遇通道被毁，应保寿指挥战士肩扛戏棚板，下河搭成人桥，让大队人马直接冲入茶头村。保卫团官兵闻风逃走。

茶头村一战，应保寿部声威大振，队伍很快扩充到 100 余人。同年 7 月赴西门山集训，整编为中国工农红军第十三军第二团海上游击大队，应保寿为大队长。

1930 年 12 月，红十三军主力受挫后，国民党反动军队加强了对红十三军二师的围剿。而二师队伍内部因思想混乱也出现了分裂，主要领导人柳苦民被杀害，党代表赵胜被迫离开，部队屡战屡败，损失惨重，军心开始涣散。在环境如此恶劣的情况下，应保寿仍然高擎"红十三军"这面旗帜，在干江、芦浦、沙湾及玉环沿海岛屿流动作战，所到之处，打土豪，分田地，劫富济贫，深受群众爱戴。当时群众中都流传着"……如今来了共产党……个个农民割稻忙，先前一半交地主，如今统统我收藏"的革命歌谣。

为了"围剿"游击队，玉环县反动当局专门在县城北边 10 华里处的沙湾乡建立地主武装。1931 年 1 月 26 日晚上，应保寿率领游击队员，从苔山、芦浦出发，分 3 路包抄保卫团驻地三官堂，击毙班长叶世俊，烧毁团总郑元秀的房宅。

同年 10 月间，为营救关押在温岭监狱的红二师青峙游击队大队长陈洪法，应保寿买通牢头，秘密送入木壳枪一支，手枪两支，约定日期，里应外合，劈监越狱。但因敌人突然决定处决陈洪法，陈洪法提前越狱，壮烈牺牲，应保寿闻讯，只好半途折回。

1932 年底，应保寿与原坞根游击大队赵裕平部会合，在干江木勺头、鲍家、洋坑、下岸宫、鸡山洋峙、海山毛蜒、大小青岛及青马江岩岛等地活动，向群众宣讲革命道理，向富户发放片子借钱借粮，时而也在海上

"打劫商船"，给养部队，赈济穷人。一些一贫如洗的穷人，都在大年夜里，等待应保寿发放救济银洋。

应、赵二人领导的游击队的存在，对国民党当局而言，犹如芒刺在背，直须彻底拔除而后快。1934年10月2日，应保寿、赵裕平部驻扎在洋屿岛，不慎消息走漏，国民党军警获悉后团团包围洋屿岛。激战中，应、赵所部3名战士英勇牺牲，部队撤退至洋屿关庙坚守。在洋屿渔民的接应下，乘着夜深天黑，用旧被单搓成绳索，从庙后悬崖陡壁滑下，乘船突破了敌人包围圈。

1935年1月，国民党温岭县政府张贴布告，悬赏缉拿应保寿、赵裕平。当时应、赵部已先后从木勺头、鸡山洋、东球辗转到黄大岙。这一海域每年有几十艘篷船行驶台湾，专做红、白糖和桂圆、荔枝等南货生意。此时全靠应、赵所部协力保护，军民关系有如鱼水般密切。后因劫了乐清盘屿一家大布店，反动当局从乐清、温州方向调来人马，几路包围黄大岙，应、赵二人只得率部撤离。同年7月赵裕平牺牲，应保寿不得不化整为零，遣散部分人员，自己带几名战士，先是潜藏在干江的小观音礁和断腰的一个山洞里，后又转到密溪山里毛家隐蔽。

不料被士绅徐某的侄子获悉此情，他与毛某有隙，乘机向反动当局告发，致使毛某外逃上海，应保寿不得不转移至温岭兰公岙。时隔不久，又招来流散人员20人转移到温岭石塘杨柳坑。当地渔民非常欢迎应保寿，时时帮助他。一次，国民党军警突然包围杨柳坑，情况万分危急，几个渔民机智地将他裹在渔网里，抬上船，最终躲过敌人的搜捕。

1936年3月的一天，国民党温岭县保卫团得到密报，获悉应保寿和两名警卫人员，以及一些随队家属停留在靠泊扁屿洋面上的船里，立即和国民党水师部队装扮为掏虾的渔民，乘夜色坐船，悄悄包围过来。三更时分，"砰"的一声枪响，几十只"掏虾船"一齐朝应保寿所在船只猛烈开火，在激烈的枪声中还能听得到敌方的大声喊叫，企图威逼应保寿投降。应保寿镇定自若，英勇还击。由于敌人火力密集，不一会小船就被打得尽是窟窿，无法行驶，应保寿虽身陷绝境，仍沉着应战，等待援兵到来。然而援兵已无法到达，狡猾的敌人早已派出兵力将他们拦阻了。黎明时分，敌人进攻愈加猛烈，应保寿身边的两名警卫员已相继中弹牺牲，他自己也身负重伤，家属也纷纷跳入海中。凶恶的敌人步步紧逼。为了不当俘虏，应保寿义无反顾地举起木壳枪，"砰"的一声，将最后一颗子弹留给了自己，为革命流尽了最后一滴血，时年 55 岁。应保寿牺牲后，国民党政府下令砍下他的头颅，在松门、温岭、楚门、玉环等地悬挂示众，最后送往温州。红十三军二师有组织的军事活动至此宣告结束。

1986 年 11 月，浙江省人民政府追认应保寿为革命烈士。

（文：滕凌肖）

丽水莲都新陶村

革命志士郑和斋

新陶村隶属于丽水市莲都区老竹镇，地处莲都、武义边界，由原新屋村与陶村合并而成，始建于宋代，曳岭古道穿村而过。居民以郑、陶两姓为主。现辖 11 个自然村，其中新屋村四周青山环绕，中间田野平坦，俨然一个小盆地。村子东边是条清澈的小溪，村民们称为"桥头坑"，溪边两岸长满高大的杨树。这些茂盛的古树，给这个村庄增添了一分自然古韵。村民房屋都坐落在村庄东北方，白墙红瓦的新房，青砖黑瓦的老屋，风格迥异，错落有致，显示出一种现代文明与传统文化的完美融合与和谐统一。

新屋村不仅景色秀丽、民风纯朴，而且还是有着优良革命传统的红色乡村，至今传颂着一个极富传奇色彩的英雄人物——郑和斋。

郑和斋（1891—1930），又名郑士俊、郑跃明，本来是梁村梁姓子。清光绪二十年（1894），4 岁的和斋被新屋村郑姓一个殷实人家收养。养父对聪明机灵的和斋非常疼爱，常常放下手中的活计给他讲《水浒传》中的梁山好汉故事以及家乡明代矿工领袖陶得二起义的传奇事迹。

郑和斋劫富济贫图

在这些传奇故事的熏陶下，郑和斋长成了一个性情豪爽的汉子，平时喜欢结交宣平、丽水、松阳一带的"青帮"兄弟，扶危救困，仗义疏财，好打抱不平，帮助受欺凌者。不久，原本不丰厚的家赀便荡然无存。清宣统二年（1910），宣平一带青帮兄弟拥戴郑和斋为头目，在处州北部一带行侠仗义，恤贫抑富，打击为富不仁者。郑和斋的义举，使当地官府深恶痛绝，下令缉捕。

郑和斋在家乡立足不住，便避难至严州、杭州等地，几年下来，又结识了一批革命志士，接受了新的革命思想。1927 年，经中共宣平县委书记曾志达、委员陈俊介绍，郑和斋光荣地加入了中国共产党。

由于郑和斋不仅在青帮会员中有很高的权威，在南乡区村民中也有很高的威信。因此，宣平县委委员陈俊以国民党宣平县党部执委兼农工部长的公开身份来到南乡，与郑和斋共商创建南乡共产党的基层组织。

在郑和斋的积极努力下，在南乡区发展了李定荣、肖政等数名党员，顺利在新屋村建立了中共南乡区委。郑和斋为区委书记，肖政、李定荣为委员。数月后，更多的村民加入了共产党，南乡党组织迅速得到发展壮大。

南乡区委建立后，郑和斋着手改革整顿青帮，对新入会的人员严格把关，对一些好吃懒做、不务正业的人，不再吸收为会员；对一些违法违规、损害青帮声誉的会员予以清除；同时将青帮会的活动由秘密逐渐引向公开，使之成为党领导下的外围群众组织。

郑和斋又领导组织发动广大群众进行土地革命，与封建地主阶级作坚决的斗争。当时，畎岸村有一个陈姓地主，同时又是该村陈氏宗族的族长，凭借宗法族权在村中作威作福，欺压族人，人称太上老君。每年清明节、冬至节时，陈氏宗族祭祖时，都要按陈姓男丁子孙人数分发猪肉、馒头及其他财物。许多贫穷的族人常常要依靠这些财物来补贴日常生活和维持耕种。可是，这个族长却常常假借违反族规之名，扣留族人应当获得的食物和钱财。

族人陈田儿连续几年被他以违反族规为名扣除食物和钱财，生活异常困窘。郑和斋了解情况后，在这年的冬节，召集青帮会员，带领 200 人来到畎岸村，为陈田儿讨个公道。平时在族人面前耀武扬威的陈氏族长害怕了，不得不将他无故扣除的食物和财物还给陈田儿。这一行动显示了青帮会的威力，打击了地主的威风。由此，附近村庄的青年人都争相加入青帮组织，使青帮在南乡得到迅速发展。

1928 年 3 月，郑和斋又发动群众，在南乡横塘村正式成立区农民协会组织，设立执行委员，并确定郑光文、陈田儿等 10 人为联络员。自从农协成立以后，郑和斋带领农民打土豪、斗地主，开展"二五减租"运动，与乡长、保长进行针锋相对的政治斗争。

在南乡，人均耕地较少、土地高度集中、地主剥削率高、苛捐杂税名目繁多，地主为了获得更多剥削收入，想方设法压榨佃户。逢年过节，佃户必须向地主家送鸡，谓之"田鸡"。佃户想要租种田地，需要先向地主交纳三、五元或七、八元不等的银元，谓之"田底"。如果不交或少交，地主就任意撤佃、改佃。针对这些情况，郑和斋倡导成立了南乡初级佃业仲裁会，在调解佃业纠纷，取消不合理的"田鸡"、"田底"制度，为佃农说理、撑腰等方面做了大量工作。仲裁会还召开群众大会，宣布地主将田地租给佃农耕种，要严格按照规定，实行"二五减租"，不得任意撤佃。农民遇到诸如减租、改佃、契约、婚姻、产业继承等方面的问题，郑和斋领导的农协也能帮助他们妥善解决。短短的几个月里，南乡全区就有千余人参加农会组织，革命火种遍撒南乡每一个角落，百姓的救国救己意识也迅速产生。特别是一些进步青年加入农会后，郑和斋十分重视他们的教育培养，先后发展 30 多人入党，成为党在这个地区的中坚力量，为推动全区的农民运动发挥了重要作用。

与此同时，郑和斋按照党组织指示，积极筹措经费，购置武器，准备建立农民武装。1928 年夏，他在马村主持召开支部党员大会，对全体党员作了动员，讲述筹集经费，购置武器，建立农民武装的必要性。要求党员每人上缴银元 1.3 元，其中 0.3 元作为支部的活动经费，1 元作为购置武器费用。并向新入会的青帮会员每人收取 1.3 元的会费，同时向地主富户征借。短时间内，郑和斋就在全区筹得经费 800 多元。

筹得经费后，郑和斋和宣平县委委员陈俊携款到杭州购买武器。在杭州，通过同乡新屋村人郑仲衡的关系，向青田籍人项潘兰购买。项潘兰曾在省长夏超手下当过军需官，手头有从上海德商洋行里购买的武器。他们以 700 元价格购置了 8 支捷克式手枪，准备运回去后待时机成熟时进行武装暴动。

事情办成之后，郑和斋和陈俊正欲打点行装返回，突然得到宣平党组织紧急通报。原来宣平县国民党政府已获悉他们的行动计划，正带领省防军和县保安队、县警察队大肆搜捕共产党员和革命群众，宣平县已处在一片白色恐怖之中。县委领导曾志达等人面对敌人的悬赏通缉，已全部离开宣平县境，到上海等地隐蔽。在这危急时刻，郑和斋、陈俊暂时将枪支存放在杭州西大街永宁寺巷 6 号项潘兰家的水井中（此后郑和斋在杭州被捕牺牲，这批枪支最终未能运回南乡）。

由于党内叛徒出卖和南乡的土豪劣绅举报，1929 年初，郑和斋在杭州遭国民党军警逮捕，因于陆军监狱。在狱中敌人对郑和斋严刑拷打，威逼利诱，要他交出党组织情况和暴动计划。郑和斋坚贞不屈，视死如归，他还和其他难友一起，积极参加狱中党领导的各种反迫害斗争，参加绝食，组织越狱，未能成功。

1930 年 8 月 27 日早晨，郑和斋和中共浙江省委书记徐英、中共浙江省委代书记、中央特派员罗学瓒、共青团浙江省委书记裘古环等 19 人一起被秘密枪杀于浙江陆军监狱。

（文：林上远、吴志华/图：吴志华）

龙泉季山头村

英名永存季步高

季山头村隶属于龙泉市安仁镇，坐落于风景秀丽的天平山麓，气候宜人，适宜开山种地，有风水宝地之说。800多年前，季姓小九公经过大沙、塔石、林垟，翻越美丽的天平山，来到了天平山脚下，被这块风水宝地深深吸引，停住了前行的脚步。从此，季小九公就在这里定居下来，繁衍生息，孕育了一代又一代的季氏子孙。

这里虽然远离县城，但季氏祖先凭着聪明智慧，将这个小小的村庄建设得有模有样，让外人刮目相看。早在清代，村里就有两所远近闻名的学校、两所武馆和两个药铺，各式能工巧匠更是应有尽有。正是这些独特的优势，造就了季山头人良好的习文尚武氛围，形成了淳朴的民风。由此，季山头村人才辈出，也就极为自然了。

在季山头村上首，有一座晚清建筑的大院，呈长方形，依山而建，土木结构，共三层楼。1906年10月26日，季步高就出生在这座院子里。季步高原名季大纶，号凌云，笔名布高。1920年春，季步高与表兄李逸民结伴到丽水考入浙江省立第十一师范附属小学。在五四运动新思潮的影响下，季步高非常关注祖国前途和命运，满怀爱国热情。他曾在日记中写道："中华民兮，富强何时？才智者出，斯有以济之。我国民兮，振兴实业，不可迟期。我国民兮，勉之！勉之！"充分表达了自己的爱国热忱和抱负。

他还在《余之希望国家》一文中慷慨陈词："噫，我堂堂中华，自创立至今，已历四千余年，而内讧外患之甚莫如今。若观兵力之衰弱，无人以整之；教育之黑暗，无人以振兴之；工商业之腐败，无人以发达之；污官之辈，争权于国内；睡狮之名，见笑于外人。我四万万同胞岂忍以祖国故有之地而任人蹂躏乎？"他大声疾呼："吾愿望海内同胞，抱爱国之热忱，怀济世之英才，精练兵卒，以御外人之侮辱；普及教育，以增国民之智能；工商二业，则思通行于各国。庶几我国富兵强，于国事有济，将见我人民熙熙攘攘，乐于神州；往往来来，欢乎东亚；黄帝子孙，扬国旗于大陆；同胞兄弟，振声望于他方。"

季步高像

1922 年夏末，季步高考入上海东南高等师范专科学校，10 月，该校改名为上海大学。在此，季步高聆听了李大钊、瞿秋白、蔡和森、张太雷等著名共产党人的报告，接受了马列主义先进思想的教育，立志从事革命事业。期间，为了革命事业，季步高婉拒了家人要他回家娶亲的要求，他在家书中说道："事必有所需而后为之"，"人生一世，事业正多，不仅娶妻育子而已"。

1925 年 5 月，上海发生了震惊中外的"五卅"运动，季步高与同学们亲身参加了"五卅"运动的革命斗争。6 月，季步高响应中共党组织的号召，前往广州报考黄埔军校，顺利录取，成为黄埔军校第四期的学员。9 月，他光荣地加入了中国共产党。在黄埔军校期间，季步高参加了周恩来组织的革命军人团体——"中国青年军人联合会"，并到广州农民运动讲习所聆听毛泽东、周恩来、恽代英、邓中夏等人的讲话和报告，进一步坚定了革命志向。

1926 年春，季步高遵照党组织的指示，转到广州省港罢工委员会工人纠察队训育处工作。他全身心地投入到工人运动中，不久即担任了纠察队训育处副主任。1927 年春，他接任邓中夏的纠察队训育长之职，带领队员加紧练兵，同国民党右派的反动武装进行针锋相对的斗争。4月15日，国民党反动派在广州发动反革命政变，季步高带领工人纠察队进行反击。后担任了广州市委的领导工作，依靠积极分子发动工人群众，同反动派进行英勇顽强的斗争。1927年12月11日凌晨，广州起义爆发了，季步高担任起义行动委员会委员，率领赤卫队员进行英勇战斗。起义胜利后，成立了广州工农民主政府——苏维埃广州公社，季步高被委任为军事委员会军械处长。此后，敌人集中兵力猛力反扑，起义部队因寡不敌众，冲出重围，进行转移。根据党组织的指示，季步高转移至香港。

1928年1月，季步高秘密从香港返回广州，组建广州市委，临危受命，担任广州市委书记。他与市委其他委员排除千难万险，冒着极大的危险继续开展革命活动。4月，季步高当选为中共广东省委候补委员。初夏，季步高赴香港向省委汇报工作，7月，不幸被港英当局逮捕。之后，又被引渡到广州国民党反动当局。在狱中，他受尽了敌人的残酷刑讯和拷打折磨，但他视死如归，始终保持了共产党员宁死不屈的崇高气节。同年冬的一天，党的忠诚战士季步高从容就义于广州红花岗，年仅22岁。

季步高虽然牺牲了，但他的精神永存，党和人民永远铭记他。1945年4月，在党的七大期间，季步高的英名载入中共中央组织部编印的《死难烈士英名录》。1981年7月，位于季山头村的季步高烈士故居被列为县级文物保护单位，2011年，升为省级文物保护单位。烈士故居经多次修缮，现已开辟为革命传统教育基地和龙泉市爱国主义教育基地。1983年8月，季步高烈士纪念亭在龙泉县革命烈士陵园内建成，亭正中立纪念碑，碑文"季步高烈士纪念碑"由原中共中央顾问委员会委员、中国军事科学院原院长郭化若将军题写。2006年春节期间，新华社、人民日报、中央电视台等媒体相继专题介绍季步高烈士的英勇事迹。2006年10月，龙泉市委、市政府在季山头村召开了季步高烈士诞辰100周年座谈会。2007年，龙泉市委党史研究室组织编写了《英名永存——季步高烈士纪念文集》，同时举办了季步高烈士诞辰100周年征文活动。2009年12月，在龙泉建县1250周年之际，季步高被评为龙泉十大历史人物之一。2011年6月30日，在烈士故乡季山头村竖立了季步高烈士石雕像。

季步高是在党的领导下，龙泉县最早投身革命为之献身的革命烈士，他是龙泉进步青年的杰出代表。他短暂的一生，是闪耀着爱国主义、共产主义思想光辉的一生。他勤奋好学、严于律己的优秀品质，立志救国、坚贞不屈的高尚情操永远值得我们后人学习。他大义凛然、视死如归的崇高精神，永远是激励后人前进的强大精神动力。

（文/图：江圣明）

龙泉源底村

反清志士徐仰山

　　源底村隶属于龙泉市垟镇，村落背山面水，呈块状分布，三面山环如障，四周植被繁茂，杉竹成荫，山水交映。《徐氏家谱》形容村落形势为，"昴山前为笔架，岩山远似屏风"，"水口镇元龟之妙，龙归半月；地角开太极之图，独山端方"，真正是一个风水宝地。八都溪流经村南，贵溪水穿村而过，蜿蜒东流，将村庄分为东西两岸。村庄因为这条溪水，取名贵溪村，后因这里是贵溪的源头，故改名为源底。

　　村庄最早的居民是陈氏和吴氏。徐氏乃是后来迁入。源底徐氏共有两房，一房陶舜公，其先祖从青田迁徙到竹垟再迁居源底；另一房萱公，从松阳迁徙而来。徐氏家族在源底村的繁衍历史有700余年，到民国时期，人口已占了村民中的绝大多数。直到现在，徐氏村民还有800多人，占全村三分之一。

　　村中保存着36幢古宅，其中徐氏宗祠等四幢保存较为完好。徐氏旧宗祠已有四百多年历史，供奉着徐萱公及其后代，立有1000多个灵位，徐氏新宗祠距今280年左右，供奉了800多个灵位。辛亥革命烈士徐仰山的灵位亦在其中。

　　徐仰山，名杰，小名世廉，又名希勉。生于1877年，牺牲于1913年。他的父亲是村里的贡生，拥有中等田产，受时代风气的熏染，是一个颇为开明的乡村士绅。小世廉自幼天资聪慧，四书五经之外，闲暇时亦广泛阅览各类书籍，关心时代大事，深得父亲喜爱。光绪二十七年（1901），考中秀才。光绪三十年（1904），参加省试科举，考中举人。科考之路虽然也算较为顺畅，然而关心国家时事的徐世廉并不满足，他很想为饱经灾难，早已千疮百孔的国家做点实事。

　　光绪三十一年（1905），徐世廉经过深思熟虑，毅然抛弃优越的家庭生活，远离妻儿，自费赴日本留学，就读警务学校。在日本留学期间，他积极参加留学生爱国运动，先后结识了孙中山、宋教仁、陶成章等革命先

徐氏家祠

辈，深受他们的革命思想的影响。1906年，徐世廉经由陶成章介绍加入了光复会，后经宋教仁介绍又加入了同盟会。因仰慕孙中山先生的伟大思想和高尚人格，徐世廉特意将自己的名字改为徐仰山，表达了一心一意跟随孙中山先生干革命，以挽救国家和民族危亡的坚定意志。

1908年春天，徐仰山学成毕业回国。浙江省当局想要委任他为民政长官，然而他回家并不是为了当官，故而执意不受。后来省当局又多次委任他为县知事，他坚决推辞，不肯就任。他返家不久，就匆匆告别亲人前往上海。当时光复会领袖陶成章正在上海密谋浙江起义，徐仰山受陶成章委托，奔走于沪杭之间，积极联络会员，为浙江起义做准备。

1909年春，徐仰山与阙麟书、张伟文等革命党人选在杭州羊坝头张顺余烟店商讨起义。不料，起义计划泄露，因叛徒告密，他与阙麟书一起在杭州被捕，关押在仁和监狱。经陈其美等人多方努力，徐仰山等革命党人才被营救出狱。出狱后，他不得不暂时隐蔽起来，以避风声。随后他返回原籍源底村，在村祠堂创建了龙泉第一所高等私立贵溪小学，亲自向学生传授新知识、新思想，宣传健体强国制夷思想，致力于兴学救国。

1911年10月10日夜，武昌起义爆发，革命烈火很快蔓延全国，清政府迅速垮台。可是，革命的果实却被袁世凯窃取。徐仰山开始积极参加倒袁活动，组织同盟会浙江支部，筹办《平民时报》。

1913年夏，徐仰山在杭州联络了浙军邵植三营长等人，准备乘杭城空虚时举行暴动，不幸酒后失言被捕。6月4日，被枪杀于西湖边。1929年，国民党中央批准为辛亥革命烈士。同年9月4日，国民政府为烈士骸骨举行隆重安葬仪式，墓葬定在八都章府会村西侧平头墩。当时担任国民政府主席的胡汉明亲自提笔为徐仰山烈士题写墓碑："龙泉徐仰山烈士墓"。

徐仰山故居是其先祖陶舜公所造，有着200多年历史，比起源底其他古居，它不算豪华。大门两侧"欲高门第须为善，要好儿孙必读书"的对联体现了徐氏家族对教育的重视。如今故居已不见故人遗物，唯余门前那一块"纪念辛亥革命徐仰山烈士"的石碑。

岁月苍苍，往事悠悠，在这个曾经是"白云生处仙境，桃花源里人家"的古老村庄里，这些仁人义士的民族气节和义举至今在雕梁画栋间荡气回肠，在村里代代流传。

（文/图：金少芬）

松阳安岱后村

陈凤生义救乡亲

安岱后村隶属于松阳县安民乡，位于浙江西南腹地，与遂昌、龙泉、云和接壤。西北处有全县最高峰箬寮岘，是浙江著名的天然林区之一。这里山高水远，交通不便，信息闭塞。村民日出而作，日落而息，一直过着自给自足的农耕生活。直到20世纪20年代开始，革命浪潮席卷而来，大量青壮年参加革命活动，抛头颅、洒热血，安岱后村逐渐成为跨松、遂、龙、云游击斗争的中心，一度成为浙江的井冈山茨萍，期间涌现了许多革命英雄。陈凤生就是出生在这个革命山村的革命英雄之一。

根据陈氏宗谱记载，陈凤生，祠堂名"德球"，乳名铭德，字凤生，又名子荣，生于光绪壬寅年（1902）八月。陈凤生幼年常常跟随祖辈出入学堂，学文化、受厅训。稍长，又跟随父辈往来温州、青田，放木排、贩药材。受闽北农民暴动的影响，逐渐倾向革命。期间他与陈丹山、卢子敬志同道合，热心公益，为人正直，处事公道，疾恶如仇，结为莫逆之交，并在浙西南山区逐步树立了威望，成为三个在当地颇具影响的人物。

1925年5月，英帝国主义制造了"五卅"惨案。陈凤生与卢子敬、陈丹山等人组织松阳进步青年，发起成立松阳"反帝委员会"，牵头组织"'五卅'惨案后援会"，进行宣传和募捐活动，共筹得大洋300多元，寄到上海总会，声援上海人民的反帝运动。

1926年9月，陈凤生与陈丹山、卢子敬等人支持国民党松阳县政府"左派"人物，开展"二五"减租运动。1928年，他们在玉岩、枫坪一带组织农民协会，鼓动减租减息，宣传"耕者有其田"的主张，深受广大农民拥护。

1929年冬，温州"青帮"头领邹武庆来到安岱后村，找到陈凤生和陈丹山，商议发展"青帮"事宜，锄强扶弱。于是，陈凤生等人翻山越岭，足迹踏遍松阳、遂昌、龙泉三县边境方圆几百里地区，秘密发展以贫苦农民、破产手工业者为主体的"青帮"团体，最盛时达5000余人。陈凤生、陈丹山、卢子敬均被推举为首领。接着，他们在"青帮"的基础上，秘密组织农军。陈凤生被推为农军头领。

1930年7月16日，陈凤生等率领农军300余人聚集枫坪山乍口村李氏宗祠，誓师暴动，一举捣毁玉岩区公所，缴获部分武器和物资。国民党松阳县长闻讯调来保安团，"围剿"农军，并以"匪首"罪名通缉陈凤生等98人。8月25日，陈凤生率领农军转战古市、山后源一带，为壮大革命力量，他与郑汝良指挥的红十三军宣平西营红军及遂昌农军会合，共同打出"红军"旗帜，决定在牛头山组织暴动，攻打遂昌、松阳、宣平县城。

9月14日，松阳、遂昌、宣平三县红军千余人在天堂村炼铁厂空场上举行武装暴动誓师大会。不久，国民党保安队上牛头山"围剿"红军，红军因弹药用完撤退，牛头山阵地失守。松阳、遂昌两县红军在陈凤生等带领下，转移到龙泉县道太乡，又秘密发动3000余龙泉籍青壮年加入松阳红军，筹划攻打龙泉县城。由于计划泄密，松阳红军遭到国民党保安队的弹压。陈凤生只好前往福建、江西寻找共产党和红军，其他的红军指战员也星散各地避风。不久，陈凤生等人秘密返乡，继续组织"青帮"，开展革命活动。

1934年8月底，中国工农红军北上抗日先遣队途经龙泉，陈凤生等得知情报后，打扮成大老板，坐轿到龙泉，找到红军，欲邀红军到松阳，但先遣队的任务是北上抗日。

1935年1月，先遣队在江西怀玉山遭国民党部队包围，突围出来的部队组成中国工农红军挺进师，以粟裕为师长、刘英为政委。5月10日，挺进师翻过松阳境内东岱岗，刘英、粟裕与在这里迎候已久的陈凤生、陈丹山会晤。陈凤生把红军安置在安岱后村驻扎。

5月11日一大早，在陈凤生、陈丹山引领下，刘英、粟裕率部经李坑、梨树下村向枫坪进发。斗潭村的卢子敬牵着白马，率领青壮农民、学生，举着旗子，敲锣打鼓，前往水店村外幕寮处，等候红军的到来。

当日下午，陈凤生等人在永福寺主持召开欢迎红军的群众大会。会上，刘英、粟裕发表演说，宣传红军的性质和任务。陈凤生等引领大家高呼口号："青红一句话，永世不分家"。永福寺内外，群情激昂。在挺进师首长和"青帮"首领共同号召下，许多贫苦农民特别是"青帮"骨干欣喜地聚集到共产党和红军的旗帜下。

挺进师初入松阳，由于人地生疏，语言不通，难以与老百姓沟通。为了充分发动群众，在当地站稳脚跟，挺进师组建了一支善于做群众工作的政治工作队伍，吸收了陈凤生等在当地有威望者为工作人员。

经过实践锻炼，政工团员宣传群众、教育群众、动员群众的能力大大增强，多数人拿起枪来能打仗、拿起笔来能书画、动起手来能筹粮，成为以一当十的多面手，各项工作开展得有声有色、卓有成效。其中，陈凤生与卢子敬、陈丹山等一大批政工团员光荣地加入中国共产党，领到了书有"加入此党，服从党规，阶级斗争，牺牲个人"入党誓言的临时党证。

6月初，挺进师各部500多人汇集于松阳西南边境小吉村，召开红军挺进师政委会会议，史称小吉会议，商讨、部署根据地全面建设大计。会上成立了浙西南军分区和"松（阳）遂（昌）龙（泉）"游击大队，并任命原农军首领陈凤生为"松遂龙"游击大队大队长（7月升格为游击总队，陈凤生为总指挥）。

安岱后村红军桥

小吉会议后，挺进师在浙西南开辟根据地，建立地方党政军群组织，在革命武装的保护下开展土地革命工作。7月22日，中共浙西南特委书记黄富武在高亭乡外南坑村"宜兴社"主持召开党员会议，宣布成立中共玉岩区委，隶属浙西南特委。区委书记为刘亨云，后由陈凤生继任，卢子敬为副书记兼组织部长。

在陈凤生等人统一指挥下，松、遂、龙各地方农民游击队积极投身于根据地革命斗争和各项建设。他们协助配合红军游击作战、开展打土豪分田地的土地革命、站岗放哨盘查路人、交通联络送信以及维护地方秩序、管制捣乱破坏分子等方面，做了大量的革命工作。红军挺进师和地方游击队在浙西南地区燃烧起的革命烈火，使得国民党政府当局为此惊呼："浙西南十余县土地遂笼罩于赤焰绛雾之中"。

浙西南游击根据地的革命斗争开展得如火如荼，引起国民党中央反动当局的恐慌和仇视。9 月初，蒋介石抽调了以十八军为主力的正规军，还调集江西郜子举"剿共军"第二纵队等部队以及浙江保安团和地主武装，约 44 个团 70000 兵力，开始"清剿"浙西南革命根据地。敌我力量对比为 23∶1，力量对比极其悬殊。为了对付强敌的进攻，陈凤生等人在安岱后村疏散物资、清理枪械、坚壁清野。

9 月 21 日，国民党第十一师大举"进剿"安岱后村。陈凤生率游击队配合红军二纵队、五纵队进行正面顽强抵抗。在安岱后村的四面山坡上构筑堡垒，布置岗哨，抗击敌人。由于敌众我寡，红军和游击队与敌军浴血奋战，最后弹粮皆尽，被迫分散活动。陈凤生、陈丹山等隐蔽在安岱后村附近的山间密林之中。国民党军没有抓捕到陈凤生，极为恼怒。10 月，国民党军 94 师、11 师轮番交替进村，对陈凤生的乡邻和亲族施以种种刑罚和威逼利诱，扬言不交出陈凤生，一天杀一个村民，烧一栋房屋，要把安岱后村杀得鸡犬不留，夷为平地。

10 月 31 日，陈凤生为了不株连乡亲们，从安岱后村附近的突头湾毅然主动现身，来到敌人面前，声色俱厉地斥责道："一人做事一人当，与乡邻无关，陈凤生在此！我为民族的解放、人民的翻身，死而无憾。"国民党部队赶紧将其抓捕，押往龙泉城，施以种种大刑，陈凤生始终坚贞不屈，视死如归，不曾泄露丝毫党的机密，表现了一个共产党员的高尚品质。

11 月 22 日，在龙泉城郊刑场上，陈凤生凝目伫立，镇定如常，铮铮铁汉，从容赴死，为民族的解放事业流尽了最后的一滴血，年仅 33 岁。

（文/图：洪关旺）

松阳塘后村

英雄史诗塘后谱

　　塘后村隶属于松阳县四都乡，坐落在海拔 800 米高的山坡上，这里常年云蒸霞蔚，仙雾缭绕，山民们始终保持着原生态的生活方式，日出而作，日落而息，宛如生活在世外桃源，过着与世无争的生活。然而就是在这平静安宁的小村庄里，600 年前曾经回荡着史诗般的神话，英勇骁战的塘后村人与当时腐朽的明王朝展开了一场不屈不挠的战争，谱就了一曲跌宕起伏的"义勇军进行曲"。

　　塘后村形成于南宋嘉熙元年（1237）前后，是由南宋丞相陈霸先的后裔以陈氏宗族组织维系的一座血缘村落。因村庄前面有个水潭，塘和潭读音相近，原名为潭后村，后逐渐演变为塘后村。在这一带附近，曾建立过一个很小的王朝"太平国"。这个小王国如昙花一现，生命极为短暂，然而充满神奇。当我们透过流逝久远的时空，走进历史的幽谷，可以发现在官方的史志资料中，赫然记载着创建太平国的三位领袖叶宗留、陈鉴湖、陶德义的事迹。在民间则至今依然流传着他们的传奇故事。而身为当时太平国君主的正是塘后村的先人陈鉴湖。

塘后村全景

　　明朝中叶后，政治逐渐腐败，流民增多，社会动荡不安，各级官衙不得不加大征税力度，以镇压各种民变寇乱。在苛捐杂税的重负下，塘后村虽偏居一隅，也无法逃脱，百姓食不果腹，衣不蔽体，民怨沸腾。塘后村人陈鉴湖虽身在偏远，却胸怀壮志、心忧百姓，此情此景让他寝食难安。

陈鉴湖（1405—1449），处州宣慈（今竹川村。塘后村当时归其管辖，属于自然村）人。陈鉴湖幼读诗书，文武兼备，祖辈与叶宗留姑婆为姻亲，两人又一起读私塾，当过塾师，后来叶宗留在弄坑银矿开矿冶炼，陈鉴湖为其协管账目，他武艺高超，有江湖侠气，常与矿工切磋武艺。

明代的银矿生产通常采用"官督民办"的形式，设银官局，管理银场，督办银课，征募矿头、矿工开展生产。这实际上是一种变相的杂税徭役。只要一纸命令，一切人工、成本责成地方筹措，每年按定额依期缴进银课，朝廷坐享其成。各级官吏趁机上下其手，矿头也不肯轻易吃亏。尤其是明后期又大量起用宦官，名曰"矿使"，派驻各地，对地方骚扰愈加厉害。就连一些洁身自好的地方官员都无法抗争。天顺年间，矿税盛行，云和知县刘洁走投无路，竟至于自杀。汤显祖被迫辞去遂昌县令，也是因为无法处理开矿带来的社会问题与繁重的矿税之间的难题。结果，民不聊生，矿工暴动，时有发生。叶宗留、邓茂七、陈善恭等矿工起义都是在这个背景下发生的。

正统十三年（1448）秋，陈鉴湖跟随叶宗留、陶德义毅然举起义旗反对朝廷，组织宣慈弄坑银矿矿工及贫民大起义，这是中国历史上第一次较大规模的无产者起义，比巴黎公社早了440年。起义军首先进攻处州府，朝廷闻讯后，立即下诏命矿冶御使李俊进剿，面对强敌，陈、陶二人不得不率军退回宣慈，李俊官兵进驻周坦。

十月，陈鉴湖部陶德义、叶希八夜袭武义。十二月，陈部攻克遂昌。李俊命叶钜等乡团进剿，义军失利，部将多战死，陈、陶再次退回宣慈。乡团随即在竹客岭头建起寨楼（故后人叫寨头岭）。陈鉴湖、陶德义等人商议建立太平国，以便与明王朝分庭抗礼，号召四方。于是，派智星祝岳二在宣慈中心鲍村建造太平宫，作为太平国的临时都城。起义的军队则命名为太平军。宣慈鲍村离义军大本营马口十里，背靠牛头山麓，东有括苍山脉北拱，西有仙霞岭山脉南延，左右二水汇成的宣平溪流入瓯江，是个小盆地，易守难攻，地形极为有利。

正统十四年（1449）正月，陈、陶出兵战于破桥峡，斩杀分守参议耿定、兵备金事王晟，官兵败退。义军又攻打处州府城，御史李俊、知府张佑急招勇士 500 余人参战，义军败退，大将叶希八阵亡。

陈鉴湖骁勇善战，领兵先后攻克遂昌、松阳、缙云等地。二月，工部尚书石璞，以都指挥徐恭为总兵，督诸军继续讨伐。四月，浙江巡抚张骥派丽水县丞丁宁、耆老王世昌等入义军兵营招抚，陈鉴湖虑及继续与明军作战，将使无辜的乡民受难，为免生灵涂炭，又受正统的儒家思想影响，于是率领一部分义军被朝廷招降。然而陶德义却拒绝招降，他杀死使者，引兵入山，继续反明斗争。陈鉴湖赴京后，在明王朝明招暗杀的策略下屈死京城。因当时的禁忌未被塘后先祖记录于族谱之中。

陈鉴湖死后，太平军重振旗鼓，厉兵秣马，先后围攻处州、松阳、遂昌。失利后又在庆元再建武装，克丽水，破青田，直扫永嘉、温州，重回宣慈。一路上重挫明军主力，深受当地民众拥戴，最后与明军在碧湖平原一带苦战，终因敌我力量悬殊，不敌明军，被重兵合围，退守破桥峡，双方僵持数月之久，在明军的猛烈攻击下，太平军粮草不济，惨败于破桥峡，退守曳岭。经破桥一役，太平军损失惨重，后几经明军围追堵截，终以惨败收场，太平国犹如流星般在明朝的天空划出一道绚丽的光芒，最终还是陨落了。但是陈鉴湖领兵起义的精神却始终激励着塘后人民砥砺前行，一路向歌。

（文：叶东香/图：刘土伟）

云和梅湾村

红色梅湾别样红

梅湾村隶属于云和县元和街道，地处县城东南部，古时为陆地通往温州经商的必经之路，宋朝就有梅姓人氏定居于此，故名梅湾。村中现以毛、邱二姓为主，是一个沿溪而居拥有 800 多年历史的村落。通往梅湾村的地形堪称"十八插"地形的典型。道路两边各有九条山脉，高低一致，大小相仿，一左一右相互穿插，一条清澈的溪水围绕着十八插回旋流出。梅湾村，就静静地卧在群山的怀抱中，潺潺的溪水从村中央悄悄流过，把村庄一分为二。梅湾完美地体现了中国传统美学中的"对称美"。而这条被叫做"红军河"的小溪则是对称的缔造者，这种对称，隐喻着梅湾的主题：对抗与抗争！

这是一个让人肃然起敬的村庄，它是云和县红色革命的发源地，中共云和县第一个农村党支部就在这里成立。来到梅湾村，不能不提革命先辈浴血奋战的英勇事迹，以及那段荡气回肠的革命历史。

1936—1937 年间，红军挺进师一纵队队长范连辉率领一百多人两次来到梅湾村，对贫苦农民进行革命宣传，在这里播下了革命火种，为党组织在梅湾的建立打下了良好的群众基础。当时红军还在毛氏宗祠的后墙上写下了"工农群众想要有饭吃有衣穿，只有起来革命！"的标语。

就在这个时候，中共地下党员周建生悄悄来到云和，他的身份是中共浙西南特委委员兼秘书，任务是领导云和开展抗日救亡运动，秘密开展党建工作。周建生原名介夫，又名金环，学名毕竞、必警。1932 年参加革命，1934 年 7 月加入中国共产党，历任中共鼎平县委委员兼上东区区委书记、中共瑞平泰（瑞安、平阳、泰顺）县委书记兼泰平区委书记、中共平阳县委书记、中共景宁县委书记、中共云和县委书记等职。

在周建生等人的不懈努力下，1938 年 8 月，云和县的第一个党组织梅湾支部正式成立。一个月后，中共云和县委成立。

梅湾的革命火种，在云和的土地上熊熊燃烧，火焰越烧越旺，点燃了贫苦民众心中的革命斗志。梅湾支部的办公室就设在毛氏宗祠内,它是梅湾革命斗争的"指挥中心",它见证了支部的每一次会议、每一项决策,见证了梅湾的革命斗争史!如今,宗祠内那一盏油灯,正默默地诉说着这一切。

1940年6月,周建生任中共云和县委书记,他与同志们一起开辟了中共处属特委与浙南特委的秘密联络网点,组建了农会组织,开办民众学校,组织村里贫苦民众学习文化,建立了农会组织,深入发动农民兄弟打击土豪劣绅,反对他们在青黄不接时高价卖粮,加倍剥削农民,推行"二五"减租,把交给地主的每亩4石租,减为25%,改造保长、甲长,把国民党云和县政府任命的保长毛志德赶下台,由党员毛志明任保长,控制了村政权。

周建生还改革兵役制度,组织"抗日民众战时服务团",成立了生产合作社,同时以梅湾支部为中心,积极发展壮大党的组织,先后发展了20多名党员。随着梅湾支部的扩大,又派遣毛登森、陈江海等党员深入全县各地发展党员,使党组织在全县各地迅速建立起来。梅湾村如火如荼的革命活动,使敌人极为害怕。

1940年冬,国民党军队开赴梅湾村,挨家挨户搜捕共产党员,一些意志不坚定的党员被迫自首,党组织遭到严重的破坏,大批党员被拘捕。那一刻,梅湾的上空火光四起,敌人的皮鞭撕裂了梅湾静静的夜,革命烈士的鲜血,染红了整条小溪。

这时,周建生穿越重重封锁,穿越腥风血雨,来到了白色恐怖笼罩下的梅湾。白天,周建生隐蔽在附近山湾里的草寮,夜深时便潜入村子,向群众宣传革命思想,深入开展梅湾支部的重建工作。

周建生深深懂得"枪杆子里出政权"的道理,他从位于小顺的浙江铁工厂筹集到步枪80余支,在梅湾深入开展了以"抗丁、抗粮、抗税"为内容的"三抗"斗争。有一次,武工队在运送电讯器材时,因被叛徒毛志明发觉告密,国民党云和警察局纠集自卫队、保安队100余人前来追捕,两军在云坛乡西岭头正面遭遇,双方激战一个多小时后,敌人被迫退回云和县城,武工队终于保住了电讯器材。

1941年1月,"皖南事变"后,浙南时局急剧逆转。周建生根据党中央"隐蔽精干"的要求,隐蔽和保护了大批干部,并把队伍转移到云和山锦和岗头庵,广泛发动群众,建立游击根据地。

　　这年冬天，国民党顽固派又掀起反共浪潮，调集重兵，向浙西南游击根据地发起疯狂进攻，企图消灭共产党和游击队，中共闽浙边委被迫转移到龙泉的深山老林里。由于敌人的严密封锁，周建生没有收到边委同志转移的消息。他依然按照原计划前往会见闽浙边委书记张麒麟。他顶着风雪在崎岖的山路上马不停蹄赶路，终于到达目的地时，才发现边委的同志已经转移了。此时天已经黑了，无奈之下，周建生只好在山棚里住下，可肚子早已饥肠辘辘。饥寒交迫之下，他脱下草鞋，把脚放在地上来回地磨，以此抵御寒冷。突然，他的脚接触到一颗硬邦邦的东西，捡起来一看，是一颗黄灿灿的黄豆！周建生如获至宝，他在地上不断地摸索，最后找到了5颗黄豆。这5颗黄豆，就成了周建生的晚餐。5颗黄豆的故事从此流传下来，成为革命年代艰苦生活的真实写照。

　　因长期处在斗争残酷、形势险恶的环境里，周建生常常风餐露宿，食不果腹，过着忍冻挨饿的生活，他的身体受到了严重摧残。然而坚持革命、斗争到底，领导云和人民夺取民族解放战争胜利的坚定信念，使他无法停止工作，依然拖着病体奔波跋涉，从事革命斗争活动。1943年4月29日，年仅37岁的周建生暴卒于横坑山寮里（今属云和县沈庄村），半个月后，尸体才被同志发现。

　　1949年，云和解放。然而，为了这一天，许许多多的革命先驱像周建生一样付出了宝贵的生命。但他们绝不后悔，因为他们早已把爱与恋、灵与肉、生与死，交给了鲜红的党旗。

　　如今，梅湾已成为一个远近闻名的红色旅游村。每年，都会有单位组织党员到梅湾革命纪念碑前重温党旗下的誓言，接受血与火的洗礼。一拨又一拨的游客来到梅湾，走红军路，吃红军菜，听红军故事，齐声高唱《十送红军》。

（文：练云伟）

第六篇　居仁由义　兼善天下

编者按：《孟子·滕文公下》云："居天下之广居，立天下之正位，行天下之大道；得志，与民由之；不得志，独行其道。"意指以仁居心，由义而行，有德行的人，得志时则兼善天下，不得志时则独善其身。浙江历史上曾大量涌现这样的人，他们没有食君之禄，没有握天下国家之柄，却以君子人格要求自己，重义、尚义、贵义，或舍财济世，或勤王效命，在一乡则有益于一乡，在一邑则有益于一邑，在天下则有益于天下。史书称他们为义士。本章讲述的是这些人的故事。

淳安下姜村

雅水悲歌姜可行

下姜村隶属于淳安县枫树岭镇，站在高高的宁静轩亭子里，一眼望去，四面青山环抱，一朵朵白云绕山飘过。山脚下的村落，白墙灰瓦显得格外醒目。一条 Z 字形的河流弯弯曲曲穿村而过。满野的翠竹迎风起舞，发出沙沙沙的响声，那响声就像是在诉说下姜村的过去，那一段悲壮的历史。

姜姓是下姜村的主要姓氏。在下姜村的《姜氏宗谱》上记载了这样一个姜姓子孙。

明末清初，姜杨两姓全村十几户人家，就在这贫瘠的土地上艰难地生活。那个时代，村民们主要依靠刀耕火种，伐木烧炭艰辛度日。那年隆冬，五狼坞山上烟雾缭绕，一个烧木炭的村民在喊："天晚了，朝繇回家了。"姜朝繇回答说："你先走，我再砍一会儿柴。"那村民说："那我先回了。"姜朝繇拿起柴刀继续砍柴，那嗒嗒的砍柴声响彻山谷。说起姜朝繇家，一家三口就住在村中央那破旧不堪的房子里，姜朝繇早年丧母，是父亲把他拉扯大的。后来，父亲给他娶了媳妇。一家三口起早摸黑地干活，还是食不果腹，衣不蔽体，但日子虽苦，总算还勉强过得去。幸运的是，他的妻子已怀孕，一想到要出生的孩子，再苦的日子也有了盼头。崇祯乙亥年（1635），姜朝繇妻子生了一个儿子，夫妻俩看着儿子生得虎头虎脑的，高兴得合不拢嘴。姜朝繇对妻子说："他娘啊，这个儿子以后肯定有出息，家里也会慢慢好起来，按辈分就取名叫'可行'吧。"

一转眼，儿子已八岁了，姜朝繇看着活蹦乱跳的儿子，对妻子说："儿子都八岁了，要想办法给儿子读书。"妻子苦恼地说："他爹啊，家里这么穷，哪有什么钱给儿子读书。"姜朝繇坚定地说："就是再穷，也要想办法给儿子读书，咱不能误了孩子。"但家里确实穷，根本没有余钱给儿子上学，姜朝繇一咬牙，把家里最好的半亩田卖掉，硬是把儿子送到私塾读书。俗话说，穷人的孩子早当家。姜可行读书十分用功，一回家，就帮助家里干这干那，很是懂事。少年的可行，看着父母亲那么拼命地劳动，不忍心继续读书，只读了四年的私塾，就辍学了，在家里同父母亲一起干农活，为家庭分忧解难。

姜可行终于长成了一个大后生，身材魁梧，臂力过人，秉性刚直，为人侠义，时常以古代英雄自比，族里哪家有困难都及时帮忙。姜氏族中有一户人家忠厚老实，家里种了二十几棵黄皮梨，一家几口就靠卖梨赚钱开销。有一年，附近村庄的几个小混混大摇大摆来到梨园，上树摘梨吃，姜老汉对这帮小混混说："你们摘几个吃吃可以，但不要摘太多，你们行行好。"几个小混混听后，满不在乎地说："你这个死老头，老子摘几个梨吃吃，你还啰啰唆唆，老子火起来把你们家的梨树都砍掉。"姜老汉跪在地上不断地求饶，几个小混混却一边吃一边扔，故意糟蹋姜老汉的梨子。这时，姜可行背着锄头到地里去除草，刚好路过梨园，看见这情景，就大喊一声："你们几个小混混赶快给我下来，再不下来看我怎么收拾你。"几个小混混看见姜可行只有一个人，就从梨树上下来，恶狠狠地说："你休要管闲事，你再管老子就揍扁你。"姜可行听后，火上心头，三下两下就把几个小混混打得屁滚尿流，并警告小混混说："你们几个再敢来摘人家的梨，我见一次就打一次。"乡里一带都说他是个好青年。

姜可行看着家乡交通闭塞，村民们累死累活地干一年，生活却十分艰辛，就想到外地闯一闯。于是，他来到了杭州，那时候的杭州商贸十分繁荣发达。姜可行来到杭州后，凭着一身的力气在码头上肩挑背扛做苦力。几年下来，由于有点文化，加上聪明过人，很快就在杭州站住了脚，并通过做生意逐步发达，家境也很快好转起来了，在家里盖起十几间大瓦房，并娶了黄氏为妻，成了当地响当当的人物。

姜可行虽然是商人，但平生乐善好施，非常讲义气，资助贫苦，捐资修桥铺路十分慷慨。他在杭州经商时，曾看到一位中年妇女，坐在街边哭得死去活来，他和跟班前去询问："你这妇人，在街旁如此悲伤哭泣，是何道理？"那妇女开始不答，只顾自己痛哭流涕。姜可行几次询问，那妇女才答："丈夫常年赌博，恶习不改，家里贫穷潦倒，儿子大了，本以为有希望，可没想到，子跟父学，有过之而无不及，父子整天赌博，欠了一屁股债，要把我卖给兵营，以抵赌债。"姜可行听后，气愤地对那妇女说："世上竟有如此父子，简直就是两个畜生。"劝那妇女莫悲伤，并随手拿出银钱给那妇女还债。那妇女见世上有如此好心肠之人，连忙跪在地上，给恩人磕头。当那妇女抬起头来时，姜可行和跟班已经走开了。

1674年，耿精忠在福建起兵造反，战祸连及遂安县，也祸及下姜村一带。贼寇烧杀抢劫，无恶不作，乡民流离失所，尸横遍野，惨不忍睹。由于官府兵力有限，自顾不暇，根本无力剿灭贼寇。姜可行在杭州听到此事，毅然决定弃商从戎，回家保卫家乡，保护乡民。时年39岁的姜可行，从杭州回到遂安县后，先与官府协商沟通，组建乡勇义军，得到官府同意后，马上回家变卖自己的家产，拿出自家的全部积蓄，招兵买马，在雅水一带组建了一支由数百人组成的乡勇义军，配合官府作战。他在战场上英勇无比，杀敌无数，受到了官府的嘉奖，因此贼寇怀恨在心，总想进行报复。一次，贼寇趁大雪天，包围了姜可行的乡勇义军，这时候的官军还在一百多里路外，更由于天寒地冻，大雪纷飞，义军火炮上的导火索已沾湿，大多数的义军请求撤退，姜可行却当着乡勇义军的面，拔出大刀，斩断自己的一根手指，举起血淋淋的手指以示同贼寇决一死战的决心。在可行的带领下，义军挥舞大刀，冲向贼寇，奋勇杀敌，因孤军奋战，寡不敌众，义军们一个一个地倒下，最后贼寇十几把大刀砍向姜可行，他壮烈牺牲，他和义军们的鲜血染红了雅水河。

姜可行战死时，夫人黄氏只有三十岁，膝下有四个儿子，最大的儿子姜茂柏才九岁，由于家产都拿去组建义勇军，家境十分困难。黄氏怀着巨大的悲痛，带着四个年幼的孩子，含辛茹苦，持家立业，几十年如一日，终身不改嫁，独自抚养孩子，官府旌之以匾"节励冰清"，真可谓一门节义。后来，姜可行之子姜茂柏，在族人的帮助下，重走父亲经商之道，经商杭州，家境也逐渐好转。姜可行的英雄壮举感动乡里，也感动了姜氏宗族后人，成为下姜村姜氏族人的骄傲和楷模。

（文：姜银祥）

杭州富阳东梓关村

益于天下许秉玉

东梓关村隶属于杭州市富阳区场口镇，在历史上曾名东梓浦、东梓寨、青草浦等，形成于南北朝时期。富春江进入富阳境内后，便可见东梓关的庙墩头往江中一伸展，与对岸桐洲就成了掎角之势，古代水上关隘——东梓关的"关"就有了地理学上的释义。据宋咸淳《临安县志》记载："东梓浦，在县西南五十一里，东入浙江，旧名青草浦。宋将军孙瑶葬于此，坟上梓木枝皆东靡，故以名。"这个说法在东梓关《许氏家谱》里也出现数次。清光绪《富阳县志》记载，明洪武十九年（1386），朝廷在东梓浦设立巡检司并派有军队驻守，为东梓寨，因而改名东梓关。

东梓关村地当要冲，历史悠久，底蕴深厚，是杭州境内颇有名气的古埠名镇。历史上曾出现过许多名门望族，许氏家族就是其中之一。东梓关许氏始迁祖许彧大约是五代十国末期到北宋初年的人。他曾因为孝行在宋朝雍熙三年（986）获得朝廷旌表，立孝子牌坊，许彧可以说是富阳历史上有记载的最早的孝子之一。

在许彧之后，东梓关许氏秉承孝义家训，诗礼传家，在富春江畔繁衍生息，逐渐成为一个大家族。到清朝嘉庆年间，其后裔许廷询娶三妻生十子，人称"许十房"，许廷询的十个儿子及其后人在随后的一百多年时间里人才辈出，有孝廉方正一、举人一、拔贡二、秀才一十八，经商置业者也均有所成。光绪《富阳县志》亦称，许十房"家门之盛，为邑中首屈一指"。

"许十房"及其后人在风云变幻的年代里，涌现了很多脍炙人口的故事，尤其是六房许秉玉的故事更是值得后人铭记。

许秉玉在兄弟中排行第六，世人称呼他为"六先生"。他仪表伟岸，发声如洪钟，因为近视，终日戴一副水晶眼镜，走到哪里都神采奕奕，引人注目。太平天国运动爆发时，他才八岁，跟随父亲辗转在湖源山里避祸五年才回东梓关。回家后，在家塾读书六年，十九岁补学官弟子。不久，

益于天下许秉玉

父亲许廷询去世。由于许廷询向来乐善好施，待人谦和有礼，体恤乡亲，做了很多公益事业，去世后，留下一些未竟之事，他的兄弟们相互谦让，委托许秉玉接任。年轻的许秉玉毅然接任，从此开始了一生为公为民的生涯。

当时，富阳县的"民害"莫过于张牙舞爪的胥吏，胥吏是官长的助手，他们通晓律法、管理公文、帮助官员处理具体事务，如赋税征收、民间粮食丰收与否、水旱灾荒的严重程度等都是由胥吏收集后再上报到官员处。借职务之便，胥吏们形成了中国古代文官政府下的"胥吏之害"，他们有的刁难索贿，挟制主官，监守自盗；有的欺压百姓，敲诈勒索，盘剥平民；有的操纵司法，徇私舞弊，为害乡里。

清政府镇压了太平天国运动后，为了表示体恤民生，就下达了"剔荒征熟"的征税方法，旨在让田地荒芜的老百姓可以免于缴税，让老百姓可以休养生息，喘一口气。但是，胥吏们无视公文，谎报百姓真实情况，借着"剔荒征熟"之名，肆意搜刮民财。冬天缴纳漕粮这一项更是弊病百出，比如公文上写了每户要完税几钱，他们就在"几钱"的上面加"几两"，并把这篡改行为叫做"戴帽子"；有的是写着要完税几两，他们就在"几两"下面续以"几钱几分"字样，并叫它"穿靴子"；也有的先以淡墨印成"分厘"字样，后以浓墨盖"分"为"两"，盖"厘"为"钱"，叫它"穿套子"，甚至使用假印章、假公文，为鱼肉百姓挖空心思。

清光绪初年，米价一石可卖钱二千几百文。官府征收漕粮款，每届起征都从六千五百文起。在这样的征收方法下，一石粮食的价格明明是二千几百文，而胥吏们收税时却让老百姓按每石六千五百文起征收。也就是说，老百姓按市价卖掉将近三石的粮食，所得的货款才够缴纳一石粮食税款。不仅如此，胥吏们还在开库门的时间上做手脚，很晚开库门征收税款，太阳还未落山，就关门收工。老百姓常常因为路远或信息不灵通错过了开库门的时间，这时就要按过期的日子多缴税款，最多时一石漕粮款要交九千九百五十文，百姓苦不堪言。浮收的欠款并不纳入国库，而是被官员和胥吏们按官四胥吏六的比例瓜分。如此，老百姓十足十的税款，国库收入不过二三成，其他的都被贪官污吏中饱私囊。因此，当时县城特别富有的那些人都是曾经担任过管库房的胥吏之家。事情曝光后，官员往往包庇下属的胥吏，不受理老百姓的诉状。

许秉玉了解此事后，义愤填膺，搜集证据，向府台、道台一路上诉，官员们相互包庇，一直不受理这件案子。他在告状过程中，甚至被一些胥吏罗织罪名反告，差点被捕。最后，他乘船到京师去告状，在担任京师学官的大哥许秉常的帮助下，多方奔走，诉状终于送到皇帝面前，涉及案子的人也因此被查办。为了揭露漕粮税款的弊端，许秉玉在这场诉讼中花费了一半家产，却在所不惜。

此后，政府对公文的格式、缴纳税款的数量都做了规定，避免了篡改公文的可能，也规定了老百姓交税时，把漕粮折合银钱不得超过四千六百五十文一石，积年弊端因而清理一空。这场官司，每年省下民间老百姓的钱以巨万记，而因此增加的国家税收更是翻了几倍。许秉玉胸怀家国，大公无私的义行得到了整个县的老百姓称颂，而涉案的仇家则恨之入骨，官吏们都想假借其他事情罗织罪名陷害许秉玉。为了避祸，许秉玉捐官去江苏某地担任巡检司一职十年，主管的漕运冬防皆有政绩，被朝廷奖授五品顶戴，并赏蓝翎。后来因母亲张氏生病，才辞官回家。回家后，许秉玉担任家族族长。这时，当年的仇家已经死亡过半，许秉玉经过多年历练，遇事也更加缜密，人情练达，别人想要陷害报复他也很困难了。许秉玉又素来疏财仗义，侠义心肠，能急人之所急。整个乡里的孤寡以及贫穷的亲戚朋友，他都能尽力照顾，落魄的行旅客人来许家也能得到精心照料，就是村庄间的械斗也会邀请许秉玉前去调停纠纷。

清光绪三十二年（1906），许秉玉考虑到村庄儿童的教育，独立出资五百金创办了东梓小学，自任校长，同时聘请有学识的人担任教师，教导学生。他还出资合办了东梓关对面桐洲岛的看潮小学，热心公益，培养人才不遗余力。

去世前一年，许秉玉看到织布女工不善经营而致贫，特意集资在富阳县城创办女织布厂，并出资五百金作为女工生病的备用金，亲自管理。

许秉玉戮力为公，数十年如一日，家谱上称颂许秉玉的传记这样写着："士君子处世，在一乡，当有益于一乡；在一邑当有益于一邑；在天下当有益于天下。予闻程子曰'一命之士，苟存心于利物，于人必有所济'。然则士君子之所谓利济者，不必得位乘时掌天下国家之柄，苟有一事于乡邑有益，即不虚此世，况有益于一乡一邑，未尝不有益于国家乎？"

（文：柴惠琴/图：曾令兵）

利国利民郑光祖

十七房村隶属于宁波市镇海区，系郑氏（周宣王季弟友分封于陕西华县，立郑国为王，为郑氏始祖）一支南迁后世居之地。宋室南渡后郑氏又传六世，始分为十七房。明清时期郑氏十七房致力科举，世代业儒，代代封禄，同时代代外出经商，其经商时间之长、参与人数之众、绵延时间之长，在宁波商帮中极为罕见。在700余年的家族发展史中郑氏十七房名人辈出，产生了许多热心公益、利国利民的人物。清代的郑光祖便是其中一位。

十七房村荷塘小景

郑光祖（1707—1782），字国桢，贡生，按清朝旧例，授修职郎，十七房后新屋族系十世祖。据《光绪郑氏宗谱》记载，郑光祖擅长白圭之术，壮年时在苏州、嘉兴一带经商，实行"人弃我取，人取我与"的经营方法，屡次说准猜中，因此发了大财。

郑光祖发家致富以后，生活依然十分俭朴，不讲究吃喝，摒弃物质享受，节省穿戴，与乡亲们同甘共苦。家有百万资金，他却仍然住着先祖给他留下来的一幢老房子里。他的父亲对他说："我们家人已越来越多，盖一幢新房也不为过。"郑光初却对父亲说:"我的儿孙正在创业,这个时候生活艰苦一些,对他们是有益的。如今我们郑氏一族连祖宗的祠堂都没有盖,怎么能先考虑自己盖新房呢?"于是,郑光初拿出家财倡议族人修建祠堂,又拿出一百一十亩地捐给宗族,以赡养宗族中那些鳏夫、寡妇、孤儿及年老无子女的人。后来,又捐出十亩田地供给郑氏小宗子弟读书之用。

乾隆十六年(1742),宁波发生水灾,田禾尽淹,颗粒无收,百姓陷于饥馑之中。郑光初家数百亩农田也被淹没,没有收成。然而郑光初第一个拿出储粮赈济灾民,还动员家族其他成员捐粮,一共筹集了谷米100多担(一担计100斤)。赈灾之后,家中粮食所剩无几,于是,郑光初自己带头吃粥,并对子孙说:"多积德,多做善事,先代的恩泽才会及于子孙,后代才会有享不尽的福气。"在他的影响下,家中数十口人,也个个吃粥度日,没有怨言。

在慈溪、宁波、奉化、镇海西乡一带,由于水道淤塞,百姓每年夏季苦于干旱,春秋两季又苦于泛滥成灾。郑光初又出巨资,募集民工疏浚河道,使河流畅通,并在河道上修建了林家桥、周家桥、吴家桥三座石桥,方便了百姓出行。在疏浚河道过程中,他又发现由宋代吴潜修建的"化子闸"年久失修,咸水倒流,严重影响农田灌溉。为此,郑光初又和同乡戴质明共同出资进行修缮。该闸位于慈镇河、江北河、中大河三河汇集之处,俗称"三江口"。修竣后的大闸全用巨石筑砌,三眼三孔,全长50余米,气势宏伟,建好后这一地区的十多万亩田地都受益。

清中后期,浙东地区海盗猖獗,百姓深受其害。郑光初认为"国安才有家安",于是拿出白银千两,捐给当地官府,用于募集弁勇,加强守汛营的兵力,增强海防力量。从此,海盗再不敢轻易出来危害百姓了。

由于郑光初大力从事各类公益事业,家中积蓄锐减。族人、亲友都对郑光初说:"你年事已高,又不能经商了,若再捐下去,以后生活可怎么办?"郑光初却说:"我年纪大了才有了儿子,应当积累善德留给子孙,怎么能够积蓄钱财留给孩子呢?"由于郑光初热心从事公益,为国家和人民分忧解难,当地县令将他的事迹上报给朝廷,朝廷各部核议后,特许给他贡生资格。

郑光初得到贡生资格后,成为地方上高级知识分子阶层,按清朝制度就可以当官了。他的儿孙们要为他举办一个庆祝会,乡亲们也纷纷送礼来祝贺。郑光礽却把乡亲们送的礼物一一退了回去，并对他们说："我是朝廷赏赐的一位小官，大家想为我设宴庆贺，我谢谢大家的好意，如今国家正是外忧内乱，我辈若为此宴庆，对不起朝廷。"后来，郑光礽把儿孙和亲友送来的贺礼钱，在恒房两侧挖开了一小漕，名为"灯盏漕"，含义是：做官的人要经常用灯照照自己的心是否"清白"。灯盏漕又是一面镜子，多去照照自己是否廉政，是否爱民。郑光礽常常用这种理念激励自己及家人。

郑氏十七房四周小河环绕，家家有埠，有"三年不下雨，河水不会涸"的传说。为保护河水清洁，郑光礽在每条河岸边都树立一块石碑，上面镌刻着"禁放牛羊，禁堆杂物……"等禁示语，使河道年年清洁如镜。有一天，郑光礽的小孙子，与村里小孩在河岸边玩耍，他的小孙子把树枝、杂草往河中扔，被村民发现，马上告诉了宗长，宗长虽按规定处理，却又认为他人小无知，"只戒不惩"。郑光礽得悉此事后，立即把不满十岁的小孙子叫来，严厉的批评了他，并按族规规定，叫他给每户人家送两个馒头。小孙子由他母亲陪伴着，红着脸挨家挨户去送馒头。从此以后，村里小孩再不敢往河中扔杂物了。至今村里仍保持这良好的习俗，不过分馒头的事已经没有了。

郑光礽还被村里族人誉为"众家孝子"。他不但孝顺父母，而且也尊敬爱护村里老人。有一次，乡邻郑贤的父亲生病在家，他的妻子早亡，儿子又在上海经商，短时间内不能回家看望父亲，老人独自一人无人照顾。郑光礽就出资雇了一个保姆，照顾他的生活，又请了一位医生上门为他治病。半个月后老人病愈，非常感激郑光礽，于是写信给在上海的儿子，将此事全部告知儿子，他的儿子看到父亲的信后，感激地泪如雨下，就寄了10两银子给郑光礽，以示致谢，郑光礽把银子如数退还给他父亲，并对他父亲说："这是我应该做的事。"

郑光礽一生的义举，不胜枚举，他热心于公益事业，爱亲友、爱乡邻，是众乡亲的楷模，在郑氏十七房中人人赞颂。

（文/图：洪余庆）

平阳仙口村

四修水利济百姓

仙口村隶属于平阳县万全镇，是浙南地区的千年古村，古迹众多，古桥、古树、古墓、古井、古碑刻、古建筑、古水利等历史遗迹琳琅满目，熠熠生辉。在漫长的历史长河中，每一个古迹都承载着一段记忆，流传着一个故事。村中有一块古碑，记载了本村吴氏家族的先祖，宋代吴蕴古祖孙三代四修沙塘斗门治水防灾的故事。

吴蕴古，字醇之，号白斋，宋绍兴二十七年（1157）进士，终官太常博士，据其友人曹逢时所言，吴蕴古当为大器晚成，宦途未畅之人。然而他终能青史留名，却与他的政绩无关，而是因为他在致仕回家后，兴修水利，治水利民的义行。

平阳县万全镇辖区是一片淤涨型海积和人工围垦的平原，这里土地肥沃，物产丰富，人们生活富裕安定。同时，这里又是全国著名的强潮区之一，平均潮差大于 4 米，最大潮差超过 8 米。由于古代科学发展缓慢，治水技术落后，强潮常常倒灌入河，使淡水变成咸水，严重影响农田灌溉和农作物生长，有时潮水强劲，甚至淹没农田，退潮后，良田就会变成"烂田"，农作物就会严重减产，甚至颗粒无收。尤其是每年的夏秋之间，台风引发风暴海潮，海溢灾害便严重地威胁仙口村居民的生命与财产安全。据《平阳县水利志》记载："唐总章二年（669）六月，大风雨，海溢，永嘉、安固（即平阳县）二县漂民宅 6843 处，溺死人 9070 口，牛500 头，损禾 4150 顷。"类似的自然灾害在平阳县的历史上无数次地反复发生。

吴蕴古致仕回家后，目睹近海一带的居民长期受灾害侵袭与危害的惨状，不觉伤心惨痛。绍兴十五年（1145），他变卖家产，捐出家资 13 万多两白银，购买巨石、木料等建筑材料，在瑞安、平阳海塘的中部（即现在万全镇宋埠社区的沙塘村）选址，请来几十位技术娴熟的工匠，招募了数百名役工着手建起了一座规模巨大的斗门。这座斗门为屋七间，使

仙口村老街

用巨木交错搭建而成，坚实犹如楼阁，中间三间空出来，用来安装可以升降的闸门与起落装置，两边都用厚实的木板和装了泥土的柜子密密地置放，联络塘岸，又多多地沉下巨石，以杀水势。

沙塘是平阳万全、瑞安东乡、南社三乡80多条溪水的汇集地，斗门建在此处，干旱时可以蓄水灌溉，水涝时可以泄水排洪，它建成后，受益的农田达40多万亩，基本上解除了近海一带居民的水患灾难。

绍兴十六年（1146）秋季，突如其来的一场大水灾将沙塘斗门冲坏。灾后，吴蕴古带领他的儿子吴道直一起，不辞辛苦，多次到受灾毁损的斗门现场进行考察，探索毁损原因，构思再次建造斗门的框架。

绍兴十七年（1147），苏州人范寅孙来平阳担任县丞，父老们向他诉说水患灾害的情形。于是，他向吴蕴古请教，与吴蕴古父子二人一起前往沙塘斗门旧址进行实地查勘，最终确定将旧址稍加北移，重建沙塘斗门。同年二月十七日，县丞范寅孙指派吴蕴古的儿子吴道直主持施工。

在重建沙塘斗门的过程中，吴道直也与父亲一样，每天起早贪黑，亲临施工现场，与工匠打成一片，认真细致地关注施工过程的每一个环节，牢牢把握工程建设质量。此次重建，吴道直还吸取了上次的经验教训，在工程方法与技术上有了创新，他首先控制了闸门的横跨宽度，在闸门口下采用宽五十六厘米，长二米许，下端带尖，两边有鸳鸯缝的木桩，深深嵌入泥中，紧紧相扣，以防渗漏。闸门则采用累版的方法制成，在斗门内外浦的两边用巨大的石块垒砌，这样内浦在泄水时，可以让大水盘旋曲折流入大海；外浦可以阻挡汹涌扑来的强潮。

此次工役，共投入了役工四千多，耗费银两一百多万，经过一年多的时间才告竣工。斗门建成六个月后，又遭遇了一场史无前例的大洪水，然而这次新修的斗门却稳固无损，经受住了严峻考验。

经过了近20年的顺利运转后，第二次修建的沙塘陡门又遭受了一次灭顶之灾。乾道二年（1166）八月十七傍晚，狂风大作，暴雨倾盆，海啸来袭，潮水倒灌浙南沿海，树木被拔出地面，房屋被狂风刮飞，数万人被海潮淹死，为瑞安、平阳历史上最大的一次水灾之一。此次水患也将沙塘斗门及其附近的堤塘、河埭毁损殆尽。

此时，吴蕴古和吴道直均已年迈，再也无力参与斗门再建事宜了。然而，将门有虎子，儒门有后生，吴蕴古的孙子吴国学已秉承家学，继承了祖父、父亲两代的治水技术。淳熙二年（1175），瑞安县令刘龟从、平阳县令杨梦龄委托吴国学发动三乡百姓，对被水灾毁损的沙塘斗门进行了第三次全面修复。

在三修沙塘斗门的过程中，吴国学研究了初修、再修沙塘斗门的方法、技术与结构，探索了沙塘斗门在灾难中损毁的原因与症结。在前人的基础上扬长避短，同时参考了当时各地的建闸新技术，建起了一座更加结实坚固的崭新的沙塘斗门。

然而，随着风雨和潮水的侵蚀，沙塘斗门也在逐渐老化，很多地方不断出现毁损的迹象。为了能使沙塘斗门继续造福近海三乡的农田与民众，淳熙十二年（1185），平阳县令赵伯桧委托吴国学再次主持重修陡门。

吴国学愉快地接受了重托，在原有斗门规模的基础上，通过疏浚将河道加深了三分之一，通过开凿将河道拓宽了三分之一。同时购买条形石块，犬牙交错地扦插河道两岸，在河岸和斗门的建设中还用蜃灰涂抹加以凝固。蜃灰就是用蜃壳烧成的灰，也就是现代的砺灰，这在当时可是建筑行业的一种新技术。使用这种新技术，可使斗门更加结实坚固。沙塘斗门修建竣工后，侍郎徐谊、知阁蔡必胜又在斗门上建了一座"召杜亭"，为斗门的雄伟壮观增添了一道靓丽的风景。

关于吴蕴古祖孙三代四修沙塘斗门，治水防灾，济世利民的事迹，最早见诸宋代宋之才的《沙塘斗门记》。南宋太学博士徐谊于淳熙十二年（1185）也撰写了《重修沙塘斗门记》。宋之才和徐谊是与吴蕴古同时代的万全籍官僚名士，他们留下的相关记载与评价褒扬，说明了吴蕴古祖孙治水壮举在当时的社会影响。此外，历代的《温州府志》《瑞安县志》

《平阳县志》等志书对此也都有记载。

沙塘斗门自 1145 年修建至今已有 870 多年的历史了，在 800 多年的运转中，它曾为万全垟农田的排涝灌溉，促进农作物的顺利生长与丰收，消除水患保障人民生命与财产的安全立下了丰功伟绩，作出了巨大贡献。随着现代科学技术的飞速发展和淤积平原的不断向东延伸，它将渐渐淡出历史舞台，但它的历史功绩却载入史册，永远留驻在世世代代人们的心灵之中。

（文/图：任咏夏、余燕双）

泰顺仙居村

独苦父老忆张琏

仙居村隶属于泰顺县仙稔乡，境内青山环绕，风景秀丽，美如仙境，一条清澈的小河缓缓从村前流过，滋润着这片土地。整个村庄宁静质朴，像是一颗可爱的宝石被珍藏在大山之中，躺卧在青山绿水之间，是一座拥有一千多年历史的古村落。传说五代时，有马氏二女在此修炼成仙，后人思慕，因以为名，称为仙居。原本隶属瑞安县义翔乡，明景泰二年（1451）划归泰顺县，是泰顺较早的移民定居点。

仙居村不仅拥有秀美的景色，更是积淀了深厚的历史文化底蕴。千百年来，仙居村培养了众多人才，代有贤人，其中以义行著称的当属张琏。

出资治污　造福乡梓

张琏（1452—1530），字延器，号东碧。素性轻财好义，扶危济困，仗义执言，喜欢为当地百姓分忧解难。

明代中期，仙居溪上游岭北一带发现了铁矿，消息传出，短时间内，当地就聚集了大量闻风而至的客商、矿徒。他们砍伐树木，开挖矿山，冶炼铁石，尤其是矿工淘洗铁砂，给村民的日常生活及农田生产带来诸多不便。淘洗铁砂产生的大量污水，顺着山溪，流入下游的村前小河。清澈的小河变成了污黑的脏水，村民们没有干净的水喝，没有干净的水洗衣做饭，黑水流入农田，田地也寸草不生，禾苗枯死，百姓生活苦不堪言。

张琏感到十分忧心，出面代表村庄与开矿的商人进行交涉。不料，开矿商人受丰厚利润的诱惑，根本不予理睬，反而召集矿徒威胁村民。张琏非常愤怒，为了铲除祸根，保护仙居村生活用水及生态环境，于明正德元年（1506）由知府到道台，再到臬司，层层上控，状告上游开矿者。

张琏的告状事实清楚，情词恳切，引起了官府的重视。同年，官府进行了判决，下令由原告张琏出白银一百八十两，购买徐、董二姓炉坪黄沙坑一带山场，以铲除祸根。也就是，由张琏自愿出资，买下那块蕴藏铁矿的山头，遣散客商及矿工，停止开矿，停止淘洗铁砂，这样村前小河的上游水源就不再被污染，小河也得以保持清洁，村民从此不再忧心，恢复了以往的生活。

张琏出资买山，治理水源的义行赢得了仙居村民的交口赞赏，人们纷纷称赞张琏舍财为公的高尚品德。后来，为了杜绝后人再次污染水源，张琏又分别在泰顺县城门口、洪口和岭北三处竖立了《历奉宪禁洗砂》碑，告诫后来者不可在此地从事洗砂行业。如今仙居村张氏宗祠内还保留和收藏了其中的一块碑。

修筑城墙　保卫家乡

在古代，城墙通常是城市、城池和城堡抵御外侵的防御性建筑。明太祖朱元璋刚刚统一全国，就下令全国各府州县普遍建设城墙。

泰顺县地处浙江地区的最南端，隶属温州府，东南、西南毗邻福建，西北界景宁，东北接文成，地势由西北向东南倾斜，县城平均海拔超过五百米，为浙江省海拔最高的县城。明初，泰顺曾因矿苗稀薄，开矿所得不敷税收，百姓受害严重，在一些官员的建议下，朝廷封禁此处，不允许在此开矿。然而一些奸民罔顾禁令，私自开挖。为了争夺银矿，往往聚众仇杀，或者没有挖到足够的矿产，就会进攻县城，劫掠百姓。由于泰顺没有城墙保护，贼寇出入县城，如入无人之境，烧杀抢劫，无恶不作。百姓因而惶恐不安，甚至不敢出门做活计。许多人家因此迁徙他乡。官兵前往镇压，矿贼就潜藏起来，官兵离开，他们又重新聚拢，啸聚山林，盘踞深山作乱。因此，修建一座坚固的城墙以防止贼寇入侵，对于泰顺县百姓而言是必不可少的。

可是，泰顺乃是明景泰三年（1452）新设之县，人丁稀少，财力不济，一直没有修筑城墙。嘉靖年间，温州知府丁瓚前来泰顺视察，按惯例要找当地耆老询问民情。张琏等人乘此机会向丁知府陈述了当地盗寇横行的情况，请求建造泰顺县城墙，解民于倒悬。丁瓚派人调查，发现情况属实。于是，他返回温州府城后，立即向上司申请修筑泰顺城墙，并推举张琏为工程监督。

张琏接受任命后，不顾年岁已高，事必躬亲，往返指示，日夜奔走，不敢有丝毫懈怠。嘉靖九年（1530）秋，泰顺县城墙建造工程终于完工，耗银5900两。城墙西北跨凤凰山，东南越霞阳山，周长九百丈，高二丈，路基二丈二尺，设八楼四门，城外设置护城河，深三尺，宽六尺。泰顺城墙顺山势而建，椭圆形，样子像船，故泰顺又有"船城"之称。

然而张琏却在城墙竣工的当年，因年老体衰，操劳过度，溘然长逝，享年78岁。百姓为了感念其建筑城墙的功绩，于是在县城东门为他立碑纪念。嘉靖帝听说了他的事迹后，也赞叹不已，称其辛苦了。皇帝这一句"独苦父老"的评语，正是对张琏为国为民的肯定。

修桥造亭 舍财济世

泰顺县距海二百余里，气候与瑞安、平阳大略相同，唯有夏秋两季或东北云起，即发生飓风暴雨，古人称为"风痴"。明正德十四年（1519）夏，泰顺县发生风痴，疾风骤雨，拔禾坏稼，太平溪汇聚东门水，合流于县治前，因水势暴涨，冲坍了县治前的桥梁。

此桥连通县城东西，居民往来络绎不绝。一旦为洪水所毁，居民生活十分不便。张琏见此情形，私下与二弟张暄商议，筹资修复此桥。张暄和他的哥哥一样，也喜好施舍，周济急困，是一位急公好义之士。

明代泰顺建县后便修筑了瑞泰驿道，通往温州。驿道起始为县城，出东门后往北方向行走，沿途每隔10华里设置一个铺舍，每隔5华里则设置风雨亭，供旅客停靠歇息。在泰顺县前铺与赤坑铺之间，有一座亭子名叫"罗阳石亭"。仙居诗人张天树曾在《仙陵古意》描绘仙居岭古道之美："罗山日暖春花吐，迎春门接仙源路。三阳过处是石亭，杨柳湾深锁烟雾。高低岭尽见清溪，长空一道飞虹度。松林隐隐隔烟村，此中应有高人住。"诗中"石亭"指的就是罗阳石亭，而出资建造罗阳石亭的正是张琏的弟弟张瑄。

故而张琏找张瑄一说修桥之事，张瑄立即赞同。兄弟两人决定求见泰顺知县刘桐，声称愿意出资修桥。刘桐正为此事烦恼，闻听大喜。于是在刘桐的主持下，同年秋天，张琏兄弟二人共同筹钱在原址上兴建廊桥，并命名为太平桥。

此桥建成后，极大地便利了泰顺百姓的日常生活。嘉靖二十九年（1550）重修及以后的数次修缮，都是沿袭张氏兄弟所修旧桥。桥梁下筑有水闸，按时启闭，桥梁上建有高阁长廊，层层排列，雄伟壮观，可称得上为一邑巨观。

（文：张玲玲）

文成公阳村

散财保乡叶光汝

公阳村隶属于文成县峃口镇，是一个具有千年历史文明的古村落，境内历代名人辈出，文化底蕴深厚，在瑞安文成一带素有"公阳好风水"、"公阳好财主"之美誉。村内有明清时期建造的祠堂、殿宇、四合院、街道、老房子、古井、古树等景观20多处，还有部分宋元时代的古遗迹。据《叶氏宗谱》记载，其始迁祖叶仁捷为"五代十国"之南唐王朝的殿前都押衙副将（相当于御林军副统领），因不愿意儿子事奉新主，遂率全家四代几十口人逃出南唐京城，于公元975年隐居于公阳村开宗肇基，至今已繁衍四十余代，成为当地最大的望族。据有关史料和《叶氏宗谱》记载，千余年来，公阳出过上百位八九品以上的政府官员，著名的有南宋朝京学学正叶岩起，元末明初名满温、处两州的大儒叶葵、叶蕃兄弟和礼部郎中叶鼎，以及20世纪我国著名武术传承名家、中医导引推拿专家叶大密等诸人。

不过，本故事的主人公却是另外一位叶氏后裔——叶光汝。

叶光汝（1807—1882），名作人，字澍霖，号雨田，又号云舟先生，国学生，为叶氏第三十世孙，出生于公阳村一个书香门第之家。其祖父名叶邦孚，字国信，号诚斋，为登仕郎、乡饮宾；父亲叶文选，名涵，字永海，号芝亭，钦授六品衔。叶光汝一家居住在瑞安县境内原五十三都，是当地比较显赫的名门望族，历代皆以"勤俭持家、崇孝节义、乐施好善、济困助饷"而著称于世。

叶光汝继承了叶氏家族良好的家风，虽家庭富裕，然而起居服食非常朴素，毫无一般富家子弟的纨绔作风。性情至孝，他的父亲晚年时患眼疾，他在父亲身旁侍候，不等父亲开口，就能顺着父亲的心意去做。在家乡居住时，从来不说别人的闲话，中伤别人。待人和蔼可亲，哪怕是农夫牧人，也坚持与他们往来，言谈举止一如既往，安然自若。他善于为乡邻排忧解难，遇到乡邻打官司时，就拿出自己的钱财弥补双方的裂痕，使双方停止争执。平时喜好施舍，帮助他人，看见别人处于危急困难时候，就会加倍给予照顾。

邻村有一次遭遇火灾，三十多户人家的财产房屋被烧光，生活陷于困顿。叶光汝就拿出衣服粮食，送往邻村受灾人家，帮助他们渡过困难。类似助人为乐，舍财济世的义行不胜枚举。尤其是他拿出家财充为军饷，出资建立团勇，保境安民的行为，更是为人称颂。

明清时期，嘉屿乡五十三都，因地处瑞安、平阳、泰顺三县交界之要冲，历来都是起义军部队进攻、撤退和政府军平寇剿匪的必经之地。从唐末以来，曾有十几次较大的兵灾危害过五十三都地方，如唐末"黄巢"之乱，元末明初的红巾军起义、吴成七抗元斗争、平阳矿工暴动、青田刘甲刘乙起义，清初剃发易服令造成的"白头军"起义、撤藩造成的"三藩叛乱"等。每次叛军与政府军交战时，嘉屿乡五十三都都会遭到大量人员伤亡和财物损失。正所谓"匪过如梳，兵过如篦，官过如剃"。故而每次发生兵灾时，大批村民都会携老扶少背井离乡，或者躲进深山老林避难。

咸丰年间发生太平军起义，浙南也发生金钱会起义，响应配合太平军在浙江的斗争。清政府则调重兵进行镇压。接连数年，战争不断，给当地百姓带来了无穷的灾祸。为了保境安民，使当地百姓免于兵祸，叶光汝捐巨资创办嘉屿乡五十三都团练。

团练，俗称民团。团员，俗称乡勇或乡兵。它相当于现代的地方民兵部队，为当时国家机器的组成部分，但又区别于正规部队，属于"兵员自招、兵饷自筹、兵制自定、军官自任"的"四自"地方军队，主要以"训练乡勇、清查保甲、坚壁清野、保卫地方安全"为职责。其最高指挥官称"练总""练长"或"团长"，掌握这支部队的军事指挥权，负责部队士兵训练、作战和粮草筹集、地方治安等工作。

叶光汝创办五十三都团练后，自任团练总练长，设团练总部于公阳村，设分部于山下村，下设四个分队，每分队二三百人，最多时有千余名团员，并主动与周围其他团练部队相互沟通、联络、呼应。在通往瑞安、平阳、泰顺、文成大峃等主要道路上、山顶上，设置明岗暗哨和烽火台，遇有敌情，便放火、鸣锣为号。乡勇在有战事的时候就是兵，随时一呼百应，上战场杀敌。无战事的时候就是民，分散种地，或者集中训练拳脚功夫以及刀枪棍棒等武器。

据当地老人回忆，五十三都团练存在十余年，办团经费大部分由叶光汝无偿捐赠,他家所捐的银两数至少有上万两之多。因为团员都来自辖区里的农民子弟,大家只有一个共同目的,那就是齐心协力保卫家乡安全。加上叶光汝制定了严格的军纪进行约束,故而十余年来团练成员从未发生过扰民事件,深得当地百姓拥护。

当时,这支团练部队在瑞安(包括今文成)、平阳一带很有名气,在政府军与太平天国、金钱会两支起义军交战最频繁、最激烈的时候,两县的众多百姓都会选择到五十三都辖区内的公阳、双桂、周山来避难。五十三都团练作战勇敢,能征善战,一般的山匪流寇根本不敢涉足或觊觎其辖区,甚至连清兵和起义军部队也不敢小觑这支团练。据说当时团部立有一条不成文的规矩,凡是清政府的官兵通过五十三都境内,都要事先派人到团部照会,约定不许扰民。凡是义军借道过境,则要先投"拜山帖",不然就会有麻烦,甚至不让通过。太平天国和金钱会起义被清政府镇压后,不久,叶光汝因为保境安民有功,被地方官上奏给朝廷,同治帝下诏,以例贡资格,授予江西省布政司理问一职,原为从六品官,破格提拔为五品。叶光汝随后到江西上任,五十三都团练才随之解散。

注:叶光汝的事迹在《叶氏宗谱》《云舟先生墓志铭》中有记载。

（文:沈学斌)

湖州南浔荻港村

惠我无私耀千秋

"莽莽芦荻洲，纵横水乱流。经营几岁月，勾画好田畴。渔网缘溪密，人烟近市稠。从来生聚后，风俗最殷优。"这是章氏六世祖霞桴公描绘荻港的诗歌。荻港村由于四面环水，河港纵横，两岸芦苇丛生而得名，历史上曾有苕溪渔隐之称。从庙前桥河埠上岸，经凤津亭（亭名由状元陆润庠所题）、十景塘、演教寺，就到了荻港村的总管堂，大门朝南，一对宋代石狮，一雌一雄，静静地屹立在仙鹤祥云图案的石础上，已有800多年历史了。门前挂着一副楹联："善为至宝，一生用之不尽；心作良田，百世耕耘有余。"正殿内塑着三个押粮官神像，上有"惠我无私"匾额。每逢初一、十五，年长的老人便会前来祭拜，以颂扬先人，期许后人。

那么这三个押粮官有何功德，竟然受了村民800余年的香火，甚至一直绵延至今？此事说来话长，宋室南渡后，定都杭州。那时，皇帝有一个总管老丞，叫肖堂，专门为朝廷催收皇粮。每年夏秋，他都会接受皇帝的命令，到南太湖区域的村庄征收粮食。南太湖的老百姓大多忠厚老实，通常不会积欠粮赋。肖堂催粮的活计相当省力，只要将百姓自动缴纳的皇粮，装运上船，运送到杭州就算顺利完成任务。

这一年，南太湖区域发生百年难遇的旱灾，骄阳如火，连日不雨，河道干枯，田地龟裂，粮食歉收。北面的金人又不时骚扰，兵荒马乱，肖堂带人费了九牛二虎之力才勉强完成征粮任务。皇粮征齐后，肖堂派人把粮食装上船只，由押粮官护送，顺水路南下，沿途经过曹溪河、袁介汇、荻港村等地，运往杭州。

可是这一年，肖堂押运的皇粮并未顺利到达京城。原来，当他们的船只经过荻港一带时，发现此地旱灾更为严重，粮食可以说是颗粒无收，众多乡民挣扎在死亡线上。当饥饿的乡民看到从北而来的皇粮船队时，犹如在死亡的绝望中看到最后一线生的希望。他们成群结队、拖儿带女来到荻港外巷，摇摇晃晃地跪在河岸边，哀哀痛哭，苦苦恳求，希望皇粮船队能够分粮救灾。

　　肖堂站在船上，看到沿河两岸的灾民越聚越多，哭声震天。因为长期饥饿，许多灾民骨瘦如柴，更有甚者，一些灾民好不容易挣扎着来到岸边，却不支倒地，咽下了最后一口气。随着灾民饿死倒地者不断出现，肖堂心里犹如油煎一般，不知如何是好？跟船的押粮队伍看见此种惨状，也不禁流下了同情的眼泪。

　　肖堂左思右想，终于下定决心。他找来手下两个押运队长商量道："如果我们私自将皇粮分给灾民，会有杀头之罪。可是，我们不把粮食拿来救灾，那么就会有上万人饿死。散粮的话，只有我们三个人死，可是这船队的皇粮可救活几万灾民。我们把皇粮散给灾民吧！"两个押粮官互相看了一眼，异口同声地答应下来。

　　于是，肖堂下令把粮船靠岸，把船中皇粮卸了下来，一一散给这一带灾民。乡民们大喜，一面大声感谢，一面纷纷向前，背扛肩挑，将粮食运回家。粮食分完后，肖堂和两个押粮队长，知道进京必死，怎么办呢？为了不连累家人，三人商量来商量去，最后决定一起跳进曹溪河（现在大运河），自杀身亡。

惠我无私

　　等到荻港乡民发现时，肖堂与两个队长已经跳入河中，根本来不及拯救，甚至连尸首都没有打捞起来。荻港乡民悲痛不已，最后集资建造了一座庙，塑了三人神像，年年月月进庙朝拜，以感激他们拯救荻港乡民的恩德。皇上得知肖堂等三人为救灾民不惜牺牲生命的壮举，十分感动，认为他们为民而死，死得壮烈，遂赐封三人为荻港总管，其庙为总管堂。传说三人死后，因为这一善举拯救了数万之众，功德甚大，玉皇大帝便加封他们为都天安乐王，世世代代享受荻港乡民的香火，让他们的事迹千古流芳，永世传颂。

年轮转换，岁月流逝，荻港望族章氏家族第八世凤藻堂一脉的章有大出生了。在名师的执教下，勤奋上进的章有大于雍正八年（1730）考中进士，从此走上仕途。乾隆九年（1744）春，章有大上任途中经家乡荻港拜望父母，闲暇时信步来到总管堂。作为荻港人，章有大也算是听着三个押粮官故事长大的。他看着三个宋代押粮官神像，想起他们为救家乡灾民，分皇粮于民，以身殉义的事迹，一时间浮想联翩，豪情大发，挥毫留下"惠我无私"墨宝，让总管堂主事雕刻成四边黄金色，底红色匾，悬挂在正殿上，教育后人。

后来章有大致仕回乡，慷慨好施，地方上凡有善举，皆尽力相助。乡里有不忿之事，必婉言劝息。当时荻港整个区域，都是芦苇沼泽地，龙溪以北，水系纵横，朝南就是龙溪港，排涝方便。于是，章有大慷慨出资，发动乡民，开挖鱼塘，塘堤上种桑，每年把养鱼塘中的淤泥用来壅桑、肥桑，以桑养蚕，又将蚕蛹喂鱼，建立起一个鱼、桑、蚕、泥相互循环利用的生态产业模式。年复一年，使乡民春天有卖蚕茧的收入，冬天有卖鱼的收入，积累了不少财富，再培养下一代儿孙进积川书塾读书，真正做到耕读传家。直到现在，当地乡民还传颂着章大老爷为民开鱼塘的故事。

章有大的一生，无论是为官，还是为民，都以"惠我无私"要求自己。为官时清廉自守，爱民如子。归乡时，以善为先，饥者食之，寒者衣之，婚嫁不结者助之，贫而死者帮之，修桥铺路，造福乡梓。

800多年后的今天，总管堂前匾额上的四个字"惠我无私"已经在历史的长河中逐渐积淀内化成荻港村的古朴乡风。

（文：章金财/图：曾令兵）

┌─────────────┐
│ 磐安朱山村 │
└─────────────┘

独封河南独直曹

朱山村隶属于磐安县冷水镇，据《磐安县地名志》记载，朱山原名堂楼下。1950年，以村庄南面的朱山头为名，将行政村村名定为朱山村。朱山村与好溪两岸相邻的白岩村（原名大处）和河南村（原名白岩畈），合称为白岩三村。

这三个村庄都源于同一始祖曹礚，为曹礚的后人。曹礚，原籍永嘉，后唐天福年间，任五云（今缙云）尉。任期满后，他目睹朝廷腐败，不愿再为官，便隐居到了白岩畈。曹礚的后世子孙在此生息繁衍，人口日益增多，便逐渐扩散至邻近的大处和堂楼下两地，建村定居。也有部分后人迁至泊公、潘田、下村等地。

白岩三村的村民都姓曹，但是奇怪的是，这个曹只有一竖，"曺"。据说，这个"曺"源自曹氏十六世公曹璟。

曹璟（1324—1402），字思宋，号进德，生于泰定元年（1324），是元末明初远近闻名的大富商，主要经营粮食生意。有一次，他带人押送1000多袋粮食，准备运往金华府贩卖。谁知正赶上朱元璋率部攻打金华府，粮草接济不上，眼看难以坚持下去。曹思宋虽与金华府的商人有贸易往来，然而在古代交通落后、信息闭塞的条件下，并不清楚这种情况。结果可想而知，运粮的车队在半路上就被朱元璋的部下给拦截住了。起义大军正缺粮食，这可真是"及时雨"啊。曹思宋很快辨明形势，粮食既然已经进了"虎口"，想拿回来是不可能的。于是，他主动求见朱元璋，声称得知军中缺粮，专程前来送粮。这1000多袋粮食，解了朱元璋燃眉之急，大军顺利攻下金华府。

后来，朱元璋打下天下，登基称帝，建立大明王朝。封赏有功之臣时，朱元璋想起了曹思宋那一千袋救急粮食。于是，他下诏命令曹思宋进京面圣封赏。为了感谢曹思宋在危难之时送给自己救急的1000袋粮食，朱元璋便封赏他为"曹千袋"，还想要他留京做官。曹思宋觉得自己只是一介商人，不懂朝廷政务，入朝为官并不合适，便婉言谢绝了皇上的要求，只恳切地提出希望能求得皇上画像一幅，让自己带回家，时刻观瞻敬仰皇上盛颜。朱元璋见他主意已定，也就不再勉强，欣然答应赐给他一幅自己的画像，并挥笔题字。可是，朱元璋是个草莽皇帝，自小家境贫穷，很多时候靠着乞讨为生，更谈不上进学堂念书，认识的几个字还是做和尚的时候学的。在落款时，把"曹"字漏写了中间一竖，站在旁边的一位侍从暗暗示意，这个"曹"字写错了。朱元璋愣了一下，可是他是皇帝，金口玉言，错了也不能认。于是，他将错就错，顺势便说："朕独封河南独直曺。"意思就是，特许河南曹氏可以写只有一竖的"曺"字。

曹思宋将朱元璋的画像请回来后，就拆建了白岩曹氏宗祠大门，将双直曹，改成了独直曺，在大门上方，建造龙庭，供奉朱元璋画像。从此之后，曹氏宗祠地位大幅度提高，见圣像犹如见圣面，凡是经过曹氏宗祠大门，文官下轿，武官下马，从明、清两代一直延续至民国。

脍炙人口的"河南独直曺"一说也因此流传下来，这里的河南，指的就是白岩三村里的河南村。据《磐安县地名志》记载：相传河南原名白岩畈，祖先曹公在朝做官，因出巡河南有功，明太祖朱元璋封曹公住处为河南郡，因名。由于"河南独直曺"的故事长期流传，白岩三村的曹氏子孙，于是有了将"曹"写成"曺"的习惯。

曹思宋墓

"独直曺"的故事是否确有其事，已经难以考证，但白岩三村的这一书写习惯，确实流传已久。朱元璋的画像，历代曹氏子孙一直保留了下来，直到今天曹氏宗祠内，还挂有朱元璋的画像。而据《磐安县志》卷二十六人物篇的"人物传略"中的记载，曹思宋确有其人，是冷水镇白岩村人。但他不是商人出身，而是出身于书香门第，是宋朝吏部尚书华盖殿大学士曹诚的孙子。曹思宋从小开始就广泛阅读历史书籍，学识渊博，敦礼修行，有远大抱负。他遵从祖先"不是贤明的君主，不要妄自侍奉"的训诫，"观察世情变化，不妄求仕途进益"。听闻朱元璋起义后，民心所向，曹思宋对家人和往来名士说："这才是当今天子！"于是和志同道合的亲人朋友秘密谋划，等待机会，响应朱元璋的起义。

元至正十一年（1351），曹思宋等人在胡陈（今缙云县壶镇）举义兵反元，却被元朝廷派兵镇压，起义失败。至正十八年（1358），朱元璋攻克金华。曹思宋带着侄子曹肖伊等人赴金华与朱元璋见面，向朱元璋当面阐述形势，献计献策。朱元璋听了后非常高兴，封曹思宋为万户，派他去组织义军新兵。曹思宋率精骑十八人，在黄龙山扎营，招兵买马，百姓都心甘情愿地追随他，很快就募集了一万多名新兵。曹思宋披坚执锐，晨昏操练。至正十九年（1359），朱元璋命枢密院判耿再成、参军胡大海率兵攻打处州。曹思宋随军而行，且向胡大海进言，分析处州兵力等情况。大海闻之大喜，依其计策，出兵樊岭，接连拿下桃花岭、葛渡等寨。元朝处州守将石抹宜孙战败弃城逃走，于是处州七县都被拿下。没过多久，石抹宜孙再次收复处州，攻打庆元，再被耿再成、胡大海和曹思宋等打败，石抹宜孙战死。浙东南一带悉归朱元璋后，曹思宋就解散了士兵，让他们全部回家，本人也退隐山里，在龙门山下建房定居，自称"卧云居士"，将房子取名"卧云楼"。隐居期间，他喜欢阅读古书，每日诵数卷，以平定自己焦虑的内心。天气晴朗的时候，则简装出游，逛遍名山大川，逍遥纵情山水之间，"引壶觞以徜徉，飘飘然如野鹤，翱翔于烟霞"。友人方孝孺为其撰写《卧云楼记》，苏伯衡为其绘《卧云图卷》，以示纪念。曹思宋死于明建文四年（1402），享年七十有九。朱濂伯清写有《卧云居士墓铭》传世。

（文/图：磐安县农办）

金华婺城雅畈三村

叶敬甫尚义立村

雅畈三村隶属于金华市婺城区雅畈镇，位于市区南郊，距离市区仅4.5公里，始建于宋朝绍定年间，由地处梅溪江与武义江交汇处的叶村蓬发展而来，为古代永康、武义等县出入金华府的必经之地，至今已有近800年的历史，是著名的历史文化古村落之一。

说到雅畈，就不能不提一提雅畈的始祖叶敬甫。叶敬甫并非本地人，原为松阳县括苍山卯山人，其发家致富经历颇富传奇色彩。据村中老人叶松青介绍：叶敬甫早年从事种烟贩烟行业。有一年，他雇人挑了上百担烟叶到金华府去卖，路过汉灶村的田畈，在田边的树荫下休息。他们吸了旱烟后继续上路，不小心将未熄灭的烟火遗留在路边的草丛里。当地已很久未曾下雨，天旱草枯，结果火星很快引起了一片大火，霎时殃及大片干枯的稻田，上千亩稻田在大火中化为灰烬。

雅畈村老街

周围汉灶村、赵宅村、上王村等村庄农户本来就因为长期干旱非常心焦，火灾一起，收获希望完全破灭，更是心痛，于是村庄里老派人追查起火原因。结果发现稻田火灾是由松阳烟贩吸烟不慎所致，就揪住老板叶敬甫不放，要他赔偿损失。叶敬甫认为天旱稻枯，即使不发生火灾，当年也已经颗粒无收，请求免去赔偿。双方争执不下，于是各村的村头将他告到官府。在众多村民齐声索赔的要求下，官府害怕引起民变，于是不管三七二十一，判处叶敬甫每亩田赔偿一斗稻谷。叶敬甫当堂提出今后如果稻田返禾抽青有收成的话，该归谁所有。村民们齐声说："枯稻烧毁哪能还魂返青？倘若有收就都归你松阳人收割好了。"叶敬甫当场要求将这个承诺写进官府的判决书。村民们暗自嘲笑叶敬甫异想天开，纷纷同意官府的判决。

不料，审判结束后，一行人刚刚走出金华府衙，天空中忽然乌云翻滚，雷声大作，一场大雨倾盆而下。因为这一场及时雨，加上原本大火留下的草木灰成为了天然的肥料，没过多久，被烧的稻子奇迹般地返禾抽青，长得比以前肥嫩壮实。待到收获季节，叶敬甫带了几十个松阳老乡，手持官府的判决书来收割稻子。一群人就在汉灶村西北角一个土墩的树林边扎下茅屋居住。因为主人姓叶，周围各村的村民就把这里叫做叶村蓬。

叶敬甫带人将这大片田地收割完毕之后，除去按照官府的判决交给村民的粮食之外，还剩下很多稻谷，全都归自己所有。靠着这批余粮，兼之善于经营，勤俭节约，叶敬甫很快发家致富，成了当地殷实人家。

叶敬甫一家起先定居在叶村蓬，由于该地正处于梅溪江与武义江的交汇之处，一旦雨季来临，便会发大水，闹洪灾，周边大片土地被淹没。唯高台门因地势较高，从未受淹。于是叶敬甫在此处重新造了一座房子，全家人从叶村蓬迁居到高台门。叶氏成为此地第一户人家，高台门也成了雅畈村的发源地。

在雅畈立足之后，叶氏繁衍子孙，建厅堂，扩街道，发展族群，并根据水、陆两路的走向，建成了雅畈古街。古街全长约 1.5 公里。从村口"青龙头"走过沿村西桥即是上街，也是老街最繁华之地段。传说两侧商铺林立，且寸土寸金，商铺之间排列十分紧密，各式店铺定位明晰，配置完善，店家习惯用自己的名字给店铺命名。由于过往商客颇多，叶姓、章姓、程姓等人纷纷开设店铺，形成上街、下街、后街、长街等几条街巷。到了明朝中叶，古镇商业十分兴旺。民间把雅畈古街比拟为一条头朝东、尾向西的龙。现有明清历史建筑 18 处，故民间流传一句话："雅畈不算乡，安地不算山"。

叶敬甫落脚雅畈之后，不仅买地种粮，而且每年收购粮食，通过便利的水路交通运往各地销售。常言道：以贫求富，农不如工，工不如商。在叶敬甫的苦心经营下，叶氏一族家境蒸蒸日上，终成大富之家。叶氏发家之后，不忘国家。每当国家财政困难，或是发生水旱灾害时，叶敬甫就会拿出大量粮食，献给皇帝，充作军费或是赈粮。为了表彰叶敬甫为国分忧的行为，皇帝曾经特赐他一块牌匾，上书"圣旨：旌褒尚义"。为此，叶敬甫专门在村口造了一间石白房，将这块牌匾挂在了房子大门的正上方。可惜的是，"文革"期间，这间石白房和牌匾都以"破四旧"的名义被破坏了。

叶敬甫不仅自己从事各种慈善事业，还在家训中规定后代子孙亦需尽己所能从事公益活动。叶氏子孙遵照祖宗遗训，在当地领衔组织了公益协会，世代传承。例如流传至 20 世纪的渡船会，便是叶氏创办。因雅畈临近梅溪江和武义江，河道宽阔，渡船较少，行旅往来，十分不便。于是叶氏一族捐田百亩，聘请专人管理，收取田租，用以造船，方便百姓，来往旅客，不收银两。又如"接谷会"，亦为叶氏所创。其性质类似官府义仓，丰年时叶氏带头倡导殷实人家捐献谷物屯于协会的粮仓中。灾年时，接谷会便以低息借粮给受灾百姓。每年青黄不接之时，"接谷会"也会有负责人敲锣打鼓走街串巷，"鸣锣为号，击鼓开仓，有借有还，再借不难。"

（文/图：章一平、郦莎）

舟山普陀大石头村

陈和为民打官司

大石头村隶属于舟山市普陀区桃花镇，三面环山，一面朝海，民居依山而建，始建于明末清初，距今已有 300 年历史。大石头村群山相连，峰高峦密，多奇峰怪石、林木葱郁、气候宜人、环境清幽、风光旖旎，尤其是一块独自伫立于散花峰顶的巨石"大佛岩"，当地人称之为"桃花第一大石"，是大石头村独特的地理标志。

陈和，又名陈永和，是土生土长的大石头村人。据陈家后代子孙的推算，陈永和大约生于清末光绪年间，卒于民国初期。陈和虽然不是一个什么文化名流，但在当地却是一个"路见不平一声吼，该出手时就出手"的民间状师，是一个爱替穷苦百姓打抱不平的响当当的人物。

有关陈和替当地穷苦百姓打官司的许多传说，迄今仍在民间流传。为了纪念他，不忘他对当地百姓的恩德，当地人在桃花镇乌石子财神庙中建了一块木色涂金的神牌，上面写着："义士陈永和长生禄位"，像供奉大英雄和信仰菩萨一般祭拜他。这是因为陈和先生为百姓做了许多善事和实事，人们才会永远地缅怀他。

据说，光绪年间，桃花乌石子村乌石滩的石子常被外地的船只盗运。这些石子原本是用来护堤保村的，因此，一旦石子被盗窃一空，不但破坏该村的自然风景，而且浪潮可以长驱直入，冲垮村庄，严重威胁百姓的生命财产安全。

有一次，宁波一条染布厂的大船靠上乌石子滩，明火执仗地要抢运石子。村民前去理论和劝阻他们。但是船主财大气粗，又有官府做靠山，根本不把村民放在眼里。村里的保甲无奈，只好前往大石头村请陈和先生帮忙。陈和听完此事后，二话不说，揎起早已备下的褡裢，就前去交涉。

陈和当时在这一带已稍有名气。贫苦出身的他只念过几年私塾，粗识文墨，童年时还替地主老财放过牛牧过羊，靠几亩山地养家糊口，也常去海滩赶潮。农闲之时，也会读读书，增加各方面的知识。他的褡裢里经常备着文房四宝和换洗的衣服，以防不测。

盗运石子的船主也略知陈和先生的来历，说他不是村里人，叫他莫管闲事。陈和不慌不忙地说道：你说的不算数，我说的你也不信，那就叫村里人讲讲看，我究竟是哪村人？这时，村里人都为陈和作证，指认他是本村人。"好嘞！"陈和一把执了船主的手说："走，到官府论理去！"将船主扭送到定海县衙门。定海衙门听说宁波的船主来头不小，靠山很硬，就以不属于他的管辖范围为由，加以搪塞和推诿。于是，原、被告双方又走进宁波府台衙门，对簿公堂。陈和据理力争，陈述利弊，动之以情、晓之以理。最后，官司被陈和先生打赢了。府台以公文告知各县各乡，今后不论谁盗运乌石子，都要严惩不贷。打那以后，乌石子村的石子被保住了。

大石头村村景

陈和先生替当地百姓不知打赢了多少官司，定海衙门就像是自家的菜园笆门，他是经常进出的。衙门柱子上挂东西的梢钉，当地人叫"亮眼梢"。他有这么一句著名的口头禅："柱上的亮眼梢哪里去嘞？这是我吊商盘（褡裢）用的。叫啥人拔了？"提起"陈永和打官司"，当地的老人都会学说这么一句话。

除了替百姓打官司，他还经常给贫苦百姓排忧解难，出主意，想办法。他曾经多次为长工追讨工钿，也曾经屡次为渔民想办法应付敲诈勒索。

有一个渔民，家里穷得叮当响，为了维持生计，晒些海盐去沈家门贩卖。那时候盐属于官营，像他这样做属于贩卖私盐，是违法的。这个渔民原本想卖盐换点现钱贴补家用，结果被盐监发现，不但人被抓、盐充公，还要罚款。对于这个贫困的家庭而言，简直是雪上加霜，一家人走投无路，眼看着就要家破人亡。全家人正急得团团转时，忽然他的哥哥想起了陈和。于是，他心急火燎地找到陈和府上，恳求他去搭救他的弟弟。

贩卖私盐可不是一件小事。陈和听了渔民哥哥的话后，寻思了好一阵子，终于想出一个办法。他把渔民哥哥叫过来，对着他的耳朵如此这般地低语一番。渔民哥哥一听，大喜过望，立即按照陈和的吩咐去了县衙，果然他的弟弟不仅人被释放出来，而且也未被罚款。这是怎么一回事呢？原来，陈先生教他们说，这些盐不是专门运来沈家门贩卖的，而是腌鳓鱼时剩余的盐。盐官自然不相信，打开盐包一查勘，果然里面有一片片的鳓鱼鳞片洒落在盐间。那时正是捕获鳓鱼的季节，而私盐则是装在船舱里运过去的。陈和先生是一个聪明人，他断定船舱里会留下许多鳓鱼鳞的。于是，他利用这种巧合，顺利地救了渔民。

陈和其实是一个"业余状师"，拿现在的话叫做"土头律师"。他专门替穷苦百姓打官司，而且不讨取任何诉讼费。那时，当地百姓因为贫穷，往往打不起官司，所以陈和先生才会帮助这些有困难的百姓打官司。

秋风瑟瑟，一天黄昏，有一个妇女在棉花地大塘上走着，看见大批的棉花秆秆在地上，棉秆上还有剩下的棉花。她心忖，反正棉花秆当柴烧，剩下的棉花白白地糟蹋了，不如自己捡起来，于是就走下棉地捡了起来。谁知却被地主瞅见，可是这个地主并没有立即去阻止她，而是等她捡了一包棉花时才上去抓她，诬陷她偷他家的棉花，不仅把她的布褛和棉花一齐抢走，还向她勒索三块大洋，否则，要去官府告她。那妇女苦苦哀求，布褛可以给他，就是求他别让她赔三块大洋了。地主自然没有丝毫怜悯心，威胁她如果不赔的话，就要把她的人带走。

这个妇女只好哭哭啼啼地回家去，家人知道后也毫无办法，想来想去，唯有找陈和先生才有可能解决这件事情。于是，在家人的陪同下，这个妇女找到陈先生，哭诉了一番。陈先生先是安慰她一番，然后来回踱步寻思，过了一会儿，他停下脚步说："太不像话了，这是敲诈勒索！这样吧，我给你写份状纸，你去告他。"陈先生当即写好状纸交给那妇女。那妇女就告到官府，县官大人展开状纸一看，状纸上写道："夫妻吵架，走至大塘，地主见状，欲与强奸，强奸不肯，解布褛一根。"强奸良家妇女，这还了得，县官立即派差役把地主抓了起来，并在他家里搜出布褛一条。地主跪在县衙的大堂上，大声喊冤："我是冤枉的，清官大老爷啊。"

县官大怒，将布褴掷在他面前，说："这是什么？人证物证俱在，你还想抵赖么？"地主一看，不禁傻了眼，半晌无言以对。为了减轻罪行，他只好说出实情。最后，官府以敲诈勒索罪惩治了地主。

后来，陈和先生打官司的名声越来越大，当地百姓对他也越来越敬重。与此同时，他为百姓做主，分忧解难，也得罪了地方上的一些有财有势的权贵和地痞流氓。他们视陈先生为眼中钉、肉中刺，极欲除掉他为快。民国年间，他被胡乡长以莫须有的罪名杀害。

（文/图：徐国平）

三门呑楼村

半县粮饷祝千秋

呑楼村隶属于三门县亭旁镇，位于县城西南，东临亭旁溪，西倚天摩山，村落呈倒置凸字形，属河谷平地。据《狮峰楼氏宗谱》载，隋文帝仁寿年间（601—604），楼炤从绍兴府诸暨县迁至宁海县仙岩乡娄坑。因土地贫瘠，生活拮据，楼炤之孙楼懋升带领族人越过天摩山，再迁到亭旁狮峰山麓居住。此后人口日繁，蔚为望族。元末，亭旁遭特大洪水，亭旁溪改道流经呑楼村前，村庄良田受损。明隆庆六年（1572），洪水再袭呑楼，良田变为砾石滩。其间，部分楼氏族人逐渐分迁至他处，更有远迁至东阳、新昌等地。

呑楼村历史悠久，自楼氏居住此地，距今已有1400多年，是亭旁镇最早迁居的古村落之一。唐代呑楼已有集市，自元代杨氏迁住亭旁后，集市逐渐向杨家村转移。村中楼氏宗祠始建于南宋绍定二年（1229），保存有唐代诗人陈子昂题书"名隆北斗"、南宋右丞相文天祥题书"承恩堂"、明代兵科给事中王亮题书"御笔封楼"匾额各一。在楼氏祠堂内，还有一副引人注目的对联，上联为"御笔封楼传万古"，下联为"半县粮饷祝千秋"。这副对联其实蕴含着呑楼楼氏祖上"御笔封楼"和"半县粮饷"两则历史典故。

原来呑楼楼氏本不姓楼，而是姓娄，其缘由可上溯至远祖唐代名将娄师德。

娄师德（630—699），字宗仁，郑州原武（今河南原武西）人，唐朝大臣、名将。唐高宗仪凤年间（676—679），吐蕃入侵，边关告急。娄师德奉命出使吐蕃，与吐蕃将领会于赤岭。娄师德在会谈中，极力宣扬唐王朝休战求和之意，稳住了吐蕃。双方约定立即罢兵，吐蕃此后数年不再进犯，边境稍宁。永淳年间（682—683），吐蕃再次入侵，娄师德奉旨率兵反击，双方在白水涧（今青海湟源南）相遇。由于娄师德指挥有方，唐朝大军八战八捷。这次辉煌的胜利，使吐蕃的攻势受到极大遏制。战后，娄师德班师回朝，受封为比部员外郎、左骁卫郎将、河源军经略副使，并赐木为"楼"，改为楼姓。后官至同凤阁鸾台平章事，掌理朝政达三十年之久。娄师德为人宽厚，能容人，有唾面自干的器量，曾向皇帝举荐狄仁杰等人为官。这就是岙楼宗祠"御笔封楼"匾的由来，匾额为明代亭旁车溪进士王亮所书。

自楼氏迁居亭旁狮峰山麓后，生息繁衍，连绵不绝，到了三十二世时，又出了一位大有名声的人物。此人名楼栋，号亭立。由于见多识广，善于经营，他家的田亩土地逐渐扩大到年收成千余石，富甲一邑。楼栋素来乐善好施，对族人关爱有加，经常拿出钱财来为楼氏一族做公益事业。为了保护岙楼的风水，他特地建造了七星墩和五洞桥，花费工时以万计，毫不吝啬。同时，他还出资建造钟岩书院，让岙楼楼氏子孙在学堂中接受儒家教育，教以耕读诗礼，训以勤俭忠厚，并且捐献出自家的田亩地产充当书院教赀和祠堂祀产。据岙楼《楼氏宗谱》记载，依靠楼栋的荫庇，岙楼楼氏耕读成风，至明代永乐年间一共出了监生四十二人，邑丞二十人，生员三十余人。

楼栋生活的时间正值南宋末年，元军大举南下。南宋右丞相文天祥出使元军兵营遭到拘捕。在押解大都途中，他与杜浒、胡文可等12人从镇江脱逃，辗转至通州下海，南下永嘉寻找益王，以图重振旗鼓，起兵抗元。船经猫头洋过岙口，有十余艘敌船追踪而至，文天祥等人避入仙岩港，弃舟登岸，于夜色中至城门（今花桥）遇张和孙。两人纵论形势，分析军事，决定在本地广招勤王义军。文天祥离开后，张和孙变卖家产，筹集粮饷武器，招募义兵，打造船只，广传勤王檄文。岙楼楼栋见到檄文后，热血沸腾，难以自抑，生为宋民，蒙受皇恩，岂能坐视国家灭亡而无动于衷！国亡则家亡，国衰则族衰！于是，他前往亭旁祝家村，与宋室侍郎祝治民以及寄寓其家的宋恭宗朝尚书金殿公之四女金四娘共襄抗元大计。

此时，三门湾风云激荡，周边各地士绅已纷纷响应张和孙的抗元壮举。张和孙率义军出三门湾，与文天祥在福建省福安县会师，在浙闽沿海一带与元军进行了大小二十余战。长时间的苦战，致使义军粮草中断，无以为继，丞相文天祥只得发布号令，希望大宋百姓能够捐粮帮助义军渡过难关。楼栋正愁报国无门，听闻此事，当即捐出相当于当年宁海县半个县的田产粮食，支援文天祥、张和孙的勤王义军，以表救亡之心，被时人赞为"楼半县"。文天祥感动于他的爱国义举，亲笔挥毫为呑楼楼氏宗祠题字"承恩堂"，并嘉奖楼栋冠带，以荣其身。

到了明朝初年，呑楼楼氏又出了个楼济安，其忠义之举不亚于其五世祖楼栋。楼济安，名原英，号歧阳，博览群书，擅长诗词，年轻时与纤岸四梅先生叶兑交从甚密。洪武五年（1372），朱元璋下令选全国田产多者为粮长，楼济安因继承祖宗产业，富甲一方而被载入全国粮长名册。第二年，朝廷改用棉布抵征田粮。但当时的台州不是产棉区，周边县邑的棉布又已被人收购一空。当时东阳民间黑市的布商趁机抬高市价，棉布的价格比官价增高了三分之一。为了使族人不因赋税上缴不力而获罪连坐，楼济安不得不以比别处昂贵的价格，从东阳购得棉布以抵征田粮。行部使者察知此事，诬蔑楼氏兄弟抬高价格，从中渔利，欲判兄弟俩连坐服劳役罪。楼济安赴中书省诉理，独挡牢狱之难，发配浦江工役。从洪武六年（1373）到洪武十一年（1378）的五年时间里，他从青州迁莱州，还京后又复迁乾州，其中往返道路数千里，冒寒暑，顶风雨，饥饿劳顿，坦然受之，没有半点怨言。

在山东、陕西等省服役时，当地名士向他征求诗文，楼济安均应酬唱和，为日既久，积累成帙，辑成《歧阳百咏》，叶兑为其作序。楼济安有个弟弟名叫治安，也是一个知书笃义的人。楼济安因田粮之事获罪后，逮捕令下，搜捕严峻。楼氏众多族兄弟听说这件事，相顾失色，都不敢赴难代替，以分担罪行。只有楼治安一人挺身而出，急兄之难，想要前去代替他入狱。结果他和楼济安一同羁罪同坐，与兄长一起辗转发配，到处服劳役。洪武十一年（1378），在押解陕西乾州的途中，楼治安不堪雨雪冻馁，病死于咸阳道上，时年四十五岁。

呑楼楼氏祖上出了那么多的报国之臣，忠义之士，赤子之心，天地可表。因此就有了"御笔封楼传万古，半县粮饷祝千秋"这副宗祠对联，以激励晚辈后昆，应时常怀有忠义之心。

（文：吴强）

青田温溪村

情系桑梓单承烈

温溪村隶属青田县温溪镇，地处瓯江下游，北倚括苍山余脉，南靠洞宫山分支，位于青田、永嘉两县交界处，旧名安溪，始建于宋徽宗年间，距今900多年，姓氏繁多，其中以程、单为大姓，直到现在两姓依然占全村总人口一半。被称为野王的程祥岩，备受世人敬仰的乡贤单承烈都出生于此。他们心系天下，体恤民生，为百姓谋福祉的故事，至今依然在村民中口耳相传。这里专讲乡贤单承烈的故事，故事来源于村民单宗超老人所收集的资料。

单承烈（1886—1944），字伯武，系温溪单氏十九世裔孙。自幼聪颖，资质过人。光绪二十四年（1898），年仅十三虚岁即考中秀才，是当时安溪三大名人之首，远近都称他为神童。民国年间，他曾任缉私处长等职，秉公执法，情系桑梓，办学筑堤，造福子孙。

温溪盐仓始建于清朝末期，虽属于官方经营机构，民间却可以参与经营分红。民国初年，经过前人不断开拓基业，温溪已逐渐成为浙南地区食盐集散地，建有东西两大食盐仓库，并分设经销点，一时间盐业生意无比兴隆。民国十年（1921），担任永嘉县盐务司的单承烈，在主持温溪盐仓管理时，向上司争取到盐仓上交的部分税赋用于创办学校。当时，温溪没有新式学校，教育极其落后，识字的人寥寥无几。承烈公对此感到十分痛心。他认为要振兴家乡，则教育必须先行，故此积极筹划，争取温溪盐税用于办学。此事若是办成，温溪老百姓自然受益匪浅，故而无不叫好。然而一些心怀妒忌的小人却借此挑起事端，向温州府衙告状。最后，温州当局决定将温溪盐业税收上缴，用于建设永临学校。

惊闻此事，单承烈急忙从舟山赶回，率领温溪人到温州府衙抗议，要求取消上述决定。单承烈严正质问温州当局："温溪人民用血汗换来的金钱，为什么被公然刮走？为何不能建设自己的家园？别处能办到的事，温溪有条件办得更好。"经过针锋相对的较量，单承烈终于追回半数款额，

温溪村古民居

初步满足为家乡办学的迫切要求。单承烈又四处筹集剩余款项，亲自主持，与村民齐心合力将建造徐龙殿的木材用于建设学校。民国十年（1921），安溪学堂正式创立，这就是现在温溪镇第一小学的前身。单承烈亲自兼任校长一职。学校办学不收分文，免除了人们的经济负担，温溪村民纷纷送孩子入学堂读书。

　　单承烈虽然身兼盐务、缉私等职，异常繁忙，却仍然十分关心家乡。他利用自己在村民中的威信，多次平息了温溪村与周边村庄的各种矛盾冲突，和平化解了周边村庄侵吞温溪大滩的企图和骚扰，彻底解决了村庄之间的界域纠纷。在法律上确认了"无论白沙、黄沙、石子、子（中尖滩）母（大滩）相连"者，均属于安溪（单氏）所有（温溪村历来有"程家山，单家滩"之说），维护了江中三千亩滩地，使这块风水宝地至今仍处于丽水市版图，为以后浏览风景区的开发立下不可磨灭的功勋。

　　温溪地处瓯江下游，濒临东江岸边，每年汛期江水暴涨，淹没良田，温溪村民受灾严重。单承烈见此情形，动员村民捐资修筑棋盘滩堤坝。民国十七年（1928），为解决贫穷村民捐资困难的问题，单承烈又组织村民有计划地砍伐松树，出售松木所获得的收入全部用于修筑堤坝。历经三年，终于建成棋盘滩堤。堤长400米，高3米，顶宽2米，不仅有助于抗洪救灾，而且可以利用淤泥造地，为后世温溪的开发提供了土地资源。村民为纪念单承烈的历史功绩，将温溪大堤命名为"武成堤"（单承烈字伯武，意为该堤为单伯武心血而成），并立碑碣，以纪念单承烈的不朽业绩。

民国二十年（1931），单承烈又着手在温溪西郭兴建太史码道，开通从西郭到安溪的轮船航班，极大地方便了人们在城乡之间的来往。青田人也可以坐客轮配备的拖船，来回温州鹤城，从而促进了地方的商品流通。人口和商品的频繁流动，使得温溪逐渐发展成为商贾云集的商埠。

20世纪30年代，日本海盗经常从浙江沿海登陆，不仅进行走私活动，还常常在沿海一带烧杀掠夺，无恶不作。单承烈时任缉私处长，从事缉私工作，于是便常年率领手下队伍奔波于浙江沿海，还曾多次与海盗进行浴血奋战。由于功绩显著，升为协总之职。

（文/图：陈介武、程硕慧）

云和石浦村

石浦船帮义名传

石浦村隶属于云和县紧水滩镇，村里完好地保留着十余幢清朝古建筑，大街小巷纵横交错，街道两侧店铺林立，商贾云集。村前沿瓯江建有一条防洪堤，堤下散布着一些埠头，一年四季，埠头船只云集，从不间断。

如果说瓯江是浙西南的母亲河，那么舴艋帆船，则是瓯江的灵魂。庆元香菇、龙泉宝剑和青瓷、云和雪梨、景宁惠明茶、松阳烟叶、处州白莲、青田石雕等等，几乎都是由舴艋帆船运送出去，然后再把食盐、酱油、煤油、布匹等日用品运回大山。

为了行船安全，船主们往往结帮出航。出船时，少则四五条船为一帮，多时一二十条船为一帮，并推选经验足、能力强、有号召力的船工担任帮头，大家在帮头的指挥下，过急流、闯险滩、避暗礁、战山贼，整个行程平安了不少。这就是历史上的"瓯江船帮"。

石浦村离瓯江第一滩紧水滩仅 5 华里，船帮从温州逆航需 10 余天，拉纤上滩无数，船工们都累了，在过紧水滩前都要停泊在这里休整几天，补充给养。这片江水冲击形成的平坦之地，成了船帮人最理想的栖息地，经过几代船帮人的苦心经营，石浦村成为一个名副其实的船帮古镇。

如今，石浦船帮当年建造的帮会会所还保存完好。会所占地 500 多平方，每年农历正月十四到十六，石浦都要举行庙会。船帮会所是石浦村的最高组织机构，哪里有货源，该收多少运费，如何解决与其他船帮的矛盾和纠纷，船帮出了事故该如何赔偿受害人，都是在会所里讨论。会所也商议村里的事务，修建码头，清理河道，修缮学校，等等，都要通过帮会集体商议。

在帮会的带领下，石浦船帮茁壮成长，成为"瓯江第一帮"。鼎盛时期，石浦帮拥有舴艋帆船 500 余只，这 500 多只帆船上龙泉、下温州，在

石浦村村貌

瓯江 300 公里的航道上往来穿梭，雄风尽展。

明朝初年，倭寇进犯东南沿海，烧杀抢掠，危害百姓。瓯江是倭寇进入内陆的主要通道，由于倭寇的频繁活动，瓯江航运被迫中断，船帮人几乎断了生计。那段时间，石浦船帮中只有几个胆大的船工敢下水行船，但也只敢划到丽水为止，温州是绝对不敢去的。因为青田以下河段，倭寇活动十分猖狂。失去了温州市场，船帮几乎无利可图，他们对倭寇早已恨之入骨。

后来，戚继光临危受命，在浙江沿海布防，积极招募新兵，抗击倭寇。当得知"戚家军"招募新兵时，石浦船帮的船工们踊跃报名。一天，十几艘石浦船帮的船只刚到达丽水大水门码头，就碰到"戚家军"在征集攻打青田的船只。征集公告上清楚地写着，船只征集一天给银十两，若船只损毁按价赔偿，船工可以参加战斗，也可以不参加，若自愿参加每天给银 20 两。

这十几位石浦船工简单商量了一下，就报名参军了，而且明确表示不要一分银钱！戚家军将士感激涕零，连声道谢。而石浦船工则抱拳回答道：国家有难，匹夫有责！一天晚上，戚家军乘着月色，组织 100 多艘舴艋帆船，每艘船运兵 12 人，浩浩荡荡顺江而下，突袭盘踞在青田的倭寇。刹那间，青田县城火光冲天，杀声四起，尚在睡梦中的倭寇措手不及，死伤无数，剩余的残兵败将仓皇逃离青田。

在这次战斗中，石浦船帮有两位船工不幸身亡，他们的遗体被运回石浦时，全村男女老少都到码头迎接，抽泣声、呼喊声盖过了瓯江的涛声。帮会决定，出资厚葬两位船工，抚恤他们的父母妻儿。出葬那天，送葬的队伍排成了一条长龙，沿瓯江慢慢蠕动，经幡舞动，江水呜咽，哀声四起，村民们与他们心中的英雄依依惜别。

受倭寇骚扰，瓯江船帮发展的步伐放缓了。直到清朝才重新发展起来，至民国时期又发展至鼎盛。

1942 年 5 月，日军大举进犯浙赣路，民国浙江省政府从永康迁至云和，以云和县治为临时省会，历时 3 年零 4 个月。山城云和，瞬间成为全省政治、经济、文化和抗日救亡运动中心，成为浙江抗战的"大后方"。伴随着省政府迁至云和，大量的军队、民众和商号也潮水般涌入云和，弹丸之地的云和不堪重负。

当时，因日军占领了浙赣线，临时浙江省政府与浙江腹地失去了正常的联系，交通和经济往来几乎断绝。为了保障浙江后方供给，只有开辟新的交通路线，那就是瓯江水运。这时，石浦船帮再次担任了"救世主"的角色。政府对全县民船进行了半军事化改编，实行"编队制度"，全县1000 多只民船编为 1 个中队 11 个小队，其中一半以上的船只来自石浦船帮。组织起来的船帮将大量的军需民用物资运抵云和，解了国民党浙江省政府的燃眉之急。

石浦村还成为国民党军队十三师司令部驻地，在石浦一带驻防的还有国军二十一师。1942 年 8 月 3—5 日，二十一师参加了著名的"方山岭战役"。经过三天三夜的顽强抵抗，最终取得方山岭大捷，日寇的铁蹄未能踏进云和的土地。

而石浦船帮在此期间的行为，让原国民党浙江省政府主席黄绍竑都感慨不已，十分敬佩。他在回忆录里写道："瓯江的小船，据查有四千多艘，运量巨大。那极度劳累的船夫，一饱都成问题，遑论赡养家室？更谈不上图些微利。以至船身坏了，无法修理，只好由它坏去。甚至把船凿沉了另图其他生计。也有辛苦多日，不但得不到应得的报酬，而且还要负担额外的赔偿。我曾见过出卖妻子，来赔偿军粮损耗的事情，我虽负地方行政的责任，我虽同情他们，但也没办法。因为制度和其他的关系，使我的力量不能替他们解除这等痛苦啊！"

黄绍竑的回忆录，字里行间流露出对石浦船帮的敬意，同时也表达了对船工的深深歉意。

　　20 世纪八九十年代，瓯江上游相继建起了紧水滩、石塘、玉溪三座电站，瓯江航运就此中断，失去了激流的石浦船帮，在陆路交通的强势竞争下，终于退出了历史的舞台。

（文/图：练云伟）

附　录

　　官吏的贪污腐化问题，自古以来就是吏治上的一大难题。历朝历代为了反腐倡廉，出台了诸多奖廉惩贪法律，在养廉与治廉方面也进行过有益的探索，中国古代廉政文化体系也因此内容丰富、形式多样。从历史的经验来看，不能仅仅依靠官员的内省与自律，还应当辅以配套的法律制度、监督制约机制，才能减少和消除腐败。招标制度的一个重要作用便是择优选择，节约成本，减少腐败。以下木马择匠的故事就是我国最早的招标故事。

景宁西岸底村

木马择优匠——最早的招标故事

　　西岸底村隶属于景宁畲族自治县大漈乡，位于境内一个十里平川、云雾缥缈的高山盆地之中，平均海拔 1030 米。始建于唐代，至今已有 1000 多年历史。历代文人荟萃，人才辈出，廉义文化底蕴深厚，仅明清两代就走出了 4 位进士和 23 位举人，因此被称为"桅杆村"（因中举或中进士就可以在门口树立桅杆）。村内文物古迹密布，有"寺祠院三观同址，宋明清三代同堂，儒释道三教合流，寺树桥三古荟萃"的美誉。

　　在西岸底村的村尾有座白象山，白象山上有一处始建于宋绍兴十年（1140）的建筑，名曰"时思寺"。寺庙坐西朝东，由山门、钟楼、大殿、三清殿、马仙宫、梅氏宗祠等建筑组成，是一组兼有元、明、清各时代特征的古建筑群。相传时思寺的建造起因于梅氏第五世显祖梅元屃为祖父守墓的故事。据《梅氏宗谱》所录的《旌表时思院额省牒》记载，"本都名人梅开，有子元屃，幼年六岁能守故祖仲真墓，其父梅开不忤其意，构庵于旁，昼夜三年不离其侧。"宋高宗听说此事后，"于绍兴十年（1140）庚申十一月初十日降旨礼部，广赐束帛，旌表其人曰'孝童'，庐曰'时思院'。"梅元屃于绍兴二十五年（1155）考中进士，任官两浙转运使。明洪武元年（1368），刘基书额"时思道场"，明宣德元年（1426）改院为寺。

　　时思寺左侧是建于明景泰年间的祠堂，系梅氏祭祀祖先和先贤的场所。现在的梅氏宗祠已不见列祖列宗的塑像、画像，也不见祭奠的供品香烛，唯见古朴雄伟的砖木建筑，主要建筑有客堂、序伦堂、祭坛和报本堂等，沿中轴线次第升高。在宗祠的客堂，有一座木马（木匠用于固定木材的由三根木头做成的工具）特别显眼。这木马怎么会放在这里呢？原来这里面有一个美丽的传说。

　　相传明朝景泰年间，西岸底村的梅氏宗族向外发出布告，向各地招募木匠师傅盖宗祠，最终吸引了周边县市的 40 多位木匠前来竞标。梅氏族长首先让他们每人用十天的工夫做一只木马，并要求将写有木匠名字的纸条夹在木马的榫头中，却没有说明为什么这样做的原因。

有些木匠以为做木马是最简单不过的事情，认为这只是考验斫斧手艺，没有什么稀罕，便随便找了几根木头，三下两下凑成一只就交上去了。大部分木匠倒是挺认真地去做木马，他们到山上认真地采选木头，背回来后，细细计算长短和位置，将榫接处做得严丝合缝。甚至有几个木匠看时间充裕，还在木马上雕上云纹、花卉、瑞兽，让木马成为一件工艺品了。

在众多的木匠师傅中，有位来自西岸底村西南 30 里的忠溪村的陈遇春师傅，清楚地知道梅家人的要求是在考验木匠的技能，于是他就格外认真地做木马。他首先跑到最上山精心选择木料。这最上山是景宁县最高峰，以前最上山山顶上没有大树，只长灌木和茅草，距离山顶很远的地方才会生长一些松木。这些松木在冬天时总是会被冰雪压断顶枝，因此都长得奇形怪状。遇春师傅找了大半天，才找到五根又矮又壮的笔直松木料，然后又去找了一根笔直的做支架用的硬木。这硬木也有出处，俗名叫弹栎钢（即壳斗科乌冈栎），通常只长在悬崖峭壁，以坚硬、韧劲、不变形而著称。村里人常用弹栎钢来做锄头柄、犁头，用了几十年都不会变形损坏。

第二天，遇春师傅将辛苦找回来的五根松木料锯成长短合适的木段，再仔细观察木段的木纹结构和节疤位置，从中选取两段，将这两段木头刨去外皮，放在平地晾晒。那根弹栎钢硬木则放入水中浸泡。做完这些，他就回住处休息去了。那两段木料一直被晒了七八天，依然没有看到遇春师傅有什么动静。直到第十天，遇春师傅才用晾晒出松油的松木和泡足了水的弹栎钢做了一个木马，虽然做得规规整整，但所有的人都没有觉察出这件木马有什么不同之处。

等众人将木马做好后，梅氏族长就命人将这些木马放到太阳底下曝晒三天，再全部拿到村中的沐鹤溪里浸泡三夜。俗话说得好："活树最怕晒，枯木最怕水"。等全部木马捞上后，有些木马不是散了架就是变了形。只有遇春师傅做的木马，依然如故，毫无变化，榫头处一点水也没有渗进，放在里面的纸条还是干的。大家都赞叹遇春师傅的手艺了得，一致决定由这位遇春师傅来承建梅氏宗祠的建筑工程。

遇春师傅也不负众望，工程如期完成。如今梅氏宗祠已在风雨中飘摇

500 多年，主要建筑基本保存完好，特别是还有着"四无"的神奇之处。这"四无"就是说宗祠里"无鸟雀作窝，无蜘蛛结网，无尘土落户，无一铆一钉"，具体原因至今成谜。

因为木马择匠的故事，时思寺成为我国最早的招标文化遗址，具有廉政建设方面的教育意义。木马择匠的故事也被拍成微电影，一举获得丽水市廉政微电影评比一等奖。同时，为弘扬古代廉政文化，景宁县纪委还在西岸底村创建了"木马择匠"廉政文化教育基地。

（文：任孟春）

后　记

　　《千村故事·清廉大义卷》经我手"千锤百炼"就要问世了。说实话，尽管个人颇为费时费力，付出了不少心血，但还是忐忑不安，没有丝毫轻松感。我不断地反问自己：我在故事的取舍中有没有遗漏重要的历史人物？我选择的故事所承载的历史与回忆有代表性吗？这些故事能继续流传下去吗？它们能让那些古村落活起来吗？问题多多，好在得到领导和同仁的肯定，这才使我鼓起勇气提交出版社，付梓印行。

　　这项工作的缘起，与王长金院长的推荐和帮助是分不开的。2015年开学之初，王院长找到我，问我可否愿意参加《千村故事》丛书的撰写。他觉得我的历史专业背景会在这个工作中很有用处。我在他的嘱咐和期待中加入了这项工作，承担了《清廉大义卷》的编撰。后来王院长多次与我、高君老师、洪千里老师、荆晶老师坦率地交换意见，让我能愉快地进行工作。在此表示深切的感谢。

　　如果没有《千村故事》"五个一"行动计划工作室的大力支援，承担了开展组织联络、督促各地报送基础素材、分类筛选资料等一系列烦琐工作，也许本书难以问世。如果没有《千村故事》"五个一"行动计划总负责人金佩华校长的鼓励和王景新老师的督促，我是不能如此有效地完成写作的。还有丛书的其他负责人，他们通读了我的原稿，提出了各种意见。在此我要表达对他们的谢意。

　　我还要特别感谢温州市农办林志保主任及钱仓村主任周仁多，他们不仅和其他县市农办和村委一样为我提供了基本素材，还为我在温州地区的调研提供了诸多便利，使我的调查活动得以顺利完成。

　　正是由于他们的鼓励和照顾，才使我集中力量致力于这项工作。如果本书能起到一点点作用的话，我就感到心满意足了。

颜晓红

2016 年 11 月 15 日